개정 아동상담

현 정 환

창지사

머 리 말

아이들의 문제 행동은 왜 발생하는 것일까?
아이들의 문제 행동을 효과적으로 지도하는 방법에는 무엇이 있을까?
아이들의 문제 행동이 발생하지 않도록 미연에 방지하는 방법은 없을까?
등등 ….

아마 본서를 펼치면서 독자들이 궁금해하는 내용이 아닐까라고 생각합니다. 하지만 안타깝게도 독자들의 이런 궁금증은 아직까지도 아동심리치료의 세계에서는 속 시원한 답을 갖고 있지는 않는 것 같습니다.

이런 질문들에 대한 답을 구하는 것보다 더 중요한 것은 '문제 행동'이란 과연 무엇인가라고 하는 질문이라고 생각합니다. 심리치료나 보육임상의 세계를 살펴보면 문제 행동에 대한 그릇된 판단 때문에 아이의 모든 면이 부정당하면서 학문적 이론의 피해자로 전락해 버리는 경우를 적지 않게 발견할 수 있습니다. 문제 행동이라고 판단되는 행동을 지도 내지 치료하는 것이 중요한 것이 아니라, 그 행동을 보이는 아이가 더 중요하다는 것을 생각한다면 문제 행동이라고 하는 판단에 대한 신중함이 먼저 필요하다고 생각합니다. 아이들의 발달과정을 올바르게 이해한다면, 그리고 우리 육아문화가 갖고 있는 그릇된 이데올로기를 생각한다면 어떤 행동이 문제 행동인가에 대한 판단은 결코 간단하지 않다고 생각합니다.

이번에 2019년 『아동상담』 개정판을 내면서 다음 두 가지 측면에서 본서의 특징을 담아 보았습니다.

하나는 발달장애 아동에 대한 이해와 지원입니다.

발달장애에 대한 관심은 근대국가의 성립에 따른 공교육제도가 시작되면서 이에 적응하지 못하는 아이들에 대한 연구에서 시작되었습니다. 그래서 발달장애란 '일반적 발달양상에 비해 뭔가의 정신기능의 발달의 지체 현상으로 인해 일상생활이 힘든 상태의 문제'라고 말할 수 있습니다. 본서는 대표적인 발달장애에 속하는 지적 장애, 자폐증 스펙트럼, 학습장애, ADHD에 대해 각 문제별로 그 원인과 치료에 대해 구체적으로 설명하였습니다. 특히, 본서는 '장애'라는 개념적 이해보다는 발달과정에 있는 시기의 아이들에게는 '지체 현상'이라고 보는 것이 타당하다고 보면서 그런 관점에서 문제해결의 방향을 제시하였습니다.

둘째, 보육임상의 문제에 대한 이해와 지원입니다.

가정이나 어린이집(유치원), 학교 등의 장면에서 부모나 교사들이 아이들의 문제행동을 발견하였을 때, 전문가적 분석이나 치료를 해 나가는 것은 사실 쉽지 않다고 생각합니다. 그래서 본서에서는 아이들이 어린이집(유치원)이나 학교생활에 잘 적응하도록 도와주기 위해서 비전문가일지라도 보육이나 교육현장에서 아이들의 문제를 쉽게 이해하고 도와주는 방법에 대해 구체적으로 설명하였습니다(제2부).

끝으로 본서의 개정판을 내기까지 도움을 주신 창지사 사장님, 부사장님, 그리고 편집부 관계자님께 감사의 마음을 전합니다.

2019년 9월

현정환

차 례

PART 03 아동 심리치료

PART 04 아동상담 사례

PART 01

아동상담의 기초

Chapter

1 아동상담의 이해

child counseling

01 아동상담

1. 아동상담의 특성

아동상담이란, 일반적으로 심리적인 요인에 의해 문제 행동이나 증상을 보이는 아이나 그 가족을 대상으로 전문적인 지식과 훈련을 받은 전문가가 아이와의 관계 속에서 심리적인 지원을 하는 활동을 말한다. 여기서 '아동(또는 아이)'이라 함은 유아기에서부터 사춘기에 이르기까지의 연령에 해당하는 사람을 말하고 있으며, 본서(本書)에서는 이들이 직면하고 있는 다양한 심리적 문제에 대한 이해와 지원 방법에 대해서 심리 임상적 입장에서 접근하고자 한다.

사실 '상담(counseling)'이라고 하는 것은 주로 성인을 대상으로 '언어'라고 하는 커뮤니케이션을 통해서 내담자(client)의 심리와 행동 변화를 목표로 하는 활동을 의미하고 있다. 그러나 아동의 경우는 언어라고 하는 커뮤니케이션으로 자신의 내면세계를 표현하거나 상대방을 이해하는 것은 쉽지 않기 때문에 대개 언어 대신에 놀이나 그림, 외부 자극의 조작 등에 의한 방법을 통해 심리치료 내지 행동 수정을 하고 있다.

아동상담의 주목적은 아동을 부적응 행동으로부터 해방시켜 현실에 적응할 수 있도록 도와주는 것, 즉 현실에 잘 적응하여 바람직한 행동을 취함으로써 자신과 환경과의 관계 설정이 적절하게 되도록 하는 데 있다고 할 수 있다. 이를 위해 아이가 생활하는 다양한 상황에서 제기되는 문제를 임상심리학의 이론이나 기법을 통하여 그 문제의 개선이나 해결을 시도하는 방법을 사용하게 된다.

아동상담에서는 아동의 문제를 한 개인의 문제로만 한정하는 것이 아니라 주변의 인적 · 물적 환경과의 관계 설정 내지 방법의 문제를 포괄하는 관점에서 아이의 문제를 이해하고 접근하는 것이 매우 중요하다. 그래서 아동에 대한 심리치료는 아동 개인에 대한 지도 내지 치료만이 아니라, 그 아이와 관련된 인적 · 물적 환경과의 관계 구조에 대한 이해와 변화에 초점을 맞추게 된다. 아동의 문제 행동의 경우는 아동 자신에 의해 발생되는 경우보다는 부모를 중심으로 한 성인과의 관계에 의해 발생되는 경우가 많기 때문에 성인과의 치료관계가 중요하며, 성인(주로 부모)과 함께 아이의 문제 행동 개선을 위한 지원을 해 나가야 하는 경우가 많다.

2. 몸의 치료와 마음의 치료

상담 또는 심리치료라고 하는 것은 병원에서 이루어지고 있는 의학적 치료와 어떤 차이가 있는가? 의학적 치료는 질병을 치료하는 데 그 목적이 있기 때문에 인간의 신체적 변화가 치료 대상이다. 그러므로 여기서는 몸의 상태나 그 특성을 정확히 파악하는 활동, 즉 진단 활동이 중요하며, 이런 진단이 확실하게 된 상태에서 비로소 치료를 시작하는 것이 대원칙이다. 그리고 객관화할 수 있는 신체적 변화가 치료 효과로서 인정을 받게 된다.

한편, 상담이나 심리치료에서의 진단이나 치료는 이와는 다른 성격을 띠고 있다. 심리치료에서는 인간의 심리적 문제를 치료 대상으로 하고 있으며, 이 문제를 명확히 하는 활동도, 치료해 나가는 과정도 환자(내담자)와의 관계성에 의해 설정되고 발전되어 나간다. 또한, 심리치료사와 환자(내담자)와의 관계나 설정되는 상황으로 인해 생성되는 변화는 동일하지 않다는 특징이 있다. 이처럼 심리치료는 의학적 치료와는 달리 심리치료사와 내담자와의 관계 설정이 매우 중요하며, 이 관계 설정의 질에 의해 치료의 성패가 좌우된다고 할 수 있다. 그러므로 심리치료는 언어적 · 비언어적 커뮤니케이션을 통해 내담자 마음과 상담사 마음의 관계 형성에 초점을 두고 진행하게 된다.

아동에 대한 심리 임상적 지원에서도 어디까지나 아동상담실을 찾아오는 아이와 아동 심리치료사의 관계가 중심이 되어 전개해 나간다. 이 관계성을 중요시하고 있는 실천에서는 심리 검사에 의한 진단이나 아이의 행동에 대한 관찰과 평가로 이해하는 일방적인 관계만이 아니라, 치료사 자신이 아이와의 관계성 속에서 아이의 주관적이며, 개인적인 심적 세계를 이해해 나가는 접근도 중요하다. 즉, 아이의 문제나 증상을 객관적으로 이해하는 것도 중요하지만, 아이의 입장에서 그 아이의 개인적 · 주관적 세계를 이해해 나가는 것도 중요하다.

02 발달과 아동 문제의 이해

1. 발달과정에 있는 아동 문제 행동의 특징

발달과정에 있는 아동의 문제 행동은 여러 가지 면에서 성인과는 근본적으로 다른 특징을 갖고 있다. 아동은 어른의 축소판이 아닌, 구조적으로 성인과는 다른 독자적인 세계를 살아가고 있기 때문에 아동기의 문제 행동은 다음과 같은 특징이 있다.

- 영유아기의 인격구조는 미분화의 상태이기 때문에 심각한 심리적 갈등상태에 빠지는 경우는 거의 없을 뿐만 아니라, 불안에 대한 안전 전략으로서의 자아 방어라고 하는 복잡한 심리적 기제도 사용하지 않는다. 그래서 원인에 대해서 직접적인 공격인 반응이라든가, 단순한 신체-심리 반응이라고 하는 형태로 문제 행동이 나타나기 쉽다.
- 연령이 어릴수록 행동의 개선효과가 성인에 비해 비교적 쉽게 나타난다. "경험의 영향력은 경험하는 연령에 역비례한다"는 말처럼 어린 아동일수록 경험에 의한 영향을 크게 받는다. 아동기에 학습 가능성, 변화 가능성, 지도 가능성이 크다는 것은 이중의 의미를 갖고 있다. 하나는 만일 적절하게 지도를 한다면 아이의 문제는 보다 효과적이면서 빨리 개선할 수 있다는 이야기가 되지만, 반대로 만일 지도에 문제가 있다면 성인보다 더욱 심각한 상태에 빠트릴 수 있다는 의미도 된다. 이와 같이 연령이 어릴수록 가소성이 크기 때문에 아동의 심리적 문제는 적어도 아동의 가소성이 불행한 경험과 결합된 결과라고 할 수 있다.
- 욕구 불만에 대한 아이의 반응은 연령의 증가와 함께 복잡해진다. 즉, 처음에는 미분화된 인격구조였지만, 연령 증가와 함께 분화·통합되어 가면서 점차 복잡한 인격구조로 발전해간다. 이와 함께 다양한 심적 갈등을 체험하고 콤플렉스도 축척되면서 부적응 상태에 놓이기 쉬운 인격특징이 된다. 이로 인해 아동기에도 성인에 가까운 문제 행동이 나타나기도 한다.
- 연령이 어릴수록 부적응 행동의 출현에는 생물학적 요인이 관여하기 쉽다. 예를 들어, 야뇨증의 경우, 심리적 요인보다 방광의 상태를 뇌에 전달해 주는 배뇨 중추신경계 발달의 지체 현상으로 인해 야뇨 증세를 보이는 경우가 적지 않다.
- 영유아기는 심신의 발달이 급속도로 진행되는 시기이다. 그러므로 문제 행동의 성격이나 출현율도 연령에 따라 크게 달라지며, 발달과정에서 일과성으로 출현하는 문제 행동도 많다. 이처럼 아동의 문제 행동 가운데는 발달과

정에서 일어나는 일시적 · 파생적 혼란에 의한 경우가 드물지 않다. 예를 들어, 부모의 말을 듣지 않는 아동의 행동이 성격상의 결함이라는 측면보다는 자아의 형성이라고 하는 건강한 정신발달적 특징에 기인하는 경우가 많다. 그러므로 문제 행동에 대한 판단이 어느 정도 심각한가라고 하는 그 아동의 임상적 문제에 대한 판단은 발달적 관점에서 보아야 하며, 치료 계획을 세울 때도 이런 발달적 이해에서 출발해야 한다.

- 발달과정에 있는 시기에는 가정환경이 중요하다. 아이의 문제 행동은 부모와의 관계나 가족관계를 반영하는 경우가 많기 때문에 가족과의 상호작용에 주목할 필요가 있다. 특히, 영유아기는 그 어느 시기보다 부모의 영향력이 큰 시기이기 때문에 부모의 양육사와 현재의 양육 태도, 부모의 성격이나 성장 배경, 자녀와의 관계 등에 관한 정보는 아동 문제 행동에 대한 이해 및 지도 시에 중요한 참고 자료가 된다. 동시에 이런 정보는 아동 문제 행동의 지도라는 측면에서 부모와의 협력 체제를 어떻게 만들어 나갈 것인가를 생각할 때에도 필요한 참고 자료가 된다.
- 친구와의 놀이가 본격적으로 시작되는 유아기에 들어서게 되면 놀이를 매개로 한 또래와의 사귐이 중요하다. 유치원 · 어린이집이나 학교에서 또래와의 상호작용의 내용이 문제 행동과 밀접한 관련이 있는 경우가 드물지 않다. 난폭한 행동이나 자폐증적 · 사회적 문제 행동은 물론이고 틱 장애 등과 같은 신경증적 행동도 또래관계와 관련이 있는 경우가 적지 않다. 그래서 아동 문제 행동에 대한 이해와 지도 시 또래관계를 잘 파악하여 적절한 조정과 지도를 하는 것이 직 · 간접적으로 문제 행동의 개선으로 나타나는 경우가 의외로 많다.

2. 발달 과제와 아동의 문제

(1) 발달 개념과 아동의 문제

인생에는 각각의 시기에 반드시 달성해야 하는 과제가 있다. 만일, 이것을 획득하지 못하면 이후의 발달에 어떤 형태로든 부정적 영향을 미치게 된다. 발달 적응의 관점에서 보면 한 개인으로서의 성장 발달이 있으며, 한편으로는 환경 조건으로서의 사회로부터 요구되는 바람직한 모습이 있다. 성장 발달해 가는 인간의 모습과 사회가 기대하거나 요구하는 모습을 동시에 잘 설정해 놓은 것이 발달 과제의 개념이다.

애착의 형성은 영아기 초기의 발달 과제이다. 이 과제의 달성이 어렵게 되면, 즉 이 시기에 애착형성이 되지 않으면 인간행동의 가장 기본적인 능력에 부정적인 영향을 미치게 되면서 커뮤니케이션 능력, 사회성 발달, 정서 발달 등 아이의 전인적 발달에 문제가 나타날 위험성이 큰 것으로 알려져 있다.

영유아기에 획득해야 할 발달 과제는 살아가기 위해 필요한 기본적 과제, 즉 기본적 생활 습관의 확립이라고 할 수 있다. 섭식, 배변, 수면 등의 문제가 성장 발달에 따라 적절하게 주위의 기대에 부합하는 형태로 바뀌어져야 한다. 만일, 아이의 성장 발달의 모습과 주위의 기대와의 사이에 차이가 생기게 되면 둘 사이에는 긴장감이 생성되고, 이로 인해 아이는 부적응 상태에 놓이게 된다. 이 부적응의 상태가 아이의 이후 발달에 부정적인 영향을 미치게 된다.

한편, 아동기에 들어서면 영유아기의 급격한 발달에서 어느 정도 안정된 발달로 이행하는 모습을 보이게 된다. 그래서 이 시기에는 발달 문제라고 하는 관점보다는 적응에 대한 실패라고 하는 관점에서 보는 것이 문제를 이해하는 데 도움이 된다. 주로 학교나 또래 집단에서의 적응 실패라고 하는 형태로 문제가 발생하는데, 예를 들어 집단 괴롭힘, 함묵, 등교 거부, 학교폭력, 집단비행, 은둔형 외톨이 등의 문제를 들 수 있다. 물론, 관점에 따라서는 이 시기에 또래 집단 적응의 문제라든가, 학교 과제의 극복이라는 것도 하나의 발달 과제로 볼 수 있을 것이다.

(2) 적응 개념과 아동 문제

'적응'이란 환경의 요청에 순응하면서 한편으로는 자신의 요구를 실현시키기 위해 환경을 변화시켜서 자신과 환경의 조화적 관계를 맺는 것을 말하고 있다. 사실 '적응'이라는 개념은 발달 개념과는 반대개념이다. 왜냐하면, 발달이라고 하는 것은 현재의 조화적 균형을 깨트리고 그다음의 조화적 균형 상태를 목표로 나아가면서 또다시 균형을 깨트리는 끝없는 변화의 과정이기 때문이다. 발달과정에서 종종 나타나는 퇴행 현상은 발달과는 반대 방향으로의 변화 과정이다. 조화를 바탕으로 한 변화라고 하는 관점에서 보면 발달이 비약적으로 진행되는 영유아기는 적응상의 문제가 가장 나타나기 쉬운 시기이다. 즉, 위험한 시기인 것이다.

조화적 균형에서 불균형으로, 나아가 높은 수준의 조화적 균형으로 발달과정이 진행되지 못하고 부조화의 상태가 지속되면 이것이 바로 부적응의 상태가 되는 것이다. 즉, 이것은 환경과 자신의 사이가 부조화의 상태이며, 원만한 생활을 할 수 없는 상태이다. 이러한 부적응의 상태가 지속된다는 것은 발달에 미치는 부정적인 영향으로 인해 아이의 심신 기능에 문제가 생길 수 있다는 것을 의미하고 있다. 기능에 문제가 생기게 되면 그다음의 발달 과제에 영향을 주게 된다.

03 아동 문제 행동의 이해와 종류

1. 아동 문제 행동의 판단 기준

'문제가 있는 아동'은 어떤 아동인가? '문제 행동'이란 어떤 행동을 말하고 있는가? 우리는 어떤 관점에서 아동의 행동을 문제라고 판단하고 있는가? 이 질문들은 아동 문제 행동을 지도하기 전에 반드시 짚고 넘어가야 할 내용이다. '아동에게 나타나고 있는 특정의 행동에 대해 부모나 교사가 문제 행동으로 간주할 경우, 이들의 판단이 과연 타당한가라는 문제는 항상 제기된다. 문제 행동이라고 하는 판단에는 어떤 기준이 있으며, 이 기준은 대개 '정상–비정상'이라든가, '적응–부적응'이라는 관점에서 접근하고 있다. 문제 행동의 판단에 대한 이런 관점에 대해 알아보자.

(1) 정상–비정상에 대한 이해

정상(normal)이라든가 비정상(abnormal)이라는 단어는 일상생활 용어로도 흔히 사용되고 있는 단어이다. 사전적 의미를 보면, '이상(異常)'이란 보통과는 다른 상태, 즉 평소와는 다른 상태이며, '정상(正常)'이란 다른 대상과 차이가 없는 보통인 상태, 즉 일반적 상태를 말하고 있다. 이런 사전적 의미를 통해서도 알 수 있듯이 정상–비정상이란 일반적으로 평균 범주로부터의 이탈 정도를 의미한다고 할 수 있다. 이런 판단의 기준에는 다음과 같은 것이 있다.

❶ 통계적 기준

이 기준은 평균적인 범위를 정상으로 보고, 그 기준의 범위에서 이탈하면 문제라고 보는 입장이다. 예를 들어, 임신 기간이 만 37~42주인 경우의 출산을 적기(適期) 출산으로 간주하고 있지만, 그 시기보다 빠르거나 늦으면 문제가 된다고 보는 것이다. 신생아의 체중에 대해서도 마찬가지이다. 출산 시 2,500g 이상은 정상으로 보고 있지만, 그 미만의 아이는 저(低)체중아나 미숙아로 분류한다. 이처럼 어떤 기준 범위 내에 속하는 경우는 정상으로 보지만, 그 범위를 이탈하면 문제가 있거나 그 가능성이 크다고 보는 것이다.

신생아의 반사운동 가운데 모로 반사(moro reflex)라는 것이 있다. 이 반사는 대개 생후 1개월 정도가 되면 완전한 형태로 나타나지만, 3개월 이후부터는 점차 사라지는 반사이다. 만일, 이 반사운동이 신생아기에 전혀 보이지 않거나, 반대로 생후 3개월 이후에도 이 반사가 사라지지 않고 계속 나타난다면 신체발달상에 문제가 있지 않은가를 의심하게 된다. 즉, 전자의 경우는 지각 장애를, 후자의 경우는 중추 신경계의 발달에 문제가 있지 않는가라고 하는 병리적 현상을 의심하게 된다. 이처럼 어떤 평균 범위라든가, 기준 범주라고 하는 하나의 틀을 잣대로 삼고 정상-비정상을 판단하는 것이다.

이러한 잣대를 문제 행동에 대한 판단을 할 때 적용하게 되면 인간의 다양한 행동 특성이나 능력에 대해 평균적인 범주라고 하는 틀을 만들어야 하며, 이 틀에서 이탈하는 정도가 크면 클수록 비정상의 정도가 크다고 판단하게 되는 것이다. 그러나 인간의 행동 특성이나 능력은 신장(身長)이나 체중처럼 객관적으로 정상이라고 하는 평균적 범주의 기준을 산출하기 쉽지 않기 때문에 이탈의 정도에 대한 판단이 어렵다. 또한, 판단자의 주관성이 개입되기 쉽다는 문제도 있다. 여기에다 영유아기나 아동기의 행동은 그 변화의 가능성이 다른 어느 시기보다도 크기 때문에 한두 번의 검사 결과로 판단할 수 없다는 문제가 있기도 하다.

❷ 가치적 기준

이 기준은 아이의 성장에 대한 부모나 교사의 기대나 욕심, 또는 이상(理想)이라고 하는 가치적 기준의 관점에서 '정상-비정상'이라고 판단하는 문제를 말한다. 예를 들어, 4살 된 자녀의 반항적이고 난폭한 행동을 걱정하며 아동상담가를 찾는 부모 마음의 이면에는 '순종적인 아이로 성장했으면 좋겠다.'고 하는 기대 내지 욕심이 강한 경우가 많을 것이다.

이 기준은 개인, 사회, 문화, 시대에 따라 가치의 기준이 변하기 때문에 객관적이지 못하다는 한계를 갖고 있다. 사실 문화 인류학이나 민속학, 역사학 등에서 보면 가치와 상식이라고 하는 기준이 얼마나 상대적인가라고 하는 것을 쉽게 알 수 있다. 예를 들어, 우리나라는 '동성애'라는 문제를 극히 비정상적 행위로 간주하고 있지만, 유럽의 일부 나라에서는 비정상적인 것으로 보지 않고 동성끼리의 결혼이나 권리를 법률로 보호해 주기도 하고 있다. 미국정신의학회는 1974년부터 동성애를 '정상적 사랑'의 하나로 인정하면서 본인이 그 행동의 변화를 원하지 않으면 치료 대상으로 삼지 않고 있다. 이처럼 정상-비정상의 판단은 그 시대나 문화가 갖고 있는 가치관에 따라 다르다.

③ 의학적 기준

이 기준은 심리적인 이상을 신체적 이상과 관련지어서 생각하는 것으로 의학적 진단이나 검사결과에 근거하여 판단하기 때문에 객관적인 측면은 있다고 할 수 있다. 그러나 증상이 경미한 경우는 의사들 간에 판단의 차이가 있을 수 있으며, 또한 심리적 이상이 바로 신체적 증상으로 나타나지 않는 경우도 많기 때문에 정상과 이상의 판단이 어렵고, 그 경계선을 긋는 것도 쉽지 않다. 심리적 이상에 대한 문제를 검토하기 위해 신체적 이상의 유무를 파악하는 것도 중요하지만 이 방법이 만능이라고는 할 수 없다.

④ 일상적 생활 기준

이 기준은 그 개인의 지금까지의 생활, 즉 평소의 행동이나 태도, 발달의 경과를 판단의 기준으로 삼는다. 즉, 이상(異常)이라는 단어의 의미 그대로 평소와 다른 모습이나 상태가 판단의 기준이 되는 것이다. 그래서 이 기준에서는 일상생활 장면에서의 관찰을 통해서 아동의 상태나 행동, 태도의 변화에 주목하고, 그 변화를 문제 발생의 징후로 보는 것이다. 여기서는 평소 그 아동의 생활이나 행동을 잘 이해하고 있는 부모나 교사의 판단이 중요하다고 할 수 있다.

⑤ 발달적 기준

발달심리학에서는, 예를 들어 몇 세가 되면 무엇이 어느 정도 발달하는지에 대한 지식을 제공해 주고 있다. 발달 검사 등에 나와 있는 검사 항목은 발달의 일정한 순서라고 하는 기본적 틀에서 개발된 것이다. 예를 들어, 보행은 생후 13개월이 되면 가능하고 늦어도 생후 1년 6개월이 되면 모든 영아들이 걸을 수 있다든지, 치아의 발달은 생후 6개월이 되면 생성되기 시작하면서 만 3세가 되면 20개의 치아가 생성된다는 발달 지식은 아동의 신체, 운동의 발달이 정상적인지 비정상적인지를 판단하는 데 도움이 된다.

또한, 아동의 행동을 판단할 때도 연령에 따른 적합한 발달의 상태라고 하는 기준을 갖고 보는 경우가 많다. 예를 들어, "만 3세가 되면 친구에 대해 관심을 보이기 시작한다. 그래서 이 시기의 아이들은 친구와의 놀이를 즐길 수 있다."라고 하는 지식을 갖고 있는 경우, 만 3세가 되어도 친구와의 놀이에 전혀 흥미나 관심을 보이지 않으면 발달상에 무슨 문제가 있지 않는가라고 의심을 하게 된다. 그러나 영유아기의 발달과정은 시간적으로 개인차가 심하기 때문에 문제 행동에 대한 판단 시에는 시간을 두고 지켜본다든지, 아이의 다양한 측면을 종합적으로 검토해 나가는 것이 중요하다.

(2) 적응-부적응에 대한 이해

적응(adjustment)이란 생태학에서는 생체가 환경에 대해 자신의 생존에 적합한 행동을 취하는 것을 말한다. 심리학에서는 그 개념의 규정이 명확하지는 않지만, 넓은 의미에서 보면 각 개인이 각자 자신이 처한 환경, 즉 행동 양식, 생활 습관, 사회 규범 등을 받아들이고 학습하여 사회생활이 어려움이 없고, 나아가 자신이 보다 편리하게 살아갈 수 있도록 사회를 바꾸어 나가는 것을 의미한다. 반대로 부적응(maladjust-ment)이란 그 사회에서 요구하는 행동을 수용하거나 취하기 어려운 상태를 의미한다.

❶ 부적응감과 부적응 행동

부적응 상태가 되면 아이는 부적응감을 느끼거나 부적응 행동을 하게 된다. 부적응감이란 본인의 의사나 욕구가 사회로부터의 기대나 요구와 맞지 않거나 다양한 갈등, 위화감, 소외감, 열등감 등을 느끼는 상태를 말한다. 그런데 인간은 부적응감을 느끼고 있다고 해서 반드시 이로 인해 부적응 행동을 보이게 된다고는 할 수 없다.

사실 우리 주위에는 부적응 행동은 보이지는 않지만 부적응감을 느끼면서 남이 모르는 고민을 하는 사람이 의외로 많다. 반대로 부적응 행동을 보이지만 부적응감은 느끼고 있지 않는 경우도 있다. 대개 어른의 경우는 부적응감으로 인해 상담이나 심리치료를 받는 경우가 많지만, 아동의 경우는 부적응감을 호소하는 경우는 그리 많지 않고 부적응 행동이 실마리가 되어 치료적 접근을 하게 되는 경우가 많다.

❷ 일시적인가 지속적인가

부적응의 증상은 일시적인 것이 있고, 장기적으로 지속되는 것도 있다. 스트레스로 인해 부적응 증상을 보일지라도 대개는 일시적이며, 시간이 흐르면서 자연스럽게 회복되는 경우가 일반적이다. 그러나 부적응 증상이 어느 정도 지속되거나 다른 다양한 증상이 계속적으로 발생되면 치료 대상의 행동이 된다.

2. 아동 문제 행동의 종류

'문제 행동'이란 타인의 신체나 소유물 등에 피해를 주는 반사회적 행동만이 아니라, 본인의 정서적 불안정이나 사회적 부적응 행동 등, 발달이나 적응에 있어 장애가 되는 행동을 말한다. 적응이나 발달적 관점에서 볼 때 개별적이고 지속적인 지도나 치료가 필요한 것으로 판단되는 아동의 문제 행동에는 다음과 같은 것이 있다.

(1) 기본적 생활 습관에 관한 문제

인간은 성장 과정에서 사회생활에 기본이 되는 생활 습관을 익혀 나가야 한다. 자기 스스로 옷을 입거나 벗을 수 있어야 하고, 대소변을 가릴 수 있어야 하고, 손이 더러울 때에는 손을 씻고 몸을 깨끗이 하는 등의 생활 습관을 습득해 나가야 한다. 이런 기본적 생활 습관의 습득은 영유아기에 중요한 발달 과제이다. 그런데 이런 생활 습관을 자연스럽게 몸에 익히는 아이가 있는가 하면, 습득하는 데 긴 시간이 소요되거나 어려움을 겪는 아이도 있다. 기본적 생활 습관의 습득과정에서 발생하는 문제 행동의 유형에는 다음과 같은 것이 있다.

- 식습관의 문제

편식, 과식, 거식(拒食), 자리에 가만히 앉지 않고 이리저리 다니면서 먹는 행동 등이 있다.

- 자립 행동의 문제

착의 · 탈의, 신발 신기 등을 스스로 하지 않는다. 대소변 훈련이 안 되어 있으며, 몸의 청결 상태가 지나치게 불결하다.

- 생활 리듬의 혼란

활동이나 휴식의 리듬이 일정하지 않다.

- 행동이나 주의력 조절의 문제

과잉행동이나 주의력 산만 등의 행동을 보인다.

(2) 언어의 문제

정서적 문제가 발생하면 지금까지 언어에 문제가 없었던 아이가 갑자기 말을 더듬거나 함구하는 증세를 보이는 경우가 있다. 말더듬 현상은 말을 하기 시작하는 영유아기에 말을 하고자 하는 기분이 상당히 강한 경우에 일시적으로 발생하기도 한다. 이때 부모나 주위 사람들이 너무 과민하게 반응하면 오히려 아이에게 긴장이나 불안감이 조성되어 언어 표현이 힘들어지고 말더듬 현상이 강화, 지속될 수 있다. 그러므로 일시적인 말더듬 현상에 대해서는 허용과 여유를 갖고 대하는 태도가 중요하다.

한편, 집에서는 자기표현을 잘 하는 등 언어발달에 전혀 문제가 없지만 유아교육(보육)시설이나 학교에서는 말을 전혀 하지 않는 행동을 보이는 아이가 있다. 이런 증상을 소위 '선택적 함구(selective mutism)'라고 하는데 그 원인은 대개 언어발달의 문제보다는 집단생활에서의 불안이나 긴장으로 인해 자신을 표현하지 못하고 있는 경우가 많다. 아이에게 이런 증세가 보이는 경우, 부모나 교사는 아이가 자신의 심리적 상태에 대한 메시지를 함구 증세라고 하는 방법으로 보내고 있음을 이해하고, 집단생활에서의 심리적 안정과 자신감을 느낄 수 있도록 배려하고 지도하는 것이 중요하다.

(3) 비사회성의 문제 행동

인간은 가정이라고 하는 사회 집단에서 가족 구성원과의 인간관계를 시작으로 친족, 이웃, 친구와의 인간관계로 그 범위를 넓혀가면서 성숙한 사회인으로 성장해 간다. 인간이 가정에서의 인간관계에서 가정 밖으로 인간관계를 넓혀 나가는 것은 인간에게는 사회적 관심에 대한 잠재적 욕구가 있기 때문이다. 그런데 사회적 관심에 대한 욕구가 전혀 보이지 않거나 욕구가 있어도 사회적 스킬(skill)이 부족한 아이가 있다. 이런 아이의 경우는 대개 타인에게 피해를 주거나 집단 활동에 크게 방해가 되거나 지장을 주지 않기 때문에, 또한 단기간의 지도에 의해 극적인 효과를 기대할 수 없는 경우도 많기 때문에 교육(보육) 현장에서 교사들이 소홀히 하는 경우가 많다. 영유아기에 나타나는 비사회성의 문제 행동에는 다음과 같은 것이 있다.

- 또래와의 놀이를 즐기지 못한다.

혼자일지라도 외로워하지 않거나 또래와의 놀이에 대한 즐거움을 이해하지 못한다. 친구와 놀이를 하면서도 친구의 존재는 단지 놀이를 즐기는 수단에 지나지 않는다.

- 부모나 교사가 옆에 없으면 또래와의 놀이가 불가능하다.

부모나 교사가 함께 놀아 주지 않으면 또래와의 놀이가 불가능한 아이는 평소 부모나 교사에 대한 의존도가 높은 아이인 경우가 많다.

- 자폐적인 행동을 한다.

친구와의 상호작용이 소극적이며, 어른이나 친구와의 만남을 주저하거나 즐기지 않는다. 자신의 생각을 주장하거나 표현하지 못한다.

- 대인 공포

무서워할 필요가 없는 사람이나 사물에 대해서 공포나 불안, 긴장을 느끼면서 몸이 굳어진다.

- 이외에도 교사나 또래 앞에서 지나치게 부끄러워하거나 함구 증세, 등원 거부 등의 문제 행동을 보이는 아이가 있다.

이런 유형의 아이들은 대개 일상생활에서의 사회적 경험을 회피하고 소극적인 안정을 추구하려고 하는 경향성이 강해서 사회성 발달이 지체되는 현상을 보이기도 한다. 이로 인해 자신감의 상실이나 불안감으로 이어지는 문제가 발생하면서 사회적 장면을 더욱 거부하는 악순환의 연결 고리를 만들어 버리는 경우가 많다. 이런 아이에 대해서는 무리하지 않고 단계적이면서 지속적인 지도를 통하여 가족에서 가족 이외의 사람으로, 어른에서 또래 집단으로, 의존관계에서 대등한 관계로 인간관계를 발전시켜 나갈 수 있도록 도와주어야 한다.

(4) 반사회성의 문제 행동

반사회성의 문제 행동이란 사회 규범으로부터 이탈하여 타인의 신체나 권리, 소유물에 피해를 주는 행동을 반복적으로 하는 것을 말한다. 예를 들어, 장난감을 부수거나 던지는 행동, 거짓말, 도벽, 싸움, 폭력, 욕설, 상해 등의 문제 행동을 들 수 있다.

이런 행동에 대한 이해와 지도 시에는 먼저 행동의 심각성에 대한 검토가 필요하다. 만일, 그렇게 심하지 않다고 한다면 자연스럽게 지켜보는 것도 문제를 더욱 악화시키지 않으면서 아이의 성숙에 도움을 주는 현명한 대처 방법이 될 수 있다. 그러나 정도를 넘어선 심각한 수준이라면 그 배경에 애정 결핍이나 욕구 불만, 심리적 불안 등의 요인을 생각할 수 있기 때문에 부모와의 관계 개선이나 집단생활에서의 욕구 불만이 해소되도록 지원하는 것이 중요하다. 동시에 사회적 규범의 내재화와 자기행동의 통제력, 사회적 대인기술의 습득을 위한 지도도 병행한다.

(5) 틱 장애

'틱 장애'란 자신의 의지와는 상관없이 빈번하게 반복되는 근육의 무목적적인 움직임을 말한다. 미국정신의학회에서 제시하고 있는 기준에 의하면 '불수의적, 돌발적, 급속(急速), 반복성, 일정하지 않은 리듬, 항상 동일한 운동 또는 소리'를 틱(tic) 장애로 간주하고 있다. 틱 장애에는 예를 들어 '얼굴을 찡그리거나 눈을 깜박이는 행위, 머리나 손 · 발을 흔드는 행위, 어깨를 들썩거리는 행위, 코나 목에서 이상한 소리를 내는 행위, 헛기침을 하는 행위, 입을 삐죽 내미는 행위, 혀를 내미는 행위, 큰 소리를 지르는 행위' 등 다양한 현상이 있다. 이런 행위는 유아기에서 아동 초기에 걸쳐 많이 나타나는 신경증적 버릇이라고 할 수 있으며, 남녀를 비교해서 보면 2~3:1로 남자에게 많이 보인다. 증상은 대개 얼굴, 특히 눈 부위부터 시작되는 경우가 많으며 목, 배, 하반신의 순으로 아랫부분으로 내려갈수록 틱 증상이 적게 나타난다.

이런 틱 증상 외에도 자신의 생식기나 머리카락을 만지면서 논다든지 손가락을 빠는 버릇 등도 신경증적 행위로 볼 수 있다. 이런 행위의 원인에 대해서는 다양한 주장이 있지만 기본적으로 그 아이의 심리적 긴장이 관여하고 있다고 보고 있다. 부모나 교사는 대개 나쁜 버릇으로 일컬어지는 이런 행위에 대해 주의를 주거나 꾸중을 하는 등 민감하게 반응하는 경우가 많다. 그러나 이런 식의 대응은 효과가 없을 뿐만 아니라, 오히려 아이의 긴장을 더욱 강화시켜 결과적으로 증상을 악화시켜 버리는 위험성이 있기 때문에 바람직하지 않다. 증상에 따라 의학적 진단이나 심리 전문가에 의한 심리학적 치료를 해 나가는 것도 중요하지만, 일반적인 대응책으로는 아이의 긴장을 풀어 주면서 부모나 교사, 친구와의 관계에서 스트레스를 느끼지 않도록 배려하는 것이 중요하다.

(6) 발달장애

1987년 발표된 미국정신의학회(American Psychiatric Association)의 정신질환의 진단

통계 매뉴얼『DSM(Diagnostic and Statistical Manual of Mental Disorder)－Ⅲ－R』에 의하면 발달장애에는 대표적으로 정신 장애, 자폐증, 학습장애, 주의력 결핍 및 과잉행동 장애가 언급되어 있다. 이 4가지 장애에 대한 구체적인 설명은 제3장을 참고로 하기 바란다.

3. 아동 문제 행동의 이해 시 유의 사항

아동은 부모나 형제, 친구 등의 다양한 인적 환경과의 상호작용, 다양한 놀잇감이나 사물 등의 물리적 환경과의 접촉을 통하여 '자기'를 표현하고 발전시켜 나간다. 이런 환경과의 관계 속에서 아동의 행동이 사람들을 난처하게 만들거나 곤란한 상황을 만들게 되면 그 아이는 '문제 아동'으로 분류된다.

'문제 아동'에 대한 올바른 개념은 대개 '적응이나 발달에 있어 장애가 되는 아동의 행동'을 말하고 있다. 그런데 정작 아동 자신은 문제가 있는 상태라고 인식하는 경우는 거의 없으며, 어른들의 판단에 의해 문제 아동으로 분류되는 경우가 일반적이다. 즉, 어른의 일방적 판단에 의해 '문제 행동'으로 간주되고, '문제 아동'이 되어 버리는 것이다. 그러므로 '아동의 문제 행동에 대한 올바른 이해와 지도'에서는 아동의 행동을 문제 행동으로 인식하는 사람이 어떤 관점에서 그 아동을 이해하고 문제 행동으로 판단하고 있는가라고 하는 점을 먼저 검토해야 한다. 다음 4가지 사항은 아동의 문제 행동을 올바르게 이해하는 데 있어서 유념해야 할 내용이다.

(1) 문제 행동은 아동의 메시지를 담고 있다

어떤 증세를 지도(치료)하면 문제가 해결될 수 있다고 생각하지만, 그 증상의 배후에는 그 아이가 그렇게밖에 할 수 없는 갈등이나 욕구 불만이 내재되어 있는 경우가 많다. 그래서 표면상의 증상에만 초점을 맞추고 그 배후에 있는 문제를 소홀히 할 경우, 문제 행동은 개선되었지만 또 다른 문제 행동이 발생하는 경우가 적지 않다. 한 예로, 야뇨증을 치료하였더니 그다음에는 눈을 깜박거리는 틱(tic)이 나타나는 경우이다. 그러므로 아이에게 문제 행동이 보일 때에는 어른에게 아이가 무엇을 호소하려고 하는지에 대한 세심한 관심과 배려가 필요하다.

(2) 문제 아동의 독자성을 파악한다

인간은 적응과 부적응의 모습을 동시에 갖고 있는 다양한 특성의 존재이며, 이 다양한 특성은 각 개인에 따라 다르게 전개된다. 사실 정상과 비정상, 적응과 부적응의 경계선은 상당히 모호하다. 완전한 정상이나 적응 상태란 있을 수 없으며, 그 반대도 있을 수 없다. 그러므로 문제를 범주화하는 것이 아니라, 그 아이의 어떤 면이 얼마나 문제가 되는가 라는 것을 먼저 명확히 하는 것이 중요하다. 아이는 태어날 때부터 개인차가 있으며, 성장 과정에서도 다양한 개인차가 발생한다. 성급한 진단이나 판단보다는 아동관찰이나 검사의 반복을 통한 신중한 접근이 필요하며, 이를 통해 아동의 능력이나 성격, 발달 상태, 문제의 정도 등을 파악한다.

(3) 문제 행동은 성장 과제를 포함하고 있다

영유아기는 성장 과정의 시기이기 때문에 끝없이 새로운 발달 과제에 직면하게 된다. 이 과정에서 때로는 환경에 대해 부적응 행동을 보이기도 하고 일상적 모습과는 다른 행동을 보이기도 하는데, 이런 행동이 발달과정에서 생성되는 환경에 대한 부적응 행동인지를 파악해야 한다. 예를 들어, 평소에는 밤에 울지 않았던 아이가 유치원이나 어린이집을 다니고부터는 잠잘 때 우는 행동이 많아지는 경우가 있다. 이는 아이가 새로운 환경의 적응이라고 하는 과제에 직면하면서 밤에 우는 행동을 통하여 자신의 스트레스를 견뎌 내고 있는 것이다. 그러므로 이러한 증상은 본인이 발달 과제를 극복하려고 하는 과정에서 생성되는 문제이기 때문에 현재 그 아이의 심신 발달 상태나 환경 자극을 잘 검토하여 스트레스의 원인이나 그 정도를 파악하는 것이 중요하다. 스트레스가 어떤 증상의 형태로 표출되면서 현재의 상황을 견디고 있다면 잠시 아이의 모습을 공감하면서 지켜보는 것도 의미가 있을 것이다. 이렇게 해서 자기 스스로의 힘으로 문제를 극복해 나갔을 때 그 아이는 더욱 성장하게 되는 것이다.

이처럼 아동의 문제를 '문제 행동'이라고 하는 고정적인 시각으로 바라보는 것이 아니라, 성장 과정 중에서 나타나는 아동의 '발달 과제'라고 하는 역동적 관점에서 이해하는 것이 중요하다. 아동의 문제를 발달 과제라고 하는 시각에서 바라보게 되면 아동의 성숙 정도를 파악하면서 문제 행동의 지도를 현 상태를 긍정적으로 이해하는 것부터 시작할 수 있게 된다. 그러면서 아동의 현 상태를 더욱 발전시켜 나가기 위한 발달 과제를 파악하게 된다. 이런 관점에 서게 되면 아동의 문제 행동은 아동을 일시적으로는 힘들게 하지만, 이를 통해 아동 자신의 발달을 촉진시키는 계기가 될 수 있다는 사실을 알 수 있다.

(4) 아동을 둘러싼 인간관계의 문제를 반영하고 있다

아동의 문제 행동은 '아동'의 문제가 아니다. 문제 행동의 표출은 아동이 주위 사람들과의 좋은 관계를 발전시켜 나갈 수 없는 상황을 상징적으로 말해 주고 있다. 아동은 유아기에는 부모나 형제 등과의 관계가 매우 밀접하기 때문에 만일 이들과의 관계에 어떤 문제가 생기는 경우 스트레스를 느끼면서 문제 행동을 보이기도 한다. 이처럼 문제 행동의 표출 이면에는 주변 환경과의 관계를 발전시켜 나갈 수 없는 문제 상황이 존재하며, 아동의 문제 행동은 단지 그 문제 상황의 대변자에 지나지 않는 것이다. 그러므로 아동의 문제 행동을 '아동'이 문제라는 인식보다는 아동을 둘러싼 인적 · 물적 환경과의 관계성 문제로 이해하는 것이 중요하다.

아동의 문제를 아동을 둘러싼 인적 · 물적 환경과의 관계성의 관점에서 이해한다고 하는 것은 과연 무슨 말인가? 한 예를 들어 설명해 보자. 노트에 한 마리의 토끼를 그려 보자. 그리고 이 토끼가 '흰 토끼'라는 사실을 표현해 보자. 어떻게 하면 될까? 토끼 그림의 배경을 검은색으로 칠하면 될 것이다. 이런 그림을 한 번 그려 보면 눈에 띄는 것(토끼)은 눈에 띄게 하는 것(배경)과의 관계에 의해 표현된다는 것을 알 수 있다. 또한, 동일한 토끼가 흰색 배경과 검은색 배경에 따라 다르게 보인다는 사실도 알 수 있다.

아이의 행동을 '문제'라고 이해하였을 때, 우리는 문제가 되는 그 행동을 그림의 부분으로 보고 있다고 할 수 있다. 그러나 부모나 교사들은 그 행동(그림)을 눈에 띄게 하는 배경이라고 할 수 있는 주위 환경에 대한 것은 무시하고, 그림에 해당되는 부분에만 주목하여 어떻게 해야 한다고 생각하는 경우가 많다. 배경의 역할을 하고 있는 부분, 즉 아동이 처해 있는 상황으로 눈을 돌리면 주변 환경과 문제가 되는 행동과의 관계성을 파악할 수 있다. 이런 이해를 하게 되면 그림을 바꾸려는 노력만이 아니라, 배경의 역할을 하고 있는 상황을 변화시킴으로써 문제 행동에 대한 새로운 접근이 가능해진다. 결국, 아동의 문제 행동에 대한 이해와 지도는 부모의 양육 태도만이 아니라, 가족 전체의 인간관계를 파악하여 전체적 역동성을 생각하면서 접근하는 것이 중요하다.

Appendix 말더듬 아동에 대한 이해와 지도

말더듬 현상은 언어의 리듬 장애라고 말할 수 있으며, 유아기 때부터 나타나기 시작하여 초등학교 입학 시기에 많이 보였다가도 성인이 되어서는 사라지는 것이 일반적이다. 유아기 때의 말더듬 현상은 그 증상이 경미한 경우가 많으며, 이것을 악화시키는 외부 자극이 없는 한 대부분 사라지는 것이 일반적이다. 그러나 아동의 말더듬 현상에 대한 이해가 부족한 어른의 잘못된 대응 때문에 오히려 말더듬 현상이 악화되는 경우도 적지 않다. 유아기의 말더듬 현상에 대한 지도는 대개 장애 그 자체에 대한 지도보다는 그 아동을 둘러싼 언어적 환경과 심리적 안정을 위한 환경 조성에 초점을 맞추는 것이 일반적이다. 이와 관련해서 오까모토(岡本, 1994)가 제안하고 있는 유의점을 소개하면 다음과 같다.

❖ 말더듬 현상에 대해 주의를 주지 않는다

"침착하게 천천히 말해야지."라고 하는 등의 지도는 충고의 효과보다는 아동의 자기표현을 중단시켜 버리고, 표현의 즐거움을 상실하게 만들어 버린다. 또한, 부모나 교사가 언어로 직접적인 지적은 하지 않지만 난처한 표정이나 거부적 태도를 취하는 것도 아동에게는 동일한 의미로 전달되기 때문에 바람직하지 않다.

❖ 무리하게 말을 시키지 않는다

말을 더듬는 아동에게 조금이라도 말을 시켜, 훈련을 통해서 말을 매끄럽게 할 수 있도록 해야 한다는 생각에서 아동에게 여러 가지를 집요하게 묻는 경우가 많다. 선생님으로부터 "어제는 무엇을 했지?"라고 질문을 받게 되면, 아동은 많은 일이 있었지만 하나하나 이야기하기가 쉽지도 않거니와 모두 기억을 하고 있지 않기 때문에 간단하게 "즐거웠다."라고 대답하는 경우가 있다. 이때 다시 "무엇이?"라고 집요하게 질문을 하게 되면 아동은 표현에 대한 긴장감이 강화되면서 언어의 리듬이 깨져 버린다. 아동의 말더듬 현상은 대개 두드러지게 나타나는 시기가 있기도 하고 사라지는 시기가 있기도 하는 등 그 흐름이 있다. 말더듬 현상이 두드러지게 나타나는 시기에는 무리하게 말을 시키지 않는 것이 중요하다. 흥미롭게도 말을 더듬는 아동일지라도 혼자서 무언가 중얼거리고 있을 때는 더듬거리지 않고 매끄럽게 표현하는 것을 볼 수 있다. 이때는 방해하지 말고, 충분히 허용해 주는 분위기를 만들어 준다.

❖ 꾸중을 줄인다

"안 돼!", "그만둬!"라고 하는 거부적 의미를 담고 있는 어른의 표현은 아동에게 욕구 불만이나 심리적 불안감을 가중시켜 아동의 말더듬 현상을 악화시키기도 한다. '자식의 말더듬 현상에 대해 너무 예민하게 반응하고 간섭을 많이 했다'고 반성하는 부모가 자신의 태도 변화를 통해 자녀의 말더듬 현상이 상당히 호전되었다고 하는 사례가 드물지 않게 보고되고 있다. 그러므로 말더듬 현상을 보이는 아동을 지도할 때에는 욕구 불만이나 심리적 긴장감을 느끼지 않도록 부모나 교사의 애정과 사려 깊은 대응이 필요하다고 하겠다.

❖ 즐겁게 말한다

말더듬 현상에 대한 지도 방법에는 지금까지 언급했듯이 하나는 매끄럽지 못한 언어의 리듬에 대한 심리적 압박을 줄이는 것이며, 또 하나는 애정과 신뢰관계에 기초한 안정과 자신감을 갖도록 하는 것이다. 대개 말더듬 현상은 동생의 출생이나 유치원 · 초등학교의 입학 시기에 시작되거나 또는 부모의 엄격한 양육 태도 등과 관련이 있는 경우가 많기 때문에, 아동의 심리적 긴장이 깊게 관여하고 있다고 보고 있다. 그러므로 아동이 안심하고 자기표현을 마음껏 할 수 있도록 배려하고, 동시에 아동의 말더듬 현상에 대해 예민하게 반응하지 말고 서로 즐겁게 이야기를 나누는 기회를 많이 가지는 것이 중요하다.

Chapter

2 아동상담과 발달이론

child counseling

아동의 적응상의 문제나 장애를 이해하는 데 있어 아동 발달의 일반적 모습, 즉 발달 원리와 이론을 이해하는 것은 매우 중요하다. 발달이론에는 크게 신체발달과 정신발달로 나눌 수 있으며, 본서에서는 아동상담과 관련된 문제를 다루기 때문에 신체발달에 대해서는 간단히 설명하고 정신발달을 중심으로 구체적으로 살펴보고자 한다.

01 신체발달

발달이란 수정에서부터 죽음에 이르기까지의 연령 증가에 따른 심신의 변화를 말한다. 발달은 시간적 경과에 의해 자연스럽게 나타나는 성숙 현상과 경험에 의한 변화인 학습이 상호 관련을 맺으면서 진행해간다. 또한, 발달은 무질서하게 진행하는 것이 아니라, 일정한 원리에 따라서 진행한다. 신체발달 원리의 주요 내용은 다음과 같다.

- 발달에는 일정한 질서가 있다.

발달은 일정한 순서에 따라서 진행이 된다. 예를 들어, 신체, 운동 발달에서는 '머리에서 다리 방향으로', '중심부에서 주변부로'라고 하는 일정한 방향성이 있다.

- 발달은 연속적으로 전개된다.

발달은 돌발적이거나 단속적으로 진행되지 않고, 연속성을 갖고 있다. 그러므로 이전 시기의 발달 정도는 이후에 영향을 미치게 된다.

- 발달의 리듬은 일정하지 않다.

발달은 항상 일정한 속도로 진행되는 것이 아니다. 속도가 급격한 시기가 있고, 완만한 시기가 있다. 또한, 발달 속도는 심신의 각 기능에 따라 다르게 나타난다.

- 발달의 다양한 영역은 서로 상호 관련성을 갖고 있다.

신체와 심리의 다양한 영역과 기능은 각각 독립적으로 발달하는 것이 아니라, 상호 밀접한 관계에서 영향을 주고받으면서 발달해 간다.

- 발달에는 개인차가 있다.

발달에는 일정한 순서와 방향성이 있지만, 발달 시기, 속도, 달성의 정도 등에는 개인차가 있어서 발달의 속도가 빠르게 진행되는 조숙형이 있는가 하면, 반대로 느리게 진행되는 만숙형의 아이도 있다.

02 정신발달

1. 정신발달의 이해

(1) 정신발달이론의 결정판은 존재하는가?

정신발달에는 다양한 이론이 있다. 발달이론이 다양하다는 것은 발달론에는 정석과 같은 이론이 없다는 것을 의미하기도 한다. 그렇다면 왜 발달이론에는 결정판이 없는가? 인간의 마음 구조는 뇌(腦)의 문제만이 아니라, 가족이나 사회라고 하는 외부 세계와의 관계 속에서 성립되는 세계이다. 그런 인간의 마음은 그 사람이 속한 공동체나 사회 문화라고 하는 측면의 영향을 받으면서 변화해 나간다.

이 때문에 그 사회에 존재하는 문화의 특징에 따라 인간의 정신발달의 양상은 다양한 형태를 띠게 된다. 이렇게 보면 시대와 문화를 초월하는 영구불변의 보편적 정신발달론, 즉 발달이론의 결정판은 존재하지 않는다고 할 수 있다.

아이는 본래 이렇게 발달해야 한다고 하는 '정상적 발달의 공식'은 원래 존재하지 않는다. 일반적으로 정상적 발달이라고 하는 것은 그 아이가 속한 시대와 사회에서 가장 일반적인 양육 형태를 통해서 성장한 아이들의 모습에 대한 연구를 통해 평균적 모습을 그려 내고, 거기에서 발달의 형태를 추출한 것에 지나지 않기 때문이다. 그러나 발달론의 세계에 결정판이 없다고 해서 발달이론이 의미가 없다는 이야기는 결코 아니다. 정신발달 및 정신발달이론의 세계에는 이런 본질적인 문제가 있다는 것을 전제로 영유아의 정신발달에 대해 이해하는 것은 매우 중요하다. 본서에서는 먼저 정신발달에 있어 극히 기본적인 구조에 대해 설명하고자 한다.

(2) '인식'의 발달과 '관계'의 발달

여기서 인식의 발달이란, '아는 것'이나 '이해하는 것'을 의미하며, 관계의 발달이란 '대상에 접근이나 작용하는 것'을 의미한다. 쥐가 주변 세계를 아는 것은 '인지적'으로 아는 것이지만, 인간이 주변 세계를 아는 것은 '인식적'으로 이해하는 것이라고 할 수 있다. 그래서 학자에 따라서 '인지의 발달'과 '인식의 발달'을 구분해서 사용하기도 한다. 인식의 발달은 이해의 발달이나 지적 발달이라고도 할 수 있으며, 일반적으로 우리가 '지능'이라고 하는 것은 인식의 획득 능력 또는 획득 수준을 의미한다.

한편, '관계의 발달'이란, 인간과 인간의 사회적(공동체적) 관계의 세계를 의미한다. 이와 유사한 의미로 발달심리학에서는 '사회성의 발달'이라는 용어로 표현하고 있다.

세상에 태어난 아기는 처음에는 완벽한 미지(未知)의 세계에 던져진 것과 다를 바 없다. 미지의 세계에 던져진 이상, 아기는 생존을 위해 노력해 나가야 한다. 그것은 주변 세계가 어떤 세계인지를 이해하지 않으면 안 되며, 그러기 위해서는 주변에 세계에 대해 자신의 힘으로 적극적으로 탐색해 나가야 한다.

하지만 주변 세계를 탐색하고 아는 것만으로는 살아갈 수 없다. 그 세계에 대한 접근이나 작용을 통하여 그 세계와의 관계를 맺어 나가기 위한 노력을 해야 한다. 물론, 주변 세계도 아이에게 여러 가지 방법으로 접근이나 작용을 하게 된다. 이렇게 보면 세상에 태어난 아기는 주변의 미지의 세계와의 상호적 관계를 만들어 나가야 하는 중요한 과제를 안고 있다고 할 수 있다. 아기의 정신발달 과제를 정리하면 다음 두 가지이다.

(A) 주변 세계를 보다 깊고 넓게 알아가야 하는 과제(인식의 발달)
(B) 주변 세계와 보다 깊고 넓게 관계를 맺어 나가야 하는 과제(관계의 발달)

정신발달이란 (A)와 (B)의 두 축으로 성립된다고 할 수 있다. 본서에서는 보편적 정신발달의 기본구조에 대해서 살펴보고자 한다.

(3) 정신발달의 기본구조

인간은 다른 생명체와는 근본적으로 질적 차이가 있다. 그 차이란 주변 세계의 질적 차이를 말한다. 곤충이나 벌레, 새 등의 주위 세계는 천연 자연의 물질적 세계이다. 이런 생명체는 그 자연 세계에 대해 물질적으로 접근하면서 살아가는 것이 기본적 생존 스타일이다. 물론, 인간의 경우도 다른 생명체와 다를 바 없이 물질적 환경에 둘러싸여 있으며, 그 세계와의 관계 속에 살아가고 있다.

그러나 인간의 본질적인 세계는 단순한 물질적 자연 세계가 아니라, 사회적 · 문화적 세계도 관여하고 있다. 이 세계는 물질에 의해 성립되는 것이 아니며, '관념'에 의해, 즉 의미(개념)나 약속(규범)에 의해 성립되는 세계이다. 이런 세계는 다른 생명체에는 존재하지 않는 인간 고유의 세계이며, 이로 인해 인간의 독자적인 정신세계의 구조가 탄생하게 되는 것이다. 인간의 정신발달의 기본구조는 다음 2가지 세계에 의해 성립되어 있다고 할 수 있다.

(A) 인식의 발달: 세계를 단순하게 물질적으로 지각하고 이해하는 것이 아니라, 주변 사람들과의 역사적 · 사회적 · 문화적으로 공유하고 있는 '의미'와 '약속'으로 성립되는 관념의 세계로 이해해 나가는 발달을 말한다.

(B) 관계의 발달: 단순히 주변 환경 세계에 대해 물리적으로 접근하는 것이 아니라, 주위 사람들과의 대인관계적 · 사회적으로 접근해 나가는 발달을 말한다.

정신발달은 '인식의 발달'과 '관계의 발달'이라고 하는 2개의 축에 의해 진행되며, 이 2개의 축은 독립적이지 않고 상호 밀접한 영향의 관계에 있다. 즉, 인식의 발달은 관계의 발달에 의해 촉진되며, 관계의 발달은 인식의 발달에 의해 촉진되는 가운데 정신발달의 전체가 향상되어 나간다.

인식의 세계는 감각기관이 지각한 대로 그 대상을 이해하는 것이 아니라, 사회적 · 문화적인 의미나 약속을 통해 이해하게 된다. 때문에 사회적 · 문화적으로 이해하는 방식은 아이가 단독으로 이해하는 것이 불가능하며, 이미 그러한 이해를 공유하고 있는 성인과의 밀접한 관계를 통해 학습해 나간다.

한편, 관계의 발달도 인식의 발달의 영향을 받고 있다. 인간은 사회 속에 존재하고 있으며, 그 사회에 속한 사람들과 관계를 맺으면서 살아가고 있다. 이런 관계의 발달, 즉 사회성의 발달이 착실히 진행되기 위해서는 사회적 행동을 수행하고 약속(규범)을 지켜 나가는 능력, 즉 인식 능력이 이에 상응하게 발달되어야 한다. 타인의 행동을 이해해 나갈 때, 그 배경에 대해 이해를 한다든지, 자신의 어떤 행동이 타인에게 허용되고 허용되지 않을 것인가라고 하는 다양한 의미나 약속의 이해(인식)를 통해 관계성, 즉 사회성이 발달해 나간다.

(4) 정신발달과정의 일반적 형태

인간의 정신발달과정의 일반적 형태는 일반적으로 연령 증가와 함께 직선적으로 성장하는 것이 아니라, [그림 1-1]과 같이 곡선 형태를 띠고 있다. 0~2세 시기에는 매우 가파른 곡선 형태로 발달하는 양상을 보이다가, 그 이후에는 발달의 공배가 점점 원만하게 되면서 어느 시기부터는 거의 수평적인 발달 상태가 된다. 발달곡선이 처음에는 급격한 경사 형태로 진행되다가 곡선의 커브가 거의 수평으로 옮겨지면 정신적 발달이 어느 정도 성인 수준에 도달했다는 것을 의미한다. 대다수의 사람들은 이런 수평이 된 시점에서 그 사회의 평균적인 발달수준에 도달하였다고 보고 있다. 이런 과정이 인간 정신발달의 일반적 형태이다. 몇 세 정도에 발달이 거의 수평적 상태가 되는가에 대한 것은 개인차가 존재하기는 하지만 발달이론적으로 만 18세를 기준으로 보고 있으며, 그때까지의 과정을 발달기(성장기)로 간주하고 있다.

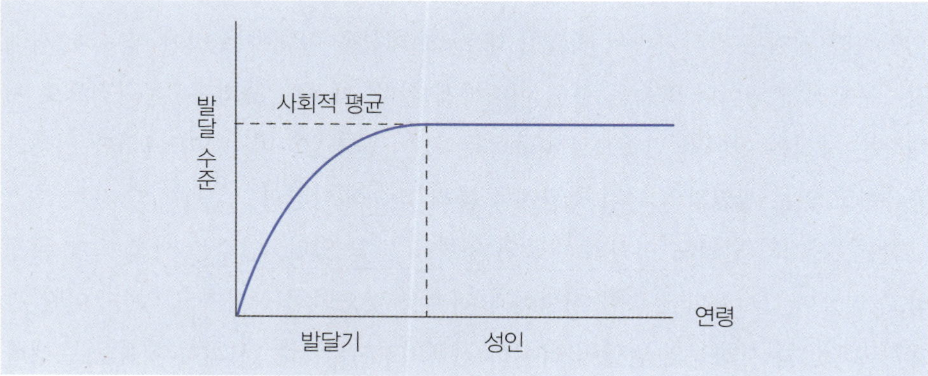

[그림 1-1] 정신발달의 과정

Appendix 생애 발달론의 관점

생애 발달론의 관점에서는 인간의 정신발달은 종점(완성)이 없고 생애에 걸쳐 발달해 나간다고 보고 있다. 이런 관점은 정신발달을 구조적 관점이 아니라, 내용적으로 보기 때문이다. 성인기 이후에도 인간은 나름대로 인생의 과제에 직면하면서 다양한 경험이나 노력을 하는 가운데 마음이 성숙해지고, 그 내용이 풍부해지면서 성장해 나가게 된다. 이런 관점에서 보면 역시 인간은 생애에 걸쳐 성장해 나가는 존재라고 할 수 있다.

발달의 과정은 모든 아이들이 일제히 동일한 속도로 진행되지 않는다. 그 진행 속도가 빠른 아이(조숙아)가 있고, 반대로 천천히 진행되는 아이(만숙아)에 이르기까지 성장기의 발달과정은 그 개인차가 매우 크다(그림 1-2 참조).

또한, 발달이 수평 단계에 들어섰다고 할지라도 그 수준이 어느 정도까지 도달하는가라고 하는 것도 그 폭이 크고 개인차가 심하다. 대다수의 사람들은 그 사회의 평균적 발달수준의 범주에 속하는 양상을 보이지만, 어떤 사람은 평균적 발달수준을 훨씬 넘어서기도 하고, 반대로 어떤 사람은 평균적 발달수준에 훨씬 미치지 못하기도 한다. 발달의 과정과 발달수준은 개인 간에 그 폭이 크다.

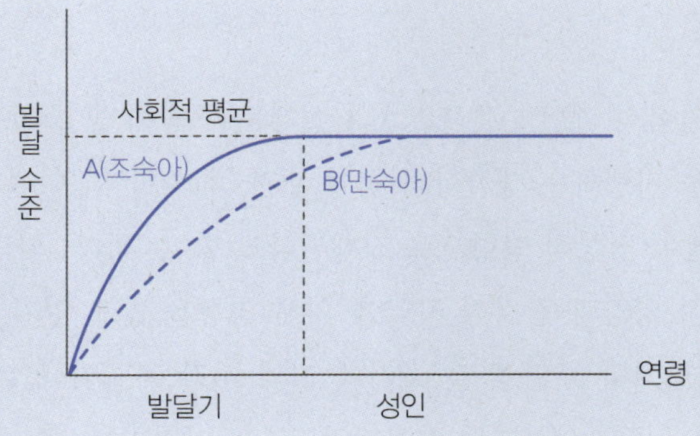

[그림 1-2] 정신발달의 개인차

(5) 정신발달의 원동력

아동의 정신발달을 촉진시키는 데 필요한 힘은 여러 가지 힘이 복합적이면서 통합적으로 작용하고 있다. 이 복합적 관계는 '물질적 조건'과 '관계적 조건'의 2가지 축으로 설명할 수 있다(그림 1-3 참조).

※ 인간의 생물학적(개체적) 존재로서의 측면 (a) × (b)
인간의 사회적(공동체) 존재로서의 측면 (c) × (d)
개체 요인 (a) × (c)
환경 요인 (b) × (d)
발달의 과정 ➡ (a) × (b) × (c) × (d)

[그림 1-3] 정신발달의 요소

출처: 滝川一廣, 2018.

❶ 물질적 조건

먼저 뇌의 생물학적 기반(a)은 DNA의 설계도에 의해 물질적으로 성숙해진다. 이 성숙이 발달을 지탱하는 생물학적 힘이 된다. 하지만 뇌의 설계도가 완벽하다고 해서 정신발달이 정상적 방향으로 진행된다고 할 수 없다. 뇌의 생물학적 성숙은 다양한 물질적 영양과 감각적 자극에 의해 영향을 받고 있기 때문이다(b). 예를 들어, 동물실험에서 보면 발달 초기에 거의 시각 자극이 없는 환경에 놓이게 되면 시각기관이나 중추신경계는 정상적일지라도 시각기능, 즉 사물을 시각에 의해 구분하는 인지적 기능의 발달에 문제가 발생한다는 보고가 있다.

❷ 관계적 조건

인간을 제외한 대부분의 생명체는 뇌의 생물학적 기반(a)과 영양 및 물리 화학적 감각, 지각 자극의 영향을 받으면서 정신발달이 진행된다. 그러나 인간은 사회적 · 문화적인 의미와 약속(규범)을 통해서 세계를 이해하고, 그런 세계와의 관계 속에서 살아가는 존재이다. 그러므로 아이들은 발달을 위해서 이 세계를 사회적 · 문화적으로 공유하고 있는 사람들(양육자를 중심으로 하는 어른들)과의 상호작용이 필요 불가결하다.

또한, 아이들은 어른들로부터의 작용만이 아니라, 어른들에게 자기 스스로 접근이나 작용하는 힘(c)이 필요하다. 만일, 이런 힘이 부족한 경우, 어른과의 상호 교류나 관계 형성이 잘 되지 않아 발달의 지체 현상이 나타나기도 한다. [그림 1-3]에서 보면 인간의 정신발달에는 (c)와 (d)의 관계가 필요 불가결하다. 보울비(Bowlby, J.)와 에인스워즈(Ainsworth, M.)가 주장한 애착(attachment)이론은 (c)에 속한다고 할 수 있다. 피아제도 세상에 태어난 아기가 주변 세계를 이해하기 위해 외부 세계를 능동적이면서 자발적으로 탐색하는 것을 매우 중요하게 생각했다.

❸ 4가지 조건의 통합이 발달을 촉진한다

[그림 1-3]에서 (a)↔(b)는 인간이 '생물학적 · 개체적 존재'라는 것을 말하고 있으며, (c)↔(d)는 인간이 사회적 · 공동체적 존재라는 것을 의미한다. 인간은 단순히 생물학적 존재로서 살아가는 것이 아니라, 사회 · 문화적인 세계 속에서 살아가는 존재이기도 하다. 그러므로 (c)↔(d)는 정신발달에 있어 필요 불가결하다.

(a)↔(c)는 발달에 있어 개체의 내적 요인과 아이 측의 요인을 나타내고 있다. 뇌의 생물학적인 기반의 수준, 그리고 아이가 인간에 대한 접근과 작용의 질적 · 양적 수준은 그 아이의 정신발달에 중요한 요인으로 작용한다.

한편, (b)↔(d)는 발달에 있어 개체의 외적 요인, 환경 요인을 나타내고 있다. 환경이 어느 정도 그 아이의 뇌의 발달에 필요한 물질적 조건을 제공하고 있는가, 주위 사람들이 아이에게 어느 정도 사회적 관계를 제공하고 있는가라는 문제는 '환경 측의 발달요인'이라고 할 수 있다.

결론적으로 (a)~(d)까지의 4가지 조건의 통합에 의해 아이의 정신발달이 진행된다고 할 수 있다. 그런데 이 4가지 가운데 특정 부분에서 결핍 상태가 발생하게 되면 발달의 지체상태가 나타날 수 있다. 그래서 발달장애의 원인론에 대한 논쟁에서 '개체 요인' vs '환경 요인', '생물학적 요인' vs '사회적 요인'의 관점이 항상 거론된다. 이런 논쟁 가운데 어떤 특정 요인이 발달장애의 원인이라고 단정적으로 결론을 내리는 것은 매우 위험스럽고 이론적으로 옳지 않다. 오히려 아이에게 발달의 지체 현상이 나타났을 때, 성급하게 어떤 요인을 특정 짓기보다는 발달과정에 있어 중요한 이 4가지의 조건 가운데 어느 것일지라도 그 아이의 발달을 위해 쉽게 접근하여 도움을 줄 수 있는 부분을 찾아서 지원해 나가는 것이 중요하다.

03 정신발달이론

정신발달이론은 '인식의 발달'과 '관계의 발달'로 나누어서 생각할 수 있으며, 각각 그 주요 이론에 대해서 알아보자.

1. 인식의 발달: 피아제의 발달이론

20세기 인지발달이론의 거목으로 알려져 있는 피아제(Piaget, J.)는 처음에는 동물학자로서 연구를 시작했지만, 20대 이후 발달심리학으로 관심을 돌리게 된다. 그의 가장 큰 관심은 인간의 '지성'에 관한 것이었다. 그의 의문은 동물에게는 없는 고도의 지성이 인간에게만 있는 이유는 무엇인가, 인간이라는 동물은 어떻게 이런 고도의 지성이 탄생하고 육성되는 것인가에 대한 것이었다. 피아제의 이론은 아동의 정신발달에 있어 특히 인식의 발달, 즉 지적 발달의 측면에 기여하는 공이 매우 크다. 여기서 그의 이론을 간단히 소개해 보자.

(1) 쉐마

모든 생명체는 환경에 효과적으로 적응하기 위한 노력을 하게 된다. 피아제는 쉐마(schema, 도식, 스키마)라는 개념을 사용하여, 인간은 이를 통해 자신이 처해 있는 환경에 보다 효과적으로 적응해 나간다고 보았다. 그는 쉐마라는 개념을, "유사한 환경에서의 반복을 통해 일반화된 행동의 조직화나 심적 구조(심적 도식)"라고 정의하고 있다. 간단히 말하면 쉐마란 환경에 보다 효과적으로 적응하기 위한 방법이라고 이해해도 무방할 것이다. 예를 들어, 갓 태어난 신생아의 경우는 빨기 반사나 하품, 재채기 등의 반사를 통해 환경에 적응해 나가게 되는데, 이런 원시적 반사의 경우는 이 시기 아기에게 생존에 필요한 쉐마(schema)라고 할 수 있다. 이후 뇌신경이나 감각운동 능력이 발달하면서 지적 쉐마, 예를 들어 상상력, 추리력, 변별력이 형성되면서 환경에 보다 효과적으로 적응해 나가게 된다. 이처럼 쉐마는 연령 증가와 함께 단순한 패턴에서 점차 복잡한 패턴으로 발전한다. 이 발달이 피아제가 말하는 지성(知性)의 발달이며, 곧 정신발달의 중요한 요소가 된다.

피아제는 아이들은 외부 세계를 단순히 생리적으로 감각기관을 통해 전달되는 정보를 수동적으로 받아들이는 것이 아니라, 그런 정보를 어떤 형태로든 능동적으로 재구성하여 주체적으로 나름대로 이해해 나간다고 보았다. 피아제 이론의 우수한 점은 여기에 있다. 인간의 지성은 능동적 · 주체적인 특성을 띠고 있으며, 그는 이런 능동성이 영아기 때부터 발휘된다는 사실을 발견한 것이다. 이처럼 아이들은 능동적 · 주체적으로 세계를 이해해 나가면서 정신발달이 이루어지고 있다.

(2) 동화와 조절

그렇다면 쉐마는 어떻게 생성되는가? 피아제는 '동화(assimilation)'와 '조절(accommodation)'의 과정에 의해 쉐마라는 지적 개념이 형성된다고 보았다. 동화란 지각한 대상의 특징을 현존하는 쉐마와의 조화를 통해 그 대상을 수용하고 이해하는 과정을 말한다. 이것은 새로운 물체나 현상을 기존의 쉐마에 통합하는 것이라고 할 수 있다. 한편, 동화할 수 없는 대상을 동화하고 이해할 수 있도록 하기 위해서 현존하는 쉐마를 수정하는 과정을 조절이라고 한다. 예를 들어, 아기가 딸랑이 장난감을 젖병처럼 빨기만 하려고 한다면 그런 행위는 '동화'라고 할 수 있다. 그러나 이제 딸랑이 장난감은 빨기를 통해서는 만족을 얻을 수 없는 대상임을 이해하고 딸랑이를 잡고 흔들면서 그 소리를 즐기는 행위로 바꾸는 동작을 취한다면 그 행위는 '조절'이라고 할 수 있다.

이처럼 아이들의 환경 적응은 동화와 조절의 기능에 의해 달성된다고 할 수 있으며, 이것이 이 시기 지성 발달의 과정이다. 이를 위해서는 자신에 처한 환경과 자신에 대한 이해와의 사이에 조화적이고 안정적인 밸런스를 끝없이 유지하기 위한 힘이 필요하다. 이 힘을 피아제는 균등화(equilibration)라고 보았다. 동화와 조절의 진행은 이 균등화의 힘에 달려있다고 보았다. 피아제는 자신이 처한 환경에 보다 안정적으로 적응하게 하는 것은 동화와 조절의 작용, 즉 균등화가 생명체를 발달(성장)시키는 원동력이 된다고 보았다.

(3) 발달의 4단계

피아제는 지성(인지)의 발달을 크게 4가지의 단계로 나누고 있다(표 1-1). 아이들의 정신발달은 이런 단계를 거쳐 조금씩 향상되어 간다.

〈표 1-1〉 발달의 4단계

단계	연령	주요 특징
Ⅰ. 감각운동기 (sensory–motor stage)	1~2세경	행위 도식의 사고
Ⅱ. 전조작기 (preoperation stage)	2~7, 8세경	직관적 · 상징적 사고, 비논리적 사고
Ⅲ. 구체적 조작기 (concrete operation stage)	7, 8~11, 12세경	구체적 사물에 대한 논리적 사고
Ⅳ. 형식적 조작기 (formal operation stage)	11, 12세경~	추상적이며 논리적 사고

❶ 감각운동기

이 시기는 언어 획득 이전의 지성의 단계, 영아기에 해당되는 시기이다. 이 시기의 특징은 신체를 사용하여 주변 환경에 접근하여 이해해 나간다. 즉, 이 시기의 아이들은 보고, 만지고, 빨고, 두드리는 등의 감각 기능(시각 · 청각 · 촉각 · 미각 · 후각)을 통하여 외부 세계의 사물을 이해해 나간다. 이러한 사고를 피아제는 '감각운동적 지능'이라고 말한다.

영아의 체험세계는 처음에는 반사와 생리적 반응으로 시작하지만, 시행착오의 반복이 수반되는 탐색을 통해 그 아이 나름대로의 인지적 쉐마를 만들어 나간다. 이런 모습은 수동적인 반사나 생리적인 반응이 아니라, 의도나 목적을 갖고 있는 능동적 활동이며, 주체적으로 주변 세계를 이해하려고 하는 이 시기의 지성적인 모습이기도 하다. 예를 들어, 장난감이 의자 밑에 숨어 있는 것을 발견한 영아는 그것을 손에 넣기 위해 의자를 옮기기도 하고, 방석 위에 있는 장난감을 취하기 위해 방석을 잡아당겨서 장난감을 잡는 등 하나의 결과를 얻기 위한 쉐마의 협응 반응을 보이기도 한다. 이처럼 이 시기에는 수단과 목적이 분화되어 어떤 결과를 기대하면서 의도적으로 행동하는 지적 활동이 보이기 시작한다.

❷ 전조작기

연령적으로 유아기에 해당한다. 이 시기의 인지적 지성 발달의 중심 역할은 언어이다. 사회적 언어가 습득되어 의미와 약속에 의해 그 대상을 이해하는 개념적 사고가 가능해지면서, 인식하는 능력, 즉 본격적인 지성이 나타난다.

피아제는 이 시기의 주요 특징으로 '상징 기능(흙은 밥이고, 나뭇잎은 반찬이라고 가정하면서 소꿉놀이를 한다)'으로 보았고, 이런 활동이 언어발달에 큰 힘이 된다고 보았다. 피아제는 이 시기의 지성은 아직 감각운동기의 흔적이 남아서 인지적 감각지각에 의존하는 논리 이전의 '직관'에 의해 사물을 이해하고 있다고 보았다. 즉, 이 시기의 지성적 사고는 직관적 사고가 중심이기 때문에 어떤 시각 자극이 제시되면 그 자극의 한 부분만을 주목하여 그것을 그 자극의 본질인 것으로 이해하는 사고를 한다고 보았다.

또한, 이 시기의 특징의 하나로 사물을 이해할 때, 타인도 자신과 동일하게 그 사물을 이해하고 있다고 생각하는 사고, 즉 모든 것을 자신의 관점에서 외계(外界)를 인지하는 자기중심적 사고(egoism)의 시기로 보았다. 그리고 이 시기의 아이들은 돌과 나무도 생명이나 의지가 있으며, 보거나 듣는 기능을 갖고 있다고 생각하는 등, 모든 사물을 자신과 동일한 차원으로 이해하는 사고, 즉 애니미즘(animism)적 사고라고 하는 지성의 특징을 보인다고 보았다.

❸ 구체적 조작기

이 시기의 특징은 크게 2가지이다. 하나는 전조작기에서 보였던 직관적 사고로부터의 탈피이다. 직관적 사고의 탈피라고 하는 것은 자기중심적 사고의 탈피, 그리고 사물은 형태가 바뀌어도 그 본질은 변하지 않는다는 것, 즉 보존 개념의 획득을 의미한다. 보존 개념의 획득은 곧 가역성의 개념(원래대로 하면 이전과 동일하게 된다)과 상보성의 개념(물의 수면이 올라갔지만 이전보다 컵의 폭이 좁아졌다), 동일성의 개념(더 넣거나 빼거나 하지 않았기 때문에 같다)의 획득을 의미하기도 한다.

또 하나의 특징은 이 시기부터 인과관계의 개념 획득으로 원인과 결과의 관계를 이해하기 시작한다. 예를 들어, 이전의 단계에서는 물이 들어 있는 컵에 돌을 넣으면 돌이 무겁기 때문에 물의 수면이 올라간다고 생각하지만, 이 단계에 들어서면 돌이 부피를 차지하기 때문에 돌의 크기만큼 수면이 올라간다고 정확한 대답을 하게 된다.

하지만 피아제는 이 단계의 논리적 사고는 아직 자기 자신의 구체적 · 생활적 체험이나 욕구 범주에서 못 벗어나고 있으며, 아직 자기가 만든 논리적 세계의 수준에 머물러 있다고 보았다.

❹ 형식적 조작기

이 시기는 연령적으로는 사춘기 이후의 성인기에 해당되며, 사고의 수준은 구체적 · 생활적인 경험이나 이미지를 벗어나 완전히 추상적인 개념조작에 의해 논리적 사고가 가능한 지성의 단계이다. 그래서 이 시기에는 '가설 연역적 사고'가

가능하게 되면서 사물이나 상황을 직접 보거나 듣거나 접촉하지 않아도 머릿속으로 과제를 생각하면서 가설을 세워 논리적으로 문제를 풀어 나간다. 예를 들어, '남극의 얼음이 전부 녹아 버린다면 우리 지구는 어떻게 될까?'라고 가정하면서 그 문제를 머릿속으로 논리적인 접근을 하게 된다. 이처럼 이 시기부터는 고도의 논리적인 사고가 가능하다. 또한, 예를 들어 'A는 B보다 키가 크다. 그러나 A는 C보다 키가 작다.'는 사실을 알게 되면 B와 C의 관계에 대한 언급이 없어도 'B는 C보다 키가 작다.'는 사실을 유추할 수 있는 객관적 추론적 사고의 능력도 갖추게 된다고 보았다.

2. 관계의 발달

(1) 스피츠의 발달이론

스피츠(Spitz, R. A.)는 출생에서부터 생후 1년간의 영아를 관찰한 결과, 생후 3개월의 무차별적 미소와 생후 8개월경 영아의 낯가림 반응을 발견하였다. 그는 이런 현상을 통해 영아의 대상관계의 성립과정을 설명하면서 다음과 같이 크게 3가지 대상관계의 단계를 설정하였다.

- 1단계: 생후 2개월 정도까지는 자신과 타인의 미분화 상태이며, 특정 대상이 존재하지 않는 단계이다. 즉, 대상 간 구분이 안 되는 단계이다.
- 2단계: 생후 3개월이 되면 사람의 얼굴과 두 개의 눈이 그려져 있는 가면에 대한 미소반응이 나타난다. 이 경우, 얼굴을 옆으로 돌리게 되면 미소반응이 사라진다. 이 시기는 대상관계 성립 이전 단계라고 할 수 있다. 이 반응을 소위 3개월 영아의 '무차별 미소반응'이라 한다. 이 반응은 명백히 대상에 대한 적극적인 반응이며, 심리적 구조의 방향과 변화를 나타내고 있다.
- 3단계: 생후 6개월 정도가 되면 낯선 사람에 대한 낯가림 현상이 나타나기

시작한다. 이것을 소위 '8개월 불안'이라 한다. 이 반응은 어머니의 모습에 대한 기억과 낯선 사람과의 불일치의 지각으로 인해 발생하는 심리적 반응이며, 이는 곧 어머니와의 대상관계의 성립을 의미하고 있다. 이 현상은 피아제의 감각운동기 단계에서 눈앞의 우유병을 담요 밑에 감추었을 때, 영아가 우유병이 존재하지 않는 것이 아니라, 담요 밑에 있다는 것을 알게 되는 시기와 거의 일치한다. 이는 곧 인지 발달이 어머니와의 관계 형성과 밀접한 관계를 맺고 있다는 것을 시사한다. 생후 15개월 정도가 되면 머리를 옆으로 흔들면서 "NO"라고 하는 거부 동작을 보여 준다. 스피츠는 이 현상을 근거로 이때부터 영아의 자아방위기제가 성립되기 시작한다고 보았다. 스피츠가 발견한 영아의 낯가림 현상은 치료적 관계를 시작하기 전, 아이에 대한 정보를 수집하는 과정에서 원만한 대인관계 형성의 문제를 고려할 때 하나의 참고 자료가 될 수 있다.

(2) 보울비의 발달이론

영국의 발달 심리학자 보울비(Bowlby, J.)는 인간의 경우 먼저 생리적 욕구를 충족시켜 주는 대상으로서 어머니가 존재하고, 그 이후에 정서적인 유대관계가 성립된다고 하는 동물 행동학적 관점을 부정하고, 태어날 때부터 특정 대상과의 정서적 유대관계를 추구하고, 그 관계를 유지하려고 하는 애착이 존재한다고 보았다. 그는 애착과 관련된 행동을 파악하여, 이러한 행동이 발달과정에서 어떻게 변화해 가는가를 행동관찰을 통해서 밝히고 있다. 특히, 고아원에 수용되어 있는 아이들에 대한 관찰을 통해서 영유아기에 어머니로부터 분리되어 수용된 아이들이 심하게 울다가 표정이 사라지고, 무감동, 무감정이 되어 버리는 현상, 동시에 타인에 대한 관심도 없어지면서 식욕부진이나 구토, 설사 등의 현상을 발견하였다. 그는 이런 상태를 소위, '호스피털리즘(hospitalism)'이라 불렀다. 그에게 있어 이런 체험이 애착에 관한 발달연구를 촉진시키는 큰 동기가 되었으며, 애착형성의 과정에 대한 관찰로부터 다음과 같은 4단계를 설정하여 제안하였다.

- 제1단계(출생에서 생후 8~12주경까지)

대상의 변별이 수반되는 반응을 보이는 시기이다. 이 시기의 아이는 사람의 모습에서 눈을 떼지 않거나 소리가 나는 쪽으로 바라보거나 자신의 목소리로 시선을 끌어들이거나 사람에게 손을 뻗치기도 한다. 하지만 이 행동은 특정인에 대한 것이라기보다는 누구에게나 관심을 보이는 것이며, 이런저런 자극의 제공을 즐거워한다.

- 제2단계(생후 12주경~6개월경까지)

특정의 한 사람이나 변별된 몇 사람에 대해 접근과 반응을 보이는 시기이다. 사람에 대한 반응이나 작용은 제1단계보다 활발하고, 동시에 자신에게 특별히 중요한 사람(대개의 경우는 어머니)에 대해서는 다른 사람과 구별하여 더욱 적극적인 반응이나 접근을 보인다.

- 제3단계(생후 6, 7개월~2년경까지)

특정인에 대한 변별된 접근행동을 보이는 시기이다. 이 시기는 어머니에 대한 애착행동이 더욱 명확해지면서 어머니에 대한 반응이 타인에 대한 반응과 현저하게 다르게 나타난다. 소위 낯가림 현상이 보이는 시기이기도 하지만, 어머니와의 친밀한 관계를 바탕으로 애착의 범위를 넓혀 가는 시기이기도 하다.

- 제4단계(생후 2, 3년 이후)

이 시기가 되면 아이는 어머니가 잠시 밖을 나갔지만 일이 끝나면 곧 바로 돌아온다고 하는 등, 목표나 동기가 있는 어머니의 행동을 통찰하게 된다. 그래서 이전과는 달리 신체적 접근이 없어도 안심하고 지낼 수 있는 시기이다.

애착의 성립은 아이에게 다음과 같은 의미가 있다고 할 수 있다.

첫째, 특정인과의 사이에 안정된 정서적 관계를 형성하는 것 자체가 아이에게 심리적 안정을 느끼게 한다. 자신이 원한다면 언제라도 다가와서 안심할 수 있도록 적절하게 반응해 줄 수 있는 대상, 자신의 즐거움을 함께 즐거워하고 불안이나 공포도 제거해 주며, 힘들 때 위로나 격려를 해 주는 신뢰감의 대상이 존재할 때 비로소 아이는 타인과의 원만한 관계를 만들어 나갈 수 있는 힘을 얻게 된다.

둘째, 이러한 신뢰감을 형성하게 된 애착의 대상자는 아이에게는 안전기지로서의 역할을 하게 된다. 이동능력을 갖게 되는 1세 전후의 영아에게 호기심을 자극하는 장면에서 자신의 탐색활동을 활성화시키고, 스트레스를 느끼게 하는 장면에서는 긴장이나 불안을 완화시켜 주는 것은 다름 아닌 안전기지로서의 역할을 하는 애착대상이다. 이런 애착대상이 존재할 때, 비로소 아이는 미지의 세계를 두려워하지 않고 적극적으로 탐색 내지 도전하면서 자신의 세계를 넓혀 나간다.

셋째, 첫 애착대상의 형성으로 인해 갖게 되는 타인에 대한 신뢰감이나 심리적 안정은 이후 다양한 타인과의 관계를 구축해 나가는 데 기초가 된다. 최초의 애착관계로부터 신뢰와 심리적 안정을 느끼게 하는 애착의 원형이 마음속에 자리 잡게 되면 아이는 동일한 관계를 새로운 만남에서도 만들어 나갈 수 있다.

사실 아이의 입장에서 최초의 애착대상은 반드시 어머니로만 한정하지 않는다. 아이에 대한 반응이 적절하고 충분하다면 그런 반응을 보인 사람이 누구일지라도, 그리고 복수일지라도 애착의 대상이 될 수 있다. 보육의 인적 환경에 따라 애착의 대상은 다를 수 있지만, 1세 전후의 영아에게는 적어도 한 명의 애착대상이 존재해야 하며, 이것이 이후 건강한 심리적 발달의 기초가 된다.

보울비는 영유아기에 애착대상이 박탈당한 상태를 '모성적 양육의 박탈(maternal deprivation)'이라 명명하면서 이 체험이 이후의 다양한 심리적 문제에 영향을 미치게 된다고 주장하였다. 그래서 모성적 양육의 박탈은 아이의 문제를 판단하는 데, 특히 불안감이 강하고, 기본적 신뢰관계의 형성이 어려운 아이에 대한 심리치료를 해 나가는 데 있어 문제해결의 실마리를 제공해 줄 수 있다고 본다.

(3) 마라의 발달이론

마라(Mahler, M. S.)는 영유아의 생물학적 성장에 수반되는 지각, 기억, 운동 등 자아기능의 발달, 어머니와의 관계에서 분리불안, 기본적 신뢰관계의 확립과 갈등에 대한 면밀한 관찰을 통해 다음과 같이 0~3세까지를 3가지 단계로 나누어서 그 특징을 설명하고 있다.

- 제1단계: 정상적 자폐단계

생후 1개월까지는 자타(自他)의 구별이 전혀 없는 상태이며, 자신의 욕구가 모두 자기 자신의 내부에서 충족되므로 이 시기는 마치 대상이 없는 세계에 존재하는 것과 같은 상태이다.

- 제2단계: 공생단계

생후 2개월이 지나면 내부와 외부의 식별이 조금씩 가능해진다. 외부 자극에 대한 감수성을 보이기 시작하며, 공복을 비롯한 욕구가 외부부터 충족된다는 사실을 안다. 이 시기는 어머니가 아이의 양육에 몰두하는 시기이며, 모성적 양육이 중요한 역할을 한다. 영아와 어머니는 하나의 개체라고 하는 환상을 가진 전능적 일체감의 세계에 있는 상태라고 할 수 있다.

- 제3단계: 분리 · 개체화의 단계

공생의 관계에서 점차 어머니가 다른 별개의 존재라는 사실을 알게 되는 분리 · 개체화의 과정에는 다음 4가지의 시기가 있다.

❶ 분화기

생후 5개월부터 9개월까지의 시기이다. 어머니로부터의 분리감각을 획득하고 자아의 자율성, 지각, 기억, 현실을 검토하는 힘의 발달에 의한 개체화의 움직임이 보인다. 어머니와의 신체적 밀착 상태로부터 이탈하여 어머니와 자신은 서로 다른 존재라고 하는 사실을 지각하게 되는 시기이다. 스피츠가 말하는 낯가림 시기와 겹치는 시기이며, 또한 다른 입장에서 바라본 시각이라 할 수 있다.

❷ 연습기

9개월부터 14개월까지의 시기이며, 직립보행으로 인해 영아의 생활공간이 확장된다. 어머니와 물리적으로 떨어져 있어도 어머니와의 접촉을 유지하면서 이제까지의 촉각이나 후각에 의한 밀착관계를 벗어난다. 혼자 있어도 어머니와의 일체감을 유지하게 되며, 또한 자기애(自己愛)가 정점에 달하는 시기이기도 하다.

❸ 재접근기

14개월에서 24개월까지의 시기는 아직 개인으로서의 내적 · 외적 자극이나 욕구를 독자적으로 처리해 나가기 위한 내적 기능이 충분히 발달되어 있지 않기 때문에 어머니에 대한 접근 욕구와 분리 욕구가 동시에 존재하는 언밸런스(양가성)의 상태이다. 이 상태를 극복하게 되면 아이는 나름대로의 심리적 거리를 유지하면서 독자적 개성을 육성해 나간다. 심리의 내적 세계에서 자기 표상과 대상 표상을 분리하여 확립해 나가게 되며, 부적절한 양육 태도가 이후의 심리적 발달에 크게 영향을 줄 수 있는 시기이기도 하다.

❹ 개체화의 확립과 정서적 대상 항상성의 달성 시기

대략 3세경까지의 시기에 해당되며, 애착대상으로서의 어머니에 대한 이미지가 영속적으로 유지된다. 그래서 어머니가 부재중이거나 욕구 불만의 상태일지라도 심리의 내적 세계에서의 이미지는 파괴되지 않고 보존되어 있는 상태이다. 이처럼 어머니를 내적 이미지로 갖고 있다는 사실은 현실적인 어머니와의 공생적인 접촉에서 이탈하여 유아가 자기 자신으로서의 일관성을 갖고 있다는 것을 의미한다.

이처럼 마라는 영유아를 대상으로 생후 3세까지의 발달과정을 어머니와의 관계를 중심으로 관찰하여 기본적 신뢰관계의 형성과정을 기술, 분석하였다.

(4) 위니코트의 발달이론

영국의 소아과 의사인 위니코트(Winnicott, D. W.)는 수많은 아동을 대상으로 한 임상경험으로부터 "유아라는 대상은 존재하지 않는다. 존재하는 것은 모자(母子)라고 하는 하나의 단위만"이라고 하는 유명한 말을 남겼다. 이 표현처럼 위니코트는 모자관계를 매우 중요하게 생각하면서 이에 대한 발달단계를 다음과 같이 기술하고 있다.

❶ 절대적 의존기

태어난 지 얼마 되지 않은 영아는 부모에게 완전히 의존하는 상태이며, 어머니와 아이는 하나의 단위를 형성하고 있다. 이는 어머니가 아이를 안고 있는 상태(Holding)가 나타나는 체험형식이며, 또한 자신의 몸을 통해서 아이를 출산함으로써 신체적으로도 아이의 욕구에 대한 감수성이 높아 본능적으로 몰두하는 시기이다. 이 시기의 아이는 욕구의 만족이 중요하며, 만족을 자신의 일부로서 받아들인다. 예를 들어, 배가 고프면 어머니가 알아차려서 아기의 입에다 젖을 물리는데, 이때 아기는 젖을 자신이 창조한 것처럼 착각의 세계에 빠진다. 이러한 유능감을 동반한 체험은 이후 주체적으로 외부 세계로 향하게 하는 기초를 만든다. 이것이 어머니를 받아들이면서 혼자서 있을 수 있는 능력을 육성시킨다. 이는 곧 내적 환경의 성립을 의미하며 자아의 관계화, 자아의 기능, 그리고 놀이나 일에 몰두하는 능력의 기초가 된다.

❷ 상호적 의존기

생후 8개월 이후가 되면 어머니는 점차 아이의 욕구를 충족시켜 나가는 과정에서 때로는 실패를 하는 등, 아이의 입장에서는 '적당히 좋은(good enough) 어머니'라는 모습을 경험하게 된다. 너무 완벽한 만족을 제공해 주는 어머니는 아이에게 불안을 일으키게 하면서 아이의 주관적인 세계에서 마녀와 같은 존재로 와닿게 된다. 이것을 회피하기 위하여 어머니가 만족을 제공하지 못하는 것에 대한 아이의 분노표출(어머니를 살인하는 것)과 그것을 알아차린 어머니의 접근(살아남은 어머니)으로부터 대상 파괴와 재창조라는 과제에 직면하게 된다.

이처럼 어머니를 통한 대상과의 관계에서 현실의 어머니는 자신의 욕구를 완벽하게 충족시켜 주지 않는다는 것을 알고부터는 이행 대상을 찾게 된다. 이행 대상은 주관과 객관, 내적 세계와 외적 세계가 중복되는 중간영역의 자기를 형성해 나가는 데 중요한 장소를 차지한다. 이 시기에 탈착각체험이라고 하는 착각의 세계로부터 빠져나오면서 그 중간영역을 안전지대로서 잘 활용할 수 있는가가 그 이후의 성장에 큰 영향을 미치게 된다고 본다. 위니코트의 이론은 놀이치료를 해 나가는 데 있어서 아이가 표현하는 공격성이나 의존의 의미를 이해하는 데 참고가 되는 정보를 많이 제공해 주고 있다.

이상과 같이 아동상담과 관련된 다양한 발달이론을 소개하였는데, 이 가운데 어떤 관점은 아동상담 시에 도움이 될 수 있는 이론이라고 여겨지기도 하고, 어떤 이론은 납득하기 힘든 내용을 담고 있다고 생각되는 경우도 있을 것이다. 그것은 심리치료사가 어느 입장에서 어떤 임상적 실천을 해 나가는지에 따라서 각 발달이론에 대한 이해나 평가가 달라지기 때문이다. 만일, 자신의 경험이나 관점에 딱 맞는 이론이 있다고 한다면 그 이론이 자세하게 기술되어 있는 원서를 구독할 것을 권하고 싶다.

(5) 프로이트의 발달이론

프로이트(Freud, S.)는 인간의 심리와 행동의 모든 원동력을 본능 충동의 하나인 성적 욕구를 통해 설명하고 있다. 그는 성적 욕구를 몇 개의 부분 충동으로 나누면서 이것들이 연령과 함께 순차적으로 나타난다고 보았다. 이 성욕의 발달을 구강기, 항문기, 남근기, 잠복기, 생식기의 5단계로 설정하였다. 여기서 말하는 성적 욕구의 개념은 통상적으로 인식하고 있는 것보다 상당히 확대된 의미를 갖고 있는 '감각적 쾌감의 욕구'를 의미한다. 잠복기를 제외한 모든 단계의 명칭은 신체 부위를 나타내고 있다. 정신분석학적 성적 욕구설의 특징은 단지 생리적 수준이 아닌, 인간관계의 관점에서 접근하려는 시도를 하고 있다는 것이다. 부분 충동은 타인과의 바람직한 관계, 특히 영유아기에는 어머니와의 바람직한 관계를 통해 충족되어야 한다고 본다.

❶ 구강기

구강기(oral phase)는 생후 1년 반 정도까지의 기간, 즉 영아기에 해당한다. 이 시기의 아동은 거의 어머니의 젖꼭지를 빨아 가면서 성장해 나가는데, 이는 영양 섭취로서의 의미만이 아니라, 구강 점막의 쾌감을 즐긴다는 의미도 갖고 있다. 이 시기에 어머니와의 사이에 바람직한 감정적 교류와 함께 평온함을 경험하면서 충분한 구강 쾌감을 맛본 영아는 어머니에 대한 신뢰감을 느끼게 된다. 이것은 이후 인간 일반의 신뢰감의 기초가 된다. 이런 경험 가운데 자란 아동은 나중에 타인을 신뢰하고 자신의 능력을 신뢰하는 낙천적인 성격이 형성되어 타인과의 대화를 즐기는 사교적인 사람이 된다.

❷ 항문기

항문기(anal phase)는 생후 8개월~3, 4세경의 시기에 해당한다. 이 시기에 들어서면 항문과 요도(尿道)의 괄약근 발달과 함께 부모에 의한 배설 훈련이 시작된다. 항문기는 구강기와는 달리 신체 내부에서 외부로 내보내는 행위, 즉 배설에 의해 쾌감을 즐기는 시기이다. 여기서는 대소변의 배설을 참으면서 어느 정도까지 몸속에 저장하였을 때 생성되는 충족감, 그리고 인내의 한계를 넘어서서 배설할 때 생성되는 해방감을 느끼는 시기이다. 또한, 이 시기에 들어서면 처음으로 부모에 의해 양육다운 양육이 시작되며, 이에 의해 아동은 자기 자신을 통제하는 것을 학습하기 때문에 성격 형성에 있어 매우 중요한 의미를 갖는 시기이기도 하다.

프로이트는 이 시기에 형성되는 성격 특성으로 꼼꼼함, 인색함, 완고한 성격의 3요소를 제시하고 있다. 꼼꼼한 성격은 배설물의 시말(始末)을 자기 스스로 깔끔히 처리할 때 형성된다. 또한, 배설물은 유아의 입장에서는 부모의 요구에 의해 일방적으로 내보낸다는 의미를 갖고 있기 때문에 처음으로 '내보는 것'에 대한 아쉬움이라는 관념이 생성되면서 욕심과 함께 인색한 성격이 나타나게 된다. 그리고 항문기에는 처음으로 타인의 요구에 의한 순종을 경험하는 시기이며, 이때 오히려 이것을 거부함으로써 자신의 주장을 표현하는 경험을 갖게 된다. 그러나 이것이 반복되면 완고하고 반항적인 성격 특성이 형성된다.

항문기의 양육이 원만히 진행되기 위해서는 먼저 구강기에 양육자와의 사이에 신뢰감이 잘 형성되어 있어야 한다. 또한, 배설 훈련이 너무 빠르거나 엄격하면 고집불통, 반항적, 충동적, 가학적 또는 피가학적 성격이 형성되기 쉽다. 한편, 배설 훈련이 적절하면 자신을 스스로 통제할 수 있는 자기 통제력과 자율성을 획득하면서 이것에 의해 자존 감정을 획득하게 된다.

❸ 남근기

남근기(phallic phase)는 대략 3, 4~6, 7세경의 시기에 해당한다. 이 시기가 되면 유아는 남녀의 차이에 대해 점차 관심을 갖게 되면서 성(性)에 대해서 눈을 뜨기 시작한다. 이에 따라 지금까지 어머니에 대한 순수한 애착을 느껴 왔지만, 이 시기부터는 이성(異性)의 부모에 대한 성적 애착과 동성(同性)의 부모에 대한 라이벌 의식이나 질투심을 갖게 된다. 프로이트는 이것을 '오이디푸스 콤플렉스(Oedipus Complex)'라고 불렀다. 이 문제로 인해 발생하는 불안을 해소하기 위해 남자아이는 현재 어머니의 이성적 사랑의 대상인 아버지처럼 되고자 하는 욕구를 갖게 된다. 즉, 이제 아버지를 라이벌이나 질투심의 대상으로 보는 것이 아니라, 모델로서 바라보게 되는 것이다. 이것을 '동일시(同一視)'라고 부른다. 동일시에 의해 남자아이는 남자다움을, 여자아이는 여자다움을 점차 몸에 익혀 나간다. 이처럼 이 시기에는 동성의 부모 특성을 모델로서 모방해 나가는 가운데 남자다움과 여자다움을 배워 가고, 동시에 부모의 행동을 통하여 도덕심이나 양심과 같은 것도 습득해 나간다. 그래서 이 시기에는 초자아가 형성되기도 하다.

❹ 잠복기

잠복기(latent phase)는 거의 아동기에 나타난다. 이 시기 아동의 관심은 비성적인 것으로 향하면서 학습과 놀이에 열중하게 된다. 인간관계는 가족 중심에서 점차 친구를 포함한 인간관계로 확장해 간다. 이러한 가운데 성적 충동은 학교 친구와의 우정이라든지 부모에 대한 배려 등, 비성적인 우정과 사랑의 형태로 변해 간다. 이 경험은 아이가 장래에 이성과의 건전한 성적 관계를 만들어 나가는 데 있어 매우 중요한 의미를 갖는다.

❺ 생식기

생식기(genital phase)는 심리 성적 발달의 마지막 단계이다. 이 시기는 사춘기 및 청년기에 해당한다. 이 시기에는 아동기에 일시적으로 잠복되었던 성적 충동이 신체적 성숙과 함께 재현된다. 성욕이라고 하는 것은 대인관계 가운데 충족되어야 하는데, 구강기~남근기에서 볼 수 있었던 자기 욕구적인 성향이 이 시기에 들어서면 상대방과의 일체화를 향한 생식적인 것으로 바뀐다. 그래서 여기서는 '상호성'이라는 것이 중요하다. 이것은 단지 일방적으로 자신의 욕구만을 추구하는 것이 아니라, 정신적으로나 신체적으로 상호 만족이 수반되어야 한다는 것을 의미한다.

(6) 에릭슨의 라이프 사이클

발달은 생애에 걸쳐 연속적으로 진행되지만, 장기간에 걸친 발달의 진행과정을 몇 개의 시기로 나누어서 접근하는 경우가 많다. 다른 시기와의 질적 차이에 따라 발달을 몇 개의 시기로 구분하는 것을 발달단계라고 한다. '발달단계'는 발달의 어느 시기에 주목하는가에 의해 구분하는 방식이 달라진다. 이런 구분을 통해 각각의 시기(단계)에 있어 그 특징이나 발달 과제를 보다 명확히 할 수 있게 된다. 이런 발달을 생애 전체에 걸쳐 그 과정을 이해하고자 하는 것이 라이프 사이클(life cycle)이다.

라이프 사이클에 초점을 맞춘 대표적인 이론으로는 에릭슨(Erikson, E. H.)의 이론이 있다. 에릭슨은 [그림 1-4]에서 알 수 있는 것처럼 인간의 생애를 8개의 발달단계로 나누었다. 각각의 단계에서는 발달상 요구되는 과제가 제시되어 있고, 이 과제를 획득하지 못하고 심리 사회적 위기(psychosocial crisis)에 직면하였을 때 발생하는 문제에 대해서도 기술하고 있다. 각 발달단계에는 그 단계에서 우세한 성격의 구성요소가 있으며, 이 요소를 둘러싼 위기에 직면하게 된다고 보고 있다. 각 발달단계를 살펴보면 다음과 같다.

노년기 VIII								통합성 VS 절망 · 혐오
성인기 VII							생식성 VS 정체(停滯)	
성인 초기 VI						친밀감 VS 고립		
청년기 V					정체성 획득 VS 정체성 혼란			
아동기 IV				근면성 VS 열등감				
유아 후기 III			적극성 VS 죄악감					
유아 초기 II		자율성 VS 수치심						
영아기 I	기본적 신뢰 VS 기본적 불신							
	1	2	3	4	5	6	7	8

[그림 1-4] 에릭슨의 발달도식

출처: Erikson, E. H., 1982.

❶ 영아기: '기본적 신뢰'

출생에서 1세반까지의 시기에 해당한다. 이 시기의 발달 과제는 기본적 신뢰감의 획득이다. 이 감각은 일반적으로 타인을 신뢰할 수 있는 존재로서 느끼면서, 동시에 자기 자신에 대해서도 신뢰받을 만한 가치 있는 존재로 인식하는 것을 의미한다.

❷ 유아 초기: '자율성'

1세반에서 4세경까지의 시기에 해당된다. 이 시기의 발달 과제는 자율성의 획득이며, 배설(排泄)과 관련된 '저장'과 '배출'에 대한 자율적 욕구가 증대되는 시기이다. 동시에 이 시기에는 부모의 의한 양육, 즉 아이의 생각대로 배설을 시키는 것이 아니라, 부모가 정한 규칙에 의해 배설해야 하는 압력도 증대한다. 그래서 이 시기의 아이는 자율성의 획득을 둘러싸고 부모의 사랑과 승인을 획득하기 위하여 협력과 자기주장, 자기표현과 자기억제 등의 갈등을 체험한다.

❸ 유아 후기: '적극성'

4~7세경까지의 시기에 해당된다. 이 시기의 아이는 부모와 같은 사람이 되고 싶다는 욕구를 갖는다. 또한, 이 시기에는 유아적 성적 호기심이 강해서 생식기에 대한 관심을 강하게 갖는 아이도 있다. 이런 욕구나 관심을 갖고 있으면서 동시에 환경에 대해서 적극적으로 탐색하고자 한다. 그러나 성적 관심, 이성(異性)의 부모나 아이에게 향하는 관심, 자위(自慰) 행동은 부모에 의해 금지나 벌을 받기 쉬운 행동이기도 하다. 그러므로 이 시기의 발달 과제는 '상처받지 않는 적극성'의 감각을 몸에 익히는 것이다. 이 감각은 나중에 적극적으로 주위 세계를 탐색하고, 무언가를 이루어 나가는 것이 즐거운 일이라고 하는 감각을 만들면서 현실적 욕구와 주체성의 감각의 기초가 되는 역할을 한다.

❹ 아동기: '근면성'

8~12세경까지의 시기에 해당된다. 이 시기의 아이들은 일의 달성을 통해 자신이 인정받는 것을 학습하게 된다. 이 시기에는 단순한 놀이나 공상만으로는 만족

하지 못하고 현실적이면서 실용적인 달성의 만족을 터득하게 된다. 그래서 주위로부터 승인이나 인정받고 싶다는 욕구를 통해 '인내를 통한 달성의 가치'를 깨닫고 이를 위해 노력하여 성취감을 얻게 된다.

❺ 청년기: '정체감의 획득'

13~22세경까지의 시기에 해당된다. 이 시기의 발달 과제는 자아 정체감(ego-identity)의 획득이다. 자아 정체감이란 "나는 과거, 현재, 미래의 어느 시점에서도 나이며, 앞으로도 이러한 내가 주체성을 갖고 살아갈 수 있을 것이라고 하는 자신(自信)을 말하며, 동시에 이렇게 살아가는 자기 자신(自身)이 사회에서도 인정받을 수 있다는 자신(自信)"을 말한다.

❻ 성인 초기: '친밀감'

23~30세경까지의 시기에 해당된다. 청년기가 끝나면 인간은 사회생활을 하는 가운데 일을 통해서나 이성과의 교제를 통해서 많은 사람과의 인간관계를 맺게 된다. 그래서 이 단계에서 획득해야 하는 발달 과제는 친밀감이다. 이 시기에는 이성과의 친밀감을 실현하고, 이를 통해 마침내 결혼과 가정을 만드는 과제가 있다. 타인과의 관계 속에서 친밀한 인간관계를 만들 수 있을 것인가, 형식적인 인간관계밖에 만들지 못하고 '고립'해 버릴 것인가라고 하는 문제는 이전의 발달 과제인 자아 정체감의 확립 여부에 달려 있다고 본다.

❼ 성인기: '생식성'

30~50세경까지의 시기에 해당된다. 이 시기의 발달 과제는 생식성(生殖性)이다. 생식성이란 다음 세대의 확립과 지도에 대한 흥미나 관심을 말하며, 구체적으로는 자손을 양육하는 일에 에너지를 쏟는 것을 의미한다. 부부는 자신의 자녀를 낳고, 키우고 싶다는 욕구를 갖게 된다. 이런 생식성의 획득에 실패하게 되면 정체감각이 침투하고 인간관계가 빈곤화된다. 또한, 종종 자기본위적인 인간이 되어서 마치 아이와 같이 자기중심적인 사고를 하게 된다.

❽ 노년기: '통합성'

50세 이후의 시기에 해당된다. 이 단계에서의 발달 과제는 '자아 통합성'의 획득이다. 에릭슨은 자아 통합성의 상태를 다음 3가지 모습이라고 정의하고 있다. "단 한 번으로 끝나는 자기 자신의 라이프 사이클을 수용하는 모습, 자신의 부모를 수용하는 모습, 자신의 인생은 자기 자신의 책임이라는 사실을 수용하는 모습"이라고 기술하고 있다.

Chapter

3 발달장애의 이해

child counseling

01 발달장애란?

'발달장애'란, 발달과정에 있는 아동이 정신발달에 있어 사회적으로 동일 연령의 아이들의 평균적인 정신발달 수준에 비해 일정 이상 떨어지는 상태를 말한다. 여기에는 어떤 정신 기능의 발달에 지체 현상이 나타나고 있는지에 따라, 그리고 그 지체 현상이 어느 정도인가에 따라 발달장애의 종류가 나눠진다.

이 용어는 1987년 미국정신의학회의 진단분류 매뉴얼, DSM-Ⅲ-R 발표 후 처음 등장하였다. 그러다가 1994년 개정된 DSM-Ⅳ에는 이 용어에 대한 언급이 없다. 하지만 우리나라는 아직도 이 단어를 발달과정에 있는 아동의 정신적 문제를 의미하는 용어로 사용하고 있으며, 이제는 공식화된 학술적 용어로서 정착되어 있다.

사실 이 용어의 사용방법, 용어의 내용이나 범위는 다양해서 무엇을 '발달장애'로 분류할 수 있는지에 대한 논제에 있어서는 학계의 통일된 의견이 없는 실정이다. 우리나라의 정신의학 영역에서는 대개 다음 4가지를 '발달장애'에 속하는 문제로 보고 있다.

① 지적 장애(또는 정신지체)(Mental Retardation)

② 자폐증 스펙트럼(Autism Spectrum)

③ 학습장애 (LD: Learning Disabilities)

④ 주의력 결핍 및 과잉행동 장애(ADHD: Attention Deficit Hyperactivity Disorder)

발달장애(development disorder)에 대한 정의로는 전통적으로 '주로 중추신경계의 장애로 인해 발생하는 문제로서 특별한 치료나 교육이 필요로 하는 정도로 발달의 지체 현상, 퇴행, 불균형이 보이는 상태'라고 이해하고 있다.

하지만 발달장애는 그 원인을 특정 짓기 어렵고, 다양한 요인이 복잡하게 얽혀 있는 경우도 적지 않기 때문에 발달장애에 대한 정의는 위의 4가지 장애의 공통점을 기술하는 것이 보다 타당하다고 할 수 있다. 그래서 발달장애란 '평균적인 정신발달, 즉 일반적 발달양상에 비해 뭔가의 정신기능의 발달의 지체 현상으로 인해 일상생활이 힘든 상태'라고 이해하는 것이 바람직하다고 할 수 있다. 여기서 어떤 정신기능의 발달의 지체 현상인지, 그리고 어느 정도의 지체인지에 대해서 간단하게 정리하면 〈표 1-2〉와 같다.

〈표 1-2〉 발달장애의 개념적 분류

발달장애의 분류	특징
지적 장애(정신 지체)	인식(이해) 발달의 전반이 평균 수준보다 일정 이상 지체 현상을 보임. 그 정도에 따라 경증(輕症), 보통, 중증(重症)로 나눔.
자폐증 스펙트럼 • 아스퍼거 증후군 • 고기능 자폐증 • 자폐증	관계(사회성)의 발달이 평균 수준보다도 일정 이상 지체 현상을 보임. 그러나 인식의 지체 문제가 보이지 않는 상태는 '아스퍼거 증후군', 가벼운 인식의 지체가 나타나는 상태는 '고기능 자폐증', 인식의 지체도 심각한 상태는 '자폐증'으로 각각 분류함.
학습장애	전반적 발달의 지체 현상은 보이지 않지만, 어떤 특정 정신기능의 발달만이 지체 현상을 보이는 상태를 말함. 예: 발달성 언어장애, 발달성 읽기장애, 발달성 계산장애 등
주의력 결핍 및 과잉행동 장애(ADHD)	전반적 발달의 지체 현상은 보이지 않지만, 주의집중의 곤란, 과잉행동, 충동성의 3가지 행동특징을 보임.

출처: 滝川一廣, 2018.

Appendix 전반적 지체 현상과 부분적 지체 현상

정신발달의 기본구조는 '인식(이해)의 발달'과 '관계(사회성)의 발달'이라고 하는 2가지 큰 축으로 나눌 수 있다. 발달장애에서 인식의 문제가 전면에 나타나는 현상을 '지적 장애'라고 하며, 관계의 문제가 전면에 나타나는 현상을 '자폐증 스펙트럼'이라 한다. 한편, 지적 장애와 자폐증과 같이 발달에 있어 전반적으로 지체 현상이 나타내는 현상과는 다르게, 특정의 발달영역에 있어 발달의 지체 현상이 나타나는 발달장애로는 학습장애와 ADHD가 있다.

이와 같이 발달의 지체 내용의 차이에 따라 서로 다른 4가지의 개념적인 단어로 분류가 된다. 그러나 실제적으로 각 유형에 속하는 발달장애 아동을 관찰해 보면 이 4가지를 명확하게 구분하기가 쉽지 않다는 것을 알 수 있다.

인식의 발달과 관계(사회성)의 발달은 상호 영향을 주고받고 있기 때문에 지적 장애와 자폐증은 연결되어 있다고 할 수 있다. 또한, 지적 장애나 자폐증의 아이들은 학습장애와 동일하게 언어, 읽기, 쓰기, 계산 능력의 문제를 보이기도 한다. 주의력 결핍이나 과잉행동, 충동성도 ADHD 아동만의 특유의 행동이 아니라, 지적 장애나 자폐증 아동의 경우에도 많든 적든 이런 문제가 보인다. ADHD 아동의 경우에도 학습장애 아동에게 보이는 읽기나 쓰기, 계산의 어려움이 보이기도 한다.

02 지적 장애

1. 지적 장애의 이해

(1) 지적 장애의 3가지 조건

사물에 대해 생각하는 능력이나 이해력이 일반적 사람보다 현저하게 뒤떨어지는 사람을 가리켜 옛날에는 '백치(白痴, ideot)'라고 불렀다. 당시에는 이런 문제의 사람을 회복 불가능하고 무능력자로 인식함과 동시에 사회적으로 배척과 차별의 대상으로 여겼다.

역사적으로 보면 이런 사회적 편견이 있었지만, 오늘날은 '지적 장애'의 문제를 '정신 지체(mental retardation)'라고 인식하면서 이 문제를 바라보는 관점이 바뀌었다. 지능 장애의 판단하는 기준은 일반적으로 다음 3가지이다.

a. 지적 능력(인식 능력)이 평균적 범위보다 현저하게 낮은 수준(IQ 70 미만).
b. 이로 인해 커뮤니케이션, 일상생활, 사회적 기능, 학습 등의 능력이 동일 연령의 사회적 기준보다 낮아서 다양한 부적응 행동을 보이는 상태.
c. 발달과정에서 18세 이전에 나타나는 경우.

이 3가지 조건은 1959년 AAMD(미국정신박약학회)가 내놓은 것으로, 그 이후에도 몇 번의 개정이 이루어졌지만 기본적으로 이 3가지의 내용은 바뀌지 않고 있다. 그러므로 이 3가지 기준은 학계에서 어느 정도 타당한 기준으로 받아들여지고 있다고 할 수 있다.

Appendix '지적 장애'라고 하는 의학적 용어에 대해서

지적 장애라고 하는 정식 의학 용어는 '정신 지체(mental retardation)'이다. 그 배경에는 이 현상은 발달의 '장애'라는 개념보다는 발달의 지체라고 이해하는 것이 타당하다고 이해하고 있기 때문이다.

영어의 'mental'과 그 명사 'mind'는 그 의미적으로 볼 때 전자는 '머리', 후자는 '마음'에 가깝다. 그래서 mental이라는 단어의 의미는 '지적인 작용'이라는 뉘앙스가 강한 단어이다. 'Mental test'란 지능검사를 뜻하며, mental retardation이란 정신의 지체가 아니라, 정확히 말하면 지능 발달의 지체를 의미를 하고 있다. 또한, '지체'라는 단어는 '늦다'라는 의미를 뜻하고 있을 뿐, 의미적으로는 부정적, 차별적인 뜻을 내포하고 있는 단어는 결코 아니라는 사실도 이해할 필요가 있다.

무엇이든지 성장이나 발달하지 않는 것이 나쁜 것이며, '앞으로 나아가야 한다', '더 좋아져야 한다'는 것이 발전이고 성장이라고 하는 개념은 근대사회에 들어서서 탄생된 개념에 지나지 않는다. 그리고 정신발달(mental development)의 develop이라는 단어도 그 원래 의미가 '열다, 개척하다'의 뜻이며, '앞으로 나아가다, 진보하다'의 뜻은 아니다. 아동발달을 이해할 때 시사하는 바가 크다고 할 수 있다.

(2) 지적 장애의 분류

지적 장애가 연구의 대상이 된 계기는 근대국가의 성립에 따른 공교육제도의 시작에서 비롯되었다. 공교육 제도의 확립에 따라 아이들 전원을 대상으로 학년별로 교육을 시키게 되고, 그러면서 해당 학년의 일반적 수준에 따라오지 못하는 학생이 발생하게 되었다. 교육 당국에서는 이런 학생들을 사전에 체크하여 교육적 지원을 해야 한다는 발상에서 만들어진 것이 바로 '지능검사'이다.

이런 배경에서 탄생된 세계 최초의 지능검사도구는 프랑스의 심리학자 비네(Binet, A.)와 시몬(Simon, T.)에 의해 만들어진 '지능측정척도'이다. 이 도구는 아이가 보통의 교육 학습수행에 적합한지를 파악하기 위한 검사 도구이다. 이 검사는 곧바로 미국의 심리학자 곳다드(Godderd, H. H.)에 의해 미국으로 전해지게 되었다. 미국에서는 처음에는 이 도구를 지적 장애(당시에는 정신박약 Feeble-mindedness)을 진단하기 위한 도구로서 사용하였다. 이 때문에 심리학 영역에서는 지적 장애에 대한 연구는 '지능검사'에 대한 개발연구, 그리고 '지능'이란 무엇인가라고 하는 논쟁으로 이어지게 되었다.

지적 장애에 대한 판단 시에는 그 아이의 심신 상태나 의욕, 검사자의 숙련도 등에 따라 검사반응이 달라지기 때문에 1회 검사 결과만으로 기계적으로 판단하는 것은 매우 위험하다. 지적 능력의 수준 정도에 따라 다음과 같이 3단계로 분류한다.

❶ 경증(輕症)의 지적 장애(IQ 50에서 55~70)

지적 장애자의 약 85%가 여기에 속한다. 이 수준에 속하는 아이는 초등학교에 들어가기 전까지 듣기, 판단, 조작기능, 전신운동, 타인과의 커뮤니케이션 능력 등에 있어 특별한 문제가 발견되지 않는다. 그러나 이후에는 추상적 사고나 논리적 사고의 어려움을 경험하기도 하고, 학업성적의 저하, 의사소통의 어려움 등으로 인해 일상생활의 부적응 현상을 보이는 등 점차 또래와의 차이가 나타나기 시작한다. 이들의 지능발달은 초등학교 고학년 정도의 수준까지는 끌어올릴 수 있기 때문에 이들에 대한 교육은 어느 정도 가능하며, 체계적이고 적절한 지도를 받게 되면 취업도 가능하다고 보고 있다.

❷ 보통의 지적 장애(IQ 20~25에서 50~55)

지적 장애자의 약 10%가 여기에 속한다. 운동발달의 면에는 특별히 큰 문제는 없지만, 경미한 정신 지체자에 비해 커뮤니케이션 능력이 떨어지기 때문에 타인과의 상호작용이 어려워 초등학교의 초기단계에서부터 고립화되는 현상을 보이는 경우가 적지 않다. 그러나 이들은 개별화된 훈련이나 교육을 통해 어느 정도 일상생활에 필요한 기능을 습득할 있으며, 직업훈련을 통해 간단한 직업적 기능도 수행할 수 있다. 지능발달의 최종단계는 초등학교 3, 4학년 정도의 수준으로 보고 있다.

❸ 중증(重症)의 지적 장애(IQ 20~25 이하)

지적 장애자의 약 3~4%가 여기에 속한다. 유아기에는 타인과의 커뮤니케이션이 거의 불가능하다. 운동능력의 면도 또래에 비해 현저히 떨어지기 때문에 이미 이 시기에 정신지체 판단을 어느 정도 할 수 있다. 초등학교에 들어가면 수 개념이나 읽기, 쓰기의 습득은 어렵지만, 타인과의 대화는 어느 정도 가능한 것으로 알져져 있다.

2. 지적 장애의 원인

근대 의학의 성립에 의해 지적 장애는 뇌의 병, 즉 외인성(外因性) 정신 장애로 이해해 왔다. 이후 그 원인에 대한 연구가 왕성하게 이루어지면서 오늘날은 다양한 원인을 가정하고 있다. 원인에 대한 세계보건기구(WHO)의 분류기준은 다음과 같다.

- 감염 및 중독(예: 선천성 풍진, 선천성 매독, 뇌염, 핵황달, 태아 알코올 중독증 등).

- 외상 또는 물리적 요인(예: 출생 시의 기계적 손상이나 저산소증, 출생 후의 뇌손상 등).
- 대사 · 성장 장애 또는 영양 결핍.
- 출생 전의 대뇌질환(예: 신경선 유종, 결절 경화증 등).
- 출생 전 불특정한 요인의 영향으로 인한 질환 및 상태(예: 소두증, 선천성 뇌기형 등).
- 염색체 이상(예: 다운증후군 등).
- 미숙아 출산으로 인한 문제(예: 저체중 출생, 조산 등).
- 정신의학적 장애에 의한 문제.
- 심리 사회적 환경 결핍에 의한 문제.
- 위에 언급한 임상적 요인에 해당되지 않는 경우.

3. 지적 장애 아동에 대한 교육적 대응

지적 장애는 특정의 인지 기능에만 장애를 보이는 학습장애와는 달리, 지적 발달에 있어 전반적인 지체 현상이 나타나는 것이 그 특징이다. 지적 장애 아동에 대한 기본적인 대응이나 교육은 기본적으로 지적 장애 아동이 학습에 대한 자신감을 갖고 자신이 할 수 있는 능력의 범위 내에서 의욕적인 태도로 임할 수 있도록 각자에게 맞는 교육적 접근(education of mental retardation)이 중요하다. 그 아이의 지적 수준에 맞는 개별화된 교육프로그램을 제공하는 것이 기본 원칙이며, 이에 대한 방법으로는 기본적으로 다음과 같다.

- 지적 장애 아동의 장점과 단점을 파악하여 장점은 강화시키면서 동시에 단점은 약화시키는 교육프로그램을 제공한다.
- 지적 장애 아동의 학습에 대한 준비성(readiness)을 검토하여, 그에 맞는 적절한 학습 목표와 방법을 정한다.
- 학습결과에 대한 즉각적 피드백과 이에 따른 적절한 정적 강화를 한다.
- 단기기억은 어려우나 장기기억은 가능하기 때문에 반복학습을 시킨다.

- 개념적이거나 추상적인 학습은 자제하며, 개념을 구체적으로 제시한다. 지적 장애 아동은 추리력, 변별력, 상상력 등이 부족하기 때문에 언어만을 매개로 하는 학습방법은 바람직하지 않다. 시각, 촉각 등 언어 이외의 방법으로 학습내용을 표현, 전달하고, 시각이나 촉각 등을 이용한 교육 자료를 적극적으로 활용한다.
- 대개 지적 장애 아동은 주의력이나 집중력이 약하기 때문에 학습동기의 유발을 위해서는 과제를 작은 단위로 나누고 단계별로 제시하여 최대한 성취감이나 만족감을 느끼게 한다.

이외에도 지적 장애로 발생되는 부적응의 문제를 최소화하고 자립을 목표로 하기 위해 일상생활의 적응 훈련, 사회적 스킬 훈련, 직업 훈련 등을 실시한다.

지적 장애 아동에 대한 교육적 접근 외에도 가족에 대한 지속적인 상담도 필요하다. 장애 아동의 부모는 자신의 자녀가 장애라는 사실을 인정하고 싶지 않거나 자녀나 주위 사람에 대해 심리적 부담이나 죄책감, 아이의 장래에 대한 불안감 등 부정적인 인지나 감정을 갖고 있는 경우가 많다. 그러므로 이런 부모에 대한 전문가의 적절한 지원 내지 상담은 매우 중요하다고 할 수 있다.

부모에게 아이의 상태에 대한 정확한 이해와 대응방법, 학습지도방법 등을 알 수 있도록 적절한 조언이나 정보를 제공한다. 또한, 아이가 아무리 심각한 상태라고 할지라도 아이의 장애를 수용하고 하루하루를 열심히 살아가는 모습 그 자체에 가치를 부여하는 마음을 갖도록 부모에 대한 심리적 지원도 필요하다. 오늘날 미국에서는 정신 지체자에 대한 설명이 'mentally retarded person'에서 'person with mental retardation'이라는 표현으로 바뀌었다. 이것은 정신 지체자에 대한 이해 방식이 무엇보다도 한 인간으로서의 특성을 인정하면서 그 일부로서 지능 문제를 보고 있다는 시각으로 바뀌었다는 것을 의미한다.

03 자폐증

1. 자폐증의 이해

자폐증 연구는 우여곡절이 많은 연구이다. 이와 관련된 세계 최초의 논문은 1943년 미국의 아동정신의학자인 캐너(Kanner)에 의해 발표된 논문「정서적 접촉의 자폐적 장애(Autistic disturbances of affective contact)」이다. 이 연구가 자폐증 연구의 출발점이 되었다고 할 수 있다. 그는 아이들 가운데 정상적인 외형은 가졌으나 특이한 행동을 보이는 11명의 아동을 대상으로 그들의 행동을 상세하게 관찰, 분석하여 다음과 같은 4가지의 공통 특징을 추출하였다. 그리고 이런 특징을 보이는 아동을 하나의 카테고리로 범주화하여 '조기 유아자폐증(early infantile autism)'라고 명명하였다. 4가지의 특징이란 다음과 같다.

- 어릴 때부터 극단적인 자폐적 고립(관계 장애)
- 커뮤니케이션을 위한 언어 사용의 어려움(언어 장애)
- 동일성 보존에 대한 강박적 욕구(강한 집착)
- 사물을 다룰 때의 섬세한 스킬

이러한 특징들은 오늘날 자폐증의 공통적 특징으로 알려져 있지만, 미국정신의학회에서 제시하고 있는 정신질환의 진단 통계 매뉴얼(DSM-Ⅳ-TR, 2002년)의 기준에 의하면 대표적으로 대인관계의 장애, 의사전달의 문제나 장애, 극히 한정된 활동이나 흥미를 제시하고 있다. 이에 대한 구체적인 내용을 살펴보면 다음과 같다.

(1) 대인관계 장애

대부분의 자폐증 아이는 부모를 비롯하여 타인과의 일반적 관계 형성이 어렵다. 특징적인 하위 영역의 행동으로는 다음과 같다.

- 시선을 맞추는 행동, 얼굴 표정, 신체의 자세와 움직임 등 대인관계 형성에 필요한 비언어적 행동의 표출이 곤란함.
- 발달수준에 맞는 또래관계의 형성이 곤란함.
- 즐거움, 흥미, 자신이 만든 것 등을 자발적으로 타인과 공유하는 능력의 결핍.
- 대인적 또는 정서적 교류의 결핍.

일반적으로 영유아기에 보이는 대인관계의 모습에서는 다음과 같은 특징적인 행동이 보고되고 있다. 상대방과의 시선을 맞추는 행동이 어렵고, 말을 걸어도 쳐다보지 않는다. 안아 줘도 몸을 맡기지 않으며, 미소를 보내도 특별한 반응이 없다. 안고 놀아 줘도 좋아하지 않는다. 함께 놀지 않는다. 사람의 접근을 회피한다 등. 이처럼 타인과의 상호작용을 회피하며 자기만의 세계에 갇혀 있다는 느낌이 강하다. 하지만 기계적 사물이나 특정 놀이, 예를 들어 전차, 자동차 장난감, 자전거 놀이, 미로 놀이, 숫자 놀이 등에 강한 관심을 보이는 경향성을 보이기도 한다.

(2) 커뮤니케이션 장애

자폐증 아동은 거의 예외 없이 커뮤니케이션 장애라는 문제를 갖고 있다. 자폐증 아동의 언어는 커뮤니케이션의 수단으로 사용할 수 없는 표현이 일반적이며, 성장과 함께 조금씩 개선되어 가지만, 그 템포는 일반 아동보다 훨씬 느리다. 다음과 같은 커뮤니케이션의 질적 장애를 보인다.

- 의사 전달 언어의 발달 지체 현상 내지 완전한 장애, 몸동작이나 흉내와 같은 비언어적 의사전달기능도 사용하려고 하지 않음.

- 충분한 커뮤니케이션의 능력이 있다고 할지라도 타인과의 대화를 시작하거나 지속하려고 하는 능력이 현저히 떨어짐.
- 상대방이 표현한 문장에서 마지막 부분만을 앵무새처럼 반복 표현하는 현상.
- 발달수준에 맞고, 변화가 풍부한 자발적인 상징놀이나 사회성이 있는 놀이 활동의 결여.

이밖에도 인칭대명사 사용의 오류 현상이 나타나기도 한다. 예를 들어, 본인이 장난감을 갖고 싶은 경우이지만, 상대방에게 "너도 장난감이 필요해?"라고 말하기도 한다. 또한, 함구증세, 무의미 발성, 조사 사용의 오류 내지 누락, 반대어의 혼동 등이 보인다. 인토네이션이나 악센트가 통상의 방식과 다르고, 감정이 실리지 않은 단순한 발음을 하기도 한다. 듣기 능력은 자신이 알고 있는 사물의 이름이나 간단한 지시 등은 알아들을 수 있다.

(3) 동일한 행동의 반복과 특정 사물에 대한 집착

자폐증 아동은 사람에 대한 관심이 낮으며, 커뮤니케이션 장애나 상상력의 결핍 때문에 타인과의 교류나 상상력을 필요로 하는 활동으로부터 즐거움을 얻는 것이 어렵다. 그래서 자폐 아동은 혼자서 특정의 동작이나 행위의 반복을 통해 즐거움이나 심리적 안정을 얻으려는 경향이 강하다. 이와 관련된 하위영역의 행동특징은 다음과 같다.

- 이상할 정도로 하나 또는 몇 가지의 한정된 활동에만 흥미를 보이거나 열중함.
- 기능적이지 않는 습관이나 행동 양식에 집착함.
- 항상 동일하며 기괴한 행동을 반복적으로 보임(예: 몸이나 손을 끝없이 흔들거나 비틀거나 박수만을 치는 등의 행위).
- 물체의 일부에 집중적으로 열중함.

자폐증의 진단기준으로는 대인관계 장애, 커뮤니케이션 장애, 반복적 행동이라고 하는 3가지 영역의 문제가 보이면서, 하위 영역의 문제에서 6가지 이상의 장애가 보이는 경우로 판단하고 있다. 실제 이에 대한 정확한 판단이 가능하기 위해서는 정상적 발달의 수준에 대한 지식이나 이에 대한 파악능력이 전제가 되어야 한다. 때문에 정상적 발달수준을 보이는 아이와의 관계 형성이나 경험이 문제 판단의 기초가 된다는 사실을 인식할 필요가 있다.

Appendix 자폐 아동의 지적 수준

지적 장애 아동은 일반적으로 운동능력, 탐색조작능력, 사회성, 기본적 생활 습관, 언어능력 등, 발달의 전 영역에 있어 그 수준이 평균보다 현저히 떨어지지만, 자폐 아동은 발달의 모든 영역에서 문제가 있는 것은 아니다. 오히려 특정 영역, 예를 들어 운동능력이나 조작능력은 동일 연령의 아동보다 뛰어난 경우도 있다.

자폐 아동 가운데는 지적 장애의 문제를 갖고 있는 경우도 많으며, 중증의 지적 장애를 보이는 경우는 약 40%, 가벼운 정도의 지적 장애는 약 30% 정도인 것으로 알려져 있다. 그리고 지능지수가 정상 범주(IQ 70 이상)에 속하는 아동도 약 30%나 되는 것으로 알려져 있다(Kaplan, et al., 1994). 지능 검사를 해 보면 언어와 관련된 지능은 정상 아동에 비해 현저히 떨어지지만, 시공간(視空間)의 인지나 기계적 기억능력의 면은 일반 아이들보다 우수한 경우도 있다.

2. 자폐증의 원인

(1) 가나(Kanner)의 가족연구

자폐증은 단일질환이 아니며, 그 원인에는 여러 가지 요인이 관여하고 있기 때문에 병인(病因)의 규명이 쉽지 않다. 자폐증이라는 발달장애가 소개되었던 초창기에는 부모와 자녀 간의 심리적 · 환경적 요인에 그 원인이 있다고 보았다. 가나(Kanner)는 자폐증 아동의 가족에 대한 연구를 통해 자폐 아동의 부모 특징으로 '마음이 냉장고처럼 차갑고, 강박적 관념이나 행동, 포근함이나 융통성의 상실, 기계적인 양육 태도 등'을 지적하고 있다. 정신분석학에서도 가나의 연구와 동일하게 자폐 아동은 어릴 때 부모로부터 거부당한 경험으로 인한 심리적 외상 경험이 있으며, 모성적 양육의 박탈(maternal deprivation) 경험의 상태라고 보기도 한다.

그리고 가나는 자폐(autism)의 기본적인 문제는 대인적 · 사회적 관계의 장애를 갖고 있는 것을 말하고 있으며, 자폐 아동의 커뮤니케이션 문제는 관계의 결핍현상으로 인해 나타난 2차적인 장애로 이해하였다.

(2) 루터(Rutter, M.)의 뇌장애설

자폐증 연구의 흐름을 크게 전환시킨 사람은 영국의 아동정신의학자 루터이다. 그는 자폐증이란 외인성(外因性) 정신장애에 속하는 것이며, 뇌의 기능적 장애로 이해하였다. 또한, 그는 자폐(autism)라는 장애를 기존에 알려져 있는 선천성 언어장애(발달성 언어장애)와 유사한 장애로 보았다. 가나의 주장과는 완전히 반대로 루터는 자폐라고 하는 문제의 기본은 언어 문제에서 출발을 하고 있으며, 이로 인해 2차적으로 발생한 문제가 '관계의 문제'라고 보았다.

이런 루터의 주장은 한때 유력한 정설로 받아들여지면서 자폐의 미스터리가 풀렸다는 인식이 있었다. 그러면서, 이제는 뇌의 어느 부분의 문제로 추상적 사고능력의 장애가 발생하는가에 대한 연구를 하면 된다고 생각했다. 이 때문에 루터의 주장 이후, 자폐증에 대한 연구는 오로지 뇌의 탐색에 초점이 맞추어졌다.

자폐증에 대한 추적 조사를 통해 자폐라는 장애는 성인이 되어서도 지속된다는 사실이 밝혀지게 되면서 가나가 사용했던 '조기유아자폐증'이라는 용어가 사라지고, '자폐증'이라는 용어로 정착을 하게 되었다. 하지만 요즘은 '자폐증'이라는 명칭보다는 자폐증의 다양성을 의미하는 단어, '자폐증 스펙트럼(autism spectrum)'이라는 표현을 사용하고 있다.

Appendix 아스퍼거 증후군

1980년대에 들어서서 루터의 뇌장애설의 오류가 명확히 밝혀졌다. 자폐증 아동에 대한 관찰을 해 보면 이미 영아기 때부터 관계의 장애가 있음을 알 수 있기 때문이다. 관계의 문제를 언어장애로 인한 2차적 장애라고 하는 루터의 설명은 결국 그 설득력을 잃게 된다. 그리고 언어능력과 추상능력도 갖추고 있으면서 관계의 장애라는 문제를 갖고 있는 아스퍼거 증후군이 발견됨에 따라 나중에 루터의 뇌장애설은 폐기되기에 이른다.

아스퍼거 증후군은 오스트리아의 소아과 의사인 아스퍼거(Asperger, H.)에 의해 처음 발견되었으며, 당시에는 유아기의 자폐적 정신병으로 분류되었다. 그 이후 윙(Wing, L.)에 의해 재평가되어 주목을 받았다. 그 특징으로는 지적 능력(인식 능력)은 정상적 수준임에도 불구하고 이에 맞지 않는 사회적 · 대인관계적 행동, 즉 사회적 장면이나 인간관계에서 미숙하고 유연성이 떨어져 이탈적 행동을 보인다.

(3) 자폐증 원인에 대한 탐색: 뇌 과학, 유전 연구

루터의 뇌 장애설 이후, 뇌의 병리적 문제에 초점을 맞춘 연구와 함께 검사 기술도 발달하면서 다양한 주장이 나왔다. 그러나 뇌의 어느 부분에 대한 문제인가, 뇌의 어떤 기능적 문제가 자폐증이라는 장애를 발생시키는 필수 조건인가에 대한 것은 아직 연구자들 사이에 일치된 의견이 없는 실정이다.

뇌의 장애를 일으키는 원인에 대해서도 태아기의 감염, 백신의 부작용, 화학 물질 중독 등, 여러 가지 가능성이 언급되어 왔지만, 의학적으로 입증되어 누구라도 동의하는 원인이 밝혀진 상태가 아니다. 뇌 장애설은 자연과학적으로 여전히 '가설'에 지나지 않으며, ICD나 DSM 등의 진단기준에서도 뇌의 생물학적 견해에 대해 거시적인 것도 미시적인 것도 전혀 포함되어 있지 않다.

한편, 가족연구의 하나로 유전의 영향력에 대한 것을 다룬 연구가 있다. 일란성 쌍둥이에 대한 연구를 살펴보면 자폐증의 일치도가 60~80%로 매우 높아서 유전자(DNA)의 관여를 무시할 수 없다는 주장도 있다. 그러나 100%의 일치도가 아니기 때문에 유전자도 자폐증의 결정인으로 보기는 어렵다는 견해가 지배적이다.

선천적인 요소가 있다고 할지라도 자폐증으로 발전하는 아이가 있고, 그렇지 않는 아이가 있는 이유는 무엇일까? 그리고 후천적인 요소, 즉 생물학적 요인이나 사회 환경적 요인도 관여하고 있는 것일까? 만일 그렇다고 한다면 환경적인 요소란? 반세기에 걸쳐 자폐증 연구가 진행되어 왔지만, 자폐증의 원인에 대한 연구는 미국 정신의학의 초석을 구축한 마이어(Meyer, A.)의 주장처럼, 즉 자폐증을 유발시키는 요소와 환경적 요인과의 상호작용이라고 하는 논쟁으로 되돌아가고 있다고 할 수 있다.

Appendix 자폐증의 원인은 왜 밝혀지지 않고 있는가?

자폐증은 다른 발달장애 이상으로 그 원인에 대한 설명이 너무 다양한 것으로 알려져 있는 병이다. 간략하게 주요 대표적인 주장을 5가지 정도만 열거해 보면 ① 사회 환경설(교육이나 모자관계의 문제에 기인한다고 보는 주장), ② 감각 이상설(청각 과민, 감각 통합기능에 이상이 있다는 주장), ③ 초기 뇌손상설, ④ 소뇌 기능 이상설, ⑤ 유전(염색체 이상) 등이다.

이런 다양한 주장이 하나의 주장으로 정리되지 않고 있는 이유는 무엇인가? 그 이유는 어느 주장을 채택하더라도 그 주장에 해당되는 환자는 고작 몇 %, 많아도 10~20% 정도밖에 되지 않기 때문이다. 게다가 앞으로도 그 숫자가 극적으로 증가하여 자폐증의 가장 유력한 원인으로 등장할 가능성, 즉 하나의 주장으로 대부분의 자폐증 환자들의 증상을 설명할 수 있는 가능성 또한 거의 없기 때문이다.

어떤 아이는 유전자 이상의 문제를 갖고 태어나고, 어떤 아이는 발달 초기에 뇌손상의 문제가 있을 수도 있고, 어떤 아이는 그러한 문제는 전혀 없지만, 특이한 사회적 환경의 문제가 있을 수도 있을 것이다. 마치 산줄기에서 흘러내리는 물은 그 지형이나 환경에 따라 각각 다른 방향에서 내려온 물이지만, 결국 산 아래의 강물의 한 곳으로 모여드는 것처럼 자폐증은 그 출발점은 각각 다르지만 결국 비슷한 증세를 보이고 있는 병이라고 할 수 있다. 이렇게 생각하면 자폐증의 원인에 대한 분석이 왜 하나의 주장으로 결착 지을 수 없는가에 대한 의문을 이해할 수 있을 것이다.

3. 자폐증 아동에 대한 지도(치료)

'자폐증 아동'이라는 판단은 한 번의 면접이나 관찰, 검사만으로는 불가능하다. 시간 간격을 두고 가정과 교육(보육)시설에서의 반복적인 행동관찰 및 면접, 검사 등을 통해 장기간에 걸친 자폐적 행동의 표출과 함께 앞으로도 자폐증상이 예측된다고 판단될 때, 자폐증으로 분류하여 지도 내지 치료에 임하게 된다. 자폐 아동에 대한 대응법으로 일본의 심리학자 사쿠라이(桜井) 등이 소개하고 있는 방법을 제안하면 다음과 같다.

(1) 인간관계의 장애에 대한 대응

어른과의 교류는 훈련에 의해 어느 정도 가능하다. 자폐 아동은 일반적으로 타인과의 신체적 접촉을 싫어하는데, 이 문제를 해결하기 위해서는 그 아이가 좋아하는 활동을 하면서 신체적 접촉을 자연스럽게 조금씩 시도하는 것이 효과적이다. 자폐 아동은 부모와의 안정된 애착형성이 곤란하지만, 일관된 애정을 갖고 대하면서 강제성을 배제하고 무리하지 않게 즐거운 경험을 지속적으로 제공하게 되면 시간은 걸리지만, 마침내 그들 나름대로의 애착행동을 보이게 된다. 자폐 아동은 또래와의 일반적 교류가 곤란하기 때문에 특히 심각한 지적 장애를 동시에 갖고 있는 경우, 또래와 함께 있는 상황에는 지켜보면서 필요에 따라 적절한 개입을 한다.

(2) 커뮤니케이션 장애에 대한 대응

자폐 아동은 타인과의 커뮤니케이션에 대한 의욕이 기본적으로 약하기 때문에 가능한 한 풍부하고 다양한 경험을 통하여 타인과 이야기하고 싶다는 기분이 생성되도록 하는 것이 필요하다. 경험에는 예를 들어 쇼핑이나 산책 등의 일상적 경험이나 행사 참여, 여행 등의 특별한 활동이 있을 수 있다. 이런 다양한 경험을 함께 되돌아보면서 그 아이가 느낀 점을 언어화하는 기회를 제공하는 것이다. 이때 가능하다면 사진이나 비디오도 활용하는 것이 좋다. 이러한 접근을 통해 자폐 아동은 자신의 경험을 언어로 표현하는 것을 배우게 되고, 이를 통해 타인과 경험을 공유한다는 것이 얼마나 즐거운지를 깨닫게 된다. 이런 경험의 축적은 자폐 아동의 커뮤니케이션 능력 향상에 도움이 된다.

(3) 특정 행동의 반복과 집착에 대한 대응

자폐 아동은 특정 행동의 반복과 특정 사물에 대한 집착을 통해 즐거움이나 심리적 안정을 얻고자 하는 경향이 강하다. 본인에게 유해하거나 다른 사람에게 피해를 주지 않는다면 굳이 제한하거나 지도할 필요가 없지만, 그렇지 않은 경우라면 적절한 개입을 하게 되는데 여기에는 2가지 방법이 있다.

하나는 목표에 이르기까지 몇 개의 단계로 나누어서 점진적으로 지도해 나가는 방법과 한 번에 지도하는 방법이 있다. 전자의 방법에는 예를 들어 타월에 집착을 보이면서 그것을 놓지 않고 항상 갖고 다니는 경우, 타월을 조금씩 잘라서 나중에는 완전히 없어지도록 하는 방법을 생각해 볼 수 있다. 후자의 방법은 예를 들어 가족 전원이 정해진 자리에 앉지 않으면 짜증을 부리거나 화를 내는 자폐 아동의 경우, 식사할 때마다 가족 전원이 자리를 바꾸어 가면서 아이의 문제 행동이 보이지 않을 때까지 지속하는 것이다. 어떤 방법을 사용하든 자폐 아동은 저항이나 짜증을 부리는 등 문제 행동을 보이게 되지만, 이런 행동은 어디까지나 일시적인 반응이기 때문에 중단하지 않는 것이 중요하다. 부드럽게 대하면서도 확고하게 접근해 나가면 마침내 아이의 특정 행동의 반복과 집착행동이 약화된다(Wing, 1996).

04 학습장애

1. 학습장애의 이해

아이들의 학업성적 부진의 배경에는 다양한 이유가 있다. 예를 들어, 학습의욕의 저하, 불안이나 긴장감 등의 정서적 불안, 자신감의 상실, 학습 이외의 것에 대한 관심이나 흥미 등, 심리적 요인이나 환경적 요인에 의한 경우가 일반적이다. 그런데 이런 이유가 아닌, 뇌의 구조적 · 기능적 장애에 의한 경우로서 대표적인 것이 학습장애(LD: Learning Disabilities)이다. 학습장애란 기본적으로 지적 발달에는 문제가 없지만, 듣기, 말하기, 읽기, 쓰기, 계산하기, 추리능력 등 특정 영역에서 학습이나 표현의 어려움을 나타내는 장애를 말한다. 그래서 '학습장애'에는 문자를 읽는 것은 가능해도 쓰는 것을 못하거나, 말하는 것은 문제가 없지만 읽기가 어렵다든지, 문자를 읽거나 쓰는 것에는 문제가 없지만 수의 계산을 못한다든지 등 다양한 형태가 있다. 이에 대한 연구로는 전통적으로 뇌 병리학적 접근과 교육적 접근의 영역에서 각각 진행되어 왔으며, 간단히 소개하면 다음과 같다.

(1) 뇌 병리학적 접근

근대사회에 들어서서 공교육 제도가 시작되자, 학교 교육에 따라가지 못하는 아동이 일정 비율로 나타나는 현상에 주목하면서 지적 장애(정신 지체)라고 하는 개념이 탄생되었다. 그런데 세계 최초로 미국의 신경내과의사 오톤(Orton, S.)은 지적 장애의 문제는 없지만, 읽기나 쓰기가 어려운 아이, 또는 계산이 어려운 아이가 있다는 사실을 발견하게 되었다. 그는 저서 『*Reading, Writing, and Speaking Problem in Children*』(1937)에서 신체적 · 정신적 · 정서적 문제가 없음에도 불구하고 나타나는 이런 특이한 문제, 예를 들어 읽기 습득의 지체, 쓰기 습득의 지체, 언어 이해의 지체, 언어 표현의 지체 등을 보이는 아동에 대한 문제를 보고하고 있다.

(2) 교육적 영역에서의 접근

한편, 교육적 영역에서는 1963년 미국의 교육심리학자 카크(Kirk, S.)에 의해 학습장애(learning disability)라는 개념이 처음으로 등장하였다. 그는 지적으로 문제가 없으며, 의욕도 없는 것이 아니며, 성장 과정이나 교육환경에도 문제가 없음에도 불구하고 읽기, 쓰기, 계산하기 등의 학습이 현저하게 부진한 상태를 보이는 아이들을 모두 '학습장애'라고 하는 카테고리로 범주화하였다. 그 배경에는 하나의 교육적 개념을 사용하여 이에 속하는 아동에 대한 교육 지원을 도모하고자 하는 실천적인 의도가 있었다고 할 수 있다. 이를 계기로 미국에서는 학습장애를 교육 지원 대상에 포함을 시킨 「전체 장애 아동 교육법(The Education for All Handicapped Act)」이 1975년에 제정되기에 이르렀다.

2. 원인에 대한 연구

의학적 연구에서는 학습장애의 원인으로 외부 환경의 정보나 자극을 정확히 받아들이는 기능을 담당하고 있는 중추신경계(central nervous system)에 어떤 장애가 있는 것으로 추정하고 있으며, 시각 장애나 청각 장애, 정서 장애 등의 장애나 환경적 요인에 의한 것으로는 보지 않는다. 특히, 오톤(Orton, S.)은 특정 영역의 학습장애 현상을 뇌의 발달에 있어서의 지체 현상으로 간주하면서 시각, 청각, 운동 등을 통제하는 우뇌와 좌뇌의 기능적 분화(역할 분담)이 잘 진행되지 않아서 나타나는 현상으로 보았다.

하지만 이 장애의 구조적 문제에 대해서는 아직 명확히 밝혀진 것이 없다. 읽기, 쓰기, 계산하기 등의 기능을 담당하고 있는 신경 심리학적, 인지 심리학적인 복잡한 프로세스의 어느 부분에서 어떻게 문제가 발생하고 있는지에 대한 것은 아직 밝혀내지 못하고 있다. 학습장애 아동 가운데는 성장과 함께 어느 정도 문제가 개선되는 사례가 보고되기도 하고, 그렇지 않는 사례도 보고가 되는 등, 실로 그 변화의 형태는 다양하다.

3. 학습장애 아동의 특징

학습장애 아동(이하는 LD)의 특징을 정리하면 다음과 같다.

- LD는 일반 아동과는 다른 방식으로 보거나 듣거나 또는 다른 방법으로 학습한다.
- LD는 일반 아동처럼 지금 보았거나 들은 것, 느낀 것을 정확히 재현할 수 없다.
- LD는 시각, 청각 등의 감각기능이 정상적임에도 불구하고 자신이 보거나 듣거나 느낀 것이 다른 사람과 같은지에 대해서 정확히 판단할 수 없다.
- LD는 다른 아동의 행동에 맞추어서 행동하는 것이 어렵다.
- LD는 자신이 학습한 것을 사회적응을 위해 바람직하게 활용하는 것이 어렵다.
- LD는 학습을 게을리 했거나 교육을 받지 않았거나 또는 학습에 대한 의욕이 없었던 것은 아니다.
- 그러나 실제적으로는 학습에 대한 흥미상실이 학습곤란의 원인으로 작용하고 있다.

이상의 내용을 정리하면 학습장애 아동의 특징은 외부의 자극이나 정보를 일반 아이처럼 받아들이거나 이해하지 못하며, 동시에 이런 정보처리과정에 장애가 있다는 사실을 본인이 의식하지 못하고 있다. 이 때문에 학습 면에서의 장애만이 아니라, 운동능력의 장애, 과잉행동 장애, 주의력이나 기억력 장애 등의 문제가 발생하면서 사회적응에 어려움을 경험하게 되고 이로 인해 주위로부터 비난을 받기 때문에 학습의욕의 상실이라고 하는 2차적인 문제가 발생하기도 한다. 학습장애 아동에게 나타나는 일반적인 행동특징에는 다음과 같은 것이 있다.

- 끝없이 몸을 움직이거나 침착한 행동을 보이지 않는다. 또한, 동작이 느리고 전반적으로 반응이 둔하다.
- 집중력이 약해서 단기 기억력이 떨어진다.
- 주위 자극에 의해 행동이 중단되거나 좌우되는 산만함을 보인다.
- 단순한 행동을 반복하거나 특정 사물이나 화제에만 흥미를 보이거나 고집하는 경향이 있다.
- 움직임이 부자연스러우며, 단추를 잠그거나 끈을 매는 행동, 가위 사용 등 조작기능이 뒤떨어진다.
- 정서적으로 불안정하다. 긴장을 쉽게 느끼며 과민하고 동요하기 쉽다. 조그마한 일에도 심하게 동요한다.
- 새로운 환경이나 신기한 장면에서 자신의 행동을 통제하거나 억제하기 어려우며, 충동적으로 사람이나 타인의 물건에 손을 대거나 아무에게나 말을 건다.
- 좌우, 물건의 위치, 지리 등의 공간개념이나 시간개념의 이해에 대한 발달적 지체 현상을 보인다.

4. 잠재적 학습장애 아동의 행동특징

영유아기에는 발달의 개인차가 크기 때문에 학습장애라고 하는 단정이 쉽지 않다. 즉, 영유아기는 발달의 페이스가 각 개인마다 다르기 때문에 학습장애 아이로 의심이 가는 경우일지라도 이후에 급속도록 발달, 변화하여 정상적인 상태가 되는 경우가 적지 않다. 또한, 어떤 장애가 있다는 것은 추정되지만, 영유아기의 문제 행동은 미분화 상태이기 때문에 이 문제가 학습장애로 인한 문제인지, 아니면 자폐증이나 과잉행동 장애로 인한 문제인지 그 구분이 쉽지 않다는 것이다. 이후 학습장애의 위험성을 보이는 영유아기의 행동특징에는 다음과 같다.

첫째, 조그마한 자극에 대해서도 감정의 변화가 심하고, 신경과민으로 화를 잘 내는 등, 감정의 통제가 잘 안 되거나 반대로 반응이 극단적으로 둔감하다.

둘째, eye contact, showing(남에게 뭔가를 보여 주는 것), giving 등의 행동을 보이지 않는 등 타인과의 커뮤니케이션에 문제가 있다.

셋째, 언어발달이 늦고, 어휘량이 많지 않다. 문맥에 관계없는 단어를 사용하거나 상대의 말을 그대로 반복하기도 한다. 한편, 어른이 사용하는 어려운 단어를 기억하거나 문자에 대해 강한 흥미를 보이는 경우도 있다. 억양이나 소리의 크기에 문제가 있는 아이도 있다.

넷째, 좌우 공간개념의 획득이 어려우며, 도로의 구조나 방의 위치 등을 언제까지나 기억하지 못하는 경우가 있는가 하면, 반대로 한 번 가 보았던 길을 완벽하게 기억하고 있거나 한 번 보았던 물건을 꼼꼼하게 기억하여 그림으로 그대로 재생하는 아이도 있다.

다섯째, 타인과의 상호작용 기술이 서툴며 혼자놀이를 즐긴다. 또래에 대한 관심이나 관계를 맺고 싶어 하지만, 집단참여에 필요한 기술이나 규칙에 대한 이해가 부족하다. 또한, 침착하지 못하고 산만한 행동특징을 보이기도 한다.

5. 학습장애 아동에 대한 지도(치료)

학습장애의 증상이나 문제의 정도는 개인마다 차이가 크기 때문에 치료 내지 지도는 학습장애 아동의 각자 발달수준, 정보처리의 특성, 정서적 문제, 아동의 기대 등 그 개인에 관련된 정보를 충분히 파악하여 각 개인에 맞는 구체적이고 체계적인 치료계획을 세워서 접근해야 한다. 미국에서는 이것을 소위 개별교육프로그램(IEP: Individualized Education Program)이라 부르고 있다.

미국의 경우는 법률적으로 학습장애를 포함해서 모든 장애 아동을 대상으로 특수교육 서비스를 제공할 때에는 그 아동을 위한 IEP작성이 의무화되어 있다. 이것을 작성할 때에는 심리, 교육, 의학 등 각 분야의 전공자에 의해 장애 아동과 보호자의 욕구, 학습능력, 인지기능, 행동상의 문제에 대한 평가를 실시하게 된다. 이 정보를 토대로 장애 아동의 지도를 위해 장 · 단기적인 목표를 세우고, 지도방법을 결정하여 교재를 개발한다. 학습장애 아동의 치료교육을 위한 일반적 지침으로는 다음 3가지로 정리할 수 있다.

첫째, 전문가에 의한 평가로부터 다음 3가지 점을 파악한다. ① 대상 아동의 전체적인 지적발달 수준, ② 정보처리의 개인차의 형태 내지 유형, ③ 각 증상이 1차적 증상에 의한 것인지, 아니면 1차적 증상으로부터 발생한 2차적 증상인지를 구분한다.

둘째, 이런 정보를 토대로 각 연령을 고려하여 장 · 단기 치료목표를 설정한다. 교육프로그램을 작성할 때에는 그 아동이 가장 잘 하는 영역, 즉 가장 자신감이 있는 영역부터 먼저 치료교육을 실시한다.

셋째, 그다음에는 자신감이 없는 영역에 대한 치료교육으로 옮겨간다. 이때 주의할 점은 그 아이의 능력으로 달성 가능한 낮은 수준의 과제를 제시하여 작은 성공경험의 반복적 체험을 통하여 학습의욕을 높인다.

넷째, 그 아이가 익히기 힘든 학습 영역을 전통적인 교육방법으로 무리하게 시키기보다는 다양한 학습도구를 사용한다. 예를 들어, 읽기가 어려운 아이의 경우는 음성이나 영상을 통한 학습, 쓰기가 어려운 경우는 컴퓨터 활용, 계산 장애의 경우는 전자계산기 활용 등의 보조 도구의 사용을 적극적으로 활용하여 학습을 지원해 나간다.

학습장애 아동의 심리적 상태는 오랫동안의 학업부진으로 인해 의욕상실 내지 자신감 상실, 열등의식 상태에 놓여 있는 경우가 많다. 그러므로 이들의 학습의욕을 높이기 위해서는 학습 양을 조절한다든지, 자신이 노력한 결과를 알 수 있도록 그래프로 그려서 보여 주기도 하고, 학습과제에 놀이 요소가 포함되도록 하여 흥미를 갖도록 하는 등의 다양한 전략이 필요하다.

사실 인간은 누구라도 일상생활 가운데 아무리 노력하여도 잘 안 되거나 서툰 일이 하나 둘 이상은 있을 것이다. 학습장애 아동은 그 가운데 우연히 읽기나 쓰기, 계산하는 것이 어려울 뿐인 경우라고 생각하는 게 올바른 이해이다. 그러므로 학습장애 아동을 장애라고 하는 하나의 카테고리로 범주화하여 편견을 갖는 것은 바람직하지 않다고 할 수 있다.

05 주의력 결핍·과잉행동 장애

1. 주의력 결핍 · 과잉행동 장애(ADHD)의 이해

(1) ADHD의 이해

침착하지 않은 아이의 행동은 옛날부터 아이들의 일반적 행동특징으로 알려져 있었고, 문제가 되지 않았다. 이런 행동이 문제가 되기 시작한 시기는 공교육의 개시로 인해 조용히 교실에 앉아서 학습해야 상황이 아이들에게 요구하기 시작하면서부터이다.

진단명은 그 시기와 기관에 따라 조금씩 다르며, 그 변화를 살펴보면 다음과 같다. 먼저 미국 정신의학회의 진단기준(DSM)을 보면 1980년 버전(DSM-Ⅲ)에서는 그 병명이 '주의력 결핍장애', 1994년의 진단기준(DSM-Ⅳ)에서는 '주의력 결핍 · 과잉행동 장애(ADHD: Attention Deficit Hyperactivity Disorder)', 2013년도의 진단기준(DSM-Ⅴ)에서는 '주의력 결핍 · 과잉행동성'으로 조금씩 그 용어가 변화해 왔다.

한편, 세계보건기구(WHO)의 1993년도 진단기준(ICD-10)을 보면 '과잉행동 장애(hyperkinetic disorder)'라는 표현을 쓰고 있다. 이처럼 진단명은 시기에 따라 기관에 따라 조금씩 차이가 있다. 어떤 진단명이든 기본적으로는 다음 3가지 증상을 공통적인 특징으로 언급하고 있다.

- 주의력 결핍(예: 물건을 자주 잊어 먹는다, 실수 행위가 잦다).
- 충동성(예: 자기 통제가 어려우며, 퇴행적인 행동을 보인다).
- 과잉행동(예: 목적과 방향 없이 이리저리 움직인다).

여기에는 주의력 결핍의 행동성이 강한 타입, 충동적 행동성이 강한 타입, 이 두 타입이 동시에 보이는 혼합형으로 나눌 수 있다.

ADHD는 최근 교육장면에서 상당히 주목을 받고 있는 문제 행동이다. 대부분의 ADHD 아동은 초등학교에 들어가는 시기부터 적응상의 어려움을 보인다. 집에서는 특별한 문제가 보이지 않지만, 사회적 장면인 학교에서는 수업 중에 가만히 자리에 앉아 있지 못하거나 수업 진행을 방해하는 등의 행동을 보이기 때문에 교사들은 대개 이 문제의 대응에 있어 어려움을 호소하고 있다. 이 장애는 일반적으로 청년기에 들어서게 되면 어느 정도 안정적인 모습을 보이면서 청년기에서 성인기에 걸쳐서 상당히 개선되는 것으로 알려져 있다. 그러므로 ADHD 장애를 갖고 있는 아이에 대한 지도 시에는 이런 변화의 특성에 대한 점을 고려하면서 지원해야 할 것이다.

(2) ADHD의 진단

세계보건기구(WHO)가 제안하고 있는 '과잉행동 장애(hyperkinetic disorder)'의 진단기준(ICD-10)을 소개하면 다음과 같다.

❶ 주의력 결핍에 대한 진단

ADHD 아동은 또래에 비해 집중력의 지속시간이 짧고, 다른 자극에 의해 주의력이 쉽게 방해를 받는 특징을 갖고 있다. 이런 증상은 다양한 일상생활장면에서 발견할 수 있지만, 특히 학교장면에서 그 증상이 두드러지게 나타난다. 예를 들어, 수업이나 과제에 대해 금방 싫증을 낸다든지, 수업 중에 아무것도 하지 않고 그냥 가만히 멍하게 있는 경우도 적지 않다. 과제의 양이 많거나 문제가 어렵거나 복잡할 경우에 쉽게 포기해 버리는 행동을 보인다. 주의력 문제에 대한 진단기준의 개요는 다음과 같다.

- 학업 등의 활동에서 부주의한 실수 행위가 많다.
- 과제나 놀이 활동에서 집중력이 떨어진다.
- 말을 걸어도 종종 듣고 있지 않는 것처럼 보인다.
- 지시나 지도에 따르지 않고, 공부나 시킨 일을 끝까지 해내지 못한다.
- 일의 순서를 세워서 수행하는 것이 곤란하다.
- 공부나 숙제 등 정신적 노력이 요구되는 과제를 싫어하거나 회피한다.
- 활동에 필요한 물건을 자주 잊어 먹는다.
- 다른 자극에 쉽게 주의력이 빼앗긴다.
- 매일의 활동을 종종 잊어 먹는다.

이 가운데 6가지 이상이 보이면서 6개월 이상 지속과 함께 부적응 상태, 연령에 상응하는 발달수준이 보이지 않는 경우에 주의력 결핍 장애로 판단하게 된다.

❷ 충동성에 대한 진단

ADHD의 특징으로는 행동, 발언(發言), 감정의 억제가 쉽지 않은 충동성과 앞뒤를 가리지 않고 행동하는 모습이 보인다. 이 때문에 좌우를 확인하지 않고 도로에 뛰어들기도 하고 아무 기계나 물건에 충동적으로 손을 대어 상처를 입기도 하는 등, 위험한 상황에 놓이는 경우가 적지 않다. 특히, 유아기에는 이런 행동 경향성이 현저하게 나타난다. 또한, ADHD 아동은 눈앞의 물건에 바로 손을 대는 경향이 있어서 물건을 살 때나 이웃집을 방문했을 때 함부로 남의 물건에 손을 대거나 부수는 행동을 보여 부모를 곤란하게 하기도 한다. 이 밖에도 갖고 싶은 물건이 있으면 참고 기다리는 내성이 부족하며, 순서에 따라 단계적으로 생각하고 일을 계획적으로 진행하는 것이 힘들다. 또한, 논리적인 언어 표현이 어렵다는 특징을 갖고 있다. 진단기준의 개요는 다음과 같다.

- 질문이 끝나기도 전에 반응을 해 버리는 경우가 많다.
- 열을 지어서 기다리거나 게임이나 집단에서 순서를 기다리는 것이 어렵다.
- 다른 사람의 이야기에 끼어들거나 활동을 자주 방해한다(예: 대화나 게임에 간섭함).
- 사회적으로 나서야 할 상황이 아님에도 불구하고 부적절하게 발언한다.

위의 증상 가운데 적어도 1가지 이상의 항목이 6개월 이상 지속과 함께 부적응 상태, 연령에 상응하는 발달수준이 보이지 않는 경우에 충동성으로 판단하게 된다.

❸ 과잉행동에 대한 진단

과잉행동의 증상에는 해당 연령에 상응하지 않는 불안정한 행동을 보이며, 여기에는 다양한 레벨이 있다. 비교적 가벼운 수준으로는 침착하지 못한 불안정한 행동이 있으며, 좀 더 심한 수준에는 무언가에 의해 움직이는 것처럼, 또는 발동기에 의해 움직이는 것처럼 움직임이 지나치게 왕성한 행동이 있다. 후자 타입에 속하는 아이들은 그냥 가만히 있지 못하고 끝없이 움직이는 행동을 보이며, 걸어야 되는 장소에서 달리기도 하고 물건 위에 함부로 올라가는 등의 행동이 보인다. 그래서 상처를 입는 경우도 빈번하여 타박상이나 긁힌 자국 등이 드물지 않다.

과잉행동과 충동성을 함께 가진 아이의 경우는 이런 경향이 더욱 두드러져서 차도(車道)에 뛰어들어 자동차에 부딪히는 등 교통사고의 위험성도 매우 높다. 본인은 위험하다는 인식이 부족하므로 아이에게서 눈을 떼지 않는 어른의 주의가 요망된다. 연령 증가에 따라 대뇌의 성숙이 진행되면 과잉행동은 점차적으로 감소한다. 진단기준의 개요는 다음과 같다.

- 손발을 불안정하게 끝없이 움직인다.
- 가만히 앉아 있어야 하는 상황에서 종종 자리를 이탈한다.
- 쓸데없이 많이 뛰어다니거나 높은 곳에 올라가거나 한다.
- 조용히 놀지 못한다.
- 가만히 있지를 못하는 등 마치 엔진에 의해 움직이는 것처럼 행동한다.
- 말을 너무 많이 한다.

위의 증상 가운데서 적어도 3가지 이상의 항목이 6개월 이상 지속과 함께 부적응의 상태이며, 연령에 상응하는 발달수준이 보이지 않는 경우에 과잉행동의 문제로 진단된다.

❹ 추가적인 제한 조건

- 발병은 만 7세 이전이어야 한다.
- 위의 증상들이 상황에 관계없이 항상 나타나야 한다.
- 명백히 현저히 떨어지는 부적응 상태를 보여야 한다.
- 위의 증상이 모두 나타나도 자폐증 스펙트럼 등의 진단기준을 동시에 충족하는 경우는 ADHD로 진단하지 않는다(즉, 자폐증 진단이 우선됨).

이상 3가지(주의력 결핍, 충동성, 과잉행동)의 문제 가운데 어느 것이 가장 강하게 나타나는가 라는 문제는 개인차가 있다. 어느 경우라도 공통점은 자기 통제가 잘 이루지고 있지 않다는 점이다.

그런데 주의력 결핍이나 과잉행동, 충동성은 일반적으로 영아기 때부터 유아기 초기에 걸쳐 어떤 아이일지라도 일반적으로 보이는 보편적 행동이며, 동시에 이런 행동은 이 시기에는 적응적인 행동이기도 하다(즉, 새로운 자극에 민감하게 주목하여 활발하게 탐색하는 행위, 그리고 충동이나 욕구에 즉각적으로 반응하는 행위는 생존을 위해 필요한 행위이기도 함).

아이들은 일반적으로 성장과 함께 주의력의 지속 시간이 길어지고 충동을 억제하는 힘이 키워져서 자연스럽게 자기 통제력이 향상되는 모습을 보이게 된다. 그런데 그런 힘의 발달이 현저하게 지체되는 현상을 보이는 상태를 ADHD라고 한다.

2. 주의력 결핍 · 과잉행동 장애(ADHD)의 원인

ADHD의 원인에 대한 연구를 살펴보면 초창기에는 본인의 마음가짐이나 부모의 양육방식 문제에서 찾기도 하고, 혈연이나 쌍생아를 대상으로 한 가족 연구에서는 ADHD 증상이 유전적인 원인이 강하다고 보기도 했다.

그러나 그 이후의 연구에서는 ADHD를 뇌손상이나 뇌염의 후유증에 인한 것으로 이해하기 시작했다. 이에 대한 연구로는 영국의 소아과 의사 스틸(Still, J.)이 세계 최초이다. 그는 제2차 세계대전 이후 뇌손상을 입은 아이들의 과잉행동, 충동성을 비롯하여 다양한 행동특징을 보고하였다. 그 밖에도 이와 관련된 연구들을 살펴보면 주의력이나 단기 기억력의 통제를 관장하고 있는 대뇌의 전두엽 기능의 장애로 추정하기도 한다. 전두엽의 신경세포 간 작용에 있어 필요한 신경전달 물질이 해당 연령의 평균 수준보다 부족하여 신경세포 간에 신호가 제대로 전달되지 못한 결과, 전두엽의 활동이 떨어지면서 집중력 저하, 충동성, 과잉행동 등의 증상이 나타난다고 보고 있다. 이런 주장을 뒷받침하고 있는 근거로는 메칠페니데이트(methylphenidate)라고 하는 약물의 효과성(약 70%)이다.

한편, 그 아이의 자라 온 환경이나 부모의 양육 태도라고 하는 문제는 ADHD의 직접적인 원인은 아니지만, 스트레스가 많은 가정이나 부적절한 양육이 ADHD 문제를 더욱 악화시킬 위험성이 있다는 지적이 있다. 반대로 바람직한 가정환경이나 적절한 양육은 ADHD 문제의 약화와 함께 어느 정도 적응 상태로까지 회복시킬 수 있다는 사례가 적지 않게 보고되고 있다.

3. 주의력 결핍 · 과잉행동 장애(ADHD)의 장점

교육장면에서는 ADHD의 문제점에 대해서만 주목하는 경향이 있고, 긍정적인 측면은 소홀히 하는 경우가 많다. 다른 자극에 주의력이 빼앗기기 쉽다는 것은 그만큼 변화하는 상황에 민감하다는 것이다. 이런 특징을 보이는 아이는 대개 다양한 자극에 대한 흥미를 갖고 있으며, 어떤 사실이나 상황을 다면적인 관점으로 보는 능력을 갖고 있는 경우도 적지 않다. 주의력의 지속 시간이 짧다는 문제가 지적되고 있으나, 자세히 관찰해 보면 관심이 있는 대상에 대해서는 긴 시간 집중하는 모습을 발견할 수 있다. 또한, ADHD의 장점에는 어떤 일에도 주저하지 않고 즉각적으로 행동할 수 있다는 이점이 있는데, 이런 행동의 경향성은 즉각적인 대응을 지속적으로 해야 하는 상황에서는 유리한 행동이다(현정환, 2013 참조).

4. 침착성이 결여된 아이

ADHD 아동만이 아니라, 침착성이 결여되어 있거나 주의산만하거나 충동적인 행동을 보이는 아이들은 얼마든지 있다. 어떤 경우가 있는지를 소개하면 다음과 같다.

(1) 지적 장애나 자폐증 스펙트럼 아동

주의 집중력이나 충동성의 통제가 어려운 문제는 ADHD 아동의 고유 특징이 아니라, 지적 장애나 자폐증 스펙트럼 아동에게도 나타나는 행동이기도 하다. 무엇보다도 사회적 관계의 문제를 안고 있는 자폐증 스펙트럼에서는 충동성의 억제가 어렵고, 주위 상황을 고려하지 않고 자기 페이스대로 행동을 하는 경향성이 강하기 때문에 ADHD로 진단되는 경우가 종종 있다.

그런데 조작적 진단기준에는 만일 ADHD의 기준을 충족하더라도 동시에 자폐증 스펙트럼의 기준도 충족하는 경우는 자폐증 진단을 우선으로 하기 때문에 ADHD 아동으로 분류하지는 않는다. 그러나 실제로는 이 두 진단명이 한 아이에게 겹치는 경우가 적지 않으며, 어느 쪽의 병에 가까운지 명확히 구분하기 어려운 사례가 적지 않다. 사실 거의 모든 발달장애는 그 증상이 상호 겹치는 경우가 일반적이기 때문에 자폐증과 ADHD 사이에도 어떤 형태의 연속적 스펙트럼을 발견할 수 있을지도 모른다.

(2) 열악한 환경에서 양육된 아동

극단적으로 열악한 환경에서 자란 아이들 가운데 ADHD 성향을 보이는 아이가 적지 않다. 이런 아이들은 양육자와의 여유 있는 상호 교류를 통해 충동성에 대한 통제력을 키워 나갈 기회가 많이 없었을 뿐만 아니라, 상대방에 대한 분노와 불신이 충동성을 고조시키면서 한층 더 자기 통제력이 어려워진 경우라고 할 수 있다.

(3) 지적 수준이 높은 아동

특히, 지능이 높은 아이들 가운데 ADHD 성향을 보이는 아이가 있다. 지적 수준이 보통의 아이들보다 높은 아이는 타인으로부터의 학습보다는 독자적으로 판단하고 행동하는 경향성이 강해서 일반 아이들보다는 그 행동성이나 활동성이 현저하게 높다.

(4) 뇌 질환의 후유증 아동

주의 집중력이나 침착성, 충동성의 억제 수준이 해당 연령 아이들의 일반적 수준과 다를 바 없었던 아이가 어떤 심각한 뇌 질환으로 인한 후유증으로 인해 갑자기 침착성이 떨어지고 충동성을 보이는 경우가 있다. ADHD 연구의 시발점은 이런 현상에 대한 궁금증에서 시작되었다. 대개 이런 아이의 경우, 지적 능력의 저하가 수반되는 경우도 적지 않다. 이에 대한 지원으로는 그 아이나 부모의 입장에서 지금까지 잘 수행했던 것들이 제대로 할 수 없게 되었다는 사실을 통해서 느끼는 심리적 상실감에 대한 이해와 배려가 무엇보다도 중요하다고 할 수 있다.

5. 주의력 결핍 · 과잉행동 장애(ADHD)의 발달적 특징

(1) 영아기

영아기에는 시도 때도 없이 울기 때문에 달래기가 어렵다. 지나칠 정도로 멍하게 있으면서 반응을 보이지 않거나, 반대로 지나치게 과민반응을 보이면서 가만히 있지 않는 등 불안정한 모습을 보이기도 한다. 또한, 식욕이 불규칙적이다.

(2) 유아기

이 시기에는 몸을 끝없이 움직이는 행동을 보이며, 말을 듣지 않거나 짜증이나 주변 사람을 성가시게 하는 행위의 정도가 심하게 나타난다. 유치원(어린이집)에서는 마음대로 교실을 나와 버리거나 자리를 이탈하기도 하고 놀이의 전개과정이 난폭하다. 유아기에는 객관적으로 일반 아이와 ADHD 아이의 구분이 쉽지 않아서 단지 활발한 아이라는 그릇된 판단을 해 버리는 오류를 때로는 범하기도 한다.

(3) 아동기

초등학교에 들어가면 ADHD의 문제가 현저하게 드러난다. 왜냐하면, 이 시기부터 긴 시간동안 책상에 앉아서 또래들과 함께 선생님을 쳐다보고 수업을 받아야 하는 등, 준수해야 할 규칙과 학습태도가 급격히 많아지기 때문이다.

1학년 때는 열을 지어서 서 있는 것이 어려우며, 물건을 잊어버리는 경우가 많다. 마음대로 자리를 이탈하거나 과제를 지속적으로 수행하는 것이 힘들다. 선생님의 질문 중에 대답을 해 버리기도 하고, 순서를 지키지 않고 끼어들기도 한다.

항상 자기가 이겨야만 하기 때문에 마음대로 놀이 규칙을 바꾸기도 하며, 공격적인 행동을 보이는 경우도 있다.

2학년이 되면 과잉행동은 어느 정도 개선되면서 자리 이탈은 감소하지만, 자리에서 신체를 움직이는 행동은 여전하다. 그래서 친구들은 이 아이에게 어떤 문제가 있다는 것을 인지하게 되면서 비판적인 눈으로 바라보게 된다. 친구들과의 사이에서 실랑이가 많아지면서 또래들로부터 나쁜 아이라는 말을 듣게 되고 이로 인해 자기 평가가 낮아지고 자존감정에 상처를 받게 된다.

3학년이 되면 선생님의 지시나 설명에 대해 반항하거나 비난하기도 한다. 친구들이 피할 수밖에 없거나 대항할 수 없을 만큼 공격적인 행동을 하는 경우도 있다.

4학년이 되면 언어로는 친구들을 이길 수 없기 때문에 공격적인 ADHD 아동은 힘으로 해결하려고 한다. 고학년이 되면 공격적인 ADHD 아동을 중심으로 문제 집단이 형성되기 쉬우며, 이로 인해 다른 아이들은 참고 지내야 하는 인간관계가 형성되기 쉽다.

한편, 공격적인 행동을 보이지 않는 ADHD 아동은 산만하고 충동적이며, 또래 관계의 형성이 어렵다는 문제를 갖고 있다. 여기에는 사회적 스킬을 학습하지 못한 것이 문제가 아니라, 필요한 때와 장소에서 이것을 발휘하지 못한다는 것이 문제이다.

공격적인 아동은 상황을 이해하는 인지능력이 떨어지는 경우도 있지만, 다른 아이들에 비해 오히려 뛰어난 면도 있기 때문에 자기 평가나 자존감정이 저하되지 않도록 어릴 때부터 부모나 교사의 세심한 배려가 필요하다.

6. 주의력 결핍 · 과잉행동 장애(ADHD)에 대한 지원

(1) 주의력 결핍 · 과잉행동 장애(ADHD)에 대한 약물치료

주의력 결핍 · 과잉행동 장애(ADHD)는 전두엽의 신경전달 물질의 결핍 때문에 생기는 장애이기 때문에 신경전달 물질의 부족을 보충하는 약물치료가 효과적인 것으로 알려져 있다. '리타린(ritalin)'이라고 하는 중추신경 흥분제는 뇌 속의 다양한 부위에서 신경세포의 활성화를 도우며, 전두엽에서는 그 활성화를 억제한다. 활성화는 주의집중을 유도하고, 억제는 관계없는 자극에 대한 반응을 제지한다. 그리하여 수많은 자극 가운데 자신에게 필요한 자극에 대하여 선택적으로 주목하도록 도와준다. 그러나 주목 자극에 대해 어떻게 반응할 것인가 까지는 도와주지 않는다. 리타린의 효과는 한 번 투여에 일정 시간 효과가 있는 것으로 알려져 있지만, 적절한 투여 양이나 그 효과에는 개인차가 있기 때문에 전문가의 상담을 받는 것이 중요하다.

약물 투여에 의해 주의력 집중이 향상되고, 과잉행동 증상이 억제가 되면 다른 사람의 이야기를 가만히 듣거나 책을 읽거나 과제를 침착하게 수행하는 등, 안정된 활동을 할 수 있게 된다. 그 결과, 학업부진이나 학습장애 등 학습 면에서의 문제를 극복하는 데 도움이 되기도 한다. 단, 리타린은 신체 성장을 방해하는 등의 부작용이 나타날 수도 있기 때문에 주의가 필요하다.

Appendix 약물치료에 대한 이해

ADHD에 대한 치료방법으로 약물치료가 하나의 효과적인 방법으로 사용되고 있다. 그리고 그 효과는 대개 70% 정도로 알려져 있지만, 이것은 10명이 복용하면 7명의 아동이 회복된다는 것을 의미하지 않는다. '어느 정도의 효과'를 포함해서의 70%라는 의미를 뜻하고 있다. 때문에 약의 효과는 개인차가 있으며, 게다가 약의 효과가 있다고 할지라도 약 처방만으로는 ADHD의 근본적 해결이 어려운 경우가 일반적이다. 그 이유는 ADHD 발병을 약리(藥理)적으로 해석하는 메커니즘만으로 모두 설명할 수가 없기 때문이다. 그러므로 ADHD의 문제에 대한 이해에는 신중한 접근과 함께 다른 심리적 · 환경적 지원도 필요하다. 그리고 무엇보다는 약물 복용 시에는 본인의 납득도 필요 불가결하다고 할 수 있다.

약물 복용에 대한 상호 합의가 이루어지면 먼저 '소량'부터 시작한다. 때문에 곧 바로 효과가 나타나지 않을 수도 있으며, 이에 대한 이해가 필요하다. 그리고 약물 복용에 의해 상태가 더 안 좋아지거나 심리적 불안이 나타나는 경우는 약물을 중지하고 바로 상담을 받는다. 만일, 어느 정도 행동의 변화가 나타나면 그에 상응해서 약의 양을 줄이거나 복용하지 않는 날을 점점 늘려 나간다.

(2) 주의력 결핍 · 과잉행동 장애(ADHD)에 대한 심리 · 교육적 개입

주의력 결핍 · 과잉행동 장애(ADHD)에 대한 심리 · 교육적 개입에는 행동적 개입과 인지적 개입이 있다. 행동적 개입으로는 먼저 하나의 행동과 이것이 발생했을 때의 환경 반응, 즉 행동 결과와의 관계를 파악한다. 그리고 바람직한 행동은 생성되고, 바람직하지 않는 행동은 생성되지 않도록 환경을 조정하고, 바람직한 행동을 지속하고자 하는 동기가 강화될 수 있는 결과의 생성을 조정한다(구체적인 지원 기법의 내용은 본서 제2부의 내용을 참조 바람).

인지적 접근으로는 환경과 자신의 행동, 행동의 결과에 대한 인지를 수정하도록 도와준다. 저학년에서는 행동적 접근이 중심이며, 고학년에서는 자신의 문제를 수정하고 싶다든가, 적응성을 높이고 싶다는 인식이 중요하기 때문에 인지 행동적 치료가 중심이 된다.

주의력 결핍 · 과잉행동 장애(ADHD)일지라도 과잉행동을 억제하고 주의력을 높일 수 있는 방법을 모색할 수 있다. 예를 들어, 주의집중이 잘 되는 오전 시간대라든가, 일대일의 학습, 아이가 흥미나 관심을 보이는 활동이나 과제, 행동결과의 즉각적인 피드백, 칭찬과 같은 상의 제공 등을 통해 집중력을 향상시킬 수 있다. 부모나 교사는 이러한 방법이 있다는 것을 이해하면서 ADHD 아동이 흥미 있어 하는 활동을 할 수 있도록 적극적으로 지원하는 것도 중요하다. 또한, ADHD 가운데는 학습장애라고 하는 문제도 갖고 있는 경우가 있으며, 이 경우는 그 아동의 특성과 욕구에 맞는 치료적 교육을 해 나간다.

Chapter

4 아동상담을 위한 심리 검사

child counseling

01 아동과 심리 검사

1. 심리 검사의 이해

심리 검사(psychological test)란 지능, 학습 능력, 적성, 성격 등에 대한 개인의 심리적 능력이나 특성을 측정하는 과정의 총칭을 말한다. 임상심리에서는 인간 이해에 대한 진단적 방법으로 심리 검사를 폭넓게 연구, 활용하고 있으며, 현재 많은 종류의 심리 검사가 개발, 연구, 활용되고 있다. 넓은 의미에서의 심리 검사는 지능 검사, 성격 검사, 적성 검사, 관찰법, 면접법, 평정법, sociometry 등을 포함한다고 할 수 있으며, 좁은 의미에서의 심리 검사는 다음과 같은 과정에 의해 표준화된 것을 말한다.

첫째, 검사를 실시하는 데 있어서 절차가 사전에 정해져 있어야 하며, 실시 조건, 과제, 자극의 조건 등을 명확히 해 두어야 한다.

둘째, 이 절차를 통하여 얻은 타당한 샘플로부터 자료를 모아서 그 검사 성적에 대해서 표준을 만든다.

셋째, 검사하고자 하는 것과 관련이 없는 내용이나 부족한 부분이 없는지를 검토한다. 또한, 누가 실시하더라도 동일한 결과를 얻을 수 있는지, 측정하고자 하는 특성을 정확하게 측정하고 있는지를 검토한다.

2. 아동 심리 검사의 효용성

아동 심리 검사는 다음과 같은 효과를 지니고 있다고 할 수 있다.

- 아동 심리를 객관적 · 과학적으로 진단할 수 있다. 심리 검사가 타당성, 신뢰성, 객관성이 높은 것이라면 각각의 목적에 따라 아동의 능력이나 성격을 객관적, 과학적으로 진단할 수 있다.
- 짧은 시간에 다면적으로 진단할 수 있다. 비교적 짧은 시간에 아동 심리의 다양한 측면을 측정할 수 있다.
- 관찰이나 면접으로는 알 수 없는 부분을 진단할 수 있다.
- 아동지도에 참고가 되는 자료를 얻을 수 있다. 문제 행동의 특징이나 원인을 진단할 수 있으며, 동시에 앞으로의 지도를 위한 지침을 세우는 데 참고가 된다.

그런데 치료사는 아동에게 성격 문제나 적응 문제 등에 대한 측정이나 평가를 위해 심리 검사 도구를 사용할 경우에는 적지 않는 문제가 있다는 것을 잊어서는 안 된다. 아이들은 성인에 비해 자기 자신을 관찰하고 표현하는 능력이 부족하며, 언어를 사용하는 능력도 떨어진다. 그러므로 자기이해나 자기관찰을 통해서 자신의 상태를 명확히 표현할 것을 요구하는 질문지식 검사법이나 언어를 매개로 한 심리 검사는 그 사용에 있어 신중해야 한다.

대개 아동을 대상으로 한 심리 검사는 정확한 결과를 얻기 어려운 경우가 많기 때문에 아동상담에서는 검사 도구에 의한 결과만이 아니라, 부모나 교사의 관찰이나 판단이 아이를 이해하는 데 중요한 참고 자료가 된다. 또한, 다양한 검사 결과나 아동 보호자들로부터 얻은 정보를 토대로 판단을 해 나가는 데는 치료사의 경험, 역량, 가치관 등에 의해서도 크게 영향을 받는다. 어쨌든 치료사는 심리 검사 결과의 효용성을 과신해서는 안 되며, 임상심리학적 평가에 있어 하나의 수단에 지나지 않는다는 것을 잊어서는 안 된다.

02 아동 심리 검사의 종류와 이해

심리 검사는 관점에 따라 다양하게 분류할 수 있다. 표준화 검사–비공식 검사, 개별 검사–집단 검사, 페이퍼 검사–동작 검사, 시간제한 검사–작업제한 검사, 구조적 검사–비구조적 검사 등 다양하게 분류를 할 수 있다.

대개는 '무엇을 측정할 것인가'라고 하는 측정 내용에 따른 분류가 일반적이다. 이 분류에 따른 심리 검사는 지능 검사, 적성 검사, 성격 검사로 나누어지며, 성격 검사는 질문지법, 투영법, 작업 검사법, 평정법의 4가지로 분류할 수 있다.

1. 지능 검사

지능 검사는 심리 검사 가운데 가장 그 종류가 많으며, 동시에 다른 심리 검사에 비해 객관성이 높다. 20세기에 들어서서 지능의 개인차에 관한 연구가 활발하게 이루어지면서 지능을 측정하는 척도에 관한 연구도 활발하게 전개되었다. 지능에 대한 정의는 연구자에 따라 조금씩 다르지만, 대개는 추상적 사고력, 새로운 장면의 적응력, 학습 능력 등 보다 포괄적인 개념으로 정의하고 있다.

지능 검사 도구를 처음으로 소개한 사람은 프랑스의 비네(Binet, A.)이다. 그는 프랑스 정부의 교육 당국으로부터 아동의 소질(素質)을 감별할 수 있는 방법에 대해 연구할 것을 요청받아 1905년에 시몬(Simon, T.)과 협력하여 세계 최초의 지능 검사 도구인 비네-시몬(Binet-Simon) 지능 검사 도구(Binet-Simon scale of intelligence)를 개발하였다. 이 지능 검사 도구는 그 이후 세계로 널리 보급되면서 각국의 언어로 번역되고 개정되는 과정을 통해 현재 다양한 지능 검사가 생겨나고 활용되고 있다. 지능 검사의 종류는 다음과 같다.

(1) 검사 대상에 따른 분류

- 개인을 대상으로 실시하는 검사(개인용 지능 검사): Binet법, WISC법, WAIS법
- 집단을 대상으로 실시하는 검사(집단용 지능 검사): A식(언어), B식(비언어), C식(혼합식)

(2) 검사 내용, 수단에 따른 분류

- 주로 언어를 사용하는 검사: A식 또는 α식
- 비언어나 동작을 사용하는 검사: B식 또는 β식
- 언어와 비언어를 혼합해서 사용하는 검사: C식 또는 γ식

(3) 문제해결에 따른 분류

- 시간의 제한을 두는 검사(time limit 법)
- 시간의 제한을 두지 않고 가능한가, 불가능한가를 검사(power limit 법)

여기서는 몇 개의 대표적인 지능 검사에 대해서 알아보자.

❶ 비네식 지능 검사

비네는 '지능'이란 기억이라든가 변별과 같은 개개의 정신기능이 아닌, 어떤 사실을 이해하고 판단하는 등의 정신기능, 소위 일반 지능으로 이해하였다. 지능 검사에서 일반 지능을 방향성(일정한 방향으로 지속하려고 함), 목적성(목적 달성을 위한 움직임), 자기 비판성(자신의 반응 결과에 대하여 적절하게 자기비판을 함)의 3가지 측면을 가진 심적 능력으로 보고, 이 3가지 측면이 지적 활동을 할 때 어떻게 관련되는가를 파악하여 개인의 지적 수준을 측정하고자 하였다. 문제의 내용은 단어 지식, 문장 완성, 기억, 도덕 판단 등 다양한 질문으로 구성되어 있다.

그 이후 미국의 터먼(Terman, 1916)은 이 지능 검사의 결과에 대해서 정신 연령과 생물학적 연령과의 대비를 사용한 공식을 만들어서 지능지수(IQ: Intelligence Quotient)라고 하는 지표를 고안해 냈다. 이 공식은 IQ를 산출하는 방법으로서는 세계에서 가장 널리 사용되고 있다. 이 공식에 의하면 생물학적 연령에 해당되는 문제를 전부 해결하였을 때 그 연령에 필요로 하는 지적 수준을 만족시킨 것으로 이해해서 지수는 100이 되는 것이다. 그는 동시에 비네-시몬(Binet-Simon) 지능 검사 도구를 미국의 아동과 성인에게 적용할 수 있도록 Stanford-Binet 검사 도구를 개발하기도 하였다. 이 도구는 그 이후 1937년, 1960년에 각각 개정되는 과정을 거치게 되며, 1972년에는 1960년의 버전을 새롭게 표준화한 Stanford-Binet 검사 4판이 나오게 된다.

한국에서는 고대-비네(Binet) 검사가 있으며, 이는 1970년 고려대학교 행동과학연구소가 1937년판 Stanford-Binet 검사 2판을 모체로 개발한 것이다.

$$\text{지능지수(IQ)} = \frac{\text{정신연령}}{\text{생물학적 연령(생활연령)}} \times 100$$

❷ 웩슬러식 지능 검사

미국의 웩슬러(Wechsler)는 "지능은 각 개인이 목적적으로 행동하고 합리적으로 사고하며 나아가 효율적으로 자신의 환경을 이해하고 적응할 수 있는 종합적 또는 총체적 능력"이라고 하는 지능관을 토대로 지능에 대한 다차원적이고 총체적인 평가를 할 수 있는 검사 도구를 개발하였다. 그 사람의 전체적 지능을 측정하고자 하는 특징을 갖고 있는 비네식 검사 도구와는 달리, 웩슬러식은 전체적 지능 외에도 분석적, 개별적 지능을 측정할 수 있다는 특징을 갖고 있다. 그 내용을 보면 언어성 검사와 동작성 검사로 나누어져 있고, 각각 6개의 하위 검사로 구성되어 있다. 검사 결과는 언어성 지능지수, 동작성 지능지수, 전체 검사 지능지수로 표시된다.

웩슬러식에 의해 나온 IQ는 동일 연령 집단 내에서 검사 대상자의 상대적 위치를 편차치(偏差値)로 나타내는 편차지능지수(D · IQ)이다. 이것은 아래와 같은 공식으로 산출되며 비네식과 함께 일반적으로 널리 사용되고 있다. 이 검사법에는 성인용(WAIS), 아동용(WISC), 유아용(WPPSI)이 있으며, 전체적인 구성은 거의 동일하다. 우리나라에서도 이 3가지 검사가 모두 표준화되어 한국판으로 개발, 사용되고 있다.

$$D \cdot IQ = \frac{X - \overline{X}}{\frac{SD}{15}} + 100$$

X: 평균　　$\overline{X}$: 개인득점　　SD: 표준편차

❸ 집단 지능 검사

앞에서 언급한 두 종류의 지능 검사는 모두 개별 검사이다. 지능 검사에는 동일한 시간 내에 여러 명을 대상으로 측정할 수 있는 집단식 지능 검사도 있다. 집단 지능 검사가 미국에서 고안된 이래 지금까지 여러 종류의 검사도구가 만들어졌으며, 그 내용에 따라 A식 또는 α식(언어형), B식 또는 β식(비언어형), C식 또는 γ식(혼

합형)으로 분류된다.

개별용 검사로는 검사자가 피검사자를 언어수준, 기술수준, 행위수준 등 다양한 관점에서 파악할 수 있지만, 집단 지능 검사로는 개개인의 검사 활동 과정을 파악하기 어렵다. 또한, 집단 지능 검사는 기술수준의 검사로 한정되어 있기 때문에 개별용 검사에 비해서 엄격하지 않다.

④ 아동정신 발달 검사

발달 검사에는 아동의 지능만이 아니라 감각, 운동 기능을 포함한 정신발달을 종합적으로 파악하고자 하는 검사가 있고, 신체 · 언어 · 사회성 · 인지발달 등과 같이 심신의 특정 영역의 발달에 대해서 파악하고자 하는 검사가 있다. 전자에는 미국의 게젤(Gesell)이나 독일의 뷰러(Bler) 등에 의해 개발된 것이 있으며, 이는 비네식 지능 검사 방법을 발전시킨 형태라고 할 수 있다. 검사 방법은 부모나 교사 면접이나 아동에 대한 행동 관찰을 통하여 아동과 관련된 자료를 수집하고 이를 토대로 아동의 발달 상태를 평가하고자 하는 것이다. 그 밖에 베일리(Bayley)의 영아 발달 검사, 아프가(Apgar) 척도, 밀러(Miller)의 유아용 평가 검사, 프레톤(Freton)에 의해 개발된 취학 전 아동 발달 척도 등 영유아용 정신발달 검사가 소개되고 있다. 우리나라에는 이화여자대학교 교육심리연구소가 개발한 것으로 생후 4~7년 6개월 아동을 대상으로 정신 능력을 측정할 수 있는 아동 지능 검사 도구가 있다.

2. 적성 검사

적성 검사에는 직업에 관한 적성을 검사하는 직업 적성 검사, 진학에 관한 적성을 검사하는 진학 적성 검사가 있다. 지능 검사가 일반적인 능력을 측정하는 데 초점이 맞추어져 있다면, 적성 검사는 주로 특정의 활동을 효과적으로 수행할 수 있는 특수 능력을 측정하는 데 초점이 맞추어져 있다고 할 수 있다. 직업 흥미 검사도 여기에 속한다.

3. 성격 검사

(1) 질문지법

"타인에 대해 좋고 싫음이 명확합니까?", "의존적인 편입니까?" 등, 성격 특성과 관련된 질문에 대해 '예', '아니요', '어느 쪽도 아니다' 등 비교적 간단한 방법으로 대답을 하도록 하여 성격을 측정하고자 하는 방법이다. 여기에는 '내향-외향'과 같이 하나의 차원으로만 보는 것부터 몇 개의 척도를 조합하여 여러 차원에서 다면적으로 보는 것이 있다.

❶ 길포드 성격 검사

Y-G 검사라고도 하는 이 검사는 가장 일반적으로 사용되고 있는 대표적인 성격 검사 중의 하나이다. 이 검사에는 아동용, 중학생용, 고등학생용, 성인용의 네 종류가 있으며 우울성, 열등감, 신경증 등 12가지의 성격 특성을 측정하는 다면적인 검사이다.

❷ 미네소타 다면 인격 목록

MMPI(Minnesota Multiphasic Personality Inventory)는 20세기 중반 미국 미네소타 대학의 학자들에 의해 연구된 대표적인 질문지법 성격 검사이다. 이 검사는 550개의 광범위한 질문 항목에 대한 반응으로부터 성격을 다면적으로 측정하고 있다.

질문지법은 채점이 객관적으로 가능하다는 이점은 있지만, 독해력 등 언어 능력이 부족하거나 고의로 결과를 왜곡시키려고 하는 경우에는 타당성의 문제가 제기될 수 있다. 이런 경우에 대비해서 MMPI에서는 타당성 척도를 특별히 설정하여 검사 결과가 타당한지를 확인할 수 있도록 구성되어 있다. 이러한 특징이 있는 이 성격 검사는 현재 임상 장면에서 널리 사용되고 있다.

(2) 투영법

투영법은 애매모호하고 비구조적이면서 다면적 자극에 대한 피검사자의 반응을 분석하여 그 개인의 욕구, 갈등, 성격 특성을 전체적, 역동적으로 파악하는 검사법이다. 이 방법은 자극 소재의 비구조성, 비조직성의 특색이 있으며, 자극-반응 상황에서 피검사자 성격의 역동적 특색이나 욕구, 동기, 무의식적 불안, 갈등 등이 반영, 즉 투영되기 쉽다고 하는 심적 메커니즘을 검사에 응용한 것이다.

이 검사법에서는 '어떻게 반응하고 어떻게 대답하는가'라고 하는 것은 피검사자의 자유이기 때문에 질문지법에서 발생하기 쉬운 문제, 즉 검사 결과를 왜곡시키기 위한 의도적 반응이라는 문제가 발생하기 어렵다. 그러나 피검사자의 반응 양식이나 변화의 다양성이 크기 때문에 검사자는 검사 상황에 대한 유연한 대응과 함께, 그 해석에 있어 복잡한 성격 구조에 대한 이해와 통찰이 요구된다. 이처럼 투영법에 의한 검사는 반응 결과의 분류, 정리, 해석을 해야 하기 때문에 검사자에게는 전문적이면서 특별한 훈련 내지 경험이 요구된다.

여기에는 자극의 소재가 언어적인 것(문장 완성 테스트, 연상 검사), 시각적인 것(Rorschach법, TAT) 등이 있으며, 반응 방법도 언어적 반응을 요구하는 것, 그림이나 모자이크 모양의 블록으로 무언가를 만들게 하는 등의 표현을 요구하는 것이 있다. 대표적인 투영법에는 다음과 같은 것이 있다.

❶ 로샤하 검사

이 검사는 스위스의 로샤하(Rorschach)가 개인의 지각 분석의 입장에서 행동을 예측할 수 있다는 기본 가정하에서 개발한 검사로서, 우연히 그려진 여러 형태의 잉크 자극 그림이 무엇으로 보이는지를 물어보는 검사법이다([그림 1-5]). 로샤하 이후 미국 학자들을 중심으로 반응 영역, 반응 결정인, 반응 내용을 자세하게 기호화하여 이것들을 집계한 결과와 검사 상황과 관련된 내용으로부터 피검사자의 마음 상태를 분석하고자 하는 연구가 활발하게 진행되었다. 이 검사법은 연령과 문화에 상관없이 널리 사용되고 있으며 정신의학, 임상심리학, 문화인류학 등의 분야에서 많이 활용하고 있다. 우리나라는 아직까지 이 검사의 표준화된 틀이 없으며, 앞으로 이에 대한 연구가 필요하다고 하겠다.

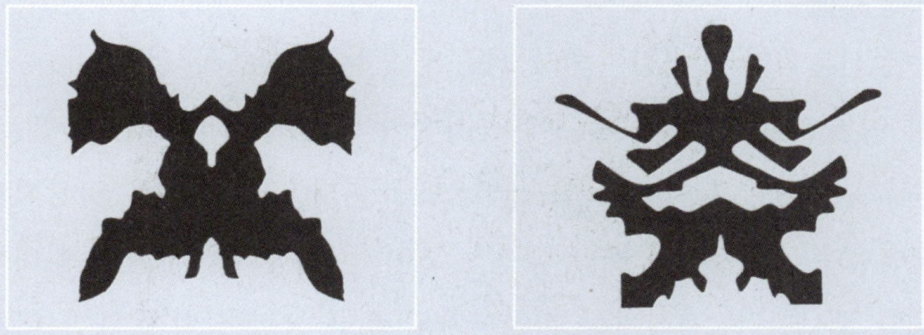

[그림 1-5] 로샤하 검사도구의 일부

❷ 주제 통각 검사

이것은 머레이(Murray)와 모건(Morgan)에 의해 개발된 것으로 보통 TAT(Thematic Apperception Test)라고 부른다. 욕구-억압 이론을 바탕으로 개발된 이 검사법은 피검사자가 어떤 내용으로든 해석이 가능한 일정한 장수의 그림 카드를 보여 주어 그 그림의 주제를 자유롭게 해석해서 하나의 이야기를 만들도록 한다. 검사자는 피검사자의 반응을 욕구, 내적 상태, 억압, 해결 행동의 양식 등의 관점에서 분석한다.

아동용으로는 의인화한 동물 그림을 사용하여 측정하는 방법이 있으며, 이것을 통상적으로 CAT(Child Apperception Test)라 부르고 있다. 한국판으로는 K-CAT(김태련 · 서봉연 · 이은화 · 홍숙기, 1976)가 있으며, 이것은 벨라크(Bellak, L.)의 CAT를 한국 아동에게 적용할 수 있도록 개정한 것이다.

❸ 문장 완성 검사

"어릴 때 나는….", "나의 아버지는…."과 같이 미완성의 짧은 문장을 제시하여 피검사자에게 이후의 문장을 완성시키도록 하는 방법이다. 이 검사법이 등장한 초기에는 언어나 지적 능력에 대한 측정을 위해 사용했으나, 이후 개인의 욕구나 중요한 타인에 대한 태도, 심리적 상태의 이해를 돕기 위해 사용하기도 하는 등, 다양한 종류의 SCT(Sentence Completion Test)가 개발되어 활용되고 있다.

④ 그림 진단 검사

이것은 정신분석학적 인간이해의 입장에 있는 로렌즈와 위그(Rosenz & weig)가 욕구 좌절 이론(theory of frustration)에 근거하여 만든 검사법이며, 일명 그림 좌절 검사(P-F study: Picture-Frustration study)라고도 부른다. 검사방법은 일상생활에서 누구라도 경험할 수 있는 욕구 불만 장면을 보여 주는 만화풍의 그림에 대해 피검사자의 반응을 조사한다. 검사자는 피검사자의 욕구 불만 상황에 대한 대처 방법을 분석하여 그 사람의 사회성이나 정서 발달, 공격성 등에 대한 판단을 하게 된다.

그 외 투영법으로는 묘사법(描寫法)이 있으며, 이것은 피검사자의 그림을 분석하여 그 사람의 심리 상태를 파악하는 것이다. 여기에는 열매가 열리는 나무를 그리게 하는 수목(樹木) 그림 검사, 인물을 그리게 하는 인물화 검사([그림 1-6]) 등이 있다.

[그림 1-6] 4세(여)가 그린 어머니 얼굴

(3) 작업 검사

피검사자에게 일정한 작업 재료를 제시하여 특정 작업을 하도록 하여 작업 과정, 작업 결과, 작업 태도 등의 정보를 토대로 그 사람의 성격 특성이나 작업 능력을 보고자 하는 것이다. 이 방법은 적성 검사에서도 많이 사용한다. 작업 검사법은 언어를 매개로 하지 않으면서 검사의 실시를 객관적으로 조작할 수 있는 등 피검사자의 의도적 행위를 비교적 배제하기 쉽다는 이점이 있다. 그러나 물체에 대한 조작을 중심으로 평가하기 때문에 비교적 부분적인 인격 검사라고 하는 한계를 갖고 있다.

03 검사 배터리

치료사들 가운데는 심리 검사의 결과를 아이에 대한 평가로 생각하는 경우가 의외로 많다. 아이에 대한 임상심리학적 평가가 되기 위해서는 문제 아동의 증상 정도, 해결 전략 등에 대한 가설을 세울 수 있어야 한다. 즉, 수집된 정보로부터 문제의 본질, 원인에 대한 추론 및 해석, 문제의 종류나 정도에 대한 진단에 도움이 되어야 한다. 이처럼 아이에 대한 임상심리학적 평가를 위해서는 그 아이에 대한 직접적인 정보만이 아니라, 주위 환경 등을 포함한 광범위한 영역을 다각적이면서 깊이 있게 파악을 해야 한다.

그런데 아이에 대한 이런 다각적이면서 다면적 총체적 정보를 제공해 주는 검사는 현재 존재하지 않는다. 하나의 심리 검사만으로 아이에 대한 평가 내지 진단을 하는 것은 문제가 있기 때문에 다양한 검사를 하나의 세트로 짜서 검사를 해야 하는 필요성이 생긴다. 몇 개의 검사를 하나의 세트로 짜는 것을 검사 배터리(test battery)라고 하며, 검사 배터리를 짜는 데 있어서 유의사항은 다음과 같다.

- 어떤 정보가 필요한지, 심리 검사의 목적을 명확히 한다.
- 검사에 의해 필요한 정보를 얻을 수 있는가를 생각한다.
- 앞의 두 가지 문제를 충분히 고려한 검사 배터리라고 할지라도 검사량이 너무 많거나 피검사자에게 부담이 가는 것이라고 한다면 의미가 없다.

그러므로 심리 검사에 대한 지식과 경험이 검사자에게는 매우 중요하다고 할 수 있다. 심리 검사 장면에서 보면 검사자와 피검사자의 사이에는 다양한 형태의 커뮤니케이션이 오고 가고 있음을 알 수 있다. 검사자는 검사결과 이외에도 검사 장면에서 아이가 보여 주는 다양한 정보가 아이에 대한 평가 내지 진단을 하는 데 귀중한 자료가 된다는 사실도 인식해야 할 것이다.

04 아동 심리 검사의 유의 사항

아동상담은 치료사와 아동과의 신뢰관계라고 하는 인간관계에 기초하여 전개된다. 그런데 '검사'라고 하는 것은 이제까지의 관계의 틀을 벗어나 고유의 기준으로 인간을 이해하고자 하는 접근이기 때문에 검사 방법에 따라서는 치료사와 아이와의 신뢰관계에 손상을 입힐 수도 있다. 아동에 대한 검사 시에는 이런 문제에 대한 인식을 분명히 해야 한다. 검사를 통해 내담자와의 치료관계가 더욱 발전되도록 하기 위해 다음과 같은 사항에 대한 이해와 주의가 필요하다.

- 심리 검사에 관한 충분한 지식과 경험, 윤리의식을 갖고 있어야 한다.

검사자는 해당 검사 도구에 대한 충분한 이해와 사용 방법, 목적을 명확히 해야 하며, 동시에 검사 도구의 효용성과 그 한계를 인식하고 윤리적인 의식과 태도를 갖고 임해야 한다.

- 표준화된 심리 검사 도구를 사용해야 한다.

심리 검사는 최대한 많은 피조사자들을 대상으로 표준화된 것을 만들어서 타당성, 신뢰성, 객관성을 갖추어야 한다. 또한, 이러한 조건을 갖춘 심리 검사를 사용할 때에는 반드시 안내서나 설명서에 나와 있는 대로 실시해야 하며, 자기 마음대로 사용하거나 해석해서는 안 된다.

- 사용 목적이 명확해야 한다.

하나의 심리 검사 도구만으로 아동의 모든 특성을 이해하는 것은 불가능하다. 각각의 심리 검사는 아동 심리의 부분적인 측면이라고 하는 제한된 영역에 대한 측정을 목적으로 하는 경우가 일반적이다. 그러므로 검사자는 어떤 목적으로 아동의 무엇을 알려고 하는지를 명확히 하여 그 아동의 특성이나 문제에 맞는 심리 검사를 사용해야 한다.

- 검사 결과로 아이를 판단해서는 안 된다.

심리 검사는 한 인간의 능력이나 성격 등을 측정하여 그 사람에 대한 이해를 돕기 위해 실시하는 것이지만, 어떤 검사 도구일지라도 완전한 것은 없기 때문에 검사 결과에 대한 해석은 신중해야 한다. 또한, 검사 결과는 심리학적 진단을 위한 하나의 참고 자료에 불과하기 때문에 검사 결과만으로 문제 아동이라든지 어떤 형태의 성격이라고 하는 판단을 해서는 안 된다. 단지 이후의 치료 방향과 변화를 유도하기 위한 참고 자료 정도로 생각해야 한다.

- 심리 검사에 대한 불안을 해소시킨다.

심리 검사에 대한 불안 해소를 위해 먼저 아이와의 라포르(rapport) 형성과 함께, 검사 내용이나 방법에 대한 설명을 충분히 한다.

05 아동 행동에 대한 임상심리학적 평가

아이에게 발달이나 적응에 문제가 있다고 호소하는 사람은 대개 부모나 교사들이다. 그렇기 때문에 치료사는 심리 검사 이외에 아이에 대한 임상심리학적 평가에 필요한 정보, 예를 들어 아이가 자라온 과정, 부모와의 관계, 친구관계, 선생님과의 관계, 놀이 내용 등의 정보를 부모나 가족, 교사와의 상담이나 행동관찰을 통해서 수집해야 한다.

1. 놀이 장면에서의 정보 수집

영유아기나 아동기에 해당하는 아이에 대한 정보 수집은 성인과 달리 언어를 매개로 한 접근은 쉽지 않기 때문에 놀이 장면에서의 행동을 통해서 필요한 정보를 얻는 방법을 흔히 사용한다. 놀이는 아이들의 생활 그 자체이며, 자신의 정신세계를 놀이라는 매개체를 통해서 표현하는 수단으로 이용하기도 한다. 그러므로 아이와 함께 놀이를 전개하면서 아이와 관련된 정보를 수집하는 것은 다른 어떤 방법보다 효과적이며 유익한 정보를 얻을 수 있다는 이점을 갖고 있다. 이를 위한 놀이 장면의 설정에는 다음 두 가지 방법이 있다.

(1) 자유로운 분위기에서의 놀이 장면

이것은 특정 놀잇감이 준비된 상황에서의 놀이를 통해서 아이에 대한 정보를 수집하는 것이 아니라, 아이가 흥미를 보이는 놀잇감이라면 어떤 것이라도 상관이 없는 놀이 장면의 설정을 말한다. 이런 놀이실에서의 아이는 자율적으로 자유롭게 놀이를 전개하게 된다. 단지 치료사에게 신체적으로 위해(危害)를 가하거나 놀잇감을 고의적으로 파괴하거나 놀이실 밖으로 나가는 것은 제한한다. 여기서 아이에 대한 정보 수집에 너무 집착한 나머지, 치료사가 주도적으로 놀이 상황을 전개하려고 하는 행위는 주의를 해야 할 점이다.

(2) 제한된 상황에서의 놀이 장면

아이의 다양한 행동 가운데 특히 알고 싶은 행동정보가 있는 경우, 치료사는 특정 행동이 쉽게 나타나도록 특정의 놀잇감을 아이에게 제공하거나 놀이방법을 제한 할 수 있다. 예를 들어, 치료사가 아이에게 인형놀이나 점토놀이, 그림 그리기, 모래 상자 놀이 등을 제공할 수 있을 것이다.

2. 사회적 장면에서의 정보 수집

사회적 적응이라는 관점에서 보면 사회적 장면에서의 아이 모습에 대한 정보는 매우 의미가 있다. 만일, 부모나 교사로부터 얻은 정보가 놀이 장면에서 얻은 정보와 일치하지 않는 경우, 치료사는 가정이나 유아교육(보육) 시설을 방문하여 친구관계나 놀이의 특징을 직접 관찰을 하는 것이 좋다. 만일, 이렇게 해서 얻은 정보가 부모나 교사로부터 얻은 정보와 다른 경우, 치료사는 이 사실을 부모나 교사에게 설명하면서 아이에 대해 보다 다른 각도에서 바라보는 기회를 상담 과정에서 제공한다.

3. 행동 평정 척도에 의한 정보 수집

아동에 대한 임상심리학적 평가에서는 심리 검사가 충분한 효력을 갖지 못하는 경우가 많기 때문에 부모나 교사와의 상담, 유아교육(보육) 시설에서의 행동 관찰 등을 통해 정보를 얻는 노력을 동시에 하게 된다. 이런 방법을 통해 정보를 수집할 때 특히 주의할 점은 정보 수집이 주관적이지 않도록 하는 것이다. 즉, 정보 수집의 객관화라는 것이 중요하며, 이를 위해 사용하는 방법 중에 하나가 행동 평정 척도이다. 이것은 정보의 내용을 수량화하기 어려운 경우에 사용할 수 있는 방법이다. 현재 다양한 종류와 방법의 행동 평정 척도가 소개되고 있다.

4. 아동에 대한 종합적 평가

상담 아동의 심리 및 행동에 대한 종합적 평가를 하기 위해서 치료사는 심리 검사결과 외에도 놀이 장면 및 사회적 장면에서의 행동관찰, 행동평정척도에서 얻은 정보를 종합적으로 분석, 검토하게 된다. 이 자료를 근거로 아이에게 발달과적응의 면에 어떤 문제가 있으며, 어떤 치료 전략을 세우면 되는지에 대해서 검토하게 된다. 아동의 문제에 대한 종합적 평가에 있어 심리치료사로서 갖추어야 능력과 자세는 다음과 같다.

- 아동 발달에 대한 정확한 지식을 갖고 있어야 한다.
- 아동 심리 검사에 대한 정확한 이해와 검사방법의 숙지가 필요하다.
- 놀이 장면에서의 행동을 통해서 아이에 대한 정보를 얻을 수 있는 관찰능력이 있어야 한다.
- 부모나 교사로부터 아이에 대한 정보를 얻을 수 있는 상담기술이 있어야 한다.
- 아이의 행동에 대해서 누가 먼저 문제를 제기했는지를 항상 생각할 수 있어야 한다.

Chapter

5 아동상담의 과정

child counseling

01 아동상담사의 태도와 자세

1. 아동상담사의 기본적 자세

상담이나 심리치료 장면에서의 심리치료사의 기본적 태도로는 로저스(Rogers, C. R.)가 제안하고 있는 3가지 태도, 즉 ① 무조건적인 긍정적 배려(unconditional positive regard), ② 공감적 이해(empathic understanding), ③ 진실성(genuineness)이라고 것이 매우 중요하다고 할 수 있다. 아동상담사는 상담 장면에서 이런 태도로 임하는 것이 무엇보다도 중요하지만, 실제 이 3가지의 태도는 간단하게 몸에 익힐 수 있는 것은 아니다.

첫째, 내담자에 대한 '무조건적인 긍정적 배려'라고 하는 것을 다른 말로 표현하면 '수용적 태도'라고도 할 수 있다. 상담사가 이해할 수 없는 모습을 보이는 내담자에 대해서 이런 태도를 취한다는 것은 생각만큼 간단하지 않다. 이것은 상대방의 생각이나 행동에 대해 상담사가 동의(同意)한다는 의미보다는 내담자의 모습을 '있는 그대로' 인식하고 경청한다는 의미가 강하다. 이러한 태도를 견지하기 위해서는 상담사의 평가기준이나 가치판단은 포기해야 한다. 그렇기 때문에 내담자에 대한 무조건적 긍정적 배려라고 하는 것은 그렇게 간단하지 않다.

이 문제는 결국 대응기술의 문제이기 이전에 상담사가 내담자를 어떤 인간으로 인식하는가에서 출발하고 있다. 즉, 내담자를 문제가 있는 인간으로 인식하기보다는 심리 사회적 존재인 한 인간이 그 문제로 인해 힘들어하는 모습에 대한 진지함과 한 인간에 대한 경외심이라고 하는 인간관에서 출발할 때, 비로소 내담자에 대한 진정한 수용이 가능하다. 어떻게 보면 상담사가 내담자에 대해 이런 태도로 다가간다는 것은 거의 불가능한 것인지도 모른다. 하지만 이러한 태도의 중요성을 인식하면서 무조건적 긍정적 배려를 하나의 목표로서 노력해 나가는 모습이 상담사에게 요구되는 바람직한 자세라고 할 수 있다. 내담자는 이러한 모습을 보이는 상담사에 대해 자신의 마음 문을 열면서 심리적 교류를 시작한다.

둘째, '공감적 이해'에 대해서도 동일하게 말할 수 있다. 상담사는 내담자와 동일한 경험을 한다고 하는 것은 불가능하다. 그렇기 때문에 상대방의 기분을 정말로 공감할 수 있는가라는 문제에 직면하였을 때 쉽지 않다는 것을 알 수 있다. 그런데 공감(共感)이라고 하는 것은 결코 동감(sympathy)을 의미하고 있지는 않다. 동감(同感)이란 내담자의 감정 세계가 상담사에게 그대로 전달되어 동일한 감정의 상태로 되어 버리는 현상을 말한다. 상담에서 말하는 공감적 이해라고 하는 것은 비록 내담자와 동일한 감정의 상태는 아니지만, 그 기분이 어떤 기분인지는 충분히 이해가 되고 인정된다는 것을 의미하고 있다. 또한, 상담 장면에서의 공감적 이해란, 상대방의 감정에 대한 완전한 공감적 이해를 말하는 것이 아니라, 상담사 자신이 공감적 이해가 되는 부분과 공감적 이해를 할 수 없는 부분을 명확히 인식하면서 그것을 내담자가 알 수 있도록 전달하는 노력까지를 포함하고 있다. 이런 태도는 내담자에 대한 공감적 이해를 하려고 노력하는 상담사의 모습으로 전달되기 때문에 내담자는 상담사에 대한 신뢰를 느끼면서 동시에 자신을 탐구하고 이해하려고 하는 마음의 여유를 갖게 된다.

셋째, '진실성'이라고 하는 것은 상담사의 '자기 일치' 또는 '순수성'으로 표현되고 있다. 이 태도는 상담사라고 하는 가면을 벗어던지고 한 인간으로서의 모습을 있는 그대로 보여 주면서 내담자에게 다가가는 모습을 말한다. 이것은 곧 상담사가 내담자를 일방적으로 보는 것이 아니라, 내담자와 동반자 내지 인생의 파트너라고 하는 관계 속에서 내담자의 마음의 세계로 여행을 떠나는 것과 같다. 이런 태도는 자신의 감정을 유연하게 느끼며, 자신의 내면세계가 열려 있는 모습일 때 비로소 가능하다. 자신의 내면세계에서 일어나고 있는 감정은 결코 순수한 것만이 아니라, 다양한 감정이 내담자와의 관계 속에서 일어나고 있다는 것을 인식하고 감추지 않는다면 상담사는 내담자에 대해 자신의 순수성 내지 진실성, 즉 자기 일치의 모습을 보여 주고 있는 것이다.

로저스의 제자인 아스라인(Axline, V. M.)은 아동 심리치료사의 자세를 다음과 같이 8가지로 제시하고 있다.

① 아이와의 좋은 관계를 형성한다.
② 아이를 있는 그대로의 모습으로 수용한다.
③ 아이가 자유롭게 감정을 표현할 수 있도록 허용적인 분위기를 만든다.
④ 아이가 표현하고 있는 감정을 민감하게 알아차리고, 이에 대해 적절한 정서적 반응을 보임으로써 자신의 행동을 통찰하기 쉽도록 도와야 한다.
⑤ 아이의 마음속에 내재되어 있는 '성장하는 힘'의 존재에 대한 믿음을 갖고 스스로의 힘으로 해결해 나가는 능력을 소중히 여긴다.
⑥ 비지시적인 태도를 취하면서 아이의 태도에 맞추어 나간다.
⑦ 심리치료는 천천히 진행되는 과정이기 때문에 인내를 갖고 기다린다.

⑧ 현실 세계의 적응을 위해 필요하다고 생각되는 것에 대해서는 적절하게 제한을 하도록 한다. 예를 들어, 물건의 파괴행동이나 위험한 활동, 심리치료사에 대한 위해(危害) 행위, 치료시간 등에 대한 제한을 들 수 있다.

이 가운데 ①~④까지는 내담자인 아이와의 적절한 관계를 형성하는 데 필요한 심리치료사의 자세를 말하고 있으며, ⑤~⑦까지는 아이의 마음속에 존재하는 성장의 힘을 인정하는 관점에서의 관계 형성을 위한 자세를 말하고 있다. 이 자세는 아이의 문제에 따라서 어느 정도 달라질 수도 있다. 경우에 따라서는 단지 그 아이에게 맞추어나가는 것만으로는 변화를 기대할 수 없기 때문에 적극적인 자극과 개입이 필요한 경우도 있다. ⑧의 심리치료 장면에서의 제한이라고 하는 문제는 현실문제로서 지켜야 하는 것이지만, 여기서 단지 규칙이기 때문에 지켜져야 한다는 관점에서 일방적으로 아이에게 접근하게 되면 오히려 심리치료에서 가장 중요한 대상인 아이의 문제를 간과해 버릴 위험성이 생길 수 있다. 물론, 쉽게 제한을 풀어 버린다든지 하는 것도 치료 장면에서는 바람직하다고 할 수 없지만, 제한을 지키는 것에 집착하는 것도 문제가 될 수 있다. 여기서는 심리치료사의 이율배반적인 모습이라고 하는 문제에 직면하게 되는 상황이다.

2. 아동상담사의 이율배반적인 태도

대개 아동상담 장면에서 아이의 성격이나 문제, 증상의 정도, 상담사가 소속하고 있는 기관, 상담사의 성격이나 경험, 기능 등의 문제를 고려하여 상담구조나 제한이 설정된다. 여기에서 상담사는 아이를 대상으로 상담해 나가는 가운데 다음에 언급하는 이율배반적인 모순에 대해 밸런스를 갖고 판단해 나가는 자세가 요구된다. 아이를 대상으로 한 상담에서 상담사에게 요구되는 유연한 이율배반적인 자세는 다음과 같다(村瀬嘉代子, 1996).

- 치밀함, 섬세함과 대략적이면서 대담함

아이의 조그마한 반응이나 움직임에 대해서 민감하게 알아차리는 치밀함이나 섬세함이 필요하다. 한편으로는 놀이치료 장면에서 심리적으로 위축되어 자신의 껍질을 깨지 못하고 있는 아이가 치료사의 대담한 행동의 지원을 통해서 자유로운 움직임이 충분히 표출될 수 있도록 유도한다.

- 즉흥성과 목적성

아동상담사는 목적에 따라서 계통적인 대응을 하지만, 한편으로는 그때그때의 상황에 따라 유연하게 대응하는 자세도 필요하다.

- 공상의 세계를 경험하도록 하는 것과 현실감각

아이와 함께 공상의 세계에서 자유로움을 느끼면서도, 한편으로는 전체를 총괄한 현실감각을 갖는다.

- 자립심과 어리광의 수용이나 보호

아이는 자립을 통해서 한 인간으로서 성장해 나가는 존재라고 인식을 갖고 있으면서도, 아이의 의존적인 태도나 어리광을 수용하는 자세를 갖는다.

- 어느 정도 퇴행의 수용과 성장촉진

아이의 퇴행적인 모습을 어느 정도 수용하면서도, 한편으로는 성장을 촉진시키는 노력을 해 나간다.

- 풍부한 상상력을 동원한 놀이나 창조성과 기존 틀 속에서의 활동

놀이치료에서 놀이의 독창성이나 창조성을 발휘하는 것과 현실적인 것에 대한 유연한 상상력을 기대한다.

- 비밀 유지와 부모나 학교, 그 밖의 기관과의 연대

아이에 대한 상담 내지 치료 장면에서 일어난 일은 아무에게도 이야기하지 않는 것, 둘만의 비밀이라고 하는 사실은 상담에서는 필요하다. 그러나 현실 상황에서는 부모나 학교 측이 여러 가지 형태로 아이의 상태에 대해서 묻는 경우가 많다. 이런 경우에는 사전에 반드시 아이에게 양해를 구하고 부모나 교사에게 정보

를 제공한다.

- 아이에게 좋은 거울이나 동행자, 하지만 치료의 완결에 너무 얽매이지 않고, 마치 꿈 속에서 존재하는 것처럼 사라지는 치료사

이것은 아동상담사가 아이에게 어떠한 존재인가라고 하는 근본적인 문제를 말하고 있다. 상담사는 아이에게 문제가 해결될 경우 잊혀지는 존재이다. 아이에게 자신의 가능성을 발휘할 수 있는 환경과 힘이 내재되어 있다고 판단되는 경우, 상담사는 아이와 작별하게 된다. 언제까지나 아이와의 관계를 유지하는 것은 바람직하지 않다.

아동상담사가 치료 장면에서 아이에게 일관된 태도를 유지하는 것은 아이를 보호하면서 상담을 유지해 나가는 데 매우 중요한 문제이다. 예를 들어, 아이가 공격성을 표출할 때, 그 행위를 허용할 경우, 그 행동이 강화되어 버리는 위험성이 있다. 그러나 한편으로는 이런 원리원칙에 집착하지 않고, 기본적인 대응을 부분적으로 무시하는 것이 의미를 갖는 경우도 있다. 상담사의 이런 이율배반적인 태도가 오히려 아이와의 신뢰관계를 형성하는 데 도움이 되는 경우가 많다. 이처럼 아동상담사는 이율배반적인 상황에서 아동상담사는 상황에 대한 정확한 이해를 하면서 이에 맞는 밸런스 감각을 갖고 유연하게 대처하는 능력이 요구된다.

02 상담 과정

1. 상담에 대한 동기 형성

아동상담은 성인 상담과 달리 아동 스스로가 문제라고 인식을 갖고 자신의 의지로 문제해결을 위해 상담실을 찾는 경우는 거의 없다는 특징을 갖고 있다. 대개

는 부모의 요청에 의해 상담이나 치료가 시작된다. 상담사는 부모를 대상으로 상담실을 찾게 된 계기나 이유, 의지 등을 파악한다. 이때 중요한 것은 아이의 행동이나 반응에 대해 문제라고 인식하는 사람은 누구이며, 어떤 이유에서 상담을 받아야 한다고 생각하게 되었는지에 대한 것이다. 이것은 이후의 상담 전개 과정에서 중요한 의미를 갖는다.

아동상담실을 찾는 경우가 부모의 판단이 아니라, 아이에 대한 교사의 이야기에 부모가 걱정을 해서 상담실을 찾는 경우도 있다. 반대로 교사가 아이에 대해 문제의식을 갖고 있지만, 부모가 이에 대한 무관심으로 대응이 어려운 경우도 있다. 이 경우는 아이의 문제를 부모에게 어떻게 이해시킬 것인가가 중요한 포인트가 된다. 아무리 교사가 상담의 필요성을 느껴도 부모 자신이 상담에 대한 관심이나 동기가 없으면 상담실로서도 부모나 아이를 지원하는 데 한계가 있다. 이 경우 아동상담사는 교사로부터 얻은 정보를 토대로 아이에 대한 교사의 이해나 대응 방식을 지원해 나갈 수밖에 없다.

한편, 부모가 이전부터 아이에게 문제가 있다고 인식하고 있었지만, 바로 적절한 조치를 취하지 못하고 있다가 나중에 상담실을 찾는 경우도 있다. 이 경우 어떤 이유나 계기로 이 시기에 오게 되었는지를 알아보는 것도 아이의 문제를 해결하는 데 도움이 될 것이다. 사실 아이에게 문제가 발생하면 이 문제로 인해 가장 힘들어하는 사람은 그 누구보다도 아이 본인이기 때문에 주위 사람들의 행동이나 대응 방식의 특징을 파악해 두는 것이 중요하며, 이를 토대로 아이에 대한 적절한 치료체제를 만들어나간다.

이처럼 각각의 경우에 따라서 아이의 문제나 증상을 파악하는 것만 아니라, 그 문제에 대해 누가 어떻게 인식하고 있으며, 이제까지 어떠한 개입 내지 대응을 해왔는지, 그리고 상담실에 오기까지 그동안의 과정에 대해 알아본다. 이를 통해 아이의 문제나 증상에 대한 이해나 대처 방법 등을 생각하는 데 참고가 되는 정보를 얻을 수 있으며, 이것은 이후의 상담 과정에서도 큰 의미를 갖는다.

2. 아동과의 첫 대면

상담이나 심리치료의 기본은 상담사와 내담자의 관계이다. 이 두 사람의 첫 만남은 이후의 관계 형성에 매우 중요한 정보를 제공해 준다. 첫 상담 장면에서는 아이의 문제나 증상에서부터 치료 가능성까지 치료에 필요한 정보를 상당히 얻을 수 있기 때문에 첫 상담에서의 정보는 중요하다. 아이는 의외로 첫 만남에서의 대화를 잘 기억하고 있는 경우가 많다. 또한, 상담사가 던지는 첫 한마디는 아이의 긴장을 풀어주기도 하기 때문에 아이와의 첫 만남은 매우 중요하다.

첫 만남에서 그 아이에 대해 사전 정보가 있는 경우와 전혀 없는 경우가 있다. 전자의 경우, 사전 정보로부터 떠올렸던 이미지와 실제의 모습과 비슷한지, 다르다고 한다면 어떤 면에서 다른지를 명확히 해 본다. 그리고 아이와 부모의 첫인상으로부터 느낀 것이나 생각한 것에 대해서도 명확히 해 본다. 이에 대한 것은 언어로 표현하거나 어떤 형태의 이미지로 표현할 수 있을 것이다. 아이와 부모에 대한 첫인상을 기록하고 기억하는 것은 이후에 효과적인 관계 형성을 해 나가는 데 참고가 된다. 특히, 첫인상이 좋거나 나쁜 경우, 그 인상이 앞으로 관계 형성을 해 나가거나 다양한 문제를 해결해 나가는 데 참고가 된다. 이를 위해서 아동상담사는 아이나 부모의 만남에서 일어나는 자신의 내적 감정이나 이미지에 대해 열린 자세를 갖는 것이 중요하다.

아이와의 첫 만남에서 상담 장소도 중요하다. 장소에 따라서 상담사에 대한 첫인상이 달라질 수 있기 때문이다. 상담 장소로는 잡음이나 소음이 적고, 상담에 방해를 주는 자극, 예를 들어 물건이나 그림 등이 많지 않아 차분하면서도 심리적 안정을 느낄 수 있는 환경이 적합하다.

3. 부모와의 분리

일반적으로 아이는 부모와 함께 상담실에 오게 된다. 아동상담사는 먼저 아이의 눈높이에서 자연스럽게 아이에게 인사와 간단한 자기소개를 한다. 그리고 바로 아이를 부모와 분리시키는 것보다는 잠시 부모와 함께 있는 장면을 설정하여 두 사람 관계의 특징을 파악하는 것도 좋을 것이다. 부모로부터 아이와의 관계에 대해서 한 시간 정도 이야기를 듣는 것보다 두 사람의 대화나 상호작용의 내용을 몇 분간 관찰하는 것이 두 사람의 관계를 이해하는 데 도움이 될 수 있는 경우가 많다.

이후의 상담 과정에서는 부모와 아이를 분리해서 상담 내지 심리치료를 해 나간다. 이때 부모와 아이를 각각 다른 상담사가 상담을 하는 경우와 한 명의 상담사가 부모와 자녀를 모두 상담하는 경우가 있다. 어떤 경우일지라도 이후부터는 아이는 부모와 떨어져서 치료사와 상담 내지 활동을 하게 된다.

만일 부모와 떨어지는 것에 대해 저항감을 느끼는 경우, 아이가 안심하고 평안하게 있을 수 있다는 것을 느끼도록 하기 위해서 처음에는 부모와 함께 놀이실에 들어가는 것도 좋을 것이다. 이렇게 하면 부모에게도 치료실에 대한 이해와 안심을 시키는 데 도움이 될 수 있다. 이처럼 각각의 상담 장면을 만들어 나가는 과정에서 각각의 반응을 관찰하는 가운데 부모와 아이의 관계에 대해서 많은 정보를 얻을 수 있다.

아이와의 첫 만남에서 아이가 너무 긴장하거나 상담사와 거리를 두는 반응은 연령에 따라 다르겠지만, 어떻게 보면 오히려 아이의 당연한 반응일지도 모른다. 원칙적으로는 상담 내지 치료 장면에서 부모와 아이를 분리하여 상담을 진행하는 것이 치료를 위해 바람직하지만, 분리가 어려운 경우에는 유연하게 대응하면서 부모와의 관계나 아이의 특징을 파악하는 기회로 삼는다.

4. 상담의 진행

아동 심리치료사는 아이와의 상담을 진행하는 가운데 '오늘 이 아이가 여기에 오는 과정에서 어떤 기분을 느끼고 있는지', '여기에 대해서 어떤 설명을 듣고 왔는지' 등, 상담사는 '지금, 여기'에서의 만남 가운데 아이가 느끼고 있는 것이 무엇인지를 생각하면서 상담을 진행해 나간다. 이때, 부모로부터 어떤 설명을 받았는지를 물어보는 것도 하나의 방법이다. 아이들 가운데는 부모에게 어떤 설명도 듣지 않고 부모를 따라서 오는 경우도 있다. 이런 경우, 아동상담사는 상담실에 대한 설명을 해 주면서 "힘든 게 있으면 무엇이든 말해요"라는 정도로 접근을 할 수도 있을 것이다. 상담사의 설명에 대해 아이가 언어로 반응을 보이는 경우는 실제 그렇게 많지 않겠지만, 상대방이 아무리 어린아이일지라도 상담사가 쉽고 명확한 언어로 상담실에 대해서 설명해 주는 것은 두 사람 간의 신뢰관계를 형성해 나가는 데 도움이 된다.

자신의 의사와는 상관없이 부모의 강요에 의해 상담실에 오는 경우도 있을 것이다. 이런 경우는 먼저 아이의 기분을 충분히 고려하여 상담실에 오기 싫었던 아이의 마음을 공감하면서 이 문제에 대해 부모와 어떤 이야기를 나누었는지 물어보는 것도 좋을 것이다. 아이의 기분에 대해 전체적으로 파악할 수 있게 되면 여유를 갖고 아이에게 대응해 나갈 수 있게 된다. 그런데 아이와의 관계 형성을 위해 '설득'이라는 방법으로 접근하게 되면 오히려 아이의 저항적 태도를 강화시켜 버릴 수도 있다. 상담이나 치료에 대해 저항적 태도를 갖고 있는 아이에게 조급하거나 무리하게 접근하는 것보다는 먼저 아이의 기분에 맞추어 나가는 대응이 관계 형성에 도움이 될 수 있다.

아이와의 관계 형성 이후 상담 전개 과정에서는 대화로 진행하는 경우와 놀이를 중심으로 진행하는 경우, 각각 다음과 같이 조금씩 차이가 난다. 전자의 경우는 대개 충분한 언어발달로 자신의 내면세계를 자유롭게 언어로 표현할 수 있는 청소년기 이후의 연령을 대상으로 실시한다. 방법으로는 대개 현실적인 이야기나 가족, 학교 등에 대한 이야기를 하는 등, 성인 상담과 같은 형식으로 전개된다. 놀이치료가 중심인 아동상담의 경우는 놀이치료실에서의 시간과 공간의 제한은 있지만, '지금 여기에서의 자기'를 충분히 자유롭게 표현할 수 있도록 유도한다. 이런 가운데 아이는 자신의 내면세계에 대한 이미지를 놀이를 통해 표출하게 된다.

5. 종결 단계

1회째 상담 장면의 종결 단계에서는 조금 시간적 여유를 갖고 앞으로의 방향에 대해서 아이와 이야기를 나누면서 마무리하는 것이 중요하다. 자신의 내면세계를 언어로 충분히 표현할 수 있는 아이의 경우는 아이가 이야기한 문제나 요인에 대해 함께 생각하기도 하고, 자신이 원하는 상태가 되기 위해서는 어떻게 하면 되는지 등에 대해서 이야기를 나누면서 아이 스스로가 해결의 실마리를 찾아갈 수 있도록 심리적 지원을 해 나가게 된다. 놀이치료의 경우는 '놀이'라는 매개체를 통해서 자신의 세계를 상징적으로 표현하기 때문에 아동상담사는 무리하게 아이의 언어화를 유도할 필요가 없으며 아이가 앞으로도 충분히 자신의 세계를 표현할 수 있다는 느낌을 갖도록 해 준다.

첫 상담이 끝날 때쯤 다음 상담 시간과 장소에 대해서 확인한다. 물론, 유아나 초등학교 저학년의 경우에는 부모 상담 시에 그다음 상담에 대한 약속을 하게 될 것이다. 그리고 놀이실에서 아이가 표현한 모든 것, 즉 아이의 이야기나 놀이내용, 그 밖의 행동 등에 대해서는 원칙적으로 부모에게 비밀로 한다. 만일, 놀이실에서의 활동내용에 대해서 부모에게 이야기할 필요가 있다고 판단되는 경우에는 아이에게 먼저 양해를 구한다.

이처럼 놀이실에서의 활동내용은 원칙적으로 여기에서만의 독립적인 활동이 되도록 한다. 이렇게 설정함으로써 상담 내지 치료 장면이 일상적 장면과는 다른 비일상적 장면이라고 하는 특성을 갖게 된다. 이렇게 하면 놀이실에서의 아이는 자신의 심리적 자유를 충분히 보장받는 장소와 시간으로 경험하게 된다. 이러한 원칙에 대해서 아이와 부모에게 설명하고 약속을 해 두는 것은 첫 상담 장면에서는 매우 중요하다.

성인 상담과 달리 아동의 경우는 자신의 판단이나 의지로 문제나 증상의 해결을 위해 자발적으로 상담실을 찾는 경우는 드물며, 대개는 부모의 판단이나 의지에 의해 상담이 시작되는 경우가 일반적이다. 때문에 아동상담의 종결이라고 하는 판단은 부모의 판단이 중요하다고 할 수 있다. 여기서 상담의 종결이라고 하는 판단을 하는 데는 다음과 같은 기준이 참고가 된다.

첫째, 문제나 증상의 해결에 의한 종결이다. 이것은 어디까지나 아이의 행동 변화에 근거하여 문제나 증상의 해결이라고 판단하게 되는 경우이다. 그런데 아이의 내적 세계의 표현을 중심으로 치료를 하는 경우, 아이의 현실적인 문제나 증상은 개선되었다고 할지라도 놀이치료실 안에서의 행동에는 인형들끼리 심하게 다투는 놀이를 전개한다든지, 상처 난 인형을 열심히 돌보는 모습이 전개된다면 치료의 종결은 아직 이르다고 할 수 있다. 만일, 종결을 해 버리게 되면 아이의 마음에 상처가 될 수도 있기 때문에 충분한 검토가 필요하다. 이처럼 치료의 종결장면에서는 행동의 표면상의 변화만이 아니라, 심리적 측면에 대한 검토도 충분히 이루어져야 한다.

둘째, 아이는 아직 발달과정 중에 있는 존재이지만, '성장하고자 하는 힘'을 갖고 있다고 하는 신뢰의 문제도 종결의 기준이 된다. 이것은 앞으로의 발달과정에서 직면하게 되는 상황이나 과제 등 앞으로 예상되는 다양한 힘든 과제들을 아이 스스로 극복해 나가는 힘을 발휘해서 잘 헤쳐 나갈 수 있는가라고 하는 믿음을 의미하고 있다.

셋째, 아이를 둘러싼 인적 환경 조건, 특히 부모의 양육 태도나 대응 방식, 아동관 등이 상담 초기와 비교해 볼 때 명백한 변화가 있는가라는 것이다. 아이에 대한 이해를 하게 되면서 태도나 대응 방식이 달라진다고 하는 것은 부모 자신의 심리적 안정이나 양육에 대한 자신감을 의미하고 있다.

이상적인 종결은 이 3가지 조건을 충족시킨 상태에서의 종결이라고 말할 수 있지만, 실제의 상담에서는 다양한 문제로 인해 미해결의 상태로 상담을 종결하게 되는 경우가 의외로 많다. 그 이유 가운데 주로 가족의 사정으로 치료실에 오는 것이 힘든 경우가 많은데, 예를 들어 아버지의 전근이나 경제적인 사정으로 인해 어머니가 일을 해야 하는 경우가 있다. 이 밖에도 다양한 이유로 상담은 종결하는 경우가 있다. 한편, 아동상담사의 사정으로 종결을 하는 경우도 있을 수 있다. 이처럼 성인 상담과 달리 아동상담의 경우는 치료 당사자인 아이 본인의 의사와 상관없이 종결하게 되는 경우가 종종 있다. 이러한 문제를 어떻게 대처해 나갈 것인가라고 하는 것은 상담의 종결 단계에서 하나의 과제라고 할 수 있다.

03 상담 과정에서의 과제

1. 아동과 신뢰관계 만들기

아이는 첫 상담 장면부터 치료사를 신뢰할 수 있는지, 다양한 방법으로 탐색하게 된다. 그 방법이 어른의 경우보다 더욱 직접적으로 표출된다. 예를 들어, 치료사를 갑자기 때리는 행동을 보이거나, 장난감을 집어던지는 행동을 보인다. 이런 상황에서도 상담사는 아이를 이해하면서 신뢰관계를 만들어 나가는 노력을 한다.

아동 심리치료에서 무엇보다 중요하고 우선적으로 생각해야 할 문제는 아이와의 신뢰관계 형성이다. 치료실 내에서 아이가 불안해하거나 경계하지 않고 자신이 어떤 모습을 표현할지라도 상대방이 받아준다는 안심감을 느끼도록 하기 위해서는 치료사와의 신뢰관계 형성이 전제되어야 한다. 이처럼 아동에 대한 심리치료는 성인 상담과 마찬가지로 두 사람 간의 신뢰관계에서 출발하고 있다.

그런데 아이들의 특성은 각각 다르기 때문에 치료사와의 신뢰관계를 만들어나가는 방식도 각각 다르게 나타난다. 아이들이 갖고 있는 문제의 종류나 그 수준도 다르지만, 관계를 맺고자 하는 아이의 마음도 심리치료 가운데 다양한 형태로 나타나게 된다. 예를 들어, 놀이치료실에서 게임식 놀잇감을 신중하게 다루면서 노는 가운데 심리치료사의 모습을 관찰하면서 마음을 서서히 열어가는 아이가 있다. 어떤 아이는 심리치료사에게 의도적으로 직접 과격하게 부딪히는 시도를 통해 어느 정도 신뢰관계를 맺을 수 있는지 시험해 보는 경우도 있다. 어떤 아이는 자기 스스로 좀처럼 마음을 열려고 하지 않거나, 관계 형성을 위한 심리치료사의 적극적인 노력에 의해 겨우 관계가 형성되기도 하는 등, 그 특징이 다양하다.

2. 치료실 내에서의 행동 제한과 허용

어느 정도 아이와의 관계가 형성되면 아이는 자신의 내면을 표현하는 방법으로 규칙을 어기는 행동을 하기도 한다. 이런 행위는 다양한 형태로 나타나며, 대개 심리치료의 틀을 깨려고 하는 모습으로 표출된다. 이런 행위가 심리치료의 첫 장면부터 나타나는 경우와 치료의 종반부에 나타나는 경우가 있는데 그 의미는 각각 다르다.

치료의 첫 장면부터 나타나는 경우는 치료실 내의 규칙을 충분히 이해하지 못한 경우일 수 있다. 만일, 이런 경우가 아니라고 한다면 심리치료사가 자신을 어느 정도까지 받아들일 수 있는지를 시험해 보는 경우일 수 있다. 이 경우, 치료사가 당황하면서 아이의 행동을 무제한적으로 허용하는 대응을 하게 되면 아이의 이런 행동은 더욱 강화되면서 나중에는 수습이 안 되는 상황까지 발전할 수 있다.

처음에는 문제가 없었지만, 나중에 치료실의 규칙을 어기는 행동을 보이는 경우도 있다. 이런 경우는 심리적 퇴행이나 자신의 심리적 문제를 나타내는 경우가 많기 때문에 치료사는 그 배경을 이해하면서 아이의 행동을 부분적으로 제한한다. 물론, 제한이라고 하는 것이 거부라고 하는 것이 아님을 이해시키기 위한 노력도 필요하다. 치료 종반부에 나타나는 이런 행동에는 자립과 독립의 의미를 갖고 있는 경우도 있다. 그러나 만일 잘못 판단을 하는 경우에는 오히려 불안 조성과 함께 아이를 위축시켜 버리는 위험성이 있기 때문에 신중하게 판단해야 한다.

일반적으로 아이들에게 자주 나타나는 규칙 위반 행동에는 시간과 공간의 규칙을 어기는 행위, 치료실의 물건을 집에 갖고 가려고 하는 행위, 집 물건을 치료실에 가져오는 행위 등이 있다. 시간 문제의 경우, 치료사가 걱정하는 것은 대개 시간이 되어도 놀이나 활동을 끝내지 않고 계속하려고 하는 문제이다. 이 문제는 치료사가 자신을 어디까지 수용하는지를 탐색하고자 할 때 나타나는 경우도 있다. 치료의 종료가 늦어지게 되면 다른 치료에 영향을 미치는 문제가 발생하기 때문에 심리치료사로서도 아이가 원하는 대로 시간을 허용한다는 것은 현실적으로 쉽지 않다. 이처럼 시간의 문제는 현실적인 제약도 있기 때문에 치료사는 치료실 내에서의 정해진 시간을 지키도록 유도해 나가야 한다. 또한, 시간 엄수라고 하는 것은 아이에게 치료실 내에서의 규칙 엄수라고 하는 체험을 하게 하는 기회가 되기도 한다.

치료 장면에서의 공간 문제라고 하는 것은 아이가 치료실을 벗어나서 다른 방에서 놀이나 탐색을 하려고 하는 경우를 말한다. 치료실이라고 하는 것은 아이의 입장에서 현실과는 다른 비현실적인 장(場)으로서의 의미를 갖고 있기 때문에 제한된 공간이라고 틀을 지키도록 하는 것이 중요하다. 그러나 때로는 그런 제한된 공간을 벗어나는 경험을 하는 것이 중요한 의미를 갖는 경우도 있다.

치료실 내에서의 규칙 위반 행위 가운데 또 하나의 중요한 문제는 치료실의 장난감을 집에 갖고 가려고 하거나 집에서 갖고 놀던 장난감을 치료실에 갖고 오는 문제이다. 집의 장난감을 갖고 오는 경우는 그렇게 문제가 되는 것은 아니지만, 놀이실의 장난감을 집에 갖고 가는 행위는 원칙적으로 허용해서는 안 된다. 그리고 음식물을 갖고 와서 놀이실에서 먹으려고 하는 경우도 볼 수 있다.

치료사는 이런 다양한 규칙위반 행위에 대한 대응 문제로 고민을 하게 된다. 이런 문제에 대해 치료사가 허용할 경우, 규칙위반 행위가 강화될 수 있는 위험성이 있기 때문에 어디까지 허용하고 제한할 것인가라는 문제로 치료사는 고민을 하게 된다. 이 문제야말로 심리치료사의 입장에서는 이율배반적인 상황에 놓이게 되는 경우라고 할 수 있다. 이런 문제에 대한 대응을 어떻게 하는 것이 바람직한가라고 하는 것은 매뉴얼화되어 있지 않으며, 매뉴얼화될 수도 없기 때문에 치료사로서는 고민을 할 수밖에 없다. 중요한 것은 치료사가 이런 고민을 하고 있다는 것은 곧 아이에 대한 심리치료가 진행되고 있다는 이야기가 되며, 또한 치료실 내에서의 이런 과제가 아이의 내면 문제와 직접적으로 관련이 있는 경우도 많기 때문에 아이의 상태를 이해하는 데 도움이 되기도 한다.

사실 이런 문제에 대해 어떻게 적절하게 제한하고 허용할 것인가라는 문제는 간단하지 않다. 사례나 상황에 따라서 각각 다르며, 아이와 치료사와의 관계에도 영향을 미치기 때문에 일률적으로 말하기는 어렵다.

심리치료사가 치료 장면에서 고민하고 있다는 것은 치료 과정에서의 중요한 과제에 직면해 있다는 이야기가 되며, 이 과제의 극복은 곧 아이와의 기본적 신뢰관계의 토대를 형성하는 데 매우 중요한 의미를 갖는다. 사례나 상황에 따라서 어떤 경우는 치료사가 적극적으로 제한할 필요도 있을 것이고, 어떤 경우는 제한만으로는 신뢰관계의 형성이 어렵기 때문에 치료실의 규칙에 얽매이지 말고 오히려 허용적 태도를 취하는 것이 좋은 경우도 있을 수 있다. 어디까지나 심리치료사는 어떤 규칙이나 원칙보다는 '지금, 여기'라는 문제를 항상 생각하면서 유연하게 대응하는 것이 바람직하며, 매뉴얼적인 대처법을 찾거나 믿어서는 안 된다.

3. 치료실 내에서의 공격성 표출

심리치료 과정에서의 공격성 표출은 아동상담 사례에서 많이 보고되고 있다. 가장 일반적인 예는 너무 억압적인 환경 가운데 자라온 아이가 마음껏 자기 자신을 자유롭게 표현할 수 있는 장이 제공되는 상황에서 공격적인 행동을 통해 자신의 억압된 욕구를 발산하는 경우이다. 이런 경우 공격적인 행동은 정서적인 문제의 해방에 의한 카타르시스 효과를 기대할 수 있다. 아이는 자신이 직접적으로 경험한 욕구 불만이나 분노의 감정을 공격적인 행동이라고 하는 방법을 통해 발산하는 것이다. 이러한 공격성의 표출이 심리치료사에게 직접적으로 향하는 경우와 놀이실의 장난감으로 향하는 경우가 있다.

이 문제에 대한 대응으로는 파괴적 행동에 의한 위험성의 문제가 있기 때문에 제한해야 한다는 현실적인 문제도 있지만, 경우에 따라서는 이런 행동의 표출을 긍정적으로 이해하고 대응하는 자세도 필요하다. 또한, 이런 공격성의 발산이 카타르시스적인 수준에 머물지 않고, 이제까지 자기 자신을 구속했던 내적 규제로부터의 해방으로 연결되어 자신의 자유로움을 경험하게 되면서 자신감이 강화되거나 적극적으로 자기주장을 하는 등의 긍정적인 행동변화를 나타내기도 한다. 이것은 곧 아이 스스로가 성장하고자 하는 힘의 표현이다.

반대로 이런 공격성의 표출에는 건설적인 자기 해방을 의미하면서 새로운 자기를 만들어나가는 것과는 거리가 먼 공격적인 행동도 있다. 공격적 행동이 자신의 존재 자체를 위협하는 형태로 표출되는 경우도 있고 치료사의 입장에서 위협적인 수준으로 느낄 수 있는 정도의 공격성도 있다. 이러한 수준의 공격성은 타인에 대한 파괴와 자기 자신에 대한 파괴가 미분화되어 연결되어 있는 상태라고 할 수 있다. 즉, 자기와 타인의 미분화 상태에서의 공격성 표출이라고 할 수 있다.

이러한 행동에 대한 대응은 간단하지 않다. 만일, 수용적인 대응을 하게 되면 행동이 더욱 강화될 수 있고, 만일 제한을 하게 되면 더욱 반발을 하거나 또 다른 형태의 공격적인 행위를 보일 수 있다. 어느 경우라도 손을 쓸 수 없다는 느낌을 갖게 되지만, 어딘가 치료사와의 관계를 추구하고자 하는 기분도 느낄 수 있다. 치료사로서는 아이와의 치료관계를 단절할 수도 없기 때문에 대응 문제로 상당히 곤혹스러운 상태가 된다.

이런 힘든 상황에서 중요한 것은 만일의 경우에 치료사가 힘으로 제압할 수 있다는 자신감이다. 만일, 이런 자신감이 없다면 계속적으로 치료를 진행한다는 것은 어려우며, 오히려 중단하는 것이 아이의 입장이나 심리치료사의 입장에서 문제를 최소화시키는 대응이 될 수 있다. 만일의 경우가 발생할 경우, 최후의 방법으로는 힘으로 제압할 수 있다는 자신감이 이런 힘든 상황을 극복해 나가는 데 큰 힘이 될 수 있다. 이런 마음을 이 힘든 상황에서의 버팀목으로 생각하면서 공격적인 행동을 통제하거나 그 행동에 대한 의미를 언어로 표현해 주거나 하는 등, 이런저런 고민이나 생각을 하면서 바람직한 대응을 모색해 나가는 것이 바로 아동심리치료라고 할 수 있다.

4. 아동의 변화와 가족

치료 과정에서 아이에게 행동 변화의 징후가 나타나게 되면 이로 인해 가족에게도 다양한 형태로 그 영향이 나타난다. 물론, 가족의 반응으로부터 아이의 변화를 파악할 수 있는 경우도 있다. 대체로 가족의 변화가 본인의 상태와 대응하는 경우가 많다.

문제 행동의 개선이 눈으로 알 수 있을 만큼 나타나지 않는 경우, 대개 부모들은 치료실에서의 치료내용이나 방법에 대해서 더욱 신경을 쓰게 되면서 치료사에게 물어보기도 한다. 부모 자신의 불안이나 초조함 때문이다. 치료사는 부모의 초조함이나 불안을 해소시키기 위한 노력을 하면서, 동시에 아이와의 관계도 배려해 나가야 한다.

아동상담 과정에서 치료가 중단되는 경우는 대개 아이 자신의 의지보다는 부모에 의한 경우가 많다. 부모가 치료에 대한 불신감을 갖고 있거나 경제적 물리적 사정에 의해 올 수 없는 경우가 있다. 어느 경우일지라도 부모의 심리상태를 이해하는 것이 중요하다.

아동상담에서는 대개 아이와 함께 어머니가 오는 경우가 많지만, 가정의 사정에 따라서는 어머니 이외의 보호자가 오기도 한다. 그런데 이제까지 전혀 나타나지 않았던 아버지가 갑자기 아동상담실에 나타나는 경우, 아이의 문제와 관련해서 가족 내의 역동적 변화가 일어나고 있다는 하나의 의미 있는 징후라고도 해석해 볼 수 있다. 아동상담에서는 아이를 둘러싼 가족의 움직임에 대해서도 민감하게 주목하는 자세가 필요하다.

04 아동상담의 세 가지 지원 모델

1. 교육 모델

교육 모델이란 아동의 문제에 대해서 심리치료사의 적극적인 대응을 통해 문제나 증상의 해결 내지 개선을 목적으로 한 지원방식을 말한다. 이 모델에서는 먼저 문제에 대한 지원 목적을 명확히 하고 이에 따른 과제나 대응 프로그램을 만들어서 표면적으로 드러나는 문제 행동의 개선에 초점을 맞추게 된다. 이 모델의 전략으로는 먼저 핵심적인 문제나 증상의 개선 내지 해결을 위해 달성하기 쉬운 과제에서부터 점차적으로 달성하기 어려운 과제를 계통적으로 설정한다. 그리고 이들 과제를 순차적으로 각각 달성해 나가도록 하는 것이 문제나 증상의 개선 내지 해결에 효과적이라고 본다. 이를 위해 아동 심리치료사는 적극적으로 아동을 지도하면서 문제해결을 위한 노력을 하게 된다. 이러한 치료 과정이 원만하게 진행되기 위해서는 무엇보다도 아동 한 명 한 명의 문제 특징을 정확히 이해하고, 그 아동에게 맞는 계통적인 과제를 설정하여 지도 프로그램을 만드는 작업이 중요하다.

이 지원 모델은 발달장애나 학습장애 등의 문제가 있는 아동에 대한 대응방법으로서 널리 활용되고 있다. 또한, 등교 거부 등의 문제 행동에 대한 지도 프로그램으로도 사용되기도 한다. 인지 행동 치료나 사회적 기술훈련(SST: Social Skill Training) 등은 이 모델에 속한다.

교육 모델은 다른 모델에 비해 아동에 대한 대응 방식이 매뉴얼화되어 있어 비교적 활용하기 쉽고, 아동에 대한 지원 활동도 폭넓게 할 수 있다는 장점이 있다. 그러나 대응 방식이 너무 매뉴얼화되어 있으면 매뉴얼이라고 하는 틀에 얽매이게 되면서 아동의 정서적인 측면을 소홀히 하는 문제가 발생할 수 있다. 문제해결을 위해 노력하는 것도 중요하지만, 아동 한 명 한 명의 정서적 상태를 고려하면서 한 아동을 전체적으로 이해해 나가는 것이 필요하다.

2. 통찰 모델

이 모델은 문제나 증상의 의미를 탐구하는 대응 모델이다. 미국 심리학자 가나(Kanner, L.)는 아동이 표현하는 증상에는 다음 5가지의 의미가 있다고 주장하고 있다.

① 입장권: 증상은 연극의 입장권과 같은 것으로 그 내용을 나타내지 않고 그 뒷면에 무언가 다양한 것들이 감추어져 있다.

② 신호: 경종을 울리는 신호와 같은 것으로 주위에 환기시키기 위한 것이다. 그런데 당사자인 아동은 자신의 행동에 대한 의미를 지각하지 못하고 있다. 때문에 문제의 본질이 무엇인지를 잘 파악하여 대처해 나가야 한다.

③ 안전망으로서의 증상: 증상을 나타냄으로써 오히려 문제가 더 이상 악화되지 않도록 보호해 준다.

④ 문제해결의 수단으로서의 증상: 하나의 증상 표출이 문제해결의 과정이나 방법이 되기도 한다.

⑤ 위험한 상태를 나타내는 것으로서의 증상: 증세가 심각해서 스스로 표현할 수단이나 방법을 찾지 못하는 아동은 대개 얌전하고 눈에 띄지 않기 때문에 그 심각성을 간과하기 쉽다. 그런데 동일한 증상이라고 할지라도 문화적 차이에 따라 그 심각성에 대한 평가가 다를 수 있다. 가나가 말한 것처럼 문제나 증상에는 다면적인 메시지가 포함되어 있으며, 심리적인 요인이 관여하고

있다고 본다.

이렇게 보면 통찰 모델이란 심리치료사가 아동과 직접적으로 접촉하면서 증상이나 문제에 의해 표현되는 의미를 명백히 해 나가는 지원방식이라고 할 수 있다. 대개 문제나 증상에는 무의식적인 메시지가 포함되어 있으며, 그 메시지를 아이와의 관계를 통해서 탐색해 나간다. 그래서 여기에서는 정신분석학적인 관점이 중요한 이론적 배경이 되며, 정신분석인 발달이론이 문제해결의 축으로서 역할을 하게 된다.

아동은 치료라고 하는 비일상적인 공간에서 주로 놀이나 대화를 통해 아동 심리치료사와의 관계를 형성해 나간다. 이 가운데 어떤 아동은 퇴행이라고 하는 문제를 보이게 되면서 성장 과정에서 체험한 문제나 심리적 상태를 표출한다. 아동 심리치료사는 놀이치료 가운데 표현된 내용으로부터 그 아동의 문제나 증상과 관련된 요인을 밝혀낸다. 아동은 놀이라고 하는 상징적 표현을 통해서 자신의 문제나 증상에 직면하고 정리해 나간다. 이런 과정이 곧 문제해결로 이어지게 된다.

아동이 표현한 세계를 현실적인 문제나 증상의 내용과 관련지어서 서로 이야기하는 경우도 있고, 어떤 경우는 언어로 표출되지 않을 때도 있다. 어떤 경우일지라도 통찰 모델에서는 문제나 증상의 의미를 치료 장면에서 표현된 내용으로부터 탐색해 나가게 된다.

3. 표현 모델

이것은 어떤 이미지나 놀이를 통해서 자신을 표현하는 과정이 문제해결에 도움이 된다고 보는 모델이다. 비록 치료 장면은 장소나 시간의 제한이 있는 상황이지만, 아동에게 마음껏 자신을 자유롭게 표현할 수 있도록 허용하게 된다. 아동에게 현실세계에서는 좀처럼 경험할 수 없는 비현실적인 장을 제공함으로써 어떤 구속도 받지 않고 자신의 내적 세계를 자유롭게 표현할 수 있도록 한다. 이 모델에서는 이런 자유로운 표현과정이 곧 문제해결로 이어진다고 본다.

이런 과정이 이루어지기 위해서는 심리치료사와의 관계 형성이 전제되어야 한다. 아이와 치료사와의 관계 형성은 아동이 갖고 있는 '놀이' 활동의 창조적 욕구를 충분히 표현할 수 있도록 도와주게 되며, 이는 곧 문제해결로 이어진다고 본다. 놀이를 통한 자기표현은 자신의 억압된 감정을 발산시키는 카타르시스(정화)의 효과도 기대할 수 있다. 또한, 자신의 내적 세계를 자유롭게 표현하는 것은 성숙의 촉진과 함께 성장하는 힘을 갖게 하여 문제나 증상을 개선시켜 나가는 데 도움이 된다.

이런 방법에는 놀이치료나 미술 치료, 모래 상자 놀이 등이 있지만, 자신을 표현하는 수단이라면 어떤 기법이라도 상관이 없다. 이 모델을 활용하고자 하는 아동 심리치료사는 치료 아동이 자기 자신을 가장 잘 표현하는 수단이나 방법이 무엇인지를 연구해 나가야 한다.

일본 심리학자 야마나까(山中康裕, 2001)는 아동의 자기표현의 수단을 '창'이라는 단어로 설명하고 있다. 문제나 증상의 의미에 대해서 직접적으로 통찰을 구하는 것이 아니라, 스스로를 표현하고자 하는 창조력이 자기 치유적인 성장의 힘을 촉진시킨다고 보는 것이다. 이 경우, 심리치료사가 아동이 자신을 마음껏 표현할 수 있는 장으로서 치료 장면을 어떻게 설정할 것인가가 중요한 포인트가 된다. 놀이나 상담 장면이 일상적인 현실장면과 달리 자신을 마음껏 표현할 수 있는 장이라고 하는 것을 아동이 느낄 수 있도록 하는 것이 중요하다. 이를 위해서는 시간과 장소를 정해서 그 틀 안에서의 자유를 충분히 보장해야 한다. 자유가 충분히 허용되는 비일상적 장을 제공하는 것은 통찰 모델의 경우와 마찬가지로 매우 중요하다. 여기에서의 강조점은 심리치료사와의 관계가 아동의 독자적 세계의 표현을 가능하게 한다고 보고 있다.

이상의 3가지 모델 가운데 어느 것을 선택할 것인가는 아동의 문제내용과 아동 자신이 무엇을 원하고 있는가, 그리고 주위의 기대에 따라서 달라질 수 있다. 사실 이 3가지 모델을 엄격하게 구별할 수는 없다. 특히, 아동의 경우, 아동 자신이 원래 갖고 있는 '성장의 힘'이라고 하는 것이 매우 크며, 그 힘을 최대한 발휘할 수 있도록 하는 것은 어느 모델의 경우에도 필요하다. 또한, 아동 심리치료사는 자신이 어느 치료 모델에 중점을 두고 접근하고 있는가에 대한 자각도 중요하다.

05 부모 상담

1. 부모 상담의 필요성

아동상담의 효과를 기대하기 위해서는 아동에 대한 심리치료적 접근과 함께 가족이나 교사의 협력이 매우 중요하다. 특히, 영유아기의 경우는 그 어느 시기보다 부모에 대한 의존도가 높은 시기이기 때문에 부모의 심리적 상태는 곧 아이의 발달에 중요한 의미를 지니게 된다. 그러므로 상담사는 부모와의 상담을 통하여 부모 스스로가 자신의 심리적 상태와 행동을 객관적으로 인식하고 자녀의 바람직한 성장을 지원할 수 있는 심리적 안정 상태가 되도록 도와주어야 한다. 한 예로 어릴 때부터 정리정돈 교육이 중요하다고 생각한 어머니가 거의 매일 자녀에게 잔소리를 해 오던 자신의 모습에 대해서 상담을 통해 "자신은 주변을 깔끔하게 해야만 마음이 안정되는 성격이기 때문에 물건이 여기저기 흩어져 있으면 불안감을 느낀다."라고 하는 문제를 인식하게 되면서 자녀에 대한 지나친 개입을 자제하는 경우를 생각해 볼 수 있다. 자녀와의 공생관계에 의해 심리적 안정을 찾고 있던 어머니가 상담을 통해 아이가 부모로부터 독립하지 못하는 것은 아이의 문제가 아니라, 부모 자신이 아이에게 너무 밀착한 나머지 생기는 문제라고 하는 사실을 인식하는 경우도 있다. 이처럼 부모가 자녀에 대한 이제까지의 태도를 생각하면서 자신의 문제점에 대한 인식과 함께 태도변화를 통해 아이의 행동변화를 기대하는 것이다.

상담 대상 아동이 연령적으로 10세 이상인 경우는 부모에 대한 접근을 하지 않아도 되는 경우가 가끔씩 있지만, 유아를 대상으로 한 심리치료에서는 부모를 통해 일상생활에서의 행동에 대한 정보를 최대한 많이 수집하여, 이를 바탕으로 문제 행동의 상태와 원인을 명확히 하고, 지도 효과를 확인해야 하기 때문에 어떤 형태로든 부모와의 접촉이 필요하다.

2. 부모 상담의 형태

아동상담에서는 부모의 이해와 협조가 매우 중요하며, 이를 위해 노력하는 과정 자체도 넓은 의미에서는 상담의 과정이라 할 수 있다. 부모에 대한 이런 상담적 접근에는 크게 부모에 대한 가이던스와 상담(또는 심리치료)으로 나눌 수 있다.

(1) 가이던스

가이던스(Guidance)란 어떤 특정의 문제에 직면하여 스스로의 힘으로 해결할 수 없어 고민하는 사람에게 객관적인 자료를 포함한 정보를 제공하거나 구체적인 해결 방법을 제시하여 그 사람의 지적 이해를 통해 당면한 문제를 해결할 수 있도록 도와주는 활동을 말한다. 아이가 사회 문화적인 존재로 살아갈 수 있도록 하기 위해서는 양육자로부터 적절하고 풍부한 자극을 제공받아야 한다. 그러나 오늘날 핵가족화와 이웃과의 교류 단절 등의 급격한 사회변화로 인해 육아지원을 받지 못하거나 고립화되는 부모들이 늘어나면서 자녀 양육에 대한 자신감이 상실되거나 육아 노이로제로 인해 힘들어하는 부모들이 의외로 많아졌다. 또한, 아동 양육과 지도에 대한 정보가 너무 많아 혼란스럽거나 왜곡된 정보로 인해 오히려 부모를 힘들게 하는 경우도 적지 않다. 이런 상황에서 아동 심리상담사는 아동의 문제 행동에 대한 정확한 이해와 지도를 위해 끝없이 연구하는 자세가 필요하며, 이를 통해 얻은 지식은 부모들에게 알기 쉽게 제공되어야 한다. 가이던스에서 명심해야 할 점은 어떤 한 아동이나 부모에게 효과적이었던 대응법이 다른 아동이나 부모에게도 동일하게 효과적이라고는 할 수 없는 경우가 많기 때문에 아동 심리상담사는 이론적 기반의 틀 위에서 각 사례의 특수성에 맞게 상담해 나가야 한다.

가족 치료에서는 '모든 가족 집단은 건강하게 성장이 가능할 수 있는 잠재력을 충분히 갖고 있다'는 관점을 갖고 있으며, 아이의 문제 행동은 그 아이를 둘러싼 가족 전체의 균형 상실이라는 문제에 그 원인이 있다고 보고 있다. 그러나 지능장애나 자폐증 등 발달장애의 문제가 있는 아이의 가정의 경우, 이차적인 현상으로 인해 불안정한 가족의 모습을 보이는 경우가 있다. 그러나 이것은 원래부터 가족 구성 간의 잘못된 인간관계나 가족의 병리적인 문제에 의한 것은 아니다. 그러므로 문제 아동에 대한 치료적 접근에서 반드시 부모를 대상으로 한 심리치료적인 상담이 필요하다고는 할 수 없으며, 가이던스만으로도 충분한 경우가 있다.

(2) 상담

상담의 특징은 가이던스와 명확하게 구분할 수 있는 것은 아니지만, 굳이 그 차이를 이야기한다면 가이던스란 특정 문제의 해결을 위해 지적 정보의 제공에 목적을 두고 있지만, 상담은 그 사람의 인격적 측면까지 접근하여 변화를 시도하기 때문에 특정 문제의 해결에 국한하지 않고 보다 광범위한 문제의 해결을 목표로 한다고 할 수 있다.

자녀 문제로 상담실을 찾아오는 부모들은 대개 처음부터 아이의 문제 행동이 자기 자신의 문제와 직 · 간접적으로 관련이 있을 수 있다는 인식을 갖는 경우는 드물다. 이런 부모는 자녀의 문제는 아이에게 문제가 있기 때문에 나타나는 증상이라고 이해하면서 그 증상만이 개선되기를 바라는 마음이 간절할 것이다. 물론, 증상이나 문제 행동을 보이는 사람은 자녀이기 때문에 아이에게 초점을 맞추어서 접근하는 것이 중요하며, 특히 아이가 어떤 장애를 갖고 있는 경우에는 장애에 따라 상담의 내용과 방향이 결정되기도 한다. 그러나 아이에게 특별한 장애가 없는 경우에는 아이의 증상이나 문제가 부모와의 관계나 그 주변 사람들과의 관계문제로 인해 생기는 경우가 적지 않다. 특히, 연령이 어릴수록 부모와의 관계에 문제가 있는 경우가 많기 때문에 대개 아동상담에서는 부모에 대한 상담도 병행하게 된다.

부모를 대상으로 한 상담 시에는 비록 부모 자신은 자신에 대한 문제의식을 갖고 있지 않다고 할지라도, 상담사는 부모를 자녀와의 관계에서 어떤 형태로든 문제를 갖고 있는 사람으로 간주하면서 상담 내지 심리치료의 대상으로 바라보게 된다. 여기에는 반드시 비정상적이라고 판단되는 부모만을 대상으로 해야 한다는 이야기는 아니다. 물론, 부모들 가운데는 왜곡된 성격 문제나 정서적 장애, 인격장애 등의 문제로 상담을 받아야 하는 경우도 있지만, 이런 문제가 나타나지 않거나 부모 자신이 심리적으로 건강하다고 생각하는 경우가 일반적이다. 그러나 자기 자신이 심리적으로 건강하다고 생각하는 부모일지라도 자녀와의 관계에서는 아이의 문제 행동을 일으킬 만한 문제를 갖고 있는 경우가 적지 않다. 그러므로 부모 상담에서 해결해야 할 과제에는 다음과 같은 것이 있다.

- 부모와 자녀의 관계문제와 이로 인해 발생되는 아이의 문제
- 부모 자신의 문제와 이로 인해 발생되는 아이의 문제와 모(부)자 관계의 문제
- 부부간의 문제와 이로 인해 발생되는 아이의 문제와 모(부)자관계의 문제

이와 같이 상담사는 아이의 문제에만 초점을 맞추는 것이 아니라, 부모와 자녀와의 관계문제, 부모 자신의 문제, 부부간의 문제에 대해서도 눈을 돌려서 아동문제 해결의 실마리를 찾아야 한다. 특히, 어머니의 경우는 한 인간으로서 여성, 아내, 어머니라고 하는 3가지 역할을 하고 있으며, 동시에 자녀나 남편 외에도 주위에는 시부모, 형제, 사촌, 친구, 직장 사람들 등 다양하고 복잡한 인간관계를 맺으면서 살아가고 있다. 이런 사람들과의 인간관계의 영향을 받으면서 자녀를 양육하고 있다는 사실을 잊어서는 안 될 것이다.

3. 부모 상담의 목적

부모 상담의 목적은 크게 ① 아이와의 치료관계 유지, ② 아이와 관련된 정보 수집 및 정보 제공, ③ 부모 자신에 대한 심리치료에 있다고 할 수 있다.

(1) 치료관계의 유지

아동상담은 성인 상담과 달리 아이 스스로가 상담실을 찾는 경우는 거의 없으며, 대개 부모의 판단에 의해 상담이나 심리치료가 시작되는 경우가 일반적이다. 그러므로 부모 상담의 제1의 목적은 아이의 심리상태나 심리치료에 대한 부모의 정확한 이해를 통해 상담이나 심리치료가 완료될 때까지 정기적으로 약속된 시간에 아이를 데리고 올 수 있도록 상담의 동기를 강화시키는 데 있다.

놀이라고 하는 매개체를 이용하여 치료사와 아이와의 관계를 중요하게 생각하는 놀이치료에 대해서는 아이가 싫어하거나 거부적인 반응을 보이는 경우는 드물지만, 치료 장면에 하나의 과제를 도입하거나 행동치료적 방법으로 접근할 경우 아이에게 정신적 스트레스를 줄 수 있다. 때문에 아이가 심리치료를 꺼려할 수도 있으며, 여기에다 부모 자신이 심리치료에 대한 불신이나 동요가 있는 경우에는 이런 기분이나 태도가 아이에게도 전달되어 아이가 치료를 거부하는 반응을 보일 수 있다. 이럴 때는 부모에게 심리치료의 필요성을 이해시키면서 아이와의 치료관계가 유지될 수 있도록 해야 한다. 한 예로 "자녀가 몸이 아플 때는 병원에 가시죠? 그런데 아이가 병원에 가기 싫다고 마구 울어요. 그러면 어머님께서는 어떻게 하시죠? 아무리 주사가 싫다고 아이가 울어대지만 병원에 데리고 가잖아요. 자녀에 대한 심리치료도 마찬가지입니다."라는 식으로 이야기해 본다.

(2) 아동과 관련된 정보 수집 및 제공

부모 상담에서 얻을 수 있는 중요한 정보원 중에 하나는 평소 치료 장면에서 얻기 어려운 아이의 모습에 대한 것이다. 부모로부터 가정에서의 아이의 언어나 태도, 행동, 부모와의 관계 등에 대한 정보를 최대한 많이 수집한다. 그런데 부모가 말하고 있는 아이의 모습이나 자녀와의 관계는 어디까지나 부모 자신의 관점이 강하기 때문에 부모의 인식이 왜곡되어 있거나 문제의 핵심을 파악하지 못하는 경우가 있다. 일상생활의 모습을 중심으로 아이에 대한 자료를 수집하는 목적은 치료사가 아이의 상태를 정확히 진단하고, 이를 바탕으로 치료 기법의 선택과 치료 효과를 확인하기 위해서이다. 또한, 아이에 대한 다양한 정보 수집은 아이의 상태에 대해서 부모가 객관적 이해하는 데 도움이 될 뿐만 아니라, 치료실에서의 아이의 행동을 판단하는 데도 도움이 된다. 예를 들어, 놀이치료 장면에서 아이가 인형을 밖으로 내던져버렸을 때, 이 행동이 동생에 대한 분노를 나타내는지, 부모로부터 거부당한 경험을 나타내는지, 또는 특별한 의미가 없는 단순한 습관적 행동에 지나지 않는지에 대한 판단 시에는 이제까지의 치료 장면에서의 행동 외에도 가정에서의 행동에 관한 정보도 중요한 참고 자료가 된다.

한편, 부모 상담은 아이에 관한 정확한 정보를 제공하는 목적도 갖고 있다. 이를 통해 부모가 아이에 대한 객관적인 이해와 긍정적인 측면을 발견할 수 있도록 한다. 또한, 부모로부터 얻은 정보와 치료실 내에서의 행동을 검토하여 바람직한 가정환경 조성의 문제나 부모의 효과적인 대응법 등에 대해서도 구체적인 정보를 제공해 줄 수 있다.

(3) 부모에 대한 심리치료

아이의 문제나 증상은 반드시 부모나 가족의 병리적 현상과 관련되어 있다고 단언할 수 없지만, 부모의 그릇된 양육 태도나 인격 장애로 인한 경우가 드물지 않게 보고되고 있다. 예를 들어, 심인성(心因性) 시력 장애에서 회복된 지 1년도 채 안 되어 이번에는 신경성 거식증을 보인 한 초등학생의 경우, 그의 부모가 강박신경증이라는 문제가 있었다는 사례 보고가 있다. 함구 증세(mutism)와 등교 거부라고 하는 부적응 행동을 각각 보인 두 형제의 경우에는 이들의 부모가 불안 신경증이었다는 보고는 아동의 문제 행동과 부모의 심리상태가 매우 밀접한 관계가 있음을 시사하고 있다. 이런 경우에는 부모나 가족 구성원을 대상으로 한 상담이나 심리치료를 통해서 부모 자신이 자신의 문제를 통찰하고 보다 건강한 심리상태가 될 수 있도록 지원해야 한다.

4. 부모 상담 시 유의사항

(1) 부모의 주체적인 선택을 존중한다

부모에게 가정에서의 효과적인 대응법을 제안할 때 지시적이거나 일방적인 제안보다는 부모가 주체적으로 선택할 수 있도록 조언하는 것이 바람직하다. 비록 치료사가 확신을 갖고 구체적인 치료법을 제안해 주고 싶은 마음이 있을지라도, 다음과 같이 부모의 주체적인 선택을 존중해 주는 대응을 한다. 예를 들어, "가정에서는 …식으로 대하는 것이 좋다고 생각합니다만, 어떻게 하면 좋을지에 대해서는 어머니 자신이 결정하시거나 남편분과 상담해서 정하시는 게 좋다고 생각합니다."라고 이야기해 준다. 이와 같은 치료사의 대응은 부모에게 최종적인 결정은 자신이 했다는 생각과 함께, 자녀의 행동지도에 있어 책임감을 느끼면서 능동적 참여를 유도하도록 하는 효과를 기대할 수 있다.

(2) 치료실 내에서 아이의 행동이 자유로울 수 있도록 부모의 협조를 구한다

치료실이라고 하는 장면은 다양한 제한이 있는 일상적인 상황과는 독립된 비일상적 장면이기 때문에 아이는 거의 어떤 구속도 받지 않고 자기만의 세계를 표현할 수 있다. 그런데 만일 이런 치료 장면에 부모가 개입을 한다면 가정과 다를 바 없는 상황이 되며, 부모와의 관계에 문제가 있는 아이의 경우에는 자신의 세계를 충분히 표출할 수 없게 된다. 물론, 아동 심리치료에 대한 부모의 이해와 협력을 얻기 위해서 치료에 지장을 초래하지 않는 범위 내에서 치료실에서의 아이 행동이나 상태, 치료사의 대응 등에 대해서 정보를 제공할 수 있다.

원칙적으로는 치료실 내에서의 아이 행동이 자유로울 수 있도록 부모의 협조를 구하는 것이 중요하다. 특히, 정서적인 문제가 있는 아이의 경우에는 더욱 주의할 필요가 있다. 부모들은 대개 매회 치료가 끝난 후, "재미있었니?", "오늘은 무엇을 했니?", "선생님께서 어떻게 해 주었니?" 등, 놀이실 내에서의 치료과정에 대해서 상세하게 묻는 경우가 많다. 이렇게 하면 아이는 심리적 부담을 느끼게 되면서 치료실 내에서 자연스러운 행동의 표출이 어려워진다. 일반적으로 치료실 내에 일어난 일이나 경험에 대해서 아이 스스로가 이야기하지 않는 한, 부모가 이것저것 묻는 것은 바람직하지 못하기 때문에 치료사는 이런 점에 대해서 유의하도록 부모에게 협조를 구한다.

(3) 부모의 능동적 참여의 필요성을 의식하도록 유도한다

부모들 가운데는 자녀의 문제를 아동 심리치료사에게 맡김으로써 이제 자신의 노력이나 역할은 그렇게 중요하지 않다는 인식을 갖는 경우가 많다. 이 때문에 무엇이든지 치료사에게 의지하려고 하는 경향이 강해진다. 마치 자녀를 유아교육 시설에 보내는 경우, 아이의 교육은 선생님이 알아서 잘 하기 때문에 자녀 교육의 짐을 벗었다고 생각하는 부모의 의식과 마찬가지라고 할 수 있다. 그래서 치료 장면에서 부모가 치료사에게 정중하게 "그럼, 선생님, 잘 부탁드립니다. 저희 아이 문제는 모두 선생님을 믿고 맡기겠습니다."라고 부탁하는 경우가 있을 수 있다. 이에 대한 치료사의 바람직한 대응은 "네, 알겠습니다. 노력해 보겠습니다. 하지만 자녀에게 가장 소중하고 필요한 사람은 부모님입니다. 부모님도 도와주셔야 합니다. 서로 협력해서 하도록 합시다."라고 치료과정에서 부모의 역할이나 책임감의 중요성을 인식하도록 하여 부모도 아이의 치료에 능동적으로 참여하도록 유도한다.

(4) 아이에 대한 객관적 이해와 긍정적인 면을 발견할 수 있도록 지원한다

자녀 문제에 대한 부모의 인식 가운데는 왜곡된 경우가 많다. 아이에 대한 왜곡된 인식은 부모의 그릇된 양육 태도나 행동을 초래하게 되고, 이는 결국 아이의 심신의 발달에 부정적 영향을 미치게 된다. 그러므로 부모 상담에서 자녀의 상태에 대해서 정확하고 객관적 이해를 할 수 있도록 지원하는 것은 매우 중요하다. 상담 방법에는 일정한 공식과 같은 것이 있는 것은 아니지만, 상담사가 매회 상담을 시작하는 분위기를 만들기 위해서 "지난 한 주간 동안 어떠했습니까?"라든가, "자녀의 행동에 어떤 변화가 있었습니까?" 등의 표현으로 이야기를 시작한다. 이때 유의할 점은 부모가 자녀의 상태를 객관적으로 이해할 수 있도록 아이에 대해 전반적이면서 구체적으로 이야기하도록 유도한다는 것이다. 만일, "덕분에 좋아지고 있는 것 같아요."라든가, "별로 변한 게 없네요."라고 포괄적이면서 추상적으로 대답하는 경우에는 "그렇습니까?"라고 가볍게 받아넘긴 후, "예를 들어, 어떤 상태입니까? 좀 더 구체적으로 이야기해 주시겠습니까?"라고 물어본다. 또한, 치료사는 자녀에 대해 부모가 고민하고 있는 특정 문제에 관한 정보뿐만 아니라, 아동의 일상생활 전반에 관한 정보를 얻도록 노력해야 한다.

한편, 부모들 가운데는 자녀의 행동 가운데 부모로서 고민하는 문제에만 초점을 맞추어서 이야기하는 경우가 많다. 이런 경우에는 아이의 부정적인 측면만 아니라, 긍정적인 측면도 포함해서 이야기할 수 있도록 유도한다. 예를 들어, "지난 한 주간은 자녀분과 어떻게 보냈습니까? 아침에 일어나서 잠자리에 들 때까지 무엇을 했죠? 생각나는 대로 이야기해 주시겠습니까?"라고 묻거나 또는 "특히 요즘 신경을 쓰고 있는 자녀의 행동은 무엇이죠? 이전에 비해 달라지거나 좋아진 면은 없습니까?"라는 식으로 묻는 것도 하나의 방법이 될 수 있다.

(5) 치료의 초기 장면부터 진단적 판단을 하지 않도록 한다

대개 부모들은 아이에게 어떤 문제가 있는지, 그 병명을 정확히 알고 싶어 한다. 그러나 치료의 첫 장면부터 아이에 대한 진단적 판단을 하는 것은 바람직하지 않다. 그 이유는 먼저 아이의 행동에 대한 판단을 할 때에는 부모로부터 얻는 정보는 물론, 놀이실 내에서 행동관찰, 검사결과 등 종합적으로 분석하여 판단해야 하며, 동시에 아이의 행동은 그때그때의 심신의 상태나 상황에 따라 변화의 정도가 심하므로 시간을 두고 반복적으로 관찰과 검사를 해야 하는 문제가 있기 때문이다. 그러므로 정확한 진단을 위해서는 최대한 신중해야 하며, 치료의 초기 장면부터 아이에 대한 진단적 판단을 하지 않도록 한다.

둘째로 부모의 반응으로 인한 문제를 생각해야 되기 때문이다. 아이의 문제에 대해 부모에게 정보를 제공할 때, 부모의 심리 상태나 이해의 정도에 따라 그 방법이 달라질 수 있다. 한 예로 "우리 아이가 자폐증인가요? 아니면 지능 장애인가요? 치료하면 완전히 나을 수 있는가요?"라는 식의 질문에 대해 어떻게 대답을 해야 바람직한지에 대한 문제에 부딪히게 된다. 여기에는 어떤 정석이 있는 것은 아니지만, 부모가 어떤 병명에 대한 정확한 이해가 부족한 경우, 지나치게 절망하거나 반대로 안심해 버리는 문제가 발생할 수 있기 때문에 이로 인해 아이에게 부정적인 영향을 미칠 수 있다. 그러므로 치료의 초기 장면에서는 진단 결과를 알려주지 않는 것을 원칙으로 하는 것이 좋다. 만일, 부모가 병명을 알고 싶어서 집요하게 묻는 경우에는 아동의 현재 상태에 대해서 이야기하면서 "좀 더 충분한 시간을 갖고 여러 가지로 조사하지 않으면 정확한 진단이 어렵습니다."라는 정도로 대응하는 것이 바람직하다.

(6) 아동상담실, 부모, 아동 교육시설 간의 협력관계를 구축한다

아이의 일상생활이라고 하는 것은 가정 못지않게 어린이집이나 유치원 생활도 중요하다. 친구들이나 선생님과의 관계 속에서 아이들이 심리적으로 스트레스를 받기도 하고, 반대로 문제가 해결되는 기회를 경험하기도 한다. 그러므로 문제 행동의 효율적인 치료를 위해서는 '가정'과 '아동상담실', '유아교육시설'의 3기관의 긴밀한 상호협력체제가 매우 중요하며, 이에 대한 것을 부모에게 이해시킬 필요가 있다.

Appendix 부모와의 커뮤니케이션

아이와 어머니를 대상으로 한 병행 상담에서 부모 상담으로부터 얻을 수 있는 중요한 정보원 중에 하나는 상담 장면에서 평소 얻기 어려운 자녀의 모습에 대한 것이다. 항상 자녀를 가까운 거리에 두면서 가장 긴 시간 동안 함께하고 있는 어머니는 가정 내에서의 자녀의 언어나 태도, 그리고 자신과의 관계에 대해서 다양한 이야기를 해 줄 수 있다.

그러나 부모가 말하고 있는 자녀의 모습이나 자녀와의 관계는 어디까지나 자신의 관점에서 말하는 경향이 강하기 때문에 비록 자신이 의도적으로 숨기려고 하는 의식은 없을지라도 어머니의 인식이 왜곡되어 있거나 문제의 핵심을 파악하지 못하는 경우가 많다. 이런 점은 실제 모자간에 대화를 나누어보도록 함으로써 어머니 자신이 이제까지 깨닫지 못했던 자녀의 기분이나 자녀와의 관계에서 문제점이 무엇인지를 이해하게 되는 경우가 많다. 한 예를 들어보자.

[예 1] 자기 고집만 부리고 있는 자녀의 문제 행동으로 인해 힘들어하는 어머니가 "그러다간 다른 사람에게 조롱거리만 돼!"라고 꾸중한다.

[예 2] 방안에 어지럽게 널려져 있는 장난감을 치우지 않고 있자, 어머니가 아이에게 혼을 낸다. 그때서야 슬슬 장난감을 치우기 시작하는 아이를 보고는 어머니가… "혼이 나니까 장난감을 치우는구나. 어쩔 수 없는 애구나"라고 하며 또 혼을 낸다.

위의 사례들은 일반 가정에서도 얼마든지 볼 수 있는 장면이다. 그런데 이 어머니가 하는 말을 꼼꼼히 생각해 보면 뭔가 이상하다는 느낌이 든다. 먼저 사례1에서 보면 실제는 어머니 자신이 "그러면 안 돼!"라고 꾸중하고 싶은 마음이 본심이지만, 이런 모습은 교묘하게 감추고 타인의 시선이나 생각을 이용하여 자녀를 간접적으로 통제하려고 하는 예라고 할 수 있다. 예2의 경우는 자녀가 모처럼 정리정돈을 하려고 하는데 어머니는 그 행동 자체에 대해서도 꾸중을 하고 있다. 이런 상황에서 아이는 정리정돈을 하던 하지 않던 결국 어머니에게 혼이 나는 입장이 되어 버리는 2중구속적인 상황에 놓여버리게 되는 것이다. 어머니의 이런 모순적 태도가 일상적으로 나타나고 있는 가정환경에서는 아동의 자발성이나 주체성의 발달을 기대하기 어려우며 아동의 심리적 혼란만을 가중시키게 된다.

Appendix 부모 훈련법

토마스 고든이 제안한 효과적인 부모 훈련법인 PET(Parent Effectiveness Training)에는 부모와 자녀관계를 향상시키기 위해 부모에게 대화 방법을 가르치는 프로그램이 있다. 이 프로그램에서는 자녀에 대한 부모의 '수용적 대화법'을 제안하고 있다. 아래 A~E 부모의 대응은 고든 박사가 제안하고 있는 내용을 기초로 하여 만든 것이다. 이 가운데 자녀에 대해 수용적 대화를 하고 있는 부모는 누구라고 생각하는가(복수 선택도 가능)?

> 자녀: 항상 사이좋게 지냈던 영수가 요즘 철민이하고만 놀아요. 학교에 갈 때마다 영수를 보면 너무 짜증나요.
>
> A부모: 3명이 함께 사이좋게 놀아요.
> B부모: 어떤 친구라도 함께 잘 놀 수 있어야 해요.
> C부모: 영수와 철민이를 한번 집에 초대해서 놀면 어때?
> D부모: 그래? 괜찮아. 내일이면 잊게 될 거야.
> E부모: 음~, 영수라는 친구 문제로 힘들구나.

A부모: 이 대화법은 아이에게 지시나 명령하는 느낌을 줄 수 있기 때문에 아이의 반발심을 초래할 수 있다.

B부모: 이 대화법은 설교식의 대응이다. 이렇게 하면 아이는 부모가 자신을 그대로 받아주고 있다는 느낌을 갖기 어려우며, 또한 자신을 바꾸지 않으면 안 된다는 압력을 느끼게 된다.

C부모: 이 대화법은 조언이나 제안의 성격을 띤 대응이다. 어떻게 하면 문제를 해결할 수 있는지를 부모가 그 방법이나 해결책을 내놓은 것은 아이 스스로가 고민하면서 문제를 해결할 수 있는 기회를 박탈해 버려 문제 해결력에 대한 자신감을 약화시키는 문제가 생길 수 있다.

D부모: 이 대화법은 문제의 초점을 흩트리는 대응이다. 이렇게 하면 아이는 부모가 자신의 문제에 대해 진지하게 생각하고 있지 않거나 관심 내지 흥미가 없다고 생각하게 된다.

E부모: 가장 바람직한 대화법이다. 이 대화법은 사실 아이의 이야기를 듣고도 아무런 조언이나 대응책을 제시하고 있지 않는 내용이지만, 아이의 마음을 열게 하는 가장 좋은 방법이라고 고든 박사는 말하고 있다.

이 외에 바람직한 대화법은 아이가 학교에서 있었던 이야기를 할 때 아이의 눈을 바라보면서 아이의 이야기가 끝날 때까지 듣는 것이다. 사실 이런 대응은 간단한 것 같지만, 의외로 어렵다. 대개의 부모는 이야기 중간에 끼어들어 이런저런 제안이나 명령, 설교를 하는 경우가 많다. 자신의 이야기를 끝까지 들어 주는 부모의 대응을 통해 아이들은 자신의 마음이 해방되는 느낌을 갖는다. 자신의 이야기를 들어주는 것만으로도 마음이 안정되는 것은 어른들도 일상생활에서 흔히 경험하고 있는 사실이다.

PART 02

보육(교육) 장면에서의 아동행동지도 기법

Chapter

1 행동치료

child counseling

가정이나 어린이집(유치원), 학교 등의 아동보육이나 교육장면에서 부모나 교사들이 아이들의 문제 행동을 발견하였을 때, 전문가적 분석이나 치료를 해 나가는 것은 현실적으로 어렵다.

그렇다면 보육(교육) 장면에서 나타나는 아이들의 다양한 문제를 부모나 교사가 효과적으로 대응(지도)하여, 그 아이가 학교나 원의 생활에 잘 적응하도록 도와주기 위해서는 어떤 방법이 있을까? 아동 심리치료의 비전문가라고 할지라도 아이들의 행동개선을 도와줄 수 있는 방법에는 대표적으로 행동치료 기법이 있다.

제2부에서는 아동의 내면보다는 행동에 초점을 맞추어서 분석하고, 이를 바탕으로 한 적절한 대응을 통해 아동의 문제해결을 시도하는 기법, 즉 행동치료 기법을 구체적으로 소개하고자 한다. 행동치료에서는 눈에 보이지 않는 그 사람의 내면적 세계보다는 관찰 가능한 인간의 행동에 초점을 맞추어서 행동 분석을 실시하고, 행동 수정에 필요한 다양한 기법을 제안하고 있다.

아이의 정서, 의욕, 성격 등 심리적 측면에 대한 판단은 다양한 상황에서 아이의 행동을 오랜 시간에 걸쳐 관찰하여 전문가적 분석을 해 나가야 한다. 이런 접근은 일상적 보육을 하고 있는 부모나 교사로서는 어려운 접근이다.

행동치료에서는 아동의 이런 내면세계보다도 그 행동 자체에 주목하여 행동의 실태를 파악하고 이에 대해 적절하게 지도하여 그 성과를 평가하는 방법을 사용하고 있다. 그 배경에는 '그 사람의 행동을 실마리로 해서 정서나 성격 등의 내면적 세계를 추리한다고 하는 것은 쉽지 않으며, 그릇된 판단을 할 수 있다'는 위험성에 대한 우려가 있다. 사실 행동을 통해서 그 사람의 마음을 정확히 간파할 수 있는 천리안적인 통찰력을 지닌 치료사는 없다. 표면적으로 나타나는 행동의 의미, 이에 대응해서 생성되는 내적 심리 상태를 정확히 해석하는 능력이 치료사에게 요구되지만, 인간의 마음은 복잡하기 때문에 아무리 경험이 풍부한 치료사라고 할지라도 해석에 오류가 발생할 수도 있다. 그래서 이런 오류로 인한 문제를 최소화하고, 동시에 아동 심리에 대한 지식이나 이해가 부족한 부모나 교사들도 쉽게 사용할 수 있는 아동행동지도법으로서 행동치료가 널리 소개되고 있는 것이다.

이처럼 행동치료는 '아동의 마음을 보는 눈'보다는 '아동의 행동을 보는 눈'이라는 관점을 강조하기 때문에 비전문가일지라도 접근하기 쉬운 치료법이라고 할 수 있다.

01 행동치료의 이론적 입장

정신분석학에서는 인간의 마음을 연구하기 위해 외현적으로 드러나는 행동, 예를 들어 동작이나 표정, 언어 등을 중심으로 분석하여 이를 토대로 그 사람의 심리 상태나 행동의 원인을 추정하는 방식을 취하고 있다. 그러나 이 이론으로 설명할 수 있는 사례도 있지만, 그렇지 않은 사례도 얼마든지 있을 수 있다. 만일, 사례에 대한 원인 분석이나 추정의 오류로 인해 잘못된 치료 기법을 적용하게 되면 이것은 마치 환자를 오진하여 잘못된 수술이나 투약을 하는 경우와 마찬가지여서 매우 위험하다고 할 수 있다. 이런 오진의 가능성을 지적하면서 인간의 행동을 좀 더 객관적으로 분석해야 한다고 주장하고 있는 이론이 행동분석학이며, 이 이론에 기초해서 나온 치료 기법이 행동치료이다.

행동치료의 이론적 입장은 성숙 이론과도 기본적 차이가 있다. 성숙 이론에서는 '발달은 학습에 우선한다.'라고 하는 입장을 갖고 있으며, 하나의 학습이 가능하기 위해서는 일정 이상의 성숙이 전제되어야 한다고 보고 있다. 그래서 각 연령별 능력이나 평균적인 발달수준에 대한 연구가 활발히 진행되면서, 예를 들어 이 과제는 3세 아이에게는 학습이 어렵다, 또는 가능하다고 하는 관점에서 접근하고 있다. 그러나 행동치료의 이론적 입장은 인간의 학습능력은 성숙의 문제가 아니라, 학습 환경의 문제라고 본다. 즉, 아이의 학습 능력이 떨어지는 것은 아이가 아직 어리거나 의욕에 문제가 있는 것이 아니라, 부모나 교사의 지도나 교육 방법에 문제가 있다고 보는 것이다. 그래서 아무리 발달적으로 문제가 있는 아이일지라도 그 아이에게 맞는 지도의 목표와 방법을 설정하여 적절하게 지도한다면 얼마든지 발달의 문제를 극복할 수 있다고 본다. 여기에서 제안하고 있는 치료 내지 지도 방법은 '인간의 행동은 학습의 산물'이라고 하는 학습 이론적 관점에서 출발하고 있다. 그래서 행동치료에서는 아무리 어린아이일지라도 발달을 기다려서 학습을 시키는 것이 아니라, 그 아이에게 맞는 새로운 경험이나 환경 조작을 적절하게 해 나간다면 얼마든지 행동 수정이 가능하다고 보고 있다.

02 학습 이론에 대한 이해

'학습(learning)'이라고 하면 일반적으로 학교나 학원 등의 공적 · 사적 기관에서의 교과 학습과 같은 것으로 이해하기 쉬우나, 심리학에서는 경험에 의한 행동의 변화를 학습이라는 개념으로 간주하고 있다. 언어나 운동, 지식, 감정에 이르기까지 인간 생활에 필요한 거의 모든 기능은 과거 경험의 산물이라 볼 수 있다. 생물학적인 존재인 '사람'이 사회 · 문화적인 존재인 '인간'이 되기 위해서는 인간 사회에서의 학습이 필수 불가결하다는 사실은 인간 사회에서 격리되어 생활했던 야생 아이들에 대한 사례 보고를 통해서도 알 수 있다.

학습에 관한 이론적 입장에는 크게 자극-반응 이론(연합설)과 인지 이론이 있다. 자극-반응 이론의 관점은 파블로프(Pavlov)의 고전적 조건 형성 이론, 스키너(Skinner)의 오페런트(Operant) 조건 형성 이론, 행동주의자인 왓슨(Watson), 홀(Hull) 등의 이론이 있다. 이들 이론의 공통점은 학습을 경험에 의해 자극과 반응이 연결되는 것으로 이해하고 있다.

반면, 인지행동 이론의 관점에서는 학습 현상을 보다 광범위하게 이해하면서 자극-반응 이론과 인지 이론의 두 입장에서 바라보는 접근이 필요하다고 주장하고 있다(tolman). 여기서는 먼저 자극-반응 이론, 즉 조건 형성 이론을 중심으로 살펴보고자 한다.

1. 고전적 조건 형성

고전적 조건 형성은 러시아의 생리학자인 파블로프가 위액이나 침액 분비에 대해서 연구하는 가운데 실험 중에 이용하였던 개가 사육사의 발자국 소리나 열쇠 소리에 반응해서 침액을 분비한다는 사실을 발견하였다. 그는 이를 정신성 분비라고 불렀으며, 이 같은 사실의 발견은 조건 형성에 관한 연구를 하는 동기가 되었다.

그는 [그림 2-1]과 같은 실험 장치를 이용하여 개의 침액선 개구부에 튜브를 연결해서 침액양을 정확히 측정하였다. 먹이로는 양의 조절이나 취급이 용이한 고깃가루를 사용하였다. 실험은 개를 공복 상태로 만든 후에 시작하였으며, 방법은 먼저 개에게 메트로놈 소리를 들려주고, 곧이어서 고깃가루를 제시하였다. 그러자 실험 초기에는 메트로놈 소리에 귀를 쫑긋 세우는 정도였지만, 이런 경험이 반복되자 나중에는 메트로놈 소리만 들어도 개의 침액이 분비되는 현상이 나타났다. 이때의 침액 분비를 조건 반응(CR: Conditioned Response), 메트로놈의 소리를 조건 자극(CR: Conditioned Stimulus)이라 한다. 한편, 생득적인 침액 분비는 무조건 반응(UCR: Unconditioned Response), 그리고 이런 반응을 이끌어 내는 고깃가루는 무조건 자극(UCS: Unconditioned Stimulus)이라 한다([그림 2-2]).

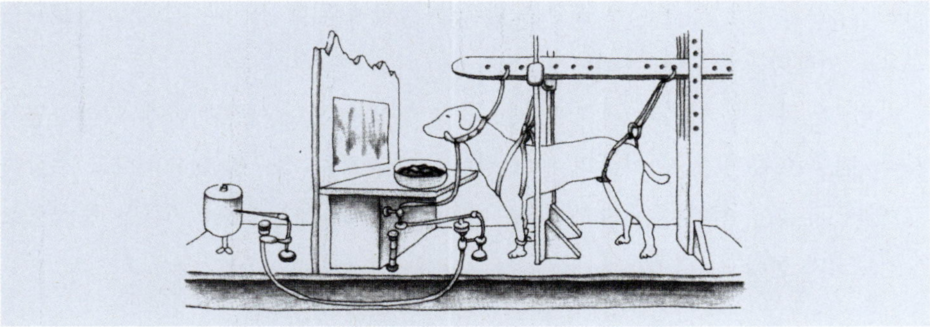

[그림 2-1] 고전적 조건 형성의 실험 장치

출처: Yerkes & Morgulis, 1909.

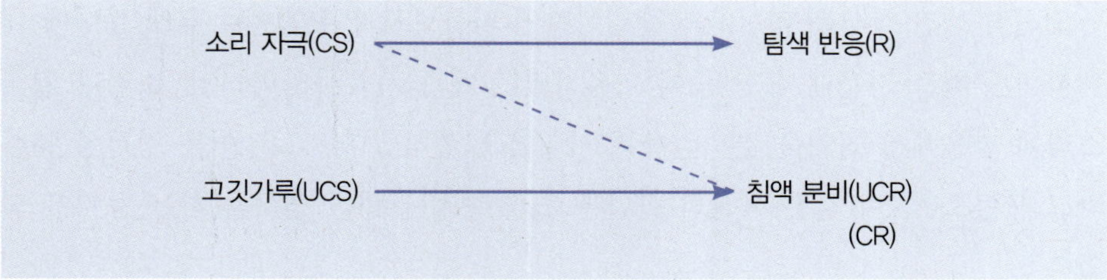

[그림 2-2] 고전적 조건 형성의 도식

고전적 조건 형성의 전형적인 과정은 [그림 2-3]과 같다. 메트로놈(CS)과 고깃가루(UCS)를 거의 동시에 제시하면 조건 반응(CR)은 점차 증가하게 된다. 그러나 이후에 UCS는 제시하지 않고 CS만을 계속 제시하면 침액 분비까지의 시간이 점차 길어지면서 마침내 침액은 분비되지 않게 되는데, 이것을 소거(extinction)라고 한다.

조건 반사가 성립된 후, 여기에 사용된 것과 조금 다른 자극, 박자가 다른 메트로놈 소리를 제시하여도 조건 반사가 생성된다. 이것은 조건 반사가 본래의 조건 자극과 조금 다른 자극까지 보다 광범위하게 형성된 것으로 이해할 수 있으며, 이를 일반화(generalization)라 부른다. 일반화된 조건 반사는 대개 원래의 조건 자극에 대한 반사보다 약하며, 두 자극 간 특성 차이가 클수록 일반화는 감소하게 된다.

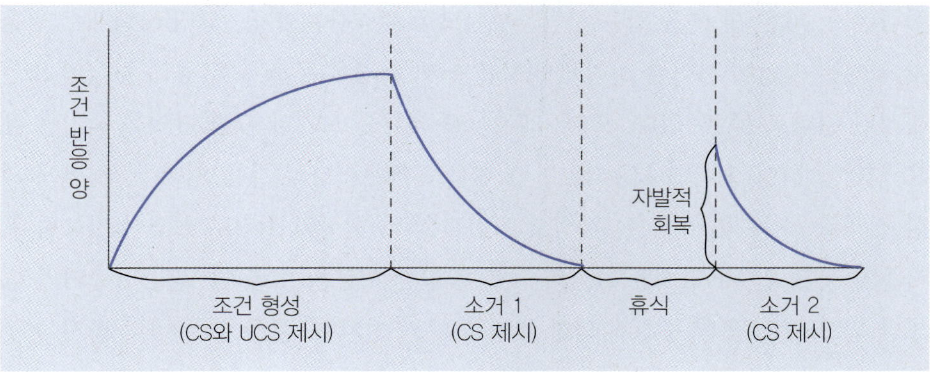

[그림 2-3] 고전적 조건 형성과 소거

이런 고전적 조건 형성의 원리를 이용함으로써 처음에는 공포 대상이 아니었던 자극에 대해 공포 반응을 조건화할 수도 있다. 한 예로 바닥에 금속 격자를 깔아 놓은 상자에 흰쥐를 넣고 하나의 소리 자극을 제시할 때마다 금속 격자를 통해 전기 충격을 가하는 과정을 반복하면, 마침내 소리 자극만을 제시하여도 전기 충격을 가했을 때와 동일하게 공포 반응을 보이게 된다. 왓슨(Watson)이 유아를 대상으로 실시한 다음의 실험도 고전적 조건 형성에 의한 공포 반응 조건 형성의 예라고 할 수 있다. 그는 이제까지 흰쥐를 좋아하며 놀았던 생후 11개월 된 아이가 흰쥐를 무서워하도록 실험적으로 조작하였다. 그는 아이가 흰쥐와 놀려고 접근할 때마다 공포감을 느낄 만한 큰소리를 냈다. 그러자 아이는 그 소리에 너무 놀란 나머지 몸을 부들부들 떨었다. 이런 경험을 여러 번 반복하는 동안에 아이는 흰쥐를 보는 것만으로도 굉음을 들을 때와 동일한 공포 반응을 보였다. 이후 흰 토끼나 흰 모피 코트에 대해서도 동일한 공포 반응을 보이는 일반화 현상이 나타났다.

성인에 대해서도 공포 반응을 조건화할 수 있다. 일반적으로 공포 반응은 피부 전기 반응, 호흡, 맥박 등을 통해 나타난다. 예를 들어, 어떤 도형을 제시할 때마다 전기 충격을 가하는 조작을 반복하면 나중에는 그 도형을 보여 주는 것만으로도 피부 전기 반응, 호흡, 맥박 등에 명백한 변화가 나타난다. 일상생활에서 관찰할 수 있는 현상으로는 한 번 주사를 받은 아동이 의사를 보는 것만으로도 무서워한다든지, 다른 흰 옷을 입은 사람들까지도 무서워하는 현상, 그리고 화재 경험을 갖고 있는 성인이 사이렌 소리에 공포를 느끼는 경우 등도 모두 공포 자극이 조건 형성된 결과로 볼 수 있다. 또한, 레몬이나 석류를 보거나 그런 단어를 듣기만 해도 입안에 침이 고이게 되는데, 이런 현상도 레몬이나 석류를 먹어 본 경험에 의한 결과로 볼 수 있으며, 이 과정도 고전적 조건 형성의 원리로 설명이 가능하다. 자동차 문을 열 때 몇 번이나 정전기를 경험한 사람은 비록 이 현상이 공기의 습도나 입고 있는 옷의 종류에 의한 것임을 알고 있지만, 문을 열 때마다 잠시 머뭇거리는 행동을 보이기도 한다.

그 외에도 무서워할 필요가 전혀 없는 작은 동물이나 물리적 자극, 예를 들어 높은 곳, 사방이 막힌 공간, 어두운 곳, 소리 등에 대한 지나친 공포 반응도 이런 원리와 동일한 방식으로 형성된 경우가 많기 때문에 조건 형성은 임상심리학에서도 중요한 의미를 갖고 있다. 하나의 강한 공포감을 체험했을 때 함께 존재하고 있었던 자극에 대해서 공포 반응이 조건화되고, 나아가 다른 유사 자극에 대해서도 공포감을 느끼는 현상, 소위 자극 일반화(stimulus generalization) 현상에 의해 공포증이 형성된 것으로 이해할 수 있다. 그러므로 공포증의 치료법은 조건화되어 버린 공포 반응을 소거하는 방법을 사용하게 된다.

2. 도구적 조건 형성

도구적 조건 형성에 관한 연구를 발전시킨 사람은 스키너(Skinner)이다. 그는 동물의 행동을 조직적으로 연구하면서 보다 효율적으로 자료를 얻기 위하여 [그림 2-4]와 같은 스키너 상자라고 하는 독창적인 실험 장치를 고안해 냈다. 스키너 상자에는 페달과 먹이 접시가 달려 있으며, 페달을 누르면 알약처럼 정제된 형태의 먹이가 하나씩 굴러 나왔다. 공복 상태인 상자 속의 흰쥐는 처음에는 이리저리 왔다 갔다 하다가 우연히 페달에 닿게 되면서 이것을 누르게 된다. 그러자 먹이가 나오고 흰쥐의 공복은 해결된다. 이런 과정을 반복적으로 경험하는 가운데 점차 페달을 밟는 시간의 간격은 단축되어 갔다.

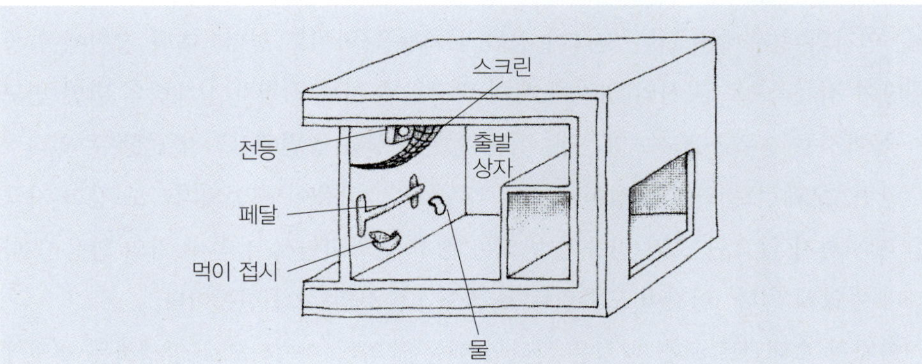

[그림 2-4] 스키너 상자

출처: Yerkes & Morgulis, 1909.

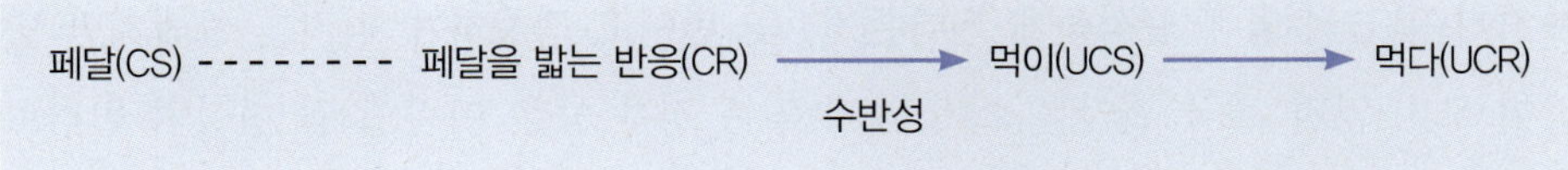

[그림 2-5] 도구적 조건 형성의 도식

도구적 조건 형성을 도식적으로 그려 보면 [그림 2-5]와 같은 과정이 된다. 페달을 밟는 반응(CR)은 어디까지나 흰쥐의 자발적 반응이며, 고전적 조건 형성처럼 이 반응을 강제적으로 발생시키는 무조건적 자극이 존재하는 것은 아니다. 또한, 이 반응은 동물이 환경에 대해 작용하는 행동이라는 의미에서 '오페런트(operant)'라고 일컬어지고 있다. 스키너 상자는 상자 안에서의 여러 행동 가운데 페달을 밟는 특정의 반응(CR)에 대해서만 선택하여 강화한다. 여기에서 CR에 대해 제시되는 먹이를 강화 자극이라 하며, 이렇게 하는 조작을 강화라고 한다. 또한, 이러한 반응과 강화 자극의 관계를 특히 수반성(contingency)이라 하며, 이 둘 사이의 시간 간격이 짧을수록 조건 형성의 효율은 그만큼 높아진다.

일반적으로 오페런트 조건 형성에서 강화의 기능으로 사용되었던 먹이 외에도 강화 자극은 학습자의 욕구를 충족시켜 주는 것이라면 무엇이든 상관없다. 예를 들어, 인간의 경우에는 언어 자극이 강화의 기능을 하기도 한다. 대화 장면에서 상대방이 적극적으로 자신의 의견에 대해 맞장구를 쳐주면 점차 상대방의 발언 빈도가 높아지는 경우를 볼 수 있는데, 이런 경우는 상담 장면에서도 발견할 수 있다.

한편, 오페런트 조건 형성이 성립된 후에 조건 반응이 생성되더라도 강화 자극을 제시하지 않으면 조건 반응의 빈도는 점차 감소되면서 마침내 거의 반응이 나타나지 않게 된다. 이것이 오페런트 조건 형성에서의 소거 현상이다.

이처럼 오페런트 조건 형성은 하나의 행동에 의해 후속적으로 발생하는 결과에 따라 그 행동의 발생 빈도가 높아지기도 하고 낮아지기도 하는 현상에 대한 이론이라고 할 수 있다. 즉, 조건 형성은 '결과에 의한 학습'이라고 말할 수 있다. 예를 들어, 심리학 수업을 청강하던 학생이 수업에 상당히 흥미를 느끼게 되자 매시간 빠지지 않고 수업에 참석하게 된다든지, 몇 번이고 정중하게 편지를 보냈지만 답장이 오지 않자 결국 편지를 쓰지 않게 되는 경우 등은 이런 조건 형성의 원리로서 설명할 수 있는 행동이다.

한편, 오페런트 조건 형성은 반응에 대해 일관되게 강화를 하지 않아도 성립되기도 한다. 스키너 상자에서 흰쥐가 페달을 밟을 때마다 먹이를 주지 않고, 몇 번에 한 번꼴로 먹이를 제공하여도 페달을 밟는 행동이 사라지지 않고 지속되는 현상을 발견할 수 있는데, 이를 부분 강화라고 한다. 부모가 가끔씩 밖에 칭찬하지 않았음에도 불구하고 자녀의 바람직한 행동이 유지되는 현상은 부분 강화의 한 예라고 볼 수 있다. 부분 강화에는 반응 횟수에 따라 강화하는 방법, 시간에 따라 강화하는 방법, 또는 횟수나 시간을 고정하는 방법, 무작위로 하는 방법 등 다양한 방식이 있다. 이런 강화의 방식을 '강화 스케줄'이라 한다.

03 문제 행동에 대한 이해와 기본적 전략

1. 문제 행동은 학습된 것이다

행동치료의 이론적 입장은 문제 행동을 대개 학습의 산물로 보고 있다는 것이다. 즉, 문제 행동의 원인은 생리적 문제나 의학적 문제에 의한 것도 있지만, 여기에 해당되지 않는 경우라고 한다면 하루하루의 생활 가운데 학습되어 습관화되어 버린 결과라고 보고 있다.

인간의 행동은 크게 반사적 행동(respondent behavior)과 자율적 행동(operant behavior)으로 나눌 수 있다. '하나의 자극이 제시되면 싫든 좋든 반사적으로 유발되는 행동'이라고 한다면 이것은 전자에 해당하는 행동이 된다. 한 예로 아기의 입에 무언가를 갖다 대면 무조건 빨아버리는 반응을 발견할 수 있는데 이것은 '반사적으로 유발되는 행동'이라고 할 수 있다. 그러나 제시된 자극에 대해 자신의 의지와 상관없이 무조건적으로 반응하는 것이 아니라, 그 자극에 대해 자신의 의지에 따라 자발적으로 반응하는 행동이라고 한다면 후자에 해당된다. 예를 들어, 친구와 함께 어울려 놀이 활동을 한다면 이것은 그 아이의 의지에 따른 자발적 행동이라고 할 수 있다.

인간의 행동은 반사적인 행동보다는 자율적 행동이 대부분을 차지하기 때문에 문제 행동에 대한 이해를 할 때 학습이라고 하는 관점에서 접근하는 것이 매우 중요하다고 보고 있다.

2. 현재 환경과의 관련성을 중요하게 생각한다

행동치료에서는 문제 행동의 원인 규명을 위해서 행동 분석적 방법을 사용한다. 이것은 정신분석학과는 달리, 문제 행동과 관련된 현재의 환경을 중심으로 분석하거나 검토하는 것을 말한다. 분석방법으로는 문제 행동이 발생하기 직전의 상황과 발생 직후의 상황이 어떠했는지에 대한 검토를 하게 된다. 문제 행동의 효과적인 치료를 위해서는 과거보다는 현재 환경에 주목하여 분석하고 지도하는 것이 바람직하다고 보고 있는데, 그 이유는 다음과 같다.

- 문제 행동의 원인이 과거에 있는 경우, 지금 상황에서 그 원인의 제거나 개선을 위해 노력한다는 것은 쉽지 않지만, 현재 환경에서 문제 행동의 원인이나 문제를 강화시키는 요인을 찾게 되면 신속하면서도 효과적으로 문제해결을 위한 대응을 할 수 있다.
- 현재의 문제 행동을 과거에서 그 원인을 찾는다는 것은 그동안 상당한 시간적 경과가 있었기 때문에 그릇된 판단을 할 수 있는 위험성이 크다.

그렇다고 행동치료에서는 과거를 완전히 무시해도 된다고 하는 입장은 결코 아니다. 다만 아이가 어떤 환경 가운데서 어떻게 행동하며, 그 결과 어떤 상황이 초래되었는가라는 사실을 이해하는 것이 더 중요하다는 시각이다. 이처럼 행동치료에서는 현재의 문제 행동에 영향을 주었다고 추측되는 과거의 상황이나 사건도 중요하지만, 지금의 행동과 직접적으로 관련 있는 현재의 환경에 대해서 주목하고 분석하는 것이 더 중요하다고 여긴다.

3. 문제 행동 발생 직후의 대응법도 중요하다

이제까지는 문제 행동의 원인을 제거하거나 바람직한 행동이 형성되도록 환경을 조성하는 방법, 즉 문제 행동이 나타나기 직전의 대응 방법에 대해서 주로 주목해 왔으며, 문제 행동이 나타난 직후의 대응 방법에 대해서는 소홀히 해 왔다. 문제 행동이 발생한 직후에 부모나 교사가 어떻게 대응하느냐에 따라 아이의 문제 행동의 발생률이 달라질 수 있다는 사실에 대해서는 그다지 주목하지 않았다.

유아교육(보육) 현장을 보면 부모나 교사의 잘못된 대응으로 인해 아이의 문제 행동이 개선되기보다는 오히려 강화되는 경우를 종종 볼 수 있다. 예를 들어, 친구들에게 피해를 줄 정도로 장난이 심한 아이(A)가 있다고 가정해 보자. 이런 경우 교사들은 대개 A가 심한 장난을 칠 때마다 타이르거나 꾸중하는 등의 방법으로 지도하는데, 이런 방법으로는 행동의 개선이 어려운 경우가 많다. 오히려 이런 대응은 아이의 행동을 강화시켜 버리는 위험성이 크다. 왜냐하면, A가 문제 행동을 보이지 않을 때는 교사의 주목이나 관심 등의 반응이 없었지만, 문제 행동을 보였을 때는 비록 꾸중을 듣게 되지만, 오히려 이것이 아이에게는 보상으로 작용하여 문제 행동을 강화시켜 버리는 결과를 낳을 수 있기 때문이다.

이처럼 바람직한 행동이나 문제 행동의 발생 직후에 부모나 교사가 어떻게 대응하느냐에 따라서 문제 행동이 개선되거나 강화되기도 한다.

4. 상이나 벌을 사용한다

상이나 벌은 인간의 행동을 강화 또는 약화시키기 위해 사용되는 대응 방법 중의 하나이다. 행동의 발생 직후에 제시하게 되는 상과 벌에는 [그림 2-6]과 같이 4가지 방법이 있다. 상에 해당하는 개념인 정(플러스)을 제공하는 것을 '정적 강화'라고 하며, 정의 제공을 중지 내지 보류하는 것을 '소거'라고 한다. 한편, 벌에 해당되는 개념인 부(마이너스)를 제공하는 것을 '벌'이라고 하며, 부의 제시를 중지

내지 보류하는 것을 '부적 강화'라고 한다. 그러므로 '정(正)적 결과'라고 하는 것은 아이가 좋아하는 대상이나 상황을 말하며, '부(負)적 결과'라고 하는 것은 아이가 싫어하는 대상이나 상황을 의미한다.

	정(플러스)	부(마이너스)
제시	⬆ 정적 강화	⬇ 벌
중지(보류)	⬇ 소거	⬆ 부적 강화

※ 위쪽 방향의 화살표는 바람직한 행동의 증가, 아래쪽 방향의 화살표는 문제 행동의 감소를 예상한다는 것을 의미한다.

[그림 2-6] 상 · 벌의 제시 방법

(1) 정적 강화

'정적 강화'라고 하는 대응은 행동의 발생 직후에 정을 제시하는 것을 말하고 있다. 예를 들어, 물건이 어지럽게 흩어져 있는 방을 아이가 자발적으로 정리 정돈하였을 때 어머니가 칭찬을 해 주는 경우는 '정적 강화를 통한 행동지도'라고 할 수 있다. 이 대응법은 대상 행동의 생성률을 증가시킬 수 있을 것으로 예상하기 때문에 바람직한 행동의 습득이나 강화에 많이 사용한다.

(2) 부적 강화

'부적 강화'라고 하는 대응은 행동의 발생 직후, 그 이전까지 제시되고 있었던 부적 결과를 중지하거나 보류하는 대응법이다. 예를 들어, 벌(예: 두 손을 들고 벌을 받고 있음)을 받고 있던 아이가 자신의 행동을 반성하면서 "잘못했습니다"라고 자신의 잘못을 인정하고 뉘우치면 그때까지 제시되었던 부적 결과를 중지하는 대응법(두 손을 내리게 함)이다. 이렇게 대응하면 이후에 유사한 상황에 놓이게 될 때 아이는 자신의 잘못을 인정하거나 뉘우치는 행동을 보이게 될 것이라고 예상하게 되는 것이다.

(3) 벌

'벌'이라고 하는 대응은 일반적으로 꾸중이나 체벌이라는 형태로 널리 사용되고 있으며, 문제 행동의 발생 직후에 부적 결과를 제시하는 대응법을 말한다. 이 대응법은 문제 행동의 발생률을 감소시키는 데 그 목적이 있지만, 꾸중이나 체벌 등의 지도법은 교육상 여러 가지 문제점이 있으므로 신중하게 사용해야 한다.

(4) 소거

'소거'라고 하는 대응법은 문제 행동의 발생 직후 그때까지 제시하였던 정적 결과를 중지나 보류시키는 대응을 말한다. 예를 들어, 선생님이 매일 매일 간식을 주다가 친구를 때린 날에는 간식을 주지 않는 방법으로 아이를 지도한다면 그것은 소거라고 하는 방법을 사용한 대응법이라고 할 수 있다. 소거에 의한 지도는 문제 행동의 감소에 목적을 두고 실시한다.

이상의 4가지 대응법 가운데 처음 두 가지는 소위 '상'에 해당하는 것으로 대상 행동의 강화나 그 발생률을 높이는 데 목적이 있지만, 나머지 두 가지 방법은 '벌'에 해당하는 것으로 대상 행동의 약화 내지 행동의 발생률을 감소시키는 데 목적이 있다.

행동치료 장면에서는 일반적으로 아이의 문제 행동을 제거하고 바람직한 행동이 형성되도록 하기 위해 상과 벌을 병행해서 사용하고 있지만, 벌보다는 상을 중심으로 한 대응법이 더욱 효과적이라고 보고 있다. 예를 들어, 손가락을 거의 일상적으로 빠는 아이의 문제 행동을 지도하고자 할 경우, 손가락을 빠는 행동에 대한 꾸중이나 체벌보다는 손가락을 빨지 않는 행동이 나타났을 때 그 아이에게 정적 결과를 제시하는 대응 방식이 보다 효과적이라고 보는 것이다.

이처럼 문제 행동에 대한 행동치료적 접근에서는 문제 행동에 초점을 맞추어 그 행동을 제거하고자 하는 대응 방식보다는 이와는 반대되는 행동, 즉 바람직한 행동이 나타났을 때 이에 대해 정적 강화를 제시하여 문제 행동을 개선하고자 하는 노력에 더 큰 관심을 갖고 있다.

5. 지도 효과를 확인한다

정신분석학에 기초한 치료 기법에서의 치료목표는 문제 행동의 원인을 제거하는 것이다. 그런데 그 원인은 그 사람의 마음에 있다고 가정하고 있기 때문에 치료 효과를 정확히 판단하는 데는 상당히 어려움이 많다. 그러나 행동치료는 행동의 개선이 치료의 목표이며, 치료 이전의 상태와 그 이후의 행동 변화를 비교 관찰하기 때문에 치료 효과를 그런대로 객관적으로 확인할 수 있다는 이점이 있다. 이처럼 행동치료는 치료를 하면서 행동에 대한 객관적인 자료를 수집하고, 이를 토대로 지도 효과를 확인할 수 있다는 점이 다른 치료법에 비해 큰 장점이 된다.

04 치료(지도)의 순서

행동치료의 진행과정은 다음과 같다.

치료(지도) 대상 행동을 확정한다.

↓

치료(지도) 대상 행동의 실태를 파악한다.

↓

치료 기법을 선택, 적용하고 그 효과를 확인한다.

1. 치료(지도) 대상 행동(이하는 목표 행동)을 확정한다

치료 대상의 행동은 지도의 목표가 되기 때문에 '목표 행동'이라 하기도 하고, 치료의 표적이 된다는 의미에서 'target 행동'이라 부르기도 한다. 목표 행동의 확정을 위해서는 다음 3가지 문제가 해결되어야 한다. ① 먼저 목표 행동을 구체적인 용어로 표현할 수 있어야 한다. ② 문제 행동의 발생 직전의 상황(자극)과 발생 직후의 상황(결과)을 파악한다. ③ 한 아이에게 2가지 이상의 문제 행동이 나타날 경우에는 목표 행동을 하나 또는 둘 선택한다. 이에 대한 구체적인 설명은 다음과 같다.

(1) 목표 행동을 구체적인 용어로 표현한다

먼저 치료하고자 하는 행동을 명확히 해야 한다. 그 이유는 목표 행동을 추상적으로 표현하게 되면 어떤 행동을 말하고 있는지, 그 행동의 의미가 무엇인지 등 애매모호해지는 문제가 발생하며, 치료 방법의 선택이나 치료 효과의 확인도 어렵다.

그러므로 치료 절차에 들어가기 전에 먼저 목표 행동을 구체적인 용어로 표현하는 것이 중요하다. 예를 들어, '공격성을 지도한다'는 표현은 추상적인 용어라고 할 수 있는데, 이 경우에는 '친구를 때린다, 발로 찬다, 욕설한다, 협박한다, 놀이를 방해한다, 물건을 빼앗는다' 등의 구체적인 용어로 표현한다(〈표 2-1〉 참조).

〈표 2-1〉 구체적인 표현과 추상적인 표현의 예

추상적 표현 ➡	구체적 표현
• 공격적이다. • 사회성이 부족하다. • 수업태도가 좋지 않다. • 생활 습관이 제대로 갖추어져 있지 않다.	• 친구를 때린다. 민다. 협박한다. • 항상 혼자서 논다. • 무단으로 자리를 뜬다. 잡담한다. • 혼자서 옷을 입지 못한다. 정리 정돈을 하지 않는다.

이와 관련하여 모리스(Morris)는 다음 세 가지 질문에 대해 '예'라고 대답할 수 있으면, 그 행동은 충분히 구체화되었으며, 치료 대상 행동으로 확정해도 좋다고 주장하였다.

- 목표 행동이 하루에 몇 번 발생했는지, 그 횟수를 셀 수 있는가? 또는 그 행동의 지속 시간을 측정할 수 있는가?
- 목표 행동을 다른 사람에게 말했을 때, 그 사람이 어떤 행동을 관찰하면 되는지에 대해 이해할 수 있는가?
- 목표 행동을 더 이상의 구체적인 행동으로 표현할 수 없는가?

(2) 문제 행동 발생 직전의 자극과 직후의 결과를 파악한다

문제 행동을 구체적인 용어로 표현하고 난 다음, 그 행동 발생의 직접적인 원인이 되는 '직전의 자극'과 그 행동을 강화시키는 요인으로 작용할 수 있는 '직후의 결과'를 관찰을 통해 파악한다. 즉, 문제 행동이 나타나기 직전에는 어떠한 상황이었으며, 문제 행동이 발생한 직후에는 주위로부터 어떤 반응이 있었는지를 조사한다. 예를 들어, 문제 행동이 발생하기 직전에 친구로부터 놀이를 방해받았다고 한다면 전자의 경우가 될 수 있으며, 문제 행동을 보인 직후에 선생님에게 꾸중을 들었다고 한다면 후자의 경우가 될 수 있다. 이와 같은 조사를 통해 목표 행동의 발생과 가장 관련성이 있는 '직전의 자극'과 '직후의 결과'를 밝혀낸다.

(3) 목표 행동을 하나 또는 둘 선택한다

한 아동에게 문제 행동이 두 개 이상 나타나는 경우, 예를 들어 산만한 행동, 자신보다 약한 친구를 괴롭히는 행동, 어떤 일이든지 쉽게 싫증을 내는 행동 등 2가지 이상의 문제 행동이 한 아이에게 보이는 경우, 이 모든 문제 행동을 한꺼번에 치료하는 것은 현실적으로 어려우며, 또한 이런 방식은 결코 효과적이지도 않다. 이 경우에는 치료의 우선순위를 정하여 지도하는 것이 바람직하다. 어떤 행동부터 먼저 치료(지도)해야 할 것인가에 대한 결정은 결코 쉬운 일이 아니지만, 다음 기준은 판단에 참고가 될 수 있다.

- 신체적 위해(危害) 행동(예: 폭력 행위나 자해 행위 등): 지금 지도하지 않으면 아이의 생명이나 건강 유지에 중대한 영향을 미친다고 생각되는 행동은 먼저 지도한다.
- 기초적인 행동: 다른 행동의 변화에도 영향을 줄 수 있는 문제 행동은 먼저 지도한다.
- 비교적 단순한 행동: 이런 행동은 지도 효과가 쉽게 나타나기 때문에 부모나 교사들이 지도에 대한 성취감이나 자신감을 갖게 된다.
- 발생 횟수가 많은 행동: 문제 행동의 발생 횟수가 많은 경우, 그만큼 지도할 기회도 많아지기 때문에 지도의 효과를 쉽게 기대할 수 있다.
- 문제 행동의 원인으로 작용하는 '직전의 자극'과 그것을 강화하는 '직후의 결과'를 명확히 알 수 있는 행동: 이런 행동의 경우에는 행동 수정을 위한 적절한 지도법을 선택하는 데 용이하다.

2. 치료(지도) 대상 행동의 실태를 파악한다

목표 행동이 정해지면 행동관찰을 통해서 하루에 그 행동의 발생빈도나 지속시간에 대한 실태를 파악한다. 문제 행동의 실태에 대한 관찰 기간을 기초선(baseline) 기간이라 부른다. 관찰 기간을 설정하여 목표 행동의 실태를 조사할 때의 유의점은 가능한 객관적으로 관찰해야 한다는 것이다. 예를 들어, 'A가 종종 약한 아이를 괴롭힌다.'의 표현으로 기록하는 것이 아니라, '오늘 오전에 신체적 공격(때리는 행위, 손으로 미는 행위, 발로 차는 행위)이 10회, 언어적 공격(협박, 욕설)이 8회 나타났다.'는 식으로 그 행동의 생성 횟수를 관찰하여 기록한다. 만일, 사회성과 관련된 문제 행동이라고 한다면, 예를 들어 '또래로부터 배척을 당해 혼자 있는 행동'의 지속 시간을 측정하면 될 것이다.

관찰의 정확성을 위해서는 관찰 대상자가 한 명일지라도 두 명의 관찰자가 함께 관찰에 임하는 것이 바람직하다. 관찰 대상 행동 및 기록 방법에 대해서는 두 사람이 충분히 사전에 협의한 다음에 관찰에 임한다. 관찰이 끝나면 두 관찰자의 관찰 결과를 〈표 2-2〉에 제시되어 있는 공식으로 일치도, 즉 신뢰 계수를 구한다. 관찰의 신뢰도란 동일 피관찰자의 행동에 대해 두 관찰자의 판단이 얼마나 서로 일치한가라는 것을 말한다. 신뢰 계수는 그 수치가 높을수록 관찰의 정확도가 높다는 것을 의미하며, 일반적으로 두 관찰자 간의 일치의 정도가 90% 이상 될 때, 관찰 자료는 신뢰할 수 있다는 판정을 받게 된다.

〈표 2-2〉 두 관찰자 간의 일치도(신뢰도) 체크

관찰자 \ 시간	3	6	9	12	15	18	21	24	27	30분
관찰자 A	/			/	/		/	/	/	
관찰자 B	/			/			/	/		/
일치 · 불일치	○	○	○	○	×	○	○	○	×	×

※ ○표: 일치 구간
×표: 불일치 구간

※ $\text{일치도(신뢰도 계수)} = \dfrac{\text{일치 구간의 수}}{\text{전체 구간의 수}} \times 100 \rightarrow \dfrac{7}{10} \times 100 = 70\%$

여기서 유의할 점은 관찰 기간, 즉 베이스라인 기간에는 치료 전의 목표 행동에 대한 실태를 조사하는 기간이기 때문에 관찰 중에 아이에게 문제 행동이 나타난다고 할지라도 지도해서는 안 된다. 또한, 관찰자는 피관찰자 본인이 관찰 대상자임을 알아차리지 못하도록 관찰에 유의해야 한다. 이렇게 해서 수집한 관찰 자료는 문제 행동의 치료나 지도를 어떤 방법으로, 어느 행동의 수준부터 접근하면 좋은지에 대한 판단을 하는 데 참고 자료가 되며, 동시에 치료나 지도의 효과를 확인하는 데도 중요한 판단 자료가 된다.

관찰 기간은 어느 정도가 적절한가에 대한 판단은 매일 관찰 결과를 그래프로 그려 본 다음에 결정하는 것이 바람직하다. 관찰 기간은 행동의 실태를 파악하는 데 목적이 있기 때문에 며칠간 관찰해서 목표 행동의 평균 수준(생성 횟수나 지속 시간의 평균)을 거의 알 수 있는 시점에서 종료하는 것이 바람직하다. 관찰 기간은 관찰 결과가 매일 극단적으로 변하지 않는 한 3~5일 정도면 무난하다고 본다.

3. 치료 기법을 선택, 적용하고 그 효과를 확인한다

목표 행동의 실태를 파악하게 되면, 그다음 순서로 지도 기법을 적용하는 치료 기간에 들어간다. 기법의 선택은 목표 행동의 종류나 발생 횟수 등을 고려하여 결정한다. 문제 행동을 수정하는 기법에는 다양한 종류가 있지만, 크게 다음 두 가지 방법으로 나눌 수 있다.

(1) 문제 행동 발생 직전의 자극을 조작하는 방법

문제 행동의 수정 기법에는 문제 행동의 원인이 되는 자극을 제거하고 바람직한 행동이 자발적으로 생성될 수 있도록 환경을 조성해 주는 방법이 있다. 이런 기법을 전문적인 표현으로는 '선행 자극을 조작한다'고 말한다. 선행 자극을 조작하는 방법의 예로는 약한 친구를 괴롭히는 A의 주위에 공격 대상이 되기 쉬운 아이들이 접근하지 않도록 한다든지, 금연 지도를 위해 흡연으로 인해 망가진 폐의 사진을 보여 주는 경우는 문제 행동의 선행 자극을 조작하는 하나의 방법이 될 수 있다.

(2) 문제 행동 발생 직후의 반응을 조작하는 방법

문제 행동의 선행 자극에 대한 조작도 중요하지만, 그보다 더 중요한 것은 목표 행동의 발생 직후에 어떻게 대응할 것인가에 대한 문제이다. 이것을 전문적 표현으로 '후속 결과를 조작한다.'라고 말한다. 이에 대한 한 예로는 자신보다 힘이 약한 친구를 종종 괴롭히는 A가 그런 약한 친구를 괴롭히지 않을 때 부모나 교사가 비언어적 행동(예: 머리를 쓰다듬어주거나 안아준다)이나 사회적 칭찬으로 반응을 보여주는 경우를 들 수 있다.

문제 행동 발생 직후에 반응을 조작하여 행동을 지도하는 대응법에는 '정적 강화법', '소거법', 'time out 기법' 등 다양한 종류의 기법이 있으며, 이 가운데 치료사가 해당 사례에 가장 효과적이라고 판단되는 기법을 선택하고 적용한다. 대개는 이들 기법 가운데 하나만을 선택해서 사용하는 경우보다는 몇 가지의 기법을 병행해서 사용하는 것이 일반적이다.

치료 기법이 결정되면 그다음 단계로 실제 지도(치료) 장면에 들어간다. 그리고 목표 행동의 변화를 관찰, 기록하고, 그 자료를 베이스라인 기간 동안의 자료와 비교하여 기법의 효과를 체크한다. 기법의 효과가 인정되면 그 기법을 계속적으로 적용하지만, 만일 기법의 효과가 없다고 판명되는 경우에는 그 기법이 올바르게 적용되었는가를 분석, 검토해서 필요한 경우에는 다른 기법을 적용하거나 다른 새로운 기법과 병행해서 사용해 보는 등 다양한 방법을 연구해야 한다.

05 행동치료의 기본 원칙

인간은 모두 독자적인 성향을 가진 개성적인 존재이다. 때문에 각자의 특성에 맞게 치료해 나가기 위해서는 효과적인 다양한 기법의 학습과 실천 경험이 중요하다. 여기서는 행동치료적 관점에서 다양한 보육이나 교육장면에서 아이들의 각 특성에 맞는 행동지도와 실천을 위한 기본적 원칙으로 후쿠시마(福島, 1991)가 제안하고 있는 2가지의 원칙을 소개하고자 한다. 이 2가지 원칙은 '흡수의 원칙'과 '단계적 접근의 원칙'이며, 이것은 어떤 아동에 대한 행동지도에도 적용되어야 할 접근법이다.

1. 흡수의 원칙

(1) 흡수 원칙의 원리

흡수의 원칙은 인간의 감정 생성 원리를 행동지도에 응용한 기법이다. 인간은 기분이 매우 좋은 상태에서는 조그마한 불쾌 경험에 대해서 예민하게 반응하지 않는 경향이 강하다. 예를 들어, 매우 복잡한 버스나 지하철에서 서서 가고 있는데 옆에 서 있던 사람이 그만 나의 발을 밟아버린 것이다. 이때 당신은 어떻게 반응할 것인가? 그 사람을 노려보거나 화를 낼 것인가? 아니면 아무 일이 없었다는 듯이 넘어갈 것인가? 아마 이에 대한 반응의 차이는 그 사람의 성품과도 관련이 있겠지만, 그 당시에 갖고 있었던 그 사람의 감정 상태와도 결코 무관하지 않을 것이다. 만일, 기분이 매우 좋은 상태라고 한다면 그냥 아무 일이 없었다는 듯이 넘어가게 될 것이다. 그러나 반대로 기분이 엄청 불쾌한 상태에서 나의 발을 밟았을 때는 그 사람을 노려보거나 화를 낼지도 모른다.

이처럼 인간은 일반적으로 기분이 상승되어 있을 때는 조그마한 불쾌 경험에 대해서 민감하게 반응하지 않는 것이 일반적이다. 물론, 반대의 경우도 생각해 볼 수 있다. 기분이 매우 불쾌한 상태에서는 아마 평소 즐겨보던 TV 프로그램도 재미가 없을 것이다. 특히, 감정의 통제가 쉽지 않은 아동의 경우라면 더 더욱 그럴 것이다. 인간의 감정 생성 원리는 기분이 매우 안 좋은 상태에서는 쾌(快)의 감정이 생성되기 어렵고, 반대로 기분이 매우 좋은 상태에서는 불쾌 감정이 생성되기 어려운 성향을 갖고 있다.

여기서 설명을 위해 편의상 기분이 우울하고 분노나 증오를 느끼는 부정적인 감정의 상태를 '마이너스 감정'이라고 하고, 반대로 기분이 좋거나 즐겁고 신나는 상태를 '플러스 감정'이라고 하자. 앞에서 설명한 것을 새로운 용어를 사용하여 한 번 정리해 보면 플러스의 감정이 강한 상태에서는 마이너스의 감정이 생성되기 어렵고, 반대로 마이너스의 감정이 강한 상태에서는 플러스의 감정이 생성되기 어렵다는 이야기가 된다. 이것이 인간의 감정 생성 원리이다.

울프(Wolpe, 1958)는 이와 같은 인간의 감정 생성 원리를 행동치료 장면에 응용하여 상호제지 기법이라고 치료(지도) 기법을 제안하였다. 이것은 역관계인 플러스와 마이너스 감정이 서로 억제해 가면서 보다 강한 쪽이 상대적으로 약한 쪽을 제지, 즉 흡수해 버리는 인간의 심리 현상을 행동치료 장면에 응용한 것이다([그림 2-7]).

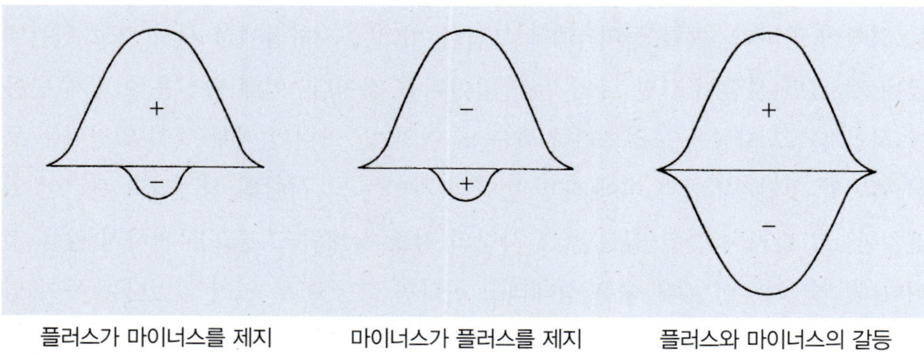

[그림 2-7] 흡수 원칙의 기본 모형

(2) 흡수 원칙의 적용

이 흡수의 원칙을 행동치료 장면에 적용하게 되면, 예를 들어 긴장이나 불안, 공포 등을 느끼게 하는 과제나 상황이 예상될 때, 먼저 그 아이가 심리적으로 가장 안정이나 즐거움을 느낄 수 있는 상태로 만든다. 그러고 나서 그 아이에게 문제가 되는 과제나 상황을 조금씩 제시하여 플러스 감정에 흡수시켜 나가는 것이다. 여기서 흡수시켜 나간다고 하는 것은 아이에게 불안이 긴장을 느끼게 하는 과제나 상황이 조금씩 해소되어 나간다는 것을 의미하고 있다.

그런데 여기에서 중요한 것은 그 아이에게 플러스의 감정을 생성시키는 요소는 무엇인가라고 하는 문제이다. 그 아이의 기분을 좋게 만드는 것이 무엇인가라고 하는 문제는 그 아이의 연령이나 개인에 따라, 그리고 그때그때의 기분에 따라 다를 것이다. 어떤 아이에게는 장난감이나 동화책이 기분 좋은 감정을 생성시키는 요소가 될 수 있으며, 어떤 아이는 어머니와의 이야기나 선생님과의 놀이가 플러스의 감정을 생성시키는 요인이 될 수가 있을 것이다. 상호제지 기법에서는 먼저 그 아이의 플러스 감정을 생성시키는 요소를 찾아서 제시하는 것이 중요하다.

이 흡수의 원칙을 이용하여 친구와의 놀이를 싫어하는 아이를 지도하고자 할 경우에는 다음과 같은 방법을 생각해 볼 수 있다. 이 아이는 친구와의 놀이는 싫어하지만 혼자서 만들기 놀이를 좋아하는 경우, 먼저 '만들기 놀이'라고 하는 상황을 먼저 제공하여 플러스의 감정 상태로 만든다. 그러고 난 후 '또래와의 놀이'라고 하는 과제를 아이의 상태에 따라 계획을 세워서 조금씩 지도하게 되면 친구와의 놀이가 가능하도록 도와줄 수 있다.

2. 단계적 접근의 원칙

(1) 단계적 접근의 원리

문제 행동의 지도를 위한 단계적 접근을 전문적인 용어로는 '체계적 탈감법(systematic desensitization)', 또는 '체계적 감감법'이라는 표현을 사용하고 있다. 본서에서는 용어를 쉽게 풀어서 '단계적 접근'이라는 표현을 사용하고자 한다.

앞에서 언급한 흡수의 원칙은 흡수하는 쪽이 흡수되는 쪽보다 훨씬 커야 한다는 기본 전제가 있어야 한다. 만일, 이런 전제가 없으면 흡수의 관계는 성립하지 않는다. 플러스의 감정도 크고, 동시에 마이너스의 감정도 큰 상태라고 한다면 어느 한쪽의 감정에도 흡수되지 못하고 소위 갈등상태에 놓이게 된다. 예를 들어, 평소 자신이 너무 좋아하는 선생님이 강아지를 안고 있는 장면을 생각해 보자. 만일, 강아지를 너무 싫어하는 아이라고 한다면 선생님에게 달려가고 싶지만, 강아지 때문에 접근하기 어려운 상황이 되면서 갈등상태에 놓이게 될 것이다. 그 친구에 대해서 특별히 나쁜 감정이 없었는데, 친구가 자신이 가장 싫어하는 친구와 항상 같이 논다면 그 친구에 대해서도 마이너스의 감정이 점점 생길 것이다. 이것은 큰 마이너스 감정이 작은 플러스 감정을 흡수해 버린 결과이다. 이처럼 처음에는 중성 자극이었던 것이 점점 싫어지게 되는 현상을 경험하는 경우가 많은데, 이 가운데는 강한 마이너스 감정으로 인한 흡수 현상이라고 볼 수 있는 경우가 적지 않다.

이 원리를 아동행동지도 장면에 적용하게 되면, 예를 들어 자신감이 없고 소극적인 아이를 활기차고 적극적인 아이로 육성하고자 한다면 먼저 그 아이가 처해 있는 상황이나 활동에서 플러스 요소가 마이너스 요소보다 압도적으로 많아야 한다는 조건이 필요하다. 그런데 여기에 하나의 의문이 생길 수 있다. 거대한 마이너스의 문제를 해결하기 위해서 그보다 훨씬 큰 플러스의 상태를 항상 준비해야만 하는가라는 문제이다. 만일, 큰 플러스를 찾을 수 없다면 거대한 마이너스 성분은 흡수되지 않기 때문에 문제 해결은 어렵다는 말이 된다. 이 문제의 해결 방법으로는 단계적 접근의 원칙을 활용하는 방법이 있다. 이것은 플러스의 성분에 흡수되기 힘든 큰 마이너스 성분을 조금씩 접근시켜 나가는 방법이다. 즉, 플러스의 감정에 흡수시키기 힘든 큰 마이너스의 과제나 문제를 작은 수준으로 만들어서 단계적으로 접근시켜 흡수하도록 하는 방법을 말한다. 여기서 단계적 접근이라고 하는 것은 그 아이가 갖고 있는 문제 행동(큰 마이너스)은 한 번에 수정하기 어렵기 때문에 가장 쉬운 최하위 수준의 단계에서 최종 목표인 행동 수정에 도달하기까지의 과정을 몇 단계의 하위 과정으로 세분화하여 하나하나씩 단계를 밟아가도록 하는 것을 의미한다. 이를 위해 플러스에 흡수되기 힘든 큰 마이너스를 플러스에 흡수가 가능할 정도의 작고 약한 수준으로 만든다. 그리고 이것을 조금씩 단계적으로 플러스에 흡수되도록 유도해 나가는데, 이 원리를 행동지도 장면에 적용한 한 사례를 들어서 이해해 보자.

(2) 적용 사례

단계적 접근의 원리로 지도한 사례를 들어보자.

단계적 접근의 원리로 지도한 사례

치료 행동 어린이집에서 기르고 있는 토끼, 닭 등 동물을 지나치게 무서워함.

치료 아동 박ㅇㅇ(연령: 생후 3년 2개월, 남자)

행동특징 어린이집에서 기르고 있는 토끼나 닭만이 아니라, 고양이나 개 등 다른 동물들도 무서워하는 반응을 보인다. 아이는 이런 동물이 보이거나 접근하면 울어 버리거나 멀리 도망을 가버리곤 하였다. 이 때문에 기분 좋게 놀고 있다가도 동물이 나타나거나 동물 이야기가 나오면 놀이를 중단해 버린다. 문제는 이뿐만 아니라, 동물에 대한 공포감 때문에 바깥놀이나 외출을 꺼리는 행동을 보여 친구들로부터 겁쟁이라고 놀림을 받기도 하고 있다.

치료 목표 토끼를 무서워하지 않고 즐겁게 놀 수 있도록 함.

행동 분석 이제까지 아이의 공포 반응에 대한 교사의 대응 방식은 아이의 약한 마음을 꾸중하거나 동물을 보여 주면서 무리하게 만지게 하거나 쳐다보게 하는 방법으로 지도하였다. 그러나 이런 지도 방식으로는 아무런 효과가 없었으며, 오히려 아이는 자신이 감당할 수 없는 상황이나 과제를 교사로부터 무리하게 강요받으면서 심리적 불안이 커져서 이전보다 공포 반응이 악화되었다.

지도 과정 (1) 흡수의 원칙을 적용함: 단계적 접근의 원칙을 적용하기 이전에 먼저 흡수의 원칙을 적용해야 하며, 그러기 위해서는 그 아이에게 플러스 성분이 되는 것이 무엇인가를 찾아야 한다. 이 아이는 선생님을 무척 좋아하기 때문에 플러스 성분이 되는 것은 선생님과 함께 활동하는 것이라는 것을 알게 되었다. 그래서 선생님은 아이를 무릎 위에 앉혀놓고 그림 동화책을 읽어 주었다. 이런 상황에서 아이의 기분은 최고조로 상승되었다.

(2) 단계적 접근의 원칙을 적용함: 단계적 접근의 원칙은 처음부터 무리한 과제를 제시하는 것보다는 아이의 작은 노력이나 결단만으로도 충분히 달성 가능한 과제부터 시작하는 것이다. 앞에서 언급한 플러스의 성분을 제공한 상태에서 마이너스 성분인 토끼를 점진적으로 접근시켜 나가는 계획을 다음과 같이 세워서 진행하였다.

- 단계 1: 먼저 선생님이 토끼 그림 카드를 보여 주면서 토끼와 관련된 이야기를 들려준다.
- 단계 2: 토끼 인형을 보여 주면서 이야기한다.
- 단계 3: 토끼가 등장하는 비디오를 보여 준다.
- 단계 4: 실제 토끼를 등장시킨다. 단 처음에는 토끼집 안에 들어가 있는 미니 토끼를 멀리서 잠시 보여 준다.
- 단계 5: 토끼집 안에 들어가 있는 미니 토끼를 서서히 가까이 접근시키면서 시간도 조금씩 연장한다.
- 단계 6: 토끼집 안에 들어가 있는 미니 토끼를 가까이에서 볼 수 있도록 한다.
- 단계 7: 미니 토끼를 밖으로 꺼낸다.
- 단계 8: 다른 토끼(몸집이 큰 집 토끼)도 등장시킨다.
- 단계 9: 선생님의 도움으로 토끼에 손을 살짝 갖다 대는 행동을 하도록 한다.
- 단계 10: 직접 자신의 손으로 토끼에 손을 대거나 껴안는 행동을 하도록 해 본다.

결과 및 논의 먼저 플러스의 성분인 선생님과 함께 하는 장면을 도입하였다. 이를 통해 아이의 기분을 상승시킨 상태에서 마이너스 감정을 생성시키는 토끼를 단계적 접근의 원칙에 따라서 약한 자극의 수준에서 강한 자극의 수준으로 점진적으로 접근시켜 나갔다. 이 과정에서 각 단계마다 공포감의 생성 여부를 확인하였고, 토끼에 대한 공포감이 나타나지 않으면 그다음 단계로 진행하였다. 그 결과, 마지막 단계까지 갈 수 있었으며, 이제는 토끼에 대한 공포감만이 아니라 다른 동물에 대한 공포감도 사라진 것을 확인할 수 있었다.

마이너스 성분(공포 반응)이 플러스 성분에 점진적으로 흡수되는 과정을 그림으로 나타내면 [그림 2-8]과 같다. 이 그림에서는 마이너스 성분이 점차적으로 커지는 과정이 그려져 있지만, 직전 단계의 자극에 비해서는 크지 않은 상태이기 때문에 실제적으로 아이에게 결코 힘든 과제는 아니다. 예를 들어, 4단계에서는 이미 3단계까지의 마이너스 성분은 플러스에 흡수되어 있는 상태이기 때문에 4단계의 마이너스 성분은 4라고 하는 크기의 마이너스가 아니라, 1단계와 동일한 정도의 작은 마이너스에 지나지 않는다. 그러므로 플러스 성분도 이전처럼 그렇게 크지 않아도 된다. 토끼에 대한 불안이나 공포가 점점 사라지면서 아이가 적극적으로 행동하게 되면 이에 따라 플러스 성분도 점차적으로 약화시켜 나간다.

단계적 접근 원칙에 의한 행동치료는 공포심의 제거만이 아니라, 긴장 완화나 불안 해소, 바람직한 행동 형성 등의 다양한 문제를 지도하는 데도 효과적으로 사용할 수 있는 기법이다.

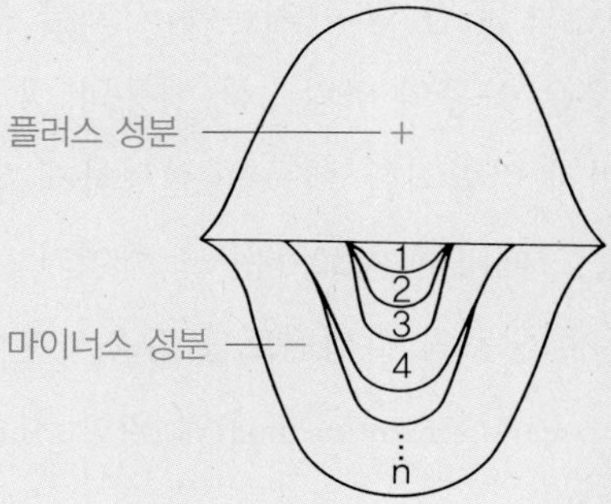

플러스(+) 성분: 매우 좋아하는 선생님과 함께 있음

마이너스(–) 성분:

1. 토끼 그림카드를 보여 주며 명칭을 말한다.
2. 토끼 인형을 보여 주면서 이야기한다.
3. 토끼가 등장하는 비디오를 보여 준다.
4. 토끼집 안에 있는 미니 토끼를 멀리서 보여 준다.

⋮

n. 토끼와 함께 논다(선생님 없이).

[그림 2-8] 단계적 접근 원칙의 예

(3) 적용상의 유의점

- 마이너스 성분을 한 단계, 한 단계씩 높여갈 때 최대한 단계적으로 접근시켜 나가야 한다.
- 갑자기 아이가 감당하기 힘든 높은 수준의 과제를 제시해서는 안 되며, 아이의 현 상태를 수용하면서 그 상태에서 결코 무리한 자극이 아닌 마이너스 성분을 제시한다. 만일, 어느 한 단계의 마이너스 자극이 흡수되지 못하면(아이가 공포감을 느낌), 처음 단계로 돌아간다.
- 각 단계에서 제시되는 자극을 아이에게 무리하게 강요해서는 안 된다.
- 마이너스 성분이 플러스 성분에 흡수되었을 때, 즉 그 아이가 불안이나 공포를 느끼지 않을 때는 그때마다 적절한 정적 강화를 해 주면서 그다음 단계로 나아갈 수 있도록 자신감을 갖게 한다.

06 다양한 행동치료 기법

1. 정적 강화법

(1) 정적 강화법의 기본 원리 및 적용 사례

이 기법은 기본적으로 스키너(Skinner)의 오페런트 조건 형성 이론에 기초를 두고 있는 행동치료법이다. 그래서 이 기법의 적용은 아동의 바람직한 행동의 생성빈도를 높이는 데 목적이 있으며, 이를 위해 먼저 바람직한 행동을 설정하게 된다. 그러고 나서 이후 이 행동이 나타나게 되면, 그때마다 치료사는 그 아이가 매력을 느끼는 반응, 즉 강화제의 제시를 통해 문제 행동의 발생빈도를 감소시켜나간다. 이런 지도방식을 소위 정적 강화법(positive reinforcement method)에 의한 치료라고 하며, 하나의 예를 들어 설명하면 다음과 같다.

정적 강화법을 적용한 사례 1

문제 행동 대소변을 가리지 못한다.

대상 아동 만 3세 (여자)

지도 과정 저 아이의 대소변 실태를 조사하기 위하여 며칠간(베이스라인 기관)의 관찰을 통하여 대소변의 습관에 대한 대체적인 실태를 파악하였다. 그러고 나서 행동 지도에 들어갔다. 지도방법은 성공적 대소변에 대해서는 상(강화제)을 제시하고, 실패할 경우에는 꾸중이나 벌을 주지 않고 더 이상 실패하지 않도록 옆에서 지켜보고 있다가 화장실에 데리고 갔다. 화장실에서 성공적으로 배설 행위를 하게 되면 상을 제공하면서, 나중에는 자발적으로 화장실에 가도록 하는 과정에서 포인트가 되는 행동에 대해서 그 달성 정도에 따라 상을 제시하였다. 상으로는 그 아이가 좋아하는 장난감이나 사회적 강화제(예: 안아준다, 칭찬한다)를 제시하였다. 그 결과, 행동의 개선이 나타났다.

정적 강화법은 행동치료 기법 가운데 가장 일반적으로 사용되는 행동 수정 기법이며, 동시에 정신 분열증이나 지능 장애, 자폐증 등 다양한 문제에서도 광범위하게 활용되고 있는 기법이다. 특히, 발달장애 아동에게 많이 활용되고 있는데 그 이유는 다음과 같다.

- 발달장애를 갖고 있는 아동의 경우는 설득이나 설명으로는 문제 행동의 개선효과를 기대하기 어렵기 때문이다.
- 지도 대상 행동이 비교적 한정적이며, 행동이 생성되는 상황이나 행동에 의해 수반되는 강화제를 치료사가 쉽게 통제할 수 있기 때문이다.

정적 강화법은 어느 특수한 행동에 대한 지도에만 국한되지 않고, 일반 아동의 행동 지도에도 유용하게 사용할 수 있는 기법이다. 다음은 일반 아동의 문제 행동에 대해 정적 강화법으로 지도한 사례이다.

정적 강화법을 적용한 사례 2

문제 행동 큰 소리를 지르며 과장되게 크게 우는 행동

대상 아동 만 4세 (남자)

지도 과정 베이스라인 기간 동안의 행동 관찰을 통해 문제 행동의 실태를 파악하였다. 그리고 아이의 문제 행동은 어머니의 주목이나 배려에 의해 강화되고 있다는 사실을 알게 되었다. 즉, 큰 소리로 울지 않을 때는 어머니의 관심이나 접근이 없었지만, 큰 소리를 지르면서 과장되게 우는 행동을 나타낼 때 아이는 어머니의 관심이나 배려를 경험하였던 것이다. 그래서 어머니의 이런 대응 방식이 아이의 문제 행동을 더욱 강화시켰을 것이라고 추정하였다. 지도 기간 동안, 어머니의 협력을 얻어서 아이의 우는 행동이 나타날 때는 이제까지의 대응과는 다르게 무관심을 위장한 무시 행동으로(소거법에 의한 대응), 울지 않을 때는 곧바로 주목이나 미소, 칭찬 등의 반응(정적 강화법에 의한 대응)을 보여 주도록 유도하였다. 그 결과 아이의 문제 행동을 완전히 수정할 수 있었다.

출처: Hart et al., 1964.

(2) 정적 강화법의 적용을 위한 보완 기법

정적 강화법은 먼저 치료사의 적극적인 개입에 의해 아동의 바람직한 행동의 발생을 유도하는 것이 아니라, 어디까지나 아동의 자율적 행동의 발생을 전제로 하고 있다. 그래서 이 치료법의 경우, 치료사가 특정의 행동이 나타나기까지 마냥 기다려서 대응한다면 비능률적일 수 있으며, 만일 아동의 행동 레퍼토리 가운데 바람직한 행동이 거의 보이지 않는 경우라고 한다면 정적 강화법으로 대응할 수 없는 문제가 생긴다. 이런 경우에는 특정 행동의 출현을 기다린다고 하는 것은 무의미하다. 이런 문제를 해결하기 위하여 모델링(modeling) 기법이나 행동 형성(shaping) 기법을 보완적으로 사용하면 효과적이다.

모델링(modeling) 기법

이 기법은 특정 행동이 해당 아동의 행동레퍼토리에 나타나지 않는 경우에 그 특정 행동을 보이는 다른 아동에게 강화제를 제공함으로써 해당 아동의 문제 행동이 수정되도록 유도하는 기법이다. 이 기법은 타인의 행동을 통해서 간접적으로 자극을 받도록 하는 '대리 강화'의 효과를 기대하는 행동 수정 기법이다.

행동 형성(shaping) 기법

이 기법은 어떤 특정 행동을 목표로 설정하였을 경우, 그 목표 행동의 발생은 기대하기 어렵기 때문에 그 행동과 조금이라도 가깝거나 비슷한 행동이 나타나면 치료사는 그것을 놓치지 않고 강화하여 점차적으로 목표에 도달하도록 유도하는 기법이다. 예를 들어, 친구와의 놀이를 하지 않는 아이에 대한 지도를 할 경우 '친구와의 놀이'를 목표 행동으로 설정해놓고, 그 아이의 행동 가운데 비록 친구와의 놀이가 보이지 않더라도 친구를 쳐다보거나 접근하거나 말을 거는 행동 등, 목표 행동의 접근에 도움이 되는 행동이 나타나면 이런 행동에 대해서도 치료사는 그 아이가 좋아하는 강화제를 제공함으로써 목표 행동에 점차적으로 도달하도록 유도하는 기법이다.

(3) 강화제의 조작 방법

행동의 수정을 위하여 강화제를 제시하는 방법은 1단계의 조작방법 → 2단계의 조작방법의 순으로 진행하게 된다.

❶ 1단계 조작방법

강화제의 1단계 조작방법은 문제 행동의 발생빈도가 정상 수준을 넘어서 문제가 되었을 때 사용하는 방법이다. 그러므로 행동치료에서 아이의 문제 행동을 지도할 때 처음에는 1단계의 방법으로 강화제를 조작하게 된다.

1단계의 방법이란 아이의 행동 레퍼토리 가운데 치료사가 기대하는 바람직한 행동이 나타나면 즉시 그 아이가 좋아하는 강화제를 제공하는 방법을 말한다. [그림 2-9]에서 알 수 있듯이 바람직한 행동에 대해서 즉각적이면서 일관된 강화는 지연(遲延) 강화나 간헐적 강화보다 훨씬 행동 발생률의 증가와 유지에 효과적이다.

❷ 2단계 조작방법

1단계 강화에 의해 문제 행동이 어느 정도 사라지고 바람직한 행동이 많이 보이는 등 행동의 개선이 확연히 인정될 때, 그다음의 과제는 이 행동의 유지를 위해 '어떤 대응이 필요한가?'라는 문제가 제기된다. 여기에서의 강화제의 제시방법은 1단계에서 2단계로의 전환이 필요한 시점이다. 2단계에서의 강화제 조작방법은 [그림 2-10]에서 알 수 있듯이 1단계와는 다르게 변동 비율 강화 스케줄, 즉 불규칙적이면서 간헐적으로 강화제를 제시하는 것이 행동의 유지에 보다 효과적이다.

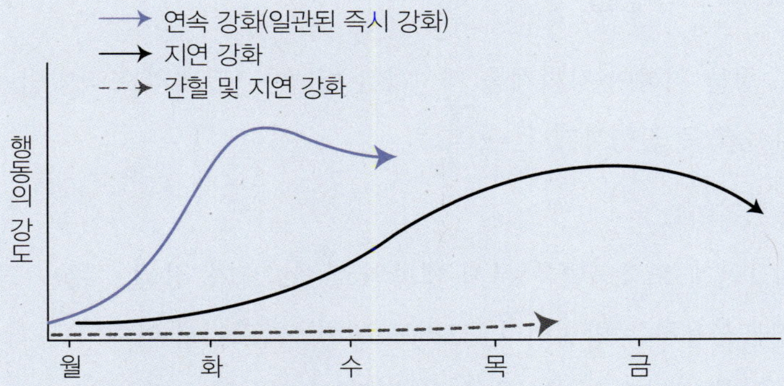

※ 바람직한 행동의 형성을 위해서는 즉각적이면서 일관되게 정적 강화를 해 준다.

[그림 2-9] 행동의 형성

출처: Ackerman, 1972.

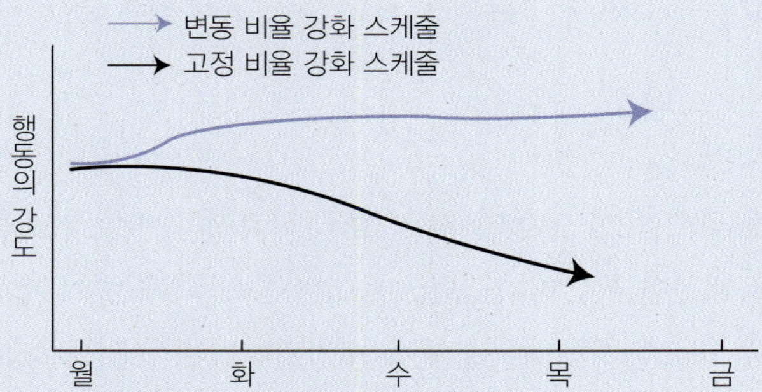

※ 일단 형성된 행동을 보다 효과적으로 유지시키기 위해서는 강화를 간헐적이면서 불규칙적으로 한다. 또한, 가끔씩 새로운 강화 자극을 도입한다. 만일, 이렇게 하지 않으면 행동의 유지율은 오히려 저하된다.

[그림 2-10] 행동의 유지

출처: Ackerman, 1972.

모리스(Morris)는 상의 개념으로 활용할 수 있는 다양한 강화제의 예를 〈표 2-3〉과 같이 제시하고 있다. 특히, 이 가운데 '사회적 칭찬'이나 '비언어적 보수'와 같은 것은 일상에서도 널리 사용하고 있는 것이기 때문에 강화제의 적용 범위는 매우 넓다고 할 수 있다.

〈표 2-3〉 강화제의 예

종류	내용
먹는 것	초콜릿, 아이스크림, 과자 등
마시는 것	주스, 우유 등
물건	장난감, 색연필, 점토, 구슬 등
놀이 활동	동화책 읽어 주기, 좋아하는 놀이 함께 하기, 놀이터 · 유원지 놀러 가기 등
사회적 칭찬	너무 좋아! 잘했어! 멋있어! 훌륭해! 등
비언어적 보수	미소를 보낸다. 쓰다듬는다. 안아 준다 등

(4) 치료 대상 행동

정적 강화법은 치료사가 아이에게 억지로 바람직한 행동을 하게 하는 방법이 아니라, 그 아이의 자발적인 행동, 즉 스스로의 의지에 의해 행해지는 행동으로 표출되도록 유도하는 방법이다. 그 대상 행동에는 예를 들어 일상생활의 적응에 필요한 기본적 생활 습관의 형성이나 사회적 행동 형성, 교실 내에서의 문제 행동(자리 이탈, 싸움, 고성 등)의 수정이나 학업 달성 등, 그 적용 범위는 매우 넓다고 할 수 있다. 최근에는 각종 생리적 반응과 같은 불수의적 반응도 정적 강화법으로 행동 수정이 가능하다는 것이 확인되면서 자기 통제(self-control) 기법의 하나로 실용화되고 있다.

(5) 정적 강화법의 적용 사례

홀 등(Hall et al., 1968)은 교사의 주목이나 칭찬 등의 강화제 제시를 통하여 한 초등학생(이름은 로즈)의 학습 행동을 수정한 사례를 보고하였다. [그림 2-11]은 로즈의 학습 행동의 변화를 나타내고 있으며, [그림 2-12]는 로즈의 학습 행동에 대한 교사의 주목 정도를 나타내고 있다.

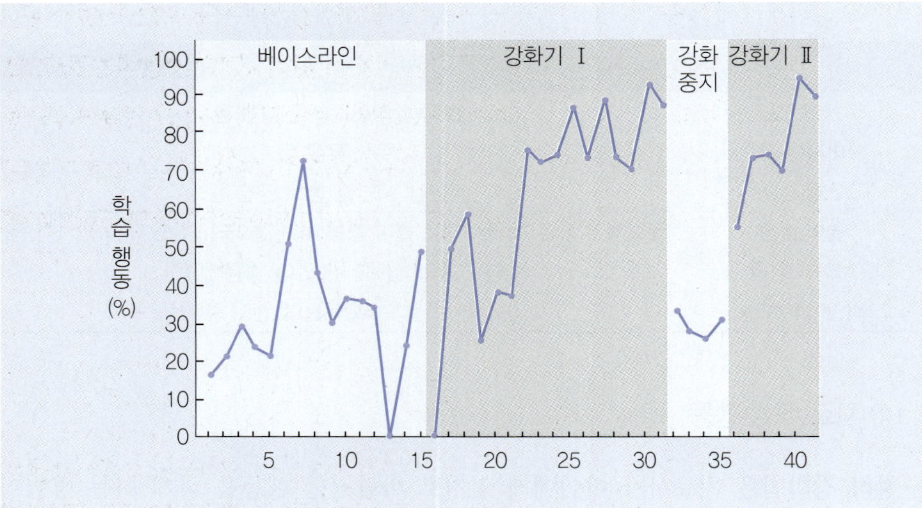

[그림 2-11] 학습 행동에 대한 정적 강화의 적용

출처: Hall et al., 1968.

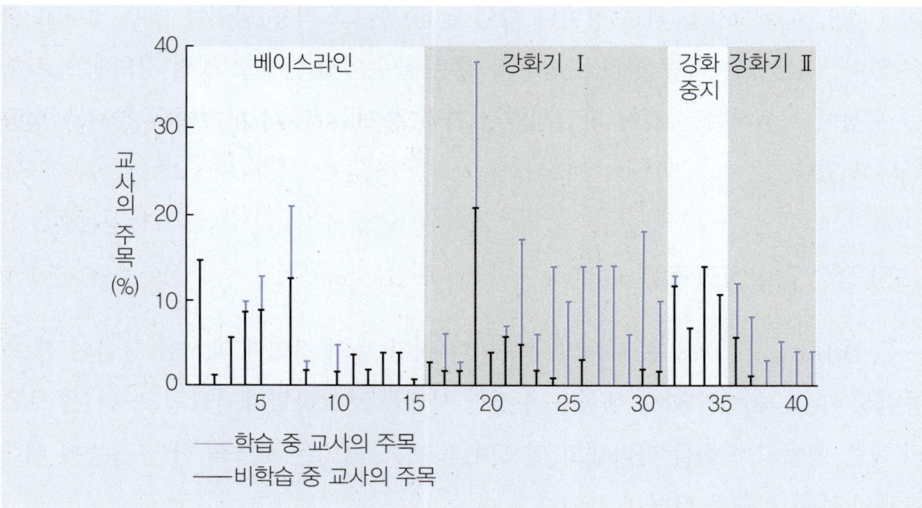

[그림 2-12] 교사의 주목 빈도

출처: Hall et al., 1968.

❶ 베이스라인 기간

두 명의 관찰자가 교실에서 수업 중 로즈의 행동과 교사의 행동을 관찰, 기록하였다. 관찰 단위는 10초 간격으로 진행되었으며, 로즈의 행동(선생님의 설명을 열심히 듣고 있는가, 자리를 이탈하거나 잡담을 하고 있지는 않는가)과 교사의 행동(로즈가 학습 이외의 행동을 하고 있을 때 주의를 주거나 꾸중을 하는가, 학습에 집중하고 있을 때는 주목하여 칭찬이나 관심을 표현하는가)을 중심으로 관찰 기록표에 기록하였다. 그 결과를 보면 로즈의 학습 행동은 평균 30~70% 정도에 지나지 않으며, [그림 2-13]에서 알 수 있듯이 교사의 주목이나 접근 반응은 주로 로즈의 비학습 행동에 집중되어 있었다.

10	20	30	40	50	60초																		
N	N	N	N	N	N	N	S	S	S	N	N	S	S	S	S	N	N	N	N	N	N	N	N
		T	T	T							T											T	T
			/	/				/			/												

첫째단: N=비학습 행동, S=학습 행동
둘째단: T=교사의 주목(언어도 포함)
셋째단: /=교사의 접근

[그림 2-13] 로즈의 행동에 대한 관찰 기록표

출처: Hall et al., 1968.

❷ 지도(치료) 과정

지도 과정(강화기 I)은 다음과 같이 진행되었다. 로즈의 학습 행동에 대해서는 본인이 눈치채지 못하도록 치료사는 작은 색종이를 제시하는 방법으로 교사에게 신호를 보낸다. 그러면 교사는 지체하지 않고 바로 로즈에게 주목하면서 언어 또는 비언어적 방법으로 칭찬이나 격려를 한다. 이러한 방법으로 접근한 지 4회째 되는 단계까지는 학습 행동의 개선이 나타나지 않았지만, 로즈의 비학습 행동에 대한 교사의 무시와 함께 학습 행동에 대한 교사의 관심이나 주목이라고 하는 방법으로 접근한 결과, 점차적으로 학습 행동의 증가 현상이 보이기 시작하면서 나중에는 90%가 넘는 학습 행동이 나타났다.

여기서 로즈의 학습 행동의 증가가 교사의 주목이라고 하는 반응에 의해 발생한 것인지에 대해서 확인하기 위하여 치료사는 교사에게 신호를 보내는 것을 일시적으로 중단하고 교사에게 이전(베이스라인 기간)처럼 비학습 행동에 대해 주목하도록 요청하였다. 그 결과, 로즈의 학습 행동은 이전처럼 급격히 감소하였다.

다시 강화기 I 처럼 학습 행동에 대한 주목과 비학습에 대한 무시 반응으로 대응한 결과, 학습 행동은 다시 급속도로 증가하였다(강화기 II). 여기서 흥미로운 것은 치료 기간의 종반부에서는 학습 행동에 대해서 교사가 그다지 주목하지 않았음에도 불구하고 로즈의 학습 행동은 계속 높은 수준으로 유지되었다는 사실이다.

(6) 적용상의 유의점

❶ 무엇을 강화제로 선택할 것인가에 대해서 생각해야 한다

무엇을 강화제로 선택할 것인가라는 문제는 단순하지 않다. 왜냐하면, 강화 대상자의 연령이나 욕구, 기분, 상황에 따라 강화제의 내용은 다르기 때문이다. 이처럼 무엇이 강화제가 될 수 있는가 라고 하는 것은 치료사가 지도 대상 아동의 욕구나 특성을 잘 이해하면서 신중하게 판단해야 할 문제이다. 또한, 선택된 하나의 강화제가 장기간에 걸쳐 한결같이 '강화적 작용'을 한다는 보장도 없기 때문에 치료과정에서 강화제의 적절한 변화도 필요하다. 물질적 강화제(예: 음식물이나 장난감 등)를 사용하는 경우, 경우에 따라서는 오히려 바람직한 행동의 형성에 방해가 되는 요소로 작용할 수 있다는 사실도 유념해야 한다.

❷ 강화제를 어떻게 제시할 것인가에 대해서 생각해야 한다

이것은 강화 스케줄에 대한 문제를 말하고 있다. 1단계의 강화 스케줄을 통해 문제 행동의 개선이 정상적 수준에 도달했다고 판단되면 2단계의 강화 스케줄로 바꾸어야 한다. 만일, 1단계의 강화 스케줄, 즉 연속적 강화만 해 나간다면 강화제의 제시에 따른 시간적, 물리적 부담만이 아니라, 오히려 나중에는 행동 수정의 효과를 감소시키는 문제가 발생하기도 한다. 그러므로 교묘하게 강화 스케줄을 조작할 필요가 있으며, 이런 식의 접근이 오히려 자연스러우며 행동 수정의 효과도 크다.

③ 지도 상황에 대한 이해를 해야 한다

바람직한 행동의 형성을 지도하고자 하는데 이 행동과 어울리지 않는 행동이 나타나기 쉽고, 더구나 문제 행동이 강화되기 쉬운 상황이라고 한다면 지도 효과를 기대하기 어렵다. 예를 들어, 공부하는 습관을 갖도록 지도하고자 하는데 옆에서 누군가 TV를 보거나 라디오를 크게 틀어놓거나 하는 상황이라고 한다면 바람직한 행동의 발생은 쉽지 않을 것이다. 행동치료에서는 문제 행동의 형성은 아이의 행동 발생 직후에 나타나는 주위 반응에 의한 학습이라고 하는 이론적 입장을 취하고 있지만, 행동 발생 직전의 선행 조건(자극이나 상황)과 전혀 관계가 없다는 의미는 아니다. 그러므로 바람직한 행동이 쉽게 나타날 수 있도록 주위 상황을 조정하는 것도 중요하다. 바람직한 행동의 표출이 쉬운 상황에서는 그만큼 정적 강화의 기회도 많아진다. 예를 들어, 수업시간에 집중하지 않는 아이의 문제 행동에 대한 지도를 하고자 할 때, 아무리 선생님이 그 아이에 대해 정적 강화법으로 지도한다고 할지라도 그 반 전체의 분위기가 산만하고 수업하는 분위기가 아니라고 한다면 지도의 효과를 기대할 수 없을 것이다. 이런 경우에는 그 아이에 대한 지도 이전에 그 반 전체를 대상으로 수업 분위기의 조성을 위한 노력을 해야 할 것이다.

2. 오페런트 소거법

소거법(extinction method)을 일명 '강화 중지 기법'이라고도 한다. 이것은 문제 행동을 강화시키는 부적절한 강화제를 발견하여, 이를 제거 내지 중지시키는 방법을 통해서 문제 행동을 개선시키는 기법이다. 소거 기법에는 오페런트(operant) 소거법, 타임아웃(time out) 기법 등 다양한 방법들이 소개되고 있다.

(1) 오페런트 소거법의 원리

강화제를 제거 내지 중지하는 가장 기본적인 형태에는 오페런트 소거법으로 불리는 방법이 있다. 이것은 문제 행동을 강화시키고 있는 강화제를 발견하고, 이것을 이후에는 일절 제시하지 않음으로써 문제 행동을 수정하는 기법이다.

아이가 문제 행동을 보였을 때 부모나 교사들이 주로 사용하는 대응은 소거 기법보다는 대개 설득, 설명, 꾸중, 체벌 등의 방법으로 지도하고자 하는 경우가 많다. 그런데 이런 식의 대응은 오히려 부모나 교사의 의도와는 정반대로 강화적 기능으로 작용하는 경우가 많다. 이런 경우에는 '무시'라고 하는 대응이 하나의 소거 기법으로 작용하기 때문에 더 효과적일 수 있다. 앞에서 언급하였던 홀 등(Hall et al., 1969)의 연구(정적 강화법에 대한 설명에서 인용된 사례)에서 사용하였던 지도 방법 가운데 문제 행동이 나타났을 때 '무시'라고 하는 교사의 반응은 소거법을 이용한 사례에 해당한다. 오페런트 소거법으로 문제 행동을 지도한 사례를 통해 이 기법을 이해해 보자.

오페런트 소거법으로 행동을 지도한 사례

문제 행동 과장되게 소리를 지르면서 울어댐.

아동의 특징 이름은 'K'이며 만 4세, 남자아이. 신체적으로 건강하고 운동능력도 있으며, 매우 활동적인 아이.

담임교사와의 상담을 통해서 알게 된 사실 K는 자신의 행동이 생각대로 되지 않거나 방해를 받으면 울어 버리거나 소리를 지른다.

베이스라인 기간 의도적으로 과장되게 큰소리로 우는 행동이 문제가 되며, 이 소리는 50미터 이상 떨어진 곳에서도 들릴 정도의 큰소리로 5초 이상 지속된다.

지도 과정 교사는 K의 '우는 행동'에 대해서 예전과는 달리 접근하지 않거나 말을 걸지 않는 등 완전히 무시해 버리는 반응을 보이고, 바람직한 행동을 보일 때에는 주목하거나 칭찬을 하는 등 정적 강화법으로 대응하였다. 한편, K의 우는 행동이 교사의 주목이나 접근이라고 하는 사회적 강화에 의해 유지되고 있다는 사실을 확인하기 위해 이전의 대응 방식과 동일한 방법으로 일시적으로 반응한 결과, 문제 행동의 발생 빈도가 베이스라인 기간에서처럼 증가하였다. 다시 소거 기법을 도입하자 문제 행동은 감소하였다.

출처: Hart et al., 1964.

(2) 적용상의 유의점

❶ 정적 강화법과 병행해서 사용해야 한다

소거 기법은 강화되지 않는 행동은 자연적으로 그 발생 빈도가 감소한다는 이론적 입장에서 출발하고 있기 때문에 문제 행동을 감소시키는 방법으로 사용되고 있다. 그런데 소거 기법은 행동치료에서 단독으로 사용되는 경우는 드물며, 일반적으로 정적 강화법과 병행해서 사용되고 있다. 그 이유는 소거 기법은 문제 행동의 발생률을 감소시킬 수는 있지만, 바람직한 행동의 형성이라는 측면에서는 그 효과를 기대하기 어렵기 때문이다.

❷ 문제 행동을 유지 또는 촉진시키는 강화제가 명확하며, 그 외 다른 강화 조건이 없는 경우에 성공할 수 있다

강화제의 효과에 대해서는 경험적으로 결정하기 어려운 점이 있다. 왜냐하면, 치료사가 문제 행동에 대해 강화적 요인을 제거하려는 의도로 지도했다고 할지라도 전혀 의도하지 못했던 다른 요인이 강화제로 작용해 버려 행동의 소거가 본래 의도대로 효과를 기대할 수 없는 경우가 있기 때문이다. 예를 들어, 수업 중에 고성을 지르는 행동에 대해 친구들이 재미있다고 웃어 버리는 경우, 교사가 이 행동의 수정을 위해 시종일관 무시 반응으로 대응한다고 할지라도 친구들의 웃는 반응이 강화제로 작용할 경우, 교사의 무시라고 하는 소거 대응은 그 효과를 기대하기 어려울 것이다.

❸ 소거법에 의한 지도는 문제 행동의 생성률을 일시적으로 증가시킬 수 있다

소거법은 벌과 유사한 대응법의 하나라 볼 수 있다. 그러나 혐오적인 자극제시라고 하는 벌이라는 형태의 대응법은 그 효과가 즉각적으로 나타나지만(그러나 대개 일시적 효과에 지나지 않지만), 오페런트 소거법은 벌에 비해 그 효과가 비교적 더디게 나타난다. 또한, 행동에 대한 주위 반응이 달라질 경우(예: 주목이나 접근에서 무관심으로 바뀜), 오히려 이제까지의 행동 이상으로 문제 행동을 의도적으로 많이 보이기도 한다. 그러므로 이 기법을 사용할 때의 유의점은 곧바로 효과가 나타나지 않더라도 도중에 포기하지 않는 대응이 요구된다. 만일, 소거 기법을 도중에 포기해 버리는 어정쩡한 대응 방식으로 지도하게 되면 오히려 변동 비율 강화 스케줄과 같은 효과가 나타나기 때문에 그 행동을 더욱 강화시켜 버린다.

3. 타임아웃 기법

(1) 타임아웃 기법의 원리

타임아웃 기법(Time Out)은 문제 행동이 나타났을 때, 그때까지 제시되었던 '정적 강화제'를 일시적으로 중지하거나 상(償)의 성격을 지닌 물건이나 반응을 제시하지 않거나 아이가 하고 싶어 하는 활동을 금지시키는 방법이다. 이 기법은 앞에서 언급한 소거법의 일종으로 문제 행동의 발생 직후에 상의 성격을 지닌 상황으로부터 아이를 일정 시간 제외시키거나 상의 성격을 지닌 물건을 제공하지 않거나 아이가 하고 싶은 활동을 금지시키는 방법으로 행동을 수정하는 기법이다. 아이스하키라는 스포츠는 반칙을 범한 선수에게 일정 시간 퇴장시켜 경기장에서의 플레이를 잠시 중지시키는 룰을 적용하는데, 타임아웃 기법도 이 원리와 유사하다. 예를 들어, 학교의 수업 장면에서 교사가 '친구를 때리면 복도에 3분간 서 있기', '무단으로 자리를 이탈하면 교실 뒤에서 벽을 보고 5분간 서 있기', '잡담하면 2분간 마스크 쓰고 있기' 등의 방식으로 지도를 한다면 이것은 소거법의 성격을 띤 지도방법이라고 할 수 있다.

타임아웃 기법으로 지도한 사례

문제 행동 수업 시간에 자리 이탈과 공격적 행동

지도 방법 수업 시간에 자리 이탈이나 공격적 행동을 하였을 때, 교실 장면에서 제외시키는 방법, 즉 사회적 격리라고 하는 방법으로 지도하였다. 그러나 실험적 통제의 의미에서 '잡담' 행위에 대해서는 측정은 하였지만, 사회적 격리라고 하는 대응은 하지 않았다.

지도 결과 [그림 2-14]에서 알 수 있듯이 자리 이탈과 공격에 대해서 사회적 격리라고 하는 방법으로 지도한 결과, 이 행동들의 생성률이 현저하게 감소하였다. 그러나 사회적 격리가 수반되지 않았던 잡담의 경우에는 그다지 감소하지 않았다. 이처럼 수업 장면에서 '제외(사회적 격리)'라고 하는 대응이 효과적이었으며, 이것은 곧 타임아웃 기법에 의한 효과라고 할 수 있다.

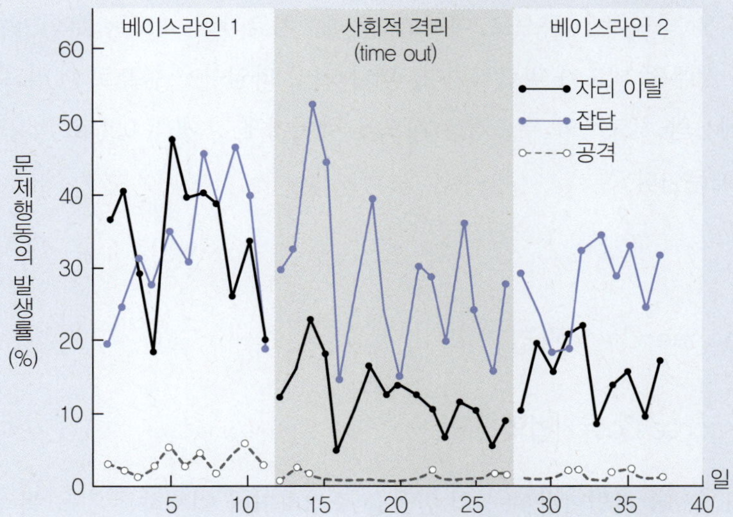

[그림 2-14] 자리 이탈, 공격적 행동에대한 time out의 적용

(2) 적용상의 유의점

- 타임아웃의 내용에 대해서 아이들과의 협의를 통해서 사전에 약속해 놓는다. 이렇게 함으로써 타임아웃에 대한 아이들의 이해와 감정적 피해가 없이

행동 수정의 효과를 기대할 수 있다.

- 타임아웃의 효과를 기대하기 위해서는 타임아웃 이전의 상황이 충분히 강화적 요소(예: 좋아하는 친구와 함께 있다)를 갖고 있는 상황이 되어야 하며, 동시에 타임아웃 상황에서는 아이에게 즐거움을 줄 만한 요소가 없어야 한다. 즉, 타임아웃 룸(time out room)에서는 아이가 최대한 따분하고 지루한 느낌이 들 수 있는 상황이 되어야 한다.
- 타임아웃의 시간이 너무 길면 안 된다. 타임아웃의 시간이 너무 길면 아이가 다른 부적절한 행동(예: 울어 버린다, 소리를 지른다)을 나타낼 수 있으며, 만일 이때 치료사가 타임아웃을 해제하게 되면 아이는 타임아웃 상황에서의 회피학습을 하게 되어 버린다. 그러므로 타임아웃의 시간에 대한 적절한 조정이 필요하다.
- 아이를 타임아웃 룸으로 데리고 갈 때, 치료사의 태도는 무언(無言), 기계적 · 사무적 태도가 바람직하다. 왜냐하면, 타임아웃 룸으로 데리고 가는 과정에서의 치료사의 부드러운 태도가 아이에게 강화적 요소로 작용할 수 있기 때문이다.

4. Response Cost 기법

(1) Response Cost 기법의 원리

Response cost 기법이란 특정의 반응을 소거하거나 억제하는 것을 목적으로 하며, 지금까지 제시되었던 정적 강화제를 제거하는 방법이다. 때문에 이것도 벌의 일종이라 할 수 있다. 이 기법은 Token economic 기법과 병행해서 사용하는 것이 일반적이다. Token economic 기법은 Response cost 기법과는 반대로 어떤 특정 행동의 발생률을 높이는 데 목적이 있기 때문에 사전에 정해진 기준에 따라 정적 강화제(토큰)를 제공한다.

Response cost 기법은 토큰 강화의 보조적 수단으로 이용되고 있으며, 문제 행동이 발생하면 이미 제공된 토큰에서 사전에 정한 기준에 따라 빼앗는 방법을 취한다. 그러므로 이 기법은 문제 행동에 대해서 강화를 하지 않는 오페런트 소거법에 비해 보다 적극적인 대응법이라 할 수 있다. 프로그램이 종료한 후에는 남아있는 토큰의 개수에 따라 강화제를 제공한다.

(2) 적용상의 유의점

이 기법은 벌보다는 부드러운 형태의 대응법이지만, 그래도 아이의 입장에서는 벌을 받는다는 기분이 강하기 때문에 아이의 정서적인 측면을 고려해야 한다. 이 기법의 실시과정에서 유의해야 할 사항은 다음과 같다.

- 문제 행동과 이에 따라 반환되는 토큰의 개수를 해당 아이와 사전에 협의해서 정해 놓는다. 그리고 이것을 게시판에 표시한다.
- 프로그램이 끝난 후, 남은 토큰과 교환되는 강화제의 내용, 또한 그 교환율에 대해서 미리 정해둔다.
- 프로그램의 진행에 따라 강화제의 질이나 내용을 바꾸거나 교환율을 보다 엄하게 적용한다.
- 바람직한 행동을 하였을 때는 사전에 약속된 토큰을 주는 방법(Token economic 기법)도 병행할 수 있다.

(3) 적용 사례

Response Cost 기법의 적용 사례

문제 행동	수업시간(읽기, 산수)에 과제를 제시하면 울어 버리거나 고성을 지르거나 복통을 호소함.
베이스라인 기간	매일 30분씩 5일 동안 읽기와 산수 시간의 수업 태도에 대해서 조사한 결과, [그림 2-15]의 베이스라인 1과 같은 결과를 얻었다.

행동 지도 및 결과 K읽기에 대해서는 6일째부터 수업 시작 전에 해당 아이의 이름이 적힌 색종이 카드 5장을 주었다. 그리고 읽기 수업 시간에 문제 행동이 발생하면 카드를 한 장씩 가져가겠다고 아이와 약속해 놓았다. 산수에 대해서는 11일째부터 읽기와 동일한 방법으로 지도하였다. 한편, Response Cost 기법의 효과를 확인하기 위하여 두 번째의 베이스라인 기간(베이스라인 2)을 설정하여 문제 행동에 수반되는 카드 압수를 일시적으로 중단하였다. 그 결과 즉시 문제 행동은 증가하였다. 여기서 흥미로운 것은 남아 있는 카드의 수에 따라 자유 시간의 허용이라든지 상품의 제공 등의 강화제가 제시되지 않았음에도 불구하고 행동 수정의 효과가 나타났다는 것이다. 이제까지는 남은 카드의 수에 따라 강화제를 제공하는 것이 일반적인 방법이었지만, 아직 연령이 어린아이의 경우에는 자신의 이름이 적혀 있는 카드만으로도 훌륭한 강화제가 될 수 있다는 것을 시사하고 있다.

출처: Hart et al., 1964.

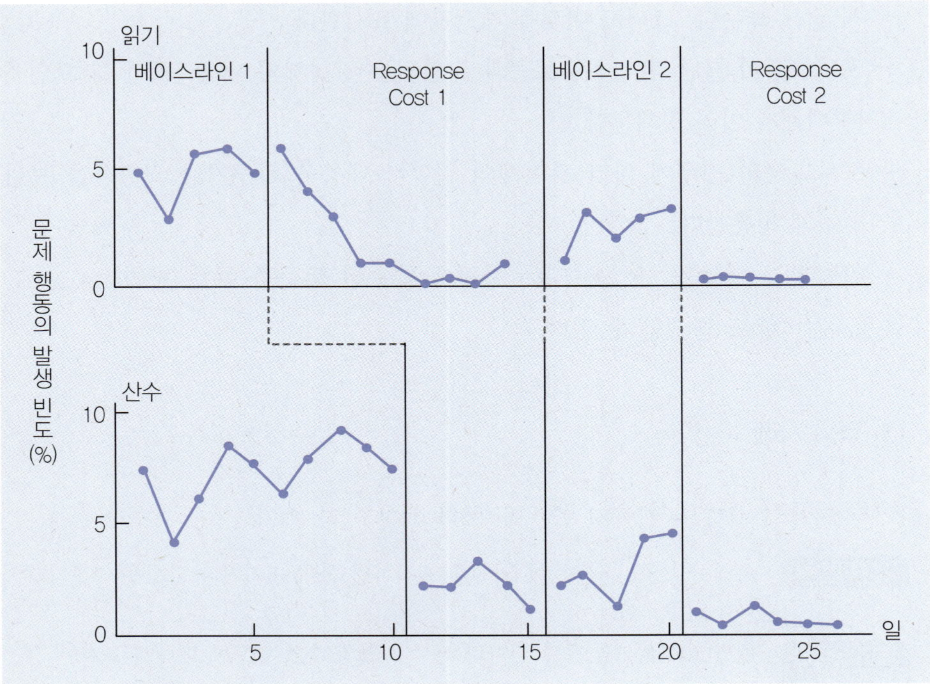

[그림 2-15] 문제 행동에 대한 Response Cost 기법의 적용 사례 결과

5. 적극적 행동 수정 기법

여기에는 '복원법'과 '적극적 연습법'의 두 종류가 있으며, 이 기법은 그 사람의 행동에 의해 생성된 손해나 문제 상황을 당사자에게 떠넘기는 방법으로 지금까지 소개한 것보다 더욱 적극적이고, 벌의 성격이 더욱 강한 대응법이라고 할 수 있다. 그러므로 이런 기법은 아동의 정서적 문제를 생각하면서 신중하게 사용해야 한다.

(1) 복원법

이 기법은 예를 들어, 벽에 낙서를 한 아이에게 자신이 낙서한 것만이 아니라, 그 주위의 낙서까지도 깨끗이 지우도록 하는 대응법이다. 원래의 상태로 복원시키는 작업이라고 하는 이 벌은 자신이 범한 행위보다 더 큰 짐을 지우는 것이다. 일부러 의자를 넘어뜨린 아이에게 자신이 넘어뜨린 의자만이 아니라, 그 주위의 의자까지 정리시키는 교사의 대응은 복원법의 한 예라고 볼 수 있다.

(2) 적극적 연습법

이 기법은 예를 들면, 벽에 낙서한 아이에게 수십 장의 종이를 주면서 낙서한 내용과 똑같은 그림을 그 종이에 전부 그리도록 하는 대응법이다. 이것은 낙서 행위에 대한 지도 방법의 하나로서 낙서라고 하는 것은 벽이 아니라, 종이에 하는 것이라고 하는 사실을 적극적으로 연습시키는 효과를 기대할 수 있다. 만일, 친구를 때리는 아이가 있다면 허공에다 손을 휘둘러서 때리는 동작을 몇 번이고 반복시키는 교사의 지도는 '적극적 연습법'의 한 예라고 할 수 있다.

6. 꾸중과 체벌

(1) 꾸중과 체벌의 효과

꾸중이나 체벌은 벌의 한 형태로서 표면적으로 즉각적인 효과를 얻을 수 있기 때문에 부모나 교사들이 일상생활 가운데 가장 흔히 사용하는 지도법 중의 하나이다. 그러나 꾸중이나 체벌은 부모나 교사가 기대하는 정도의 행동 수정 효과를 기대하기 어렵고, 특히 체벌은 그 폐해가 심각하기 때문에 적용상에 세심한 주의가 필요하다. 물론, 심각한 반사회적인 행동에 대해 다른 대처 방법이 없는 경우 마지막 수단으로 어쩔 수 없이 사용하는 경우도 있을 수 있겠지만, 그 사용법이 잘못된 경우는 역효과가 나타날 수 있다.

또한 꾸중이나 체벌을 포함한 벌이라고 하는 대응법의 문제점은 문제 행동을 억제시키는 효과가 있지만, 그 효과는 어디까지나 일시적이며 문제 행동을 완전히 소멸시키기 어렵다는 점이다. 사실 벌의 사용을 중지하게 되면 문제 행동이 재현되거나 이전보다 더 심한 상태가 되어 버리는 경우가 허다하다. 이 현상은 일시적 행동 수정의 효과밖에 없는 벌의 한계성을 보여 주고 있다. 벌을 중지한 후에도 그 효과를 오랫동안 지속시키기 위해서는 극단적으로 무거운 벌을 사용하거나 지속적으로 벌을 사용하면서 위협하는 등의 지도 방법을 생각해 볼 수 있다. 그러나 정도를 넘어선 이와 같은 체벌이나 위협은 아이의 인격 형성에 심각한 악영향을 미칠 수 있기 때문에 사용해서는 안 된다.

(2) 적용상의 유의점

꾸중이나 체벌이 아동에게 심리적 폐해 없이 문제 행동의 수정이 가능하도록 유도하기 위해서 다음과 같은 점에 대한 유의가 필요하다.

- 벌을 제시하기 이전에 왜 벌을 받아야 하는지에 대해서 아이가 이해할 수 있도록 설명한다.

- 벌의 종류나 강도는 문제 행동의 정도에 따라 달라야 한다. 즉, 문제 행동의 심각성에 따라 벌의 강약이 결정되어야 한다.
- 동일한 문제 행동에 대해서는 벌의 형태나 강도는 가능한 일관되게 유지되어야 한다. 그때그때의 감정에 따라 달라지면 안 되며, 시간과 공간, 아동에 관계없이 거의 비슷한 형태와 같은 수준의 벌을 제시하는 것이 바람직하다.
- 그러기 위해서는 사전에 벌의 종류나 강도에 대한 원칙을 아이와 협의하여 정해둔다. 이렇게 하면 시종 일관되게 원칙 타당한 벌을 줄 수 있으며, 벌을 받는 아이의 입장에서도 납득하기 쉽다.
- 그릇된 행동을 하면 반드시 발견되어 벌을 받게 된다는 인식을 갖도록 지도한다. 왜냐하면, 경우에 따라 그냥 넘어가게 되면 꾸중이나 벌을 받을 때 스스로 반성하기보다는 '운이 나빴다'라고 생각하면서 회피 요령을 학습할 수도 있기 때문이다.
- 격려나 칭찬이 병행되지 않는 일상화된 꾸중이나 체벌은 행동 수정의 효과를 기대하기 어렵다. 정적 강화가 병행되지 않고 문제 행동에 대한 벌의 제시로 일관한다면 비록 교사의 올바른 지적이라고 할지라도 아예 처음부터 귀를 닫아버린다. 바람직한 행동에 대해서 칭찬이나 격려를 아끼지 않는 교사로부터의 꾸중에 대해서는 아이들은 귀를 기울인다. 칭찬과 꾸중의 균형이 필요하다. 상이나 칭찬은 "지금 당신의 행동은 바람직하다. 그러니 앞으로도 계속하세요."라고 하는 메시지를 담고 있다. 그러므로 문제 행동을 지도할 때, 그 행동을 벌을 통해 일시적으로 중단시키면서 바람직한 행동에 대해서는 반드시 상이나 칭찬으로 대응하는 자세가 필요하다. 벌의 기법을 단독으로 사용하는 것은 금물이며, 반드시 정적 강화 기법과 병행해서 사용해야 한다.
- 꾸중이나 체벌은 반드시 문제가 되는 행동에 대해서만 제시해야 하며, 그 아이의 인격이나 그 행동과 관련이 없는 것까지 문제를 삼으면서 질책해서는 안 된다. 만일, 이렇게 하지 않으면 아이는 감정적으로 반발하거나 거짓말이

나 자기방어적인 자세를 취하기 쉽기 때문에 진솔한 반성을 이끌어 내기가 어렵다.

- 끝으로 이제까지 열거한 일곱 가지의 조건을 다 갖춘 꾸중이나 체벌이라고 할지라도 꾸중이나 체벌하는 사람에 대한 신뢰감이나 존경심이 없다면 그 효과를 기대하기 어렵다. 즉, 꾸중이나 체벌의 효과는 방법론적인 문제보다는 벌을 제시하는 사람의 인격적인 문제가 더 중요하다.

(3) 꾸중과 체벌의 문제점

꾸중이나 체벌에 의한 행동 수정 효과를 기대하기 위해서는 앞에서 언급한 조건들을 모두 지킬 수 있어야 하지만, 현실적으로는 어렵다. 그때그때의 기분에 따라 충동적이거나 또는 감정적으로 화를 내면서 대응하는 것이 일반적이다. 그러나 이렇게 해서는 벌의 효과를 기대할 수 없다. 앞에서 언급한 조건들은 꾸중이나 체벌의 경우만이 아니라, 타임아웃 기법이나 Response Cost 기법, 적극적 행동 수정 기법 등 벌과 유사한 형태의 대응을 할 경우에도 지켜져야 할 사항들이다. 만일, 이런 사항들이 지켜지지 않는다면 다음과 같은 문제가 아이에게 발생할 수 있다.

- 벌을 준 사람은 물론 다른 어른들에게까지 강한 반감이나 적대감을 느끼게 할 수 있다.
- 벌을 준 사람에 대한 공포심 때문에 그 사람 앞에서는 올바른 행동이라 할지라도 그 실천을 주저하게 된다.
- 벌을 준 사람의 행위가 자신에게는 일종의 모델이 되어서 자기보다 약한 사람에 대해 폭력이나 위협을 가하는 행위로 발전하기 쉽다.
- 벌을 받은 행동과는 다른 별개의 문제 행동이 나타날 수 있다.
- 벌에 대한 저항력이 생겨서 이제는 약한 벌로써는 그 효과를 기대할 수 없는 문제가 발생한다.
- 벌은 '무엇을 하면 안 되는지를 가르쳐 주는 수단'은 될지언정, '무엇을 하면

되는가를 가르치는 수단'은 되지 않는다는 점이다. 즉, 벌은 문제 행동을 중지시키는 명령이지, 바람직한 행동을 생성시키는 방법이 될 수 없다는 것이다. 특히, 연령이 어린아이의 경우에는 문제 행동의 억제만이 아니라, 다른 바람직한 행동마저도 중단되어 버리는 문제가 발생할 수도 있다.

7. Fading 기법

(1) Fading 기법의 원리

Fading 기법은 일명 우리말로 '용암법'이라고 한다. 영화나 TV에서 보면 하나의 영상이나 음성이 점차적으로 선명해지거나 반대로 희미해지면서 사라지는 기법을 사용하기도 하는데, 이것을 'Fading' 기법이라 한다. 이 원리를 행동 수정에도 적용할 수 있다. 예를 들어, 선택적 함구 증세(Selective mutism)를 보이는 아동에 대한 지도를 Fading 기법으로 지도한 경우를 생각해 보자. 이 증세는 가정에서는 가족과 자유롭게 이야기를 나누면서 자기표현을 적극적으로 하면서도 학교나 유아교육(보육) 시설 등 또래들과 함께 있는 장면에서는 거의 한마디도 하지 않고 또래와의 상호작용도 거의 하지 않는 특징을 갖고 있다. 이처럼 이 행동의 문제는 장면에 따라 행동이 극단적으로 달라진다는 것이다. 이런 아이에 대한 지도를 할 경우, 발화(發話)라고 하는 행동이 가족이라는 특수한 배경에 지나치게 의존해 있는 틀을 깨고, 좀 더 일반적 상황에서도 자유롭게 이야기할 수 있도록 하는 것이 목적이다. 그래서 가족이라는 한정된 자극은 점차 'fade out'시키면서 또래나 교사라고 하는 보다 일반화된 자극은 서서히 'fade in'하는 기법을 적용하면 효과적이다. 이렇게 접근하는 방법을 소위 Fading 기법이라 하는데, 하나의 자극에 대한 반응 통제를 다른 자극에 대한 것으로 단계적으로 전환하는 기법이다.

행동치료의 궁극적인 목표는 처음에는 치료사의 도움에 의해 아이가 서서히 바람직한 행동을 형성해 나가지만, 치료의 종결 단계에서는 치료사의 개입이나 도움이 없어도 개선된 행동의 표출이 자연스럽게 나타나도록 하는 데 있다. 그렇기 때문에 치료사는 치료 과정에서 아이의 행동이 점차 개선되어 가면, 이에 보조를 맞추어서 자신의 역할을 서서히 줄여나간다. 즉, 치료사의 역할은 점차 fade out 해 나간다. 사실 이와 같은 Fading(용암법) 기법의 지도 원리는 어떤 문제 행동에 대한 지도일지라도, 그 대상이 누구일지라도 임상 지도 장면에서 일반적으로 적용되어야 한다.

(2) Fading 기법의 적용

Fading 기법의 적용 사례에 대한 예를 선택적 함구 증세를 보이는 아동에 대한 지도를 통해서 알아보자. [그림 2-16]은 선택적 함구 증세를 보이는 아동에 대한 Fading 기법의 적용 사례를 지도 장면에 따라 그림으로 나타낸 것이다.

① 치료실에서 어머니와 함께 이야기를 나누고 있다. 방문이 열려져 있는 옆방에서 치료사의 음성이 조금씩 들려온다. 처음에 아이는 치료사의 존재를 알고는 목소리가 작아지지만 점점 익숙해지면서 활발하게 어머니와 이야기를 계속 나눈다.

② 치료사는 상담실로 들어가서 두 사람(어머니와 자녀)에 대해서는 무관심한 듯 구석에서 놀잇감을 정리하거나 혼자서 책을 본다. 이런 장면에서도 어머니와 아이의 대화가 활발하게 진행이 되면 그다음 단계로 넘어간다.

③ 치료사는 가끔씩 어머니에게 말을 건다. 처음에는 거리를 두고 간단한 말을 주고받다가 아이의 발화 빈도가 점점 많아지면 서서히 어머니에게 접근하여 대화 분위기를 고조시킨다. 이처럼 어머니와 치료사 사이에 대화하는 분위기를 발전시키면서 그다음 장면으로 진행한다.

④ 이제는 어머니와 아이, 치료사 세 사람이 함께 대화를 나눈다.

⑤ 어머니는 점차 상호작용의 양을 줄이면서 방구석에서 책을 읽는다.

⑥ 마침내 어머니는 방을 나간다. 이제는 어머니의 도움이 없어도 치료사와의 대화가 가능하다.

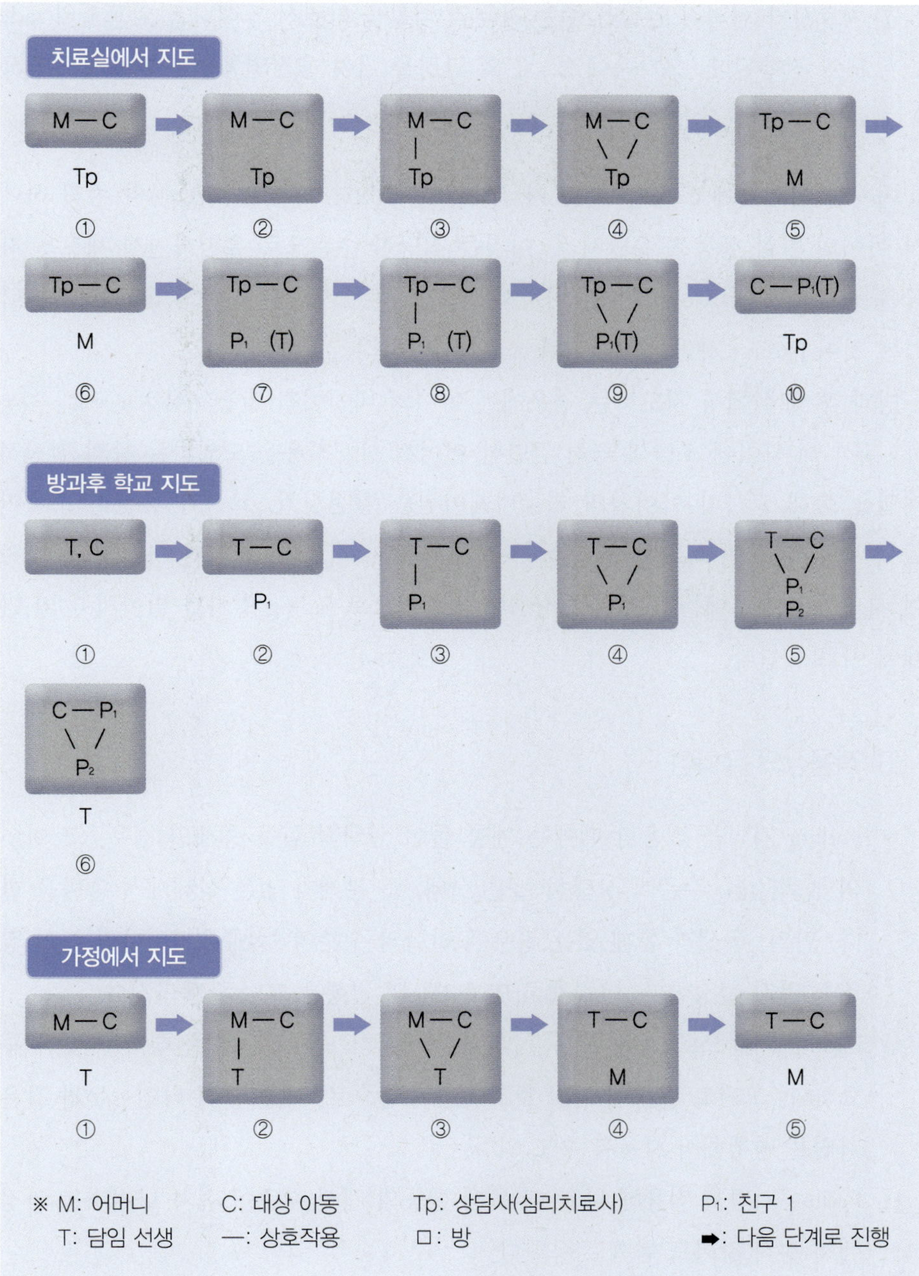

[그림 2-16] 선택적 함구 증세에 대한 Fading 기법의 적용

⑦ 치료사가 심리적 안정을 주는 자극의 역할을 하면서 또래나 담임교사의 fade in이 진행된다. 그다음에 ⑧, ⑨의 과정을 거쳐 ⑩장면에서는 치료사도 fade out 된다.

이처럼 아이에게 도움을 주는 자극(처음에는 어머니, 나중에는 치료사)의 존재 하에서 아이의 발화 행동을 유발시켜, 이것을 적당한 수준으로 유지하면서 새로운 자극을 점차적으로 fade in 한다. 여기서 도움을 주는 자극은 서서히 fade out 해 나가는 것이 Fading 기법의 기본이다.

방과 후 교실에서 지도하는 경우에는 아이의 비언어적 활동(아이가 좋아하는 활동이나 놀이 등) 사이에 조금씩 극히 간단한 언어적 상호작용을 도입하는 등의 점진적 개입을 통해 교사와 아이와의 커뮤니케이션을 발전시켜, 교사가 충분히 도움이 될 수 있는 자극이 되도록 한 후에 또래를 fade in 시킨다. 교사가 가정 방문을 하여 지도하는 경우에는 ①에서 시작하여 점진적으로 fading 절차를 밟아서 ⑤의 단계에 이르게 한다.

(3) 적용상의 유의점

- Fading 기법을 적용할 때에는 예를 들어 선택적 함구 증세인 경우, 그 아이의 발화(發話) 수준이 상당히 높은 상태, 즉 문제가 없는 상태에서 출발을 한다. 만일, 동생과 함께 있는 경우에 발화의 수준이 높게 유지된다면 이런 장면을 먼저 설정한다. 이렇게 하면 fading의 진행은 그만큼 빨라진다.
- Fading 기법으로 적용해 나갈 때에는 서서히 단계적으로 진행하는 것이 중요하다. 그리고 필요에 따라 보조적인 수단으로, 예를 들어 타임아웃과 같은 기법을 병행해서 사용할 수도 있다.
- Fading 기법을 적용해 나갈 때 문제 행동의 개선 수준이 점차 나아지는 과정에서 정적 강화도 함께 사용한다.
- 새로운 자극의 개입(예: 친구나 선생님의 참여)으로 인해 긴장이나 불안이 생겨서 부적절한 행동이 재현되는 경우, 처음 단계로 돌아가서 다시 시작한다.

Chapter

2 모델링 기법

child counseling

01 모델링 기법

1. 모델링 기법의 이해

모델링(modeling) 기법이란 '이런 상황에서는 어떻게 행동하면 좋은가'라고 하는 행동 모델을 보여 주거나, '어떤 행동이 어떠한 결과를 초래하는가'라고 하는 정보를 아이에게 보여 줌으로써 치료사가 목표로 하는 행동이 형성되도록 유도하는 지도법을 말한다.

반두라(Bandura, 1965)는 유아에게 공격적인 내용을 담고 있는 비디오를 보여 준 다음에 공격 행동에 대한 관찰 학습의 효과를 검토하였다. 제1집단의 유아(모델-보수 집단)에게는 한 여성이 공기로 가득 찬 비닐제의 인형을 던지거나 발로 차거나 때리는 행동을 하였을 때, 주스나 캔디를 보상으로 받는 비디오 장면을 보여 준다. 제2집단의 유아(모델-꾸중 집단)에게는 모델 여성의 공격적 행동에 대해 꾸중 듣는 장면을 보여 준다. 제3집단의 유아(모델-무 강화 집단)에게는 모델의 공격적 행동에 대해 상도 벌도 제시하지 않는 장면을 보여 준다. 이와 같은 각각의 실험

조건에 따른 과정을 거친 후, 관찰자인 유아들에게도 완구나 비닐제 인형을 제공하여 자유롭게 갖고 놀 수 있도록 하면서 그들의 공격적 행동을 관찰하였다. 관찰 결과를 살펴보면 모델-보수 집단과 모델-무(無) 강화 집단 관찰 조건에서는 관찰자의 공격적 행동이 모델과 같은 정도로 나타났다. 이와는 대조적으로 모델-꾸중 집단 관찰 조건의 경우에는 관찰자의 공격적 행동의 발생률이 낮게 나타났다. 이것은 모델의 행동에 대한 강화의 유 · 무가 관찰자의 모방 행동에 영향을 주었다고 볼 수 있는 실험 결과이며, 이는 대리 강화(vicarious reinforcement)의 효과라고 할 수 있다.

이와 같이 모델링 기법은 해당 아이에 대한 직접적인 강화를 통한 행동 수정이라고 하는 행동치료적 접근보다는 모델의 제시라고 자극이 아이의 인지 과정을 거쳐 행동의 변화에 영향을 주었기 때문에 대리 강화의 효과를 기대한 인지 행동 치료법이라고 할 수 있다. 그러므로 이 기법의 적용 시에는 모델에 대한 아이의 욕구나 관심 등의 내적 인지 과정에 대한 검토가 중요하다.

2. 모델링 기법의 효과

모델링(modeling) 기법은 모델 행동의 모방 효과와 억제 효과라고 하는 두 가지 효과를 갖고 있다.

- 모방효과: 대개 새로운 행동이나 복잡한 행동은 현재의 행동에다 새로운 행동 요소의 통합에 의해 성립되는데, 이런 통합을 위해 모델에 의한 행동 가이드를 제공하는 것이 모델링이다. 예를 들어, 수영을 배우는 사람은 수영 강사의 손이나 발의 움직임을 보고 배우는 것처럼 관찰자는 모델의 행동 정보를 토대로 고도의 복잡한 기술을 습득하게 된다. 아이들이 일상생활에서 무서워하는 것들 가운데는 자신의 직접적인 체험보다는 오히려 타인의 무서워하는 행동을 관찰함으로써 학습된 경우도 상당히 많을 것이다.

- 억제효과: 수업 중에 친구가 선생님에게 벌을 받는 모습을 보고는 그 친구와 유사한 행동을 해서는 안 되겠다는 생각을 하게 되는 것은 모델링의 억제 효과의 한 예라고 할 수 있다. 청소년의 흡연이나 마약 중독 등을 치료하는 경우에도 모델링을 통한 억제 효과를 기대할 수 있다. 한 예로 담배나 마약으로 인해 견디기 힘든 고통을 받고 있는 모델의 모습을 반복적으로 보여 주게 되면 담배나 마약의 유혹에 대한 억제 효과를 기대할 수 있을 것이다.

3. 모델링의 하위 과정

모델링 기법을 문제 행동을 치료할 때 활용하거나 모델링을 통한 학습이 일어나는 원리를 이해하기 위해서는 모델링의 4가지 하위 과정에 대한 이해와 숙지가 필요하다([그림 2-17]).

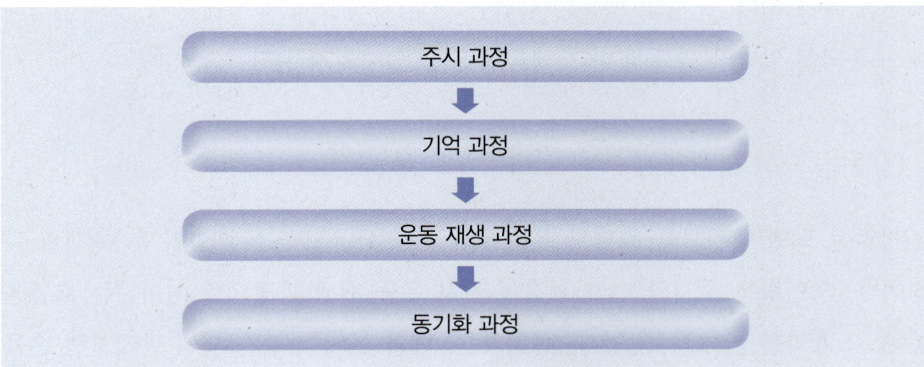

[그림 2-17] 모델링 하위 과정

(1) 주시 과정

모델링의 효과는 먼저 모델에 대한 주목에서부터 시작된다. 주목이란 단지 막연하게 쳐다보는 것이 아니라, 모델의 행동에 대해서 세심하게 관찰하는 것을 의미한다. 관찰자의 주목을 유도하기 위해서 모델의 설정이 중요하다. 즉, 관찰자의 입장에서 매력을 느낄 수 있는 대상이 되어야 주목이나 시선을 끌 수 있을 것이다. 관심을 끄는 매력적인 모델은 관찰자의 욕구나 개성에 따라 다르겠지만, 대개는 자기 자신과 유사한 상황에 있는 사람, 호감이나 친숙함을 느낄 수 있는 사람, 또는 존경의 대상이 되는 사람의 행동 등이 될 수 있다. 그러므로 모델링에 의한 행동 지도 시에는 먼저 그 아이에게 가장 효과적인 모델이 무엇인가를 검토해야 한다.

(2) 기억 과정

모델의 행동에 대해 관찰자가 주목했다고 할지라도 관찰 내용을 머릿속에 기억해 두지 않는다면 모델의 영향은 일시적 효과에 지나지 않는다. 관찰에 의해 습득한 학습이 지속적으로 행동에 영향을 미치기 위해서는 기억 과정의 도움이 필요하다. 기억 과정에서는 모델의 행동을 언어나 이미지라고 하는 방법으로 머릿속에 저장해 두게 된다. 모델의 행동은 복잡한 신경 과정을 통해 관찰자의 중추 신경계에 보존되어 있다가 필요에 따라 행동에 영향을 미치게 된다.

(3) 운동 재생 과정

기억된 모델의 정보를 토대로 운동계의 반응을 유도하는 과정이 운동 재생 과정이다. 모델링은 주시와 기억 과정을 거쳐 운동 재생 과정으로 이어지는 흐름을 통해 그 효과를 기대할 수 있다. 관찰자는, 예를 들어 가수가 새의 날개처럼 손을 움직이며 춤추는 모습을 보면서 머릿속에 '새의 날개처럼'이라고 하는 이미지를 기억해 두었다가 이다음에 동일하게 해 보는 과정을 통해서 그 가수와 유사한 춤을 출 수 있게 되는 것이다.

(4) 동기화 과정

모델링의 최종적인 단계는 동기화 과정이다. 관찰자는 관찰을 통해 모델의 행동에 관한 정보를 기억하고 이를 실행에 옮길 수 있는 능력을 갖고 있다고 할지라도 만일 이것을 행동으로 유도할 만한 유인 조건, 즉 행동에 따른 긍정적 결과 기대가 없다면 모델링을 통한 학습은 행동으로 나타나기 어려울 것이다. 그러나 적절한 유인 조건이 제시된다면 모델링에 따른 행동의 변화를 기대할 수 있다. 예를 들어, 사회성이 부족한 아이를 대상으로 모델링에 의한 지도를 하고자 하는 경우를 생각해 보자. 먼저 적절한 대인 기술의 모습을 보여 주는 모델을 제시한다. 그리고 이 모델링을 통한 기억과 실제 연습을 유도한 후, 이 모델링화된 행동을 토대로 적절한 사회적 행동을 취하면 좋은 친구관계를 맺을 수 있다고 하는 상황을 설정한다. 그러면 이것이 아이에게 정적 유인으로 작용하여 동기 형성을 유도하게 될 것이다. 이러한 과정을 통해 그 아동의 사회성의 향상을 기대할 수 있다.

이 동기화 과정은 모델링의 마지막 과정에 위치하고 있지만, 이 과정은 모델링에 대한 주목과 기억을 촉진시키는 기능도 갖고 있다. 왜냐하면, 모델의 특정 행동에 주목함으로써 긍정적 결과를 얻은 사람은 이다음에도 동일한 모델이나 행동을 보다 주의 깊게 관찰하게 될 것이기 때문이다. 이처럼 모델링의 각 하위 과정은 순환하고 있다고 볼 수 있다.

4. 모델링 자극의 제시방법

모델링에 의한 지도는 목적에 따라 적절한 모델을 제시하여 모델링의 하위과정을 착실히 밟아 나가는 것이 중요하다. 여기서 어떤 모델을 선택해서 어떠한 방법으로 제시하면 좋은지에 대한 문제가 있다. 모델 자극의 제시방법에는 다음과 같은 것이 있다.

(1) 실제 모델링과 상징 모델링

- 실제 모델링(live modeling): 목표 행동의 형성을 위해서 아이가 보는 앞에서 모델의 역할을 하는 사람(예: 부모나 교사)이 직접적으로 행동을 보여 주는 모델을 말한다. 실제 모델은 일상생활 장면에서 직접적으로 관찰할 수 있는 모델이기 때문에 아이의 행동에 강력하게 영향을 미칠 수 있다. 때문에 일상생활 장면에서 아이에게 모델이 되기 쉬운 부모나 교사는 이러한 사실을 인식할 필요가 있다.
- 상징 모델링(symbolic modeling): 영화나 비디오, TV, 동화책 등의 상징적 매개체를 통해서 모델을 제시하는 방법이 상징적 모델에 의한 모델링이다. 이 모델링의 이점은 모델 자극의 제시 방법이나 시기를 목적에 따라 조작할 수 있으며, 모델의 특정 부분의 크기, 시간의 길이 등의 조작을 통해서 아이의 시선을 집중시킬 수 있다는 점이다. 또한, 반복제시도 가능하다.

(2) 극복 모델링과 숙달 모델링

- 극복 모델링(coping modeling): 모델이 지도 아동과 동일한 문제를 갖고 있지만, 그 문제를 점차적으로 극복하면서 바람직한 방향으로 성장해가는 모습을 제시하는 방법이다.
- 숙달 모델링(mastering modeling): 처음부터 문제를 완전히 극복한 상태의 모델 모습을 보여 주면서 해당 아동의 행동 변화를 유도하는 방법이다.

치료 효과는 일반적으로 극복 모델이 숙달 모델보다 더 효과적인 것으로 알려져 있지만, 주관적 공포 장면에서는 오히려 숙달 모델이 상대적으로 보다 효과적인 것으로 알려져 있다.

(3) 참가 모델링과 비참가 모델링

관찰만으로 끝나는 비참가 모델링과는 달리, 참가 모델링은 모델의 행동을 관찰한 후에 관찰자도 모델의 행동을 따라 하고 이어서 다시 모델의 행동을 관찰하도록 하는 방식으로 진행된다. 그러므로 참가 모델링은 관찰자가 모델의 행동을 실제 따라 해 보기 때문에 보다 주의 깊게 관찰하게 하는 효과를 기대할 수 있다는 장점이 있다. 또한, 참가 모델링에서는 관찰자가 모델의 행동을 그대로 수행하였을 때 관찰자에게도 강화(보수)를 제시함으로써 치료의 효과를 한층 더 기대할 수 있는 강화 병용 모델링도 활용할 수 있다는 이점이 있다.

뱀에 대한 공포 반응을 보이는 아이들을 대상으로 참가 모델링을 통한 치료적 접근에서는 80%나 치료 효과가 있었지만, 비참가 모델링에서는 50%의 치료 효과밖에 나타나지 않았다(Ritter, 1968).

(4) 외현 모델링과 내현 모델링

- 외현 모델링(overt modeling): 관찰자에게 시각적으로 제시하는 모델을 외현 모델이라 한다. 예를 들어, 개를 무서워하는 아이에게 개와 즐겁게 노는 모델을 실제로 보여 주거나(live modeling), 비디오로 보여 주는 방식(symbolic modeling)으로 치료하고자 한다면 이것은 외현 모델링에 의한 치료라고 할 수 있다.
- 내현 모델링(covert modeling): 시각적으로 볼 수 있는 모델이 아니라, 치료사의 언어 묘사에 의해 아이가 머릿속에서 모델의 모습이나 행동을 이미지로 그려 나가는 것을 내현 모델링이라 한다. 예를 들어, 개와 함께 노는 모델의 모습을 치료사의 도움에 의해 아이가 머릿속에서 이미지로 그리도록 하여 개에 대한 공포심이 완화되도록 도와준다면 내현 모델링에 의한 치료라고 할 수 있다. 이때 모델의 행동을 언어로 묘사해 나갈 때 치료사는 처음부터 아이가 감당하기 힘든 너무 높은 수준의 장면, 즉 소위 숙달 모델링(예: 모델

이 개를 안고 있다)을 제시하게 되면 무서워서 머릿속에서 이미지로 떠올릴 수 없는 상황이 발생할 수 있다. 일반적으로 문제를 점차적으로 해결해 나가는 극복 모델(coping model)을 이미지로 떠올리도록 유도하는 것이 효과적인 것으로 알려져 있다.

(5) 모델링 기법의 적용 사례

모델링 기법은 문제 행동의 수정을 위해 사용할 수 있는 효과적인 치료법의 하나로서 그 적용 범위는 광범위하다. 문제의 성격에 따른 적용 사례를 소개하면 다음과 같다.

❶ 불안, 공포 문제에 적용한 사례

불안이나 공포를 느끼게 하는 상황이나 장면을 선호하는 사람은 없을 것이다. 대개는 불안이나 공포 장면에서 사람들은 회피나 거부라고 하는 반응을 보이게 될 것이다. 여기서 불안이나 공포 장면을 극복하도록 도와주는 하나의 방법으로서 모델의 제시를 생각해 볼 수 있다. 예를 들어, 평소 강한 공포 반응을 보이는 모델이 불안이나 두려움을 느낄 만한 장면임에도 불구하고 아무런 문제 없이 극복해 나가는 행동을 보여 줄 때, 관찰자에게 불안이나 공포에 대한 대리 억제 효과가 나타날 수 있다. 또한, 공포 자극이나 불안 장면에서 어떻게 대처할 것인가라고 하는 행동의 대처 방법도 모델의 행동을 통해서 대리 학습도 할 수 있다. 물을 무서워하는 아이나 병원을 무서워하는 아이의 행동을 수정하는 데 모델링 기법의 효과를 확인한 연구가 보고되고 있다(Lewis, 1974; Melamed & Siegl, 1975).

❷ 사회적 행동의 학습에 적용한 사례

친구 앞에서 자신의 의견을 제대로 주장하지 못하거나 표현하지 못하는 등 사회적 행동에 문제가 있는 아이가 있다. 이런 아이의 경우에도 모델링을 통한 지도가 가능하다. 자신의 의견을 주장하거나 자기표현을 적극적으로 하는 것은 대인관계에서 매우 중요하며, 또한 이런 행동을 통해 또래관계에서 불안이나 긴장도 약화되는 효과를 기대할 수 있다.

Rathus(1973)는 자신의 주장을 제대로 하지 못하는 여대생을 대상으로 이들에게 모델이 다양한 장면이나 상황에서 자기주장을 적극적으로 하거나 토론하는 7가지 장면을 보여 주었다. 모델의 행동에는 인사, 감정의 표현, 자신의 권리나 장점에 대한 주장, 타인과 다른 의견 표현 등의 내용을 담고 있었다. 여대생들에게 이 모델의 행동을 보게 한 후, 9단계에 걸쳐 단계적으로 자신의 주장을 표현하도록 유도하면서, 동시에 정적 강화도 병행하였다. 그 결과, 처음에는 자신의 주장이나 표현을 제대로 하지 못했던 여대생들이 점점 자신의 주장행동을 하게 되고, 동시에 사회적 갈등에 대한 두려움도 점차 감소되었다는 사실을 확인할 수 있었다.

한편, 반사회적 문제 행동의 개선에도 모델링 기법을 활용할 수 있다. Sarason과 Ganzer(1973)는 소년 범죄자에 대한 치료에서 모델링과 역할놀이(role play)를 이용한 행동 수정의 효과를 보고하고 있다. 이들은 소년 범죄자들에게 다양한 문제를 안고 있는 인간관계의 상황에서 처음에는 잘 대처하지 못하고 있던 모델이 점차 이런 상황을 잘 극복해 나가는 모습을 비디오로 보여 주었다. 그리고 동시에 치료사와 함께 모델의 행동을 실천해 보는 역할 연습을 시켰다. 그 결과, 소년들은 문제 상황에서 바람직한 대응법을 습득하면서 행동도 개선되는 효과를 보였다.

Chapter

3 자기 통제 기법

child counseling

01 자기 통제 기법

1. 자기 통제 기법의 이해

자기 통제(Self-control) 기법이란 행동의 주체자가 자신의 판단에 의해 자신의 행동을 스스로 통제하는 것을 말한다. 행동의 목표, 판단 기준, 보수의 종류와 제시 방법 등에 대해서 모두 타인(치료사나 부모, 교사 등)이 결정하여 제시하는 외적 통제와는 달리, 자기 통제에서는 이 모든 것을 행동의 주체자인 자기 자신이 판단하고 행동하게 된다. 물론, 이 기법을 아이에게 적용할 경우, 진행하기 어려운 면도 있기 때문에 치료사는 자기 통제의 실시 방법을 설명하고, 필요에 따라 도움을 주기도 한다. 외적 통제인 경우에도 최종적으로는 타인의 도움이 없이 바람직한 행동이 유지되도록 하는 데 치료의 목표가 있지만, 자기 통제 기법에서는 처음부터 이런 과정을 자율적으로 유도하기 위한 다양한 방법을 사용한다.

자기 통제 기법에는 행동적 접근에서 인지적 접근까지의 스펙트럼 가운데 다양한 방법과 절차가 있지만, 여기서는 행동적 자기 통제 기법에 대해서 알아보기로 한다. 행동의 직후에 보수가 수반된다면 그 행동의 발생률은 높아지게 된다는 사실은 누구나 쉽게 예상할 수 있으며, 이것을 '강화의 원리'라고 한다. '강화'라고 하는 것은 보통 개체의 행동에 대한 환경의 반응을 말하지만, 행동에 대해 개체 스스로가 보수를 수반하도록 하는 방법도 생각해 볼 수 있다. 이것을 소위 '자기 강화'라고 말한다. 예를 들어, 한 학생이 혼자서 1시간 동안 수학 문제를 풀어보는 연습을 하고 난 후, '오늘은 열심히 했다'고 자기 판단(자기 평가)을 하고 ○표시를 했다고 하자. 이것은 1시간 동안의 학습 행동에 대해서 스스로에게 보수를 제공했다고 볼 수 있다. 그리고 단지 학습 행동만을 하는 것보다는 그것을 자기 평가해서 ○표시하는 경우가 다시 학습 행동을 하는 확률을 높여준다면 자기 보수가 행동의 재현(再現)에 영향을 미쳤다고 할 수 있다.

자기 강화의 기능에 관한 실험적 연구 결과를 보면 자기 강화의 절차에는 행동을 유지시키는 효과가 있으며, 또한 이 개념은 인간 행동의 이해에 있어 매우 중요한 내용을 담고 있기 때문에 임상 지도 장면에서 여러 가지 형태로 응용될 수 있다. 그중 하나가 행동적 자기 통제 기법이며, 이 기법의 적용 절차는 다음과 같다(Kanfer, 1970).

2. 자기 통제 기법의 실천 과정

자기 통제 기법은 아래와 같은 과정으로 진행된다. 각 과정에 대한 구체적인 설명은 다음과 같다.

기준 설정 → 자기 관찰 → 자기 평가 → 자기 보수 또는 자기 처벌

(1) 기준 설정

자기 통제 기법에서는 먼저 어떤 행동을 대상으로 하는가라고 하는 행동 기준의 설정이 중요하며, 또한 이를 최대한 구체적으로 표현한다. 이를 위해 치료사는 치료 대상자와 이야기해서 어떤 장면에서 어떻게 행동할 것인가를 구체적으로 정하도록 도와준다.

(2) 자기 관찰

치료 대상 아동은 자신의 행동 경과에 주목하고 관찰하면서 행동해 나간다. 이런 자기 관찰만으로도 행동의 개선에 효과적이라고 하는 연구가 보고되고 있다. Broden, Hall, Mitts(1971)는 '리사'라는 소녀에게 자기 기록 용지를 건네주면서 수업 중 자신의 행동에 대해서 2~3분마다 자기 모니터링(self-monitoring)하면서 용지에 기록하도록 하였다. 행동에 대한 기록 방법은 아래에 언급되어 있는 것처럼 자신의 행동에 따라 플러스 또는 마이너스로 기록하도록 하였다. 그 결과, [그림 2-18]에서 알 수 있듯이 수업에 임하는 리사의 태도 가운데 플러스의 행동이 확연하게 증가하였다.

플러스 표시 행동(+)	마이너스 표시 행동(−)
• 선생님으로부터 제시된 과제를 수행한다. • 선생님을 쳐다보고 있다. • 노트에 필기하고 있다. • 선생님의 질문에 대답하는 학생을 쳐다보고 있다. • 선생님의 질문에 대답한다.	• 허락 없이 자리를 뜬다. • 잡담하거나 다른 쪽을 쳐다본다. • 학습에 관계없는 행동을 한다(예: 머리카락을 만진다). • 수업 시간에 다른 공부를 하고 있다.

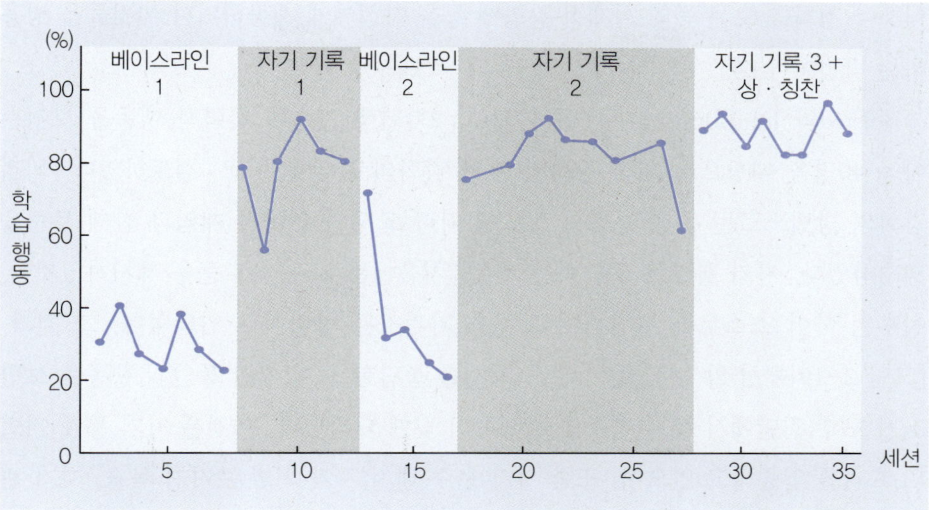

[그림 2-18] 리사의 학습 행동

(3) 자기 평가

리사의 사례를 통해서 알 수 있듯이 자기 감시의 성격을 띠고 있는 자기 관찰에는 부분적으로 자기 평가나 자기 판단의 과정이 포함된다. 자기 평가나 자기 판단은 자기 관찰에 기록된 행동을 일정 기준에 준해서 스스로 평가하거나 또는 바람직한 정도를 스스로 판단하는 과정이다. 이 과정에는 부분적으로 자기 보수나 자기 처벌의 성격을 포함하고 있는 경우가 많다. 자기 통제 기법에서는 자기 관찰이나 자기 평가를 위해 구체적인 행동 항목을 기록하고, 이에 대한 평가를 기호로 할 수 있는 카드를 만들어서 사용하는 경우가 많다.

(4) 자기 보수, 자기 처벌

자신의 행동에 대한 자기 평가에 따라 자기 자신에게 상이나 벌을 제공하는 것을 자기 보수 또는 자기 처벌이라 한다. 자기 보수의 예로는 "좋아!", "훌륭해!"라고 하는 언어적 강화제, ㅇ표시 또는 점수와 같은 상징적 강화제, 평소보다 비싼

식사나 영화를 보는 등의 실제적 강화제 등을 자신에게 제공하거나 이것들을 병용하는 방법이 있다.

Bolstad와 Johnson(1972)은 초등학교 1, 2학년생 가운데 폭력적 행동을 보이는 아동 40명을 대상으로 외적 강화와 자기 강화의 효과를 비교, 검토하였다. 외적 강화의 방법으로는 문제 행동의 정도에 따라 교사의 언어적 개입과 함께 토큰을 제시하였다. 자기 통제로 접근하는 경우, 처음에는 교사가 토큰을 제시하였지만, 이후는 아이 스스로가 판단하여 토큰을 가져가는 방법이 도입되었다. 그 결과, [그림 2-19]에서 알 수 있듯이 토큰 제시를 중단한 소거 기간 동안의 행동을 보면 자기 보수 집단에서 문제 행동의 발생률이 낮게 나타났다. 이것은 자기 통제 기법의 효과를 입증하고 있으며, 또한 자기 보수 내지 자기 처벌은 자기 목표, 자기 관찰, 자기 평가의 과정을 거쳐 그 효과를 명확히 하는 데 있어 중요한 기능을 갖고 있음을 말해 주고 있다.

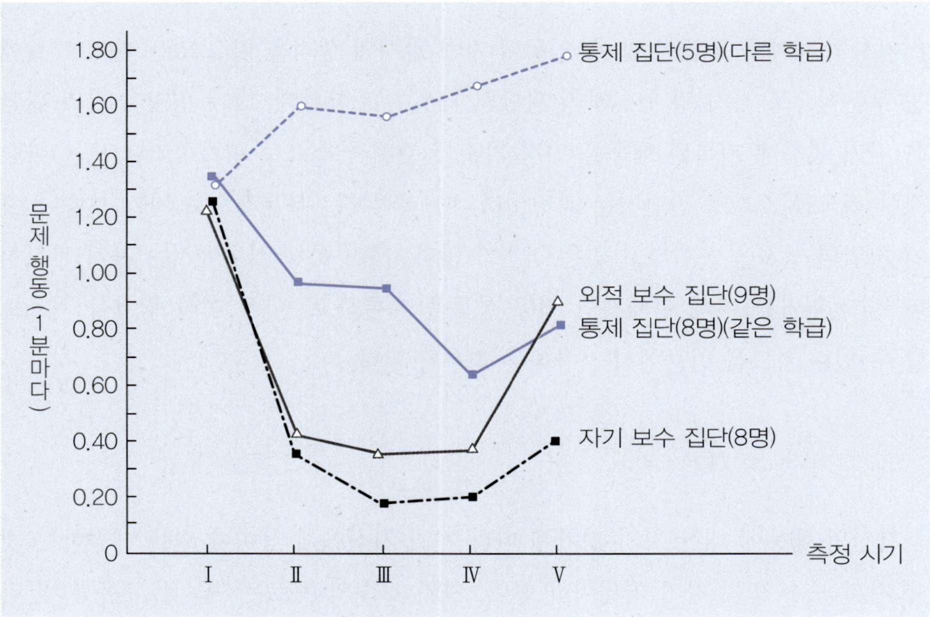

[그림 2-19] 각 집단의 문제 행동의 평균 발생 수

3. 유아를 대상으로 한 자기 통제 기법의 적용 사례

유치원이나 어린이집에서는 아동들의 기본적 생활 습관의 형성을 위해 식사 후 양치질을 시키고 있다. 그런데 이 같은 지도의 바람직한 방향은 부모나 교사의 지시가 없어도 아동들이 자율적으로 행동하도록 하는 것이라고 볼 수 있다. 부모나 교사가 이야기를 해야만 비로소 행동에 옮긴다든지 이야기를 하지 않으면 자발적으로 하지 않는 아동의 행동은 비단 양치질 행동에만 국한된 것이 아니며, 정리정돈 행동 등 다양한 일상적 행동 가운데서도 흔히 발견할 수 있다. 물론, 부모나 교사가 적극적으로 이런저런 지도를 하게 되면 그 순간은 행동에 옮길지도 모르지만, 교사 주도적인 형태의 지도는 결국 아동을 타율적인 아동, 즉 항상 교사의 지시나 눈치만 보는 수동적 아동으로 만들어 버린다. 교사의 지시가 없어도 자신의 판단으로 행동할 수 있는 자발성의 발달은 기본적 생활 습관의 형성만이 아니라, 아동의 성장 과정에서도 매우 중요한 발달 항목이다. 아동의 자발적 양치질 행동에 대해서 일본의 카와모토(河本, 1985)가 임상적으로 실천한 사례를 여기에 소개하고자 한다. 이 실천 사례는 양치질 행동에 대한 자기 평가 방법을 도입하여 아동들이 자율적으로 양치질 행동을 하도록 유도하였다.

(1) 대상 아동

Y 어린이집에 다니고 있는 만 5세 아동 25명 중 7명을 담임 선생님이 다음과 같은 기준에 의해 임상 지도 대상 아동으로 선정하였다. 선정 기준은 선생님이 양치질을 시켜도 전혀 말을 듣지 않거나, 양치질을 하지 않고 물로만 입안을 헹구는 정도로 그치거나, 양치질을 해도 조금 하다가 끝내 버리는 경우이다. 이런 행동을 보이는 아동(만 5세) 총 7명(남아 5명, 여아 2명)을 지도 대상으로 삼았다.

(2) 지도 재료

칫솔, 입을 헹구는 컵, 자기 평가 도구 세트([그림 2-20]과 같은 3종류의 도장, 자기 평가 기록 용지, 스탬프)를 준비하였다.

[그림 2-20] 3종류의 자기 평가 도장

(3) 지도 과정

식사나 간식을 먹은 후 세면장에서 얼마나 양치질을 하는지에 대해서 매일 관찰과 기록을 하였다. 이런 실천은 지도 대상 아동만이 아니라, 반 전체 아동에 대해서도 동일하게 적용하였다. 약 5개월간에 걸쳐 다음과 같이 8단계로 진행되었다.

① 베이스라인 Ⅰ: 먼저 아동들이 어느 정도 열심히 양치질을 하고 있는지에 대해서 관찰, 기록을 하였다. 집단별로 양치질을 하도록 지도하는 것 이외에는 어떠한 지시나 주의도 하지 않았다.

② 베이스라인 Ⅱ: 지금까지 사용해 왔던 칫솔이 너무 오래되어 새것으로 바꾸었다. 새 칫솔로 바뀐 후, 양치질 행동이 어떻게 달라졌는지를 관찰, 기록하였다.

③ 자기 평가 Ⅰ: 양치질을 하기까지의 진행 상황은 베이스라인과 동일하다. 양치질을 하고 난 후에는 한 명씩 방으로 들어가 지정한 장소에서 '잘했다', '보통이다', '잘 못했다'의 3가지 평가 중에서 선택하여 어디에 해당되는지 [그림 2-20]에 나타난 3종류의 도장 가운데 하나를 선택하여 기록 용지에 찍도록

하는 방법으로 양치질에 대한 자기 행동을 평가하도록 하였다.

④ 베이스라인 Ⅲ: 베이스라인 Ⅰ과 동일한 방법으로 진행되었다.

⑤ 자기 평가 Ⅱ: 자기 평가 Ⅰ과 동일한 방법으로 진행되었다.

⑥ 베이스라인 Ⅳ: 베이스라인 Ⅰ과 동일한 방법으로 진행되었다.

⑦ 자기 평가 Ⅲ: 자기 평가 Ⅰ과 동일한 방법으로 진행되었다.

⑧ 개정 자기 평가: 양치질을 하고 난 다음, 이제는 지금까지의 자기 평가와는 조금 다른 내용에 대해 자기 평가 도장을 찍었다. 그 내용은 다음과 같다. ㉠ '충분한 시간을 갖고 양치질을 하였는가?' ㉡ '치아를 전체적으로 꼼꼼하게 잘 닦았는가?'라고 하는 2가지 측면의 각각에 대하여 '잘했다', '보통이다', '잘 못했다'의 3가지 평가 중에서 하나를 선택하여 기록 용지에 평가 도장을 찍도록 하였다.

이 실험에서 베이스라인과 자기 평가의 과정을 반복적으로 실시한 이유는 자기 평가의 효과가 우연이 아님을 확인하기 위해서이다. 자기 평가를 실시하였을 때와 자기 평가를 실시하지 않았을 때를 비교해서 만일 전자의 경우에 아동들이 훨씬 많이 양치질을 하게 되면 자기 평가의 효과가 있다고 볼 수 있는 것이다. 이처럼 동일 대상의 아동에게 2가지 이상의 다른 방법으로 접근하였을 때 나타나는 행동의 차이를 비교함으로써 지도법의 효과를 알 수 있다.

(4) 지도 결과

양치질을 하는 데 소요된 시간과 치아의 어느 부분을 닦았는가로 나누어서 분석하였다.

- 양치질을 하는 데 소요된 시간은?

먼저 양치질을 하는 데 어느 정도 시간이 소요되었는가를 알아보자. [그림 2-21]에서 알 수 있듯이 베이스라인 Ⅰ, Ⅱ단계에서는 거의 양치질을 하지 않았다. 그러나 자기 평가를 실시한 자기 평가 Ⅰ에서는 양치질을 하는 시간이 갑자기 증가하였다. 그리고 난 후 다시 베이스라인의 상태로 돌아가면 양치질 시간이 다시 줄어들지만, 자기 평가의 절차를 집어넣으면 다시 증가하는 현상이 반복되었다. 그 다음에 개정 자기 평가로 바꾼 결과, 이제까지보다 양치질 시간이 더 길어졌다.

- 치아의 어느 부분을 닦았는가?

양치질하는 시간이 아무리 길어도 계속 같은 부분만 닦는 경우에는 바람직한 양치질이라고 할 수 없다. 같은 시간이라도 치아 전체를 골고루 닦는 것이 중요하다. 그래서 치아를 6개 부위로 나누었다. 즉, 윗니의 오른쪽–왼쪽–중앙 부위, 아랫니의 오른쪽–왼쪽–중앙 부위로 나누었다. 그리고 이 6개의 부위 가운데 어디를 닦았는지에 대해서 관찰, 기록을 하고 그 결과를 그래프로 나타냈다([그림 2–22]). 이 그래프에서 알 수 있듯이 치아의 어느 부위를 닦았는지에 대한 결과도 양치질을 한 시간과 대응하여 비슷하게 나타났다. 자기 평가의 실시는 양치질을 하는 시간만이 아니라, 치아 전체를 골고루 잘 닦는 행동에도 영향을 주었던 것이다.

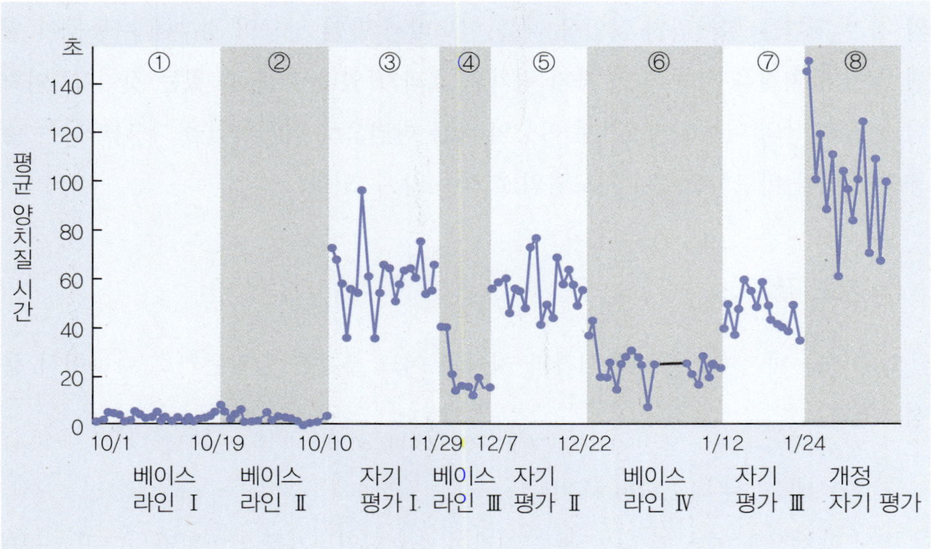

[그림 2-21] 평균 양치질 시간

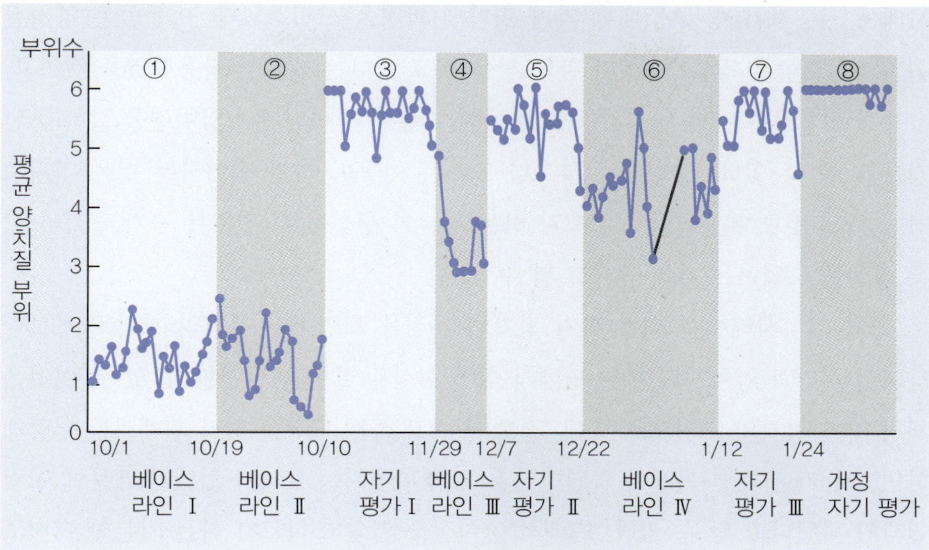

[그림 2-22] 평균 양치질 부위

(5) 논의

이런 실험 결과는 무엇을 이야기해 주고 있는가? 이 사례는 교사가 양치질을 시키지 않아도 아동들은 얼마든지 자기 평가를 통해서 스스로 양치질을 잘 할 수 있다는 것을 보여 주고 있다. 즉, 행동의 목표와 실천, 평가를 아동들 자신에게 맡기는 것이 교사가 직접적으로 개입하는 것보다 훨씬 효과적이라는 사실을 말해 주고 있다.

그렇다면 왜 자기 평가만으로도 행동의 개선이나 형성에 효과가 있는 것일까? 아동들이 자발적으로 양치질을 하지 않는 것은 정신적으로나 신체적으로 아직 어리기 때문이 아니라, 양치질을 하고자 하는 의욕이 없기 때문이라는 사실을 알아야 한다. 아동들의 행동을 관찰해 보면 이런 경우는 얼마든지 있으며, 중요한 것은 어떻게 하면 스스로 하고자 하는 의욕을 이끌어 낼 수 있는가라고 하는 것이다. 이 같은 의욕을 이끌어 내는 방법 가운데는 자기 평가나 모델링 등이 있다. 본 사례에서는 자기 행동에 대한 자기 평가의 과정을 도입하였다. 아동들은 양치질을 할 때 오늘은 정말 "잘했다"는 도장을 찍고 싶다는 기분이 작용하였을 것이고, 그래서 어제보다는 더 열심히 하고자 하는 기분이 생성되면서 양치질을 잘하게 된 것으로 볼 수 있다. 그러므로 부모나 교사는 아동이 하기 싫어하는 것을 억지로 하게 하는 것보다는 열심히 하고자 하는 기분이 생성될 수 있도록 자기 평가와 같은 방법을 도입하는 것이 좋다고 할 수 있다.

그리고 본 사례에서 개정 자기 평가의 과정을 도입하자 이전의 자기 평가보다 양치질 시간과 양치질의 부위 면에서 훨씬 향상된 행동을 발견할 수 있다. 이것은 개정 자기 평가의 도입으로 인해 "잘했다"라고 하는 도장을 찍기 위해서는 어떻게 하면 되는가에 대한 목표가 막연하지 않고 명확해지는 효과가 있었기 때문에 이런 결과가 나왔다고 할 수 있다. 그래서 양치질을 열심히 하고자 하는 기분이 이전보다 강하게 작용하였다고 볼 수 있다.

이 사례를 통하여 아동들의 기본적 생활 습관의 형성을 위해서는 부모나 교사가 적극적으로 개입하여 지시하거나 간섭하는 것보다는 일련의 자기 목표(이 정도까지는 해 보자) → 행동(실제 해 본다) → 자기 평가(어느 정도 가능했는가)의 과정이 아이 스스로에 의해 자연스럽게 이루어질 수 있도록 도와주는 것이 보다 효과적이라는 것을 알 수 있다.

PART 03

아동 심리치료

Chapter

1 정신분석학에 기초한 심리치료

child counseling

01 이론적 기초

인간의 행동이나 감정은 의식되지 않는 동기에 의해 결정된다고 보면서 의식 아래에서 꿈틀거리는 무의식의 존재를 가정하여 이에 대해 탐구하는 학문이 정신분석학이다. 이 이론에서는 언뜻 보면 무의미하고 상호 관련성이 없는 인간의 행동일지라도 어떤 목적을 가진 하나의 통합된 형태로 이해할 수 있다고 보고 있다. 아동 심리에 대한 이해와 심리치료에 대한 접근방법을 정신분석학적 관점에서 알아보자.

1. 무의식의 발견

(1) 무의식의 존재

인간의 마음이 곧 '의식(consciousness)'이라고 생각했던 시대가 있었다. 여기에 무의식이라는 개념을 도입하면서 과학적 접근을 시도한 사람이 오스트리아의 정신과 의사인 프로이트이다. 그는 인간의 마음을 대해(大海)에 떠 있는 빙산으로 비유하면서 의식의 영역은 수면 위에 나와 있는 빙산처럼 마음의 극히 일부에 지나지 않으며, 그 아래에는 거대한 무의식층이 펼쳐져 있으며 이것에 의해 의식이 지탱되고 있다고 보았다.

프로이트는 히스테리 환자에 대한 치료를 통해서 무의식 세계의 존재를 주장하기도 하였다. '히스테리(hysteria)'라고 하는 증상은 심리적 원인에 의해 신체 일부분에 통증을 느끼거나 손, 발의 감각이 마비되기도 하고 앞이 보이지 않거나 말을 할 수 없는 등의 신체적 증상이 일시적으로 나타나기도 하는 현상으로 신경증의 일종이다. 히스테리 증상의 원인을 심리적 요인으로 이해하기 시작한 것은 정신의학계에서 그리 오래되지 않는다. 프로이트가 의학을 배우고 있었던 당시에는 히스테리로 인한 신체적 증상을 기질적 문제나 유전적인 요인에 의한 것으로 이해했다. 이에 대해 프로이트는 히스테리란 심리적 원인에 기인한 신체적 증상에 불과하며, 그 원인을 의식하게 되면 정신적 고통이나 감정을 본인이 감당할 수 없기 때문에 억압하고 있는 상태라고 보았다. 또한, 이런 억압된 관념은 의식의 영역에서는 배제되어 있지만 그렇다고 결코 없어진 것은 아니며 무의식의 영역에 존재하고 있다고 보았다. 그런데 이런 관념은 무의식의 영역에서 조용히 잠만 자고 있는 것이 아니라 기회만 주어지면 외부로 표출하려고 하는 의지와 힘을 갖고 있다. 그러나 이것이 의식되는 것에 대한 저항이 너무 강한 경우에는 의식으로 표출되는 대신에 신체적 증상으로 나타나게 된다. 이 과정은 무의식의 세계에서 진행되기 때문에 환자 본인은 신체적 증상의 의미를 전혀 알 수 없다는 것이다. 이처럼 프로이트는 인간의 심리적 과정에는 보통 생각할 수 있는 의식적 과정과는 별도로 무의식적 과정이라고 볼 수 있는 일관된 과정이 존재하며, 이것은 본인도 모르게 일상생활의 행동에 결정적인 영향을 주고 있다고 본다.

(2) 무의식 세계로의 접근 방법

프로이트 이전에도 주술적인 방법이나 최면술을 이용해서 무의식의 세계에 대한 접촉을 시도해 왔다. 프로이트는 이것을 '무의식'이라는 개념으로 공식화하면서 그 존재나 활동의 구조를 이론화하였다. 그러나 이런 이론적 정립 이상으로 중요한 그의 업적은 '자유 연상법(free association method)'이라고 하는 무의식의 세계를 규명하는 기술의 개발이다. 자유 연상법은 환자에게 마음에 떠오르는 것이 하찮은 것으로 생각되는 것일지라도, 또는 말하기 곤란한 것일지라도 그 모든 것을 있는 그대로 이야기하도록 요구하는 기법이다. 이 기법은 치료사가 환자에게 공격적인 질문을 하거나 환자의 주체적이고 자유로운 사고의 흐름을 방해하지 않기 때문에 연상의 흐름은 자유자재로 가능하다. 그런데 이 방법은 최면 암시와 같은 극적인 효과는 기대할 수 없어 매일 1시간 동안 자유 연상법을 실시해야 하며, 경우에 따라서는 몇 년 동안 지속해야 하는 끈기가 필요하다. 하지만 오히려 그렇기 때문에 다른 치료 기법보다 심층적인 접근이 가능하다고도 볼 수 있다.

(3) 일상생활에서의 무의식 표출

일상생활에서 발견할 수 있는 무의식의 현상으로는 대표적으로 실수 행위나 꿈을 들 수 있다. 프로이트는 『일상생활의 정신 병리』라고 하는 책에서 실수 행위에 관한 300개 이상이나 되는 사례를 소개하면서 이런 행위의 의미와 그 생성 원인에 대해 기술하고 있다. 그는 실수 행위가 나타나게 되는 배경에는 무의식의 세계가 관여하고 있다고 보았다. 무의식의 욕구가 자아의 통제를 벗어나 의식의 세계로 떠오르게 되면 그 사람의 행동을 일시적으로 비뚤어지게 하는데 이런 현상을 소위 '실수 행위'라고 하는 것이다.

그 이후에 발간된 『정신 분석 입문』이라는 책을 보면 실수 행위를 크게 3가지 계열로 분류하고 있다. 먼저 제1계열은 말하기, 쓰기, 읽기, 듣기 등에서의 실수 행위이다. 제2계열은 일시적 망각과 같이 무언가를 깜박 잊어 버리는 실수 행위이다. 예를 들어, 평소 잘 알고 있던 사람의 이름이 생각나지 않거나, 금방 생각이 날 것만 같은 것도 잘 기억나지 않는 경우이다. 제3계열은 어느 순간만이 기억 속에 빠져 있는 망각으로 물건을 어디에 두었는지 생각나지 않거나 분실과 같은 실수 행위이다.

이런 실수 행위라고 하는 것은 거의 특별한 의미를 두지 않아도 되는 극히 사소한 실수(miss)에 불과한 경우가 많다. 그래서 대개 이런 실수를 그 사람의 흥분이나 피로, 부주의 등으로 간주한다. 하지만 프로이트는 인간의 실수라고 하는 행위가 실수하지 않으려고 조심하려고 할 때 더욱 발생하기 쉽다는 데 주목하였다. 그래서 예를 들어 실언(失言)이라고 하는 행위가 어떤 상황이나 심신의 조건에서 발생하기 쉬운가라는 관점에서 접근해 나간다면 이것은 그 원인을 생물학적인 요인에 귀속시키는 것이며, 왜 무수히 많은 언어 가운데 하필 그 말이 입 밖으로 튀어나오는가라는 관점에서 그 원인을 규명하고자 한다면 이것은 심리학적 요인에 대한 분석이 되는 것이다. 물론, 프로이트는 실수 행위에 대해 생물학적 요인의 가능성을 완전히 배제한다든지, 실수 행위의 배경에는 반드시 어떤 심리적 의도가 있다고 전제하지는 않았다.

한편, 프로이트는 꿈도 무의식의 현상으로 간주하였다. 꿈에 대한 프로이트의 설명은 다음과 같다. 대개 무의식의 세계는 자아에 의해 억압되어 있지만 수면 상태에 들어가게 되면 의식의 힘이 저하된다. 그렇게 되면 이에 따른 현상으로서 자아에 의한 억압의 힘이 약해지면서 무의식적 욕구나 충동 등이 꿈이라는 형태로 나타나게 된다는 것이다. 그래서 프로이트는 꿈 분석을 통해 그 사람의 무의식의 세계를 알 수 있다고 주장하였다.

2. 마음의 구조

프로이트는 인간의 마음을 그 기능에 따라 이드(id), 자아(ego), 초자아(super ego)

라고 하는 3개의 부분으로 나누면서 이것들의 상호 역학관계를 통해 모든 심리 현상을 설명하고 있다.

- 이드(id): 인격 가운데 무의식적이고 충동적인 측면에 해당하며, 모든 에너지의 공급원이기도 하다. 이드를 구성하고 있는 내용에는 생득적인 것과 후천적인 것이 있다. 생득적인 것에는 주로 여러 가지 본능적 충동이 있으며, 선조의 경험이 축적되어 이어져 내려온 민족적 기억도 포함되어 있다. 한편, 어릴 때 억압된 여러 관념이라고 하는 후천적인 요소도 있다.
- 자아(ego): 인격 가운데 주로 의식적 부분에 해당하며, 행위나 사고의 주체자이다. 이것은 이드의 무분별한 욕구 충족 행동을 현실 원칙에 따라서 억제시켜 외부의 현실적 조건에 맞게 행동하도록 유도한다. 자아의 기능은 크게 인식 기능(현실 검토 기능), 집행 기능(적응 기능), 통합 기능, 방어 기능이 있다.
- 초자아(super ego): 일반적으로 도덕심이나 양심에 해당하는 인격적 특성을 말하며, 자기 자신을 끊임없이 비판적으로 감시한다. 그래서 쾌감 원칙만을 추구하는 이드에 대해서는 공포나 불안감의 생성을 통해 무분별한 충동, 특히 성적 충동이나 공격 충동이 함부로 나타나지 않도록 억제한다. 그리고 현실적 계산이나 타산적으로 빠지기 쉬운 자아에 대해서는 도덕적 죄악감을 생성시켜 그 행동을 억제하도록 한다. 초자아는 영유아기 때 부모의 양육 태도나 부모의 행동 모델을 통해 형성된다고 보고 있다. 그래서 아이들의 초자아는 부모가 갖고 있는 가치관을 수용하면서 정착된다. 이것은 곧 부모가 속한 사회 규범을 반영하고 있다고 할 수 있다. 초자아 형성에 관해서 간과하기 쉬운 것은 부모의 직접적인 양육에 의한 것보다는 무의식적으로 나타나는 부모의 초자아적 행동 모델이 아이의 초자아 형성에 더 큰 영향을 주고 있다는 사실이다.

프로이트의 정신 분석에서는 이상의 3가지 요소의 역학관계에 의해 인간의 행동이 결정된다고 보고 있다. 인간 행동의 기초에는 충동이 존재하며, 이것을 자극

하는 것이 이드, 억제하거나 수정하는 것이 자아와 초자아라고 본다. 그래서 이드가 강하면 충동적 · 감정적 행동, 자아가 강하면 현실적 · 합리적 행동, 초자아가 강하면 도덕적 · 양심적 행동이 생성되기 쉽다고 본다.

그런데 초자아는 비현실적이면서 유연성의 결핍이라는 일면도 있기 때문에 어떻게 보면 이드와 유사한 속성을 지니고 있다고 할 수 있다. 그래서 초자아가 강하다고 해서 반드시 좋다고 할 수 없다. 초자아가 너무 강하면 끊임없이 자신의 행동을 점검하지 않으면 안정이 안 되는 강박 신경증적 상태에 빠지거나 비현실적인 자기비판의 수렁에서 헤어 나오지 못해 우울증적 상태가 되기도 한다. 사고(事故)가 계속적으로 일어나거나 범죄를 반복적으로 저지르는 경우, 그 배경에는 비현실적이고 무의식적인 죄책감으로 인한 자기 처벌적인 심리 작용이 개입되는 경우도 있다. 그러므로 인격의 건강한 모습은 자아를 강화시키면서 유연성을 갖도록 하는 것이 중요하다.

3. 자아 방어 기제

우리는 일상생활에서 다양한 상황이나 과제를 경험하는 가운데 때로는 자신의 힘으로 해결하기 어려운 상황에 직면하기도 한다. 이 경우 우리는 문제 행동을 취하기 쉬운데, 이때 이런 바람직하지 못한 행동으로 빠지지 않도록 하기 위해 긴급 해결책으로 방어 기제의 역할이 작동되면서 자아를 일시적으로 보호하는 현상이 나타난다. 자아를 보호하는 역할을 갖고 있는 자아 방어 기제에는 몇 가지의 종류가 있으며, 이들의 공통분모는 현실을 부정하거나 왜곡되게 지각하려는 특성을 갖고 있다는 것이다. 그리고 방어 반응 그 자체는 의도적인 행위일지라도 그 배경에 있는 방어 기제는 무의식에 의해 움직이기 때문에 본인에게는 지각되지 않는다. 방어 기제에는 합리화, 억압, 반동 형성, 치환, 투사, 퇴행 등이 있다.

이들 방어 기제 가운데 가장 중요하고 일반적인 것은 억압이며, 이것은 다른 모든 방어 기제의 기초가 된다. 억압이란 도저히 의식으로 수용하기 어려운 충동, 감정, 기억, 사고 등을 의식 밖으로 내쫓아서 무의식적 성분으로 만드는 것이다. 감당하기 힘든 무서운 공포 체험이 수반된 사건에 대한 기억이 자신의 머릿속에서 사라져버리는 현상은 억압의 한 예라고 볼 수 있다. 억압이라는 방어 기제만으로 처리할 수 없는 경우는 다른 방어 기제를 그 보강(補强)용으로 사용하게 된다. 예를 들어, 반동 형성은 억압된 내용과 상반된 태도를 강하게 내보임으로써 본래 갖고 있던 충동이나 감정을 더욱 완벽하게 억압하고자 하는 것이다. 투사란 자신의 충동이나 감정을 본인이 아닌 타인이 그러한 충동이나 감정을 갖고 있다고 착각하는 경우를 말한다. 이러한 방어 기제들은 위기 상태에 있는 자아를 구하는 역할을 하고 있기 때문에 적응에 필요 불가결한 역할을 하고 있지만, 너무 지나치게 작용하면 신경증적 증상이 생길 수도 있다.

02 정신분석학적 심리치료

1. 문제 행동에 대한 이해

- 문제 행동의 원인은 인간의 내적 영역인 마음에 있다.

정신분석학에서는 행동의 배후에는 '마음'이 관여하고 있기 때문에 마음이 건강하지 못하거나 성숙하지 못하면 이로 인해 나중에 문제 행동을 보이게 된다고 보고 있다. 정신 분석 이론은 마음을 '의식'과 '무의식'의 세계로 구분하면서 행동의 근원지는 무의식 세계에 있다고 본다. 즉, 행동의 주체자인 본인조차도 지각할 수 없는 마음속 깊은 곳에 문제 행동의 근본적 원인이 존재하고 있다고 본다.

- 영유아기 때의 부적절한 욕구충족이 문제이다.

영유아기 때 욕구 충족이 부적절하게 이루어지면 이것이 무의식의 세계 속에 마음의 응어리(콤플렉스)로 축적되어 나중에 이로 인해 문제 행동이 표출된다고 본다. 그래서 문제 행동에 대한 정신분석학적 접근법은 문제 행동을 치료할 때 부모와의 면담을 통해 그 사람의 자라온 과정을 조사하여 무의식의 세계 속에 존재하는 문제 행동의 원인을 찾는 시도를 하게 된다. 예를 들어, '출산은 정상 분만이었는가? 그 이후의 신체 발육은 순조로웠는가? 자녀를 엄하게 양육하지는 않았는가? 자녀에 대한 애정은 충분했는가? 자녀와의 상호작용 내용과 방법은 어떠했는가? 형제는 몇 명이며, 부부관계는 원만했는가? 자녀에게 쇼크를 줄 만한 충격적인 사건이나 사고는 없었는가?' 등에 대해서 조사를 하게 된다. 이러한 과거 정보는 문제 행동의 원인을 찾는 데 참고가 된다.

- 병인론(病因論)적 관점에서 문제 행동을 이해하고 치료한다.

병인론의 기본적 입장은 병인(病因)→병(病)→증상(症狀)이라고 하는 구조를 갖고 있다. 정신분석학에서는 어릴 때의 욕구 충족이 부적절하거나 불충분하면 무의식의 세계 속에 마음의 응어리로 축적되어, 이것이 나중에 원인이 되어 그 사람을 불안하게 하거나 공격적 성격으로 만들고, 이것이 밖으로 표출된 것이 문제 행동이라 보고 있다. 이 경우, 마음의 응어리는 병인, 불안이나 공격적 성격은 병, 문제 행동은 증상으로 이해할 수 있다. 문제 행동에 대한 이런 이해 방식을 일반적으로 병인론이라 한다. 이런 접근은 원래 육체적 병에 대해서 적용해 왔던 공식이기 때문에 다음과 같이 설명하면 쉽게 이해할 수 있을 것이다. 예를 들어, 바이러스가 몸속에 들어가면 감기에 걸리게 되고, 그 결과 열이 나고 기침을 하며 가래가 생긴다. 이 경우 바이러스는 병인, 감기는 병, 열이나 기침, 가래는 증상에 해당된다.

처음에는 이러한 메커니즘을 히스테리 환자에게만 적용했으나 나중에는 자폐증이나 야뇨증 증세를 보이는 아이에 대해서도 이 원리를 적용하였다. 그래서 정신분석학적 치료에서는 먼저 문제 행동의 '병인'을 찾아내고, 그다음 순서로 병인을 제거하는 노력을 하게 된다. 정신분석학은 외현적으로 나타나는 '증상'에만 초점을 맞추어 치료하는 방식에 대해서는 비판적인 입장이다.

2. 심리치료 방법

정신 분석적 심리치료는 무의식적 동기나 갈등을 내담자가 의식, 통찰(왜 자신은 이렇게 행동을 하는가를 이해하고 수용함)해서 자아가 재구성되도록 도와주는 방식을 취한다. 그래서 프로이트의 정신분석적 심리치료 기법은 '통찰 치료'라고도 할 수 있다. 즉, '자기 자신이 무엇을 하고 있으며, 왜 그렇게 하는가?'라고 하는 의식하지 못하고 있는 동기를 의식화하여 통찰하도록 하는 것이다. 여기에서는 먼저 내담자의 심층 심리(무의식)를 명확히 해야 하며, 이를 위해 자유연상법이나 투영법, 꿈 분석 등의 방법을 사용한다. 그리고 이를 통해 나타난 사실을 내담자가 통찰하도록 돕기 위해서 치료사는 설명이나 해석기법을 사용하게 된다.

이처럼 정신 분석적 심리치료는 자아의 힘을 강화시켜 환경의 적응력을 높이는 데 치료의 목표를 두고 있다. 나약한 자아의 문제라고 한다면 일시적인 도움에 의해 위기를 극복할 수 있겠지만, 마음속 깊은 곳의 갈등이 원인이라면 억압된 내용을 의식하도록 하여 자아와 대면시켜야 한다고 본다. 그래서 자아 자체의 변화를 시도하려는 노력을 하게 된다. 이를 위해서는 '감정적인 측면'과 '지적인 측면'에서의 접근과 도움이 필요하다.

여기서 참고가 될 만한 방법을 몇 가지 소개하면 다음과 같다. 가장 전통적인 방법의 하나로는 '자유 연상법(free association method)'이라고 하는 것이 있다. 이것은 환자가 안락한 긴 의자에 누워서 심리적으로 평안한 상태에서 머리에 떠오르는 것을 자연스럽게 이야기하는 것을 말하며, 이것은 곧 무의식 가운데 억압된 것을 의식의 수면 위로 떠올리도록 하는 방법이다. 초기에는 무의식의 벽을 부수는 방법으로 최면술을 이용했지만, 프로이트는 내담자의 마음속 깊은 곳에 자리 잡고 있는 욕구를 표면화시키는 데는 자유 연상법이 최면술보다 효과적이라는 사실을 나중에 깨닫게 되었다. 내담자는 자유롭게 이야기한 것을 상대방이 열심히 들어주기 때문에 '이 사람이라면 나의 고민이나 문제를 이해해 줄 수 있다'고 하는 믿음을 갖게 된다. 그러면서 과거의 경험만이 아니라 현재의 고민이나 심리적 문제도 이야기하게 된다. 이런 과정 가운데 내담자는 심리적으로 완전히 자유로워지면서 분석가와 동등한 입장에서 자신의 마음을 자유롭게 탐색할 수 있게 된다.

정신 분석에서는 자유 연상법만을 사용하는 것은 아니다. 내담자는 분석가에 의해 자신도 알지 못했던 다양한 감정을 경험하게 된다. 특히, 어릴 때 또는 사적인 생활 가운데 자신의 입장에서 소중한 사람에 대한 기분을 분석가에게서 느끼기도 한다. 이러한 현상을 전이(轉移)라고 한다.

수용적이면서 온화한 분석가의 태도를 경험하게 되면 내담자는 지금까지 억압했던 자신의 감정을 밖으로 표출하게 된다. 이럴 때 내담자 자신은 유아기의 추억으로 되돌아가게 되며, 이 때문에 자기 자신이 어린아이처럼 느껴지거나 그렇게 행동하기도 한다. 이런 가운데 분석가에게 의존적인 태도나 어리광을 부리기도 하고 호감이나 분노를 느끼는 경우도 적지 않다. 또는 내담자의 공상 세계에서 분석가는 부모나 형제가 되기도 하고 애인이나 배우자가 되기도 하는 경우조차 있다. 이런 전이라고 하는 특별한 인간관계나 감정을 경험하면서, 혹은 과거의 기억을 더듬어가는 가운데 내담자는 마음의 공백을 메우고 전이라는 일종의 갈등을 극복하면서 문제 해결과 성장이라는 방향으로 나아가게 된다.

그러나 모든 심리치료의 과정이 그러하듯이 정신 분석적 심리치료도 지금까지 언급한 방향대로 원만하게 진행되지 않는 경우도 흔히 있다. 특히, 내담자의 마음 가운데는 스스로 치료를 원하고 있으면서도 치료에 의해 일어나는 변화에 역행하는 현상, 즉 저항 현상이 나타나기도 한다. 저항 현상에는 '이런 일은 선생님에게 이야기해도 소용없을 것이다'라고 생각하며 사실을 이야기하지 않거나, 거짓말을 한다든지, 과거의 일을 기억하기는커녕 오히려 망각한다든지, 상담 시간을 잊어버리거나 늦게 오거나 쉬어 버린다든지, 상담실에 들어와서도 아무 이야기도 하지 않고 침묵으로 일관한다든지, 표현한다고 할지라도 구체적이지 않고 추상적인 표현에만 머무른다든지, 그래서 오히려 공연히 감정적으로 되어 버린다든지 등의 다양한 형태가 나타난다.

프로이트는 이런 저항의 전형적인 것 중에 하나로 억압 저항을 들고 있다. 이것은 이야기해야 하는 내용을 억압해 버려 의식할 수 없게 만들어 버리는 현상을 말한다. 이 외에도 아무런 구체적인 해결책을 제시하지 않고 가만히 경청만 하고 있는 분석가에 대해 화를 내면서 어떤 이야기도 하지 않는 전이 저항도 있다. 이런 저항들은 정신 분석적 치료에 장애가 되기 때문에 이를 위한 해결책의 하나로 프로이트는 꿈 분석을 시도하였다. 프로이트는 꿈을 마음속 깊은 곳에 숨어 있는 것이 표현된 것으로 이해하면서, 억압된 내용이 꿈이라는 형태로 나타나는 것이기 때문에 꿈 분석을 통해 그 사람의 무의식의 세계를 알 수 있다고 보았다. 그래서 분석가들은 자유 연상법이나 꿈 등의 분석을 통해 내담자의 무의식 세계를 이해하면서 적당한 시기에 내담자의 이야기나 꿈, 그리고 그 밖의 사실들이 지니고 있는 의미를 설명하고, 동시에 내담자가 이것을 이해하고 통찰할 수 있도록 도와준다.

03 아동 문제에 대한 정신분석학적 접근

정신분석학에서 아동을 대상으로 심리치료한 대표적인 사례로는 말(馬)을 무서워하는 한스(5세)라는 한 소년에 대한 치료 사례이다. 이 사례는 그의 아버지가 프로이트에게 한스에 대한 이야기를 관찰일기 형식으로 보고하고, 이를 근거로 분석과 치료적 접근이 이루어진 경우이다. 한스는 어느 날 외출하였을 때, "말에 물리는 것이 무서워요!"라고 울면서 말하거나, "말이 방으로 들어와요"라고 하며 어머니의 침대로 올라가는 등의 행동을 보이게 된다. 프로이트는 한스 아버지로부터의 보고를 통해 이 공포반응의 배경에는 아동의 성욕과 이로 인한 거세불안이 존재한다고 보았다. 프로이트는 한스의 아버지로부터 더욱 상세하게 이야기를 듣는 가운데 한스의 마음에 존재하는 오이디푸스 콤플렉스를 지적하면서 이것이 말에 대한 공포심의 핵심적 요인인 것으로 판단을 하게 된다. 즉, 프로이트는 말에 대한 공포라는 문제는 한스가 갖고 있는 아버지에 대한 공포가 전이된 형태로 나타난 것이라고 보았던 것이다. 이러한 분석을 통해 프로이트는 한스에게 아버지는 결코 무서운 존재가 아니라는 사실, 그리고 아버지는 한스를 무척 사랑한다는 사실을 설명하게 된다. 동시에 아버지에게는 한스에 대한 바람직한 대응법을 설명하는 등의 조언을 통해 한스의 공포 증상의 개선을 위한 지원을 하게 된다.

이처럼 프로이트의 정신분석에서는 신경증적 증상이라는 문제를 그 아이의 심적 세계에 존재하고 있는 가족의 신화(예: 오이디푸스 콤플렉스, Oedipus Complex)가 중심적 요소가 된다고 보았다. 이를 계기를 이후 아동분석이라고 하는 심리치료의 한 장르가 탄생하게 되었다. 아동의 문제를 생각할 때는 가족 전체를 시야에 넣어야 하며, 각 구성원이 다양한 영향을 미치고 있다는 사실, 이로 인해 증상이나 문제가 어느 한 특정의 개인에게 나타난다고 보았다. 그러므로 아동의 문제를 생각할 때는 그 가족이 갖고 있는 신화가 문제해결의 중요한 실마리가 되기도 한다.

이후 프로이트의 딸인 안나 프로이트(Freud, A.)와 메라니 크라인(Klein, M.)은 아동 심리치료를 정신분석적 접근이라고 하는 관점에서 더욱 발전시켜 나가게 되지만, 이 심리치료의 효용성이나 신뢰성에 대한 논쟁은 끝없이 진행되고 있다. 하지만, 정신분석적 심리치료가 아동 심리치료에 미치는 영향은 간과할 수 없다고 본다. 왜냐하면, 아동의 다양한 문제나 증상을 치료해 나가는 과정에서 부모의 문제는 반드시 직면하게 되는 과제이며, 부모와의 관계나 환경 조정을 중요시하면서 부모와의 협력체제를 구축한 가운데 아동에 대한 심리치료를 해 나가야 하기 때문이다.

메라니 클라인과 안나 프로이트는 아동 심리치료에 놀이를 도입함으로써 아동에 대해서도 정신분석적 심리치료가 가능하다는 것을 보여 주었다. 일반적으로 정신분석적 심리치료는 치료과정에서 언어의 표현 능력과 이해능력, 통찰능력이 중요하기 때문에 10세 이상의 사람들에게만 적용 가능하다고 알려져 있었다. 그러나 이들은 아동이 명확히 의식하고 있지 않는 동기(욕구), 감정, 갈등은 놀이 가운데 표현하기 때문에, 아이들의 놀이는 마치 성인의 자유연상과 같은 것이라고 주장하였다. 안나 프로이트는 "심리적으로 문제를 가지고 있는 아이는 자신의 고민을 언어로 표현하는 능력이 거의 없기 때문에 언어 대신에 도움을 청하는 메시지를 행동으로 표현한다"고 하였다. 이처럼 아이들은 자신의 경험이나 흥미, 욕구, 재능, 세계관, 인간관, 사고방식, 고민, 분노, 즐거움(기쁨) 등의 감정을 '놀이'라는 행동을 통해 표현하고 있기 때문에 놀이는 아이들의 커뮤니케이션의 수단이 된다. 아이들은 놀이를 통해 자신의 의식과 무의식의 세계를 표현하며, 동시에 이를 통해 심리적 안정과 다양한 행동 양식을 학습하고, 발달해간다.

04 프로이트 이후의 심리치료

프로이트가 정신분석 이론을 제창한 이래 여러 우여곡절을 거쳐 발전해 왔지만, 이미 초기에 아들러(Adler)와 융(Jung)은 각각 나름대로의 정신분석 이론을 새롭게 정립하면서 프로이트의 이론과 충돌하게 된다. 이들은 리비도(libido)라고 하는 성충동을 모든 문제의 중심으로 보고 있는 프로이트의 이론을 비판하고, 동시에 과거보다 미래를 중요하게 생각함으로써 인과론적인 관점보다는 목적성의 관점에서 인간의 성격이나 정신적 질환을 이해하려고 하였다. 프로이트의 정신분석과의 차이점을 살펴보면 다음과 같다.

1. 융의 분석 심리학과 심리치료

융은 인간의 무의식 세계에 잠재되어 있는 여러 가지 현상에 대해 흥미를 갖고 독자적인 연상 시험을 고안한다든지, 신화나 전설을 상징의 해석으로 이용하는 등 인간 이해에 대한 새로운 방법을 제안하고 발전시켜 왔다. 그는 1909년에 부모의 신경증적 문제가 아동의 심리적 장애에 결정적인 영향을 준다는 견해를 제시하였다. 또한, 오이디푸스 콤플렉스(Oedipus Complex)의 문제를 거론하면서 영유아기에 부모의 영향력을 강조하였고, 어머니에 대한 욕구도 프로이트의 견해와 달리 성적인 것보다 안전과 재생의 상징인 자궁으로의 회귀 욕구에 기인한다고 보았다. 그리고 프로이트는 상징을 성적인 의미로 귀속시켰지만, 융은 보다 많은 내용을 포함하고 있다고 주장하면서 상징에는 성장 촉진적 의미도 갖고 있다고 보았다. 리비도의 개념도 성적인 에너지로 한정하지 않고, 생명 에너지 전반의 것으로 이해하였다.

한편, 임상적인 면에서도 융은 프로이트와 결정적인 차이를 보이고 있는데, 그것은 무의식에 대한 이해이다. 프로이트는 무의식의 세계를 억압된 충동의 세계로 이해하였지만, 융은 인류의 풍부한 지혜가 무한히 펼쳐지는 세계이며, 무의식의 세계를 생명의 뿌리라고 한다면 그 뿌리 위에 일시적으로 나와 있는 초목과 같은 것을 의식의 세계라고 보았다. 그러므로 융의 심리치료 기법은 개인적 무의식에 들어 있는 콤플렉스의 해소를 위해 노력해야 하고, 동시에 그 배경에 존재하는 집단적 무의식에 접근하여 생명의 에너지를 회복시키는 것이 중요하다고 보았다. 융은 임상적으로 중년기의 심리적 문제를 본격적으로 다룬 사람이기도 하다.

2. 아들러의 개인 심리학과 심리치료

아들러의 이론은 개인 심리학이라고도 한다. 그 이유는 아들러의 이론이 개인을 둘러싼 다양한 조건(사회적 상황, 성별, 신체적 조건, 가족 내의 지위 등)과 그 안에서 잘 적응하기 위하여 형성된 개인의 독자적인 생활양식(life style)에 초점을 맞추어져 있기 때문이다. 프로이트는 모든 문제를 성적 충동이라는 관점에서 이해하려고 하였지만, 아들러는 '우월에 대한 욕구'라는 관점에서 문제를 이해하려고 하였다. 그의 이론에 의하면 아이는 어른 앞에서 자신의 무력함을 절감하면서 우월에 대한 욕구를 갖게 된다는 것이다. 그래서 어떻게 해서든 남보다 뛰어난 사람이 되어서 열등감을 보상받으려고 한다는 것이다.

이처럼 아들러의 이론은 개인을 지배하고 있는 동인(動因)은 프로이트가 생각하였던 성적 또는 생물학적인 요인이 아니라, 권력을 향한 의지나 남보다 우월하고자 하는 충동이라고 주장하고 있다. 이런 견해는 인간을 사회적인 존재라는 관점에서 이해하였다는 점에서는 획기적이었으며, 대인관계론의 선구자적 입장에 있다고 할 수 있다. 아들러는 우월에 대한 욕구에서 점차 상승된 것과 같은 '사회 감정'에 대해서도 흥미를 보였다. 그는 사회 감정이 고조되면 권력을 향한 의지나 비사회적인 욕구, 욕망은 억압되지 않고 제거되어 조화로운 생활을 보낼 수 있다고 하면서, 교육은 궁극적으로 이러한 방향으로 이루어져야 한다고 주장하였다.

아들러의 이론은 이런 견해를 바탕으로 출발하고 있으며, 특히 오늘날 신선한 자극을 주고 있는 내용은 '생활양식(life style)'이라고 하는 견해와 '생활 목표'가 현재의 심리 상태에 매우 중요하다고 보는 주장이다. 인간은 타인보다 모든 면에서 우월할 수는 없기 때문에 고유의 생활 목표가 설정된다. 또한, 그 목표에 도달하는 방법도 개인에 따라 다르기 때문에 각자 고유의 생활양식이 형성된다. 이러한 생활 목표나 생활양식의 형성에는 유전적인 요소 외에 가정 내에서의 지위가 큰 영향을 주고 있다고 본다. 그리고 생활양식이 일단 형성되면 모든 체험을 이 틀에 맞추기 때문에 사실을 왜곡하여 인식하게 되면서 생활양식이 마침내 고정되어 버린다. 생활양식은 생후 5년만 흘러도 거의 기본적 골격이 만들어지며, 그 이후의 경험은 주로 동화의 형태로 흡수되고 생활양식 그 자체는 변하지 않는다고 보았다. 그러므로 이 이론에 바탕을 둔 심리치료적인 접근에서는 그 사람의 행동에 대한 이해를 위해 먼저 그 사람의 생활 목표와 생활양식을 파악하고, 그 사람이 목표로 하고 있는 내용을 출발점으로 해서 재교육을 하는 것이 필요하다고 보고 있다.

Chapter

2 인간주의적 심리학에 기초한 심리치료

child counseling

01 인간주의적 심리학의 이해

인간주의적 심리학(Humanistic Psychology)에 기초한 인간 이해는 환경 자극에 의한 반응이라고 하는 공식으로 인간을 이해하는 학습 이론적 인간이해와는 달리, 인간의 능동적, 주체적, 창의적인 내면세계를 강조하고 있다. 행동적인 측면을 소홀히 여기지는 않지만 외부에서 관찰할 수 있는 행동보다는 직접적으로 체험하는 개인적 주관적 세계가 인간 이해에 가장 기본이 된다고 생각한다. 또한, 정신분석학적 접근처럼 인간은 무의식적 충동에 지배되고 있다는 가설을 부정하고, 인간을 자유롭고 적극적으로 발전, 성장하고자 하는 잠재적 힘을 갖고 있는 존재로서 이해하고 있다.

인간주의적 심리학의 대표적인 한 사람인 로저스(Rogers, 1967)는 오랫동안 카운슬러로서 심리적으로 건강하지 못한 사람들과의 지속적인 만남을 실천해 왔다. 그의 인간이해는 이런 실천 가운데 만들어지고 다듬어진 인간에 대한 가설이며, '인간은 자신의 개인적, 주관적 세계에서 살고 있다'는 것이 그의 인간 이행의 출발점이다. 그 사람의 세계는 그 사람 자신만이 알 수 있는 세계이며, 다른 사람은 그것을 온전히 알 수 없다는 것이 그의 인간 이해의 출발점이다. 인간은 객관적이며 물리적인 세계에 반응하는 존재가 아니라, 자신의 개인적, 주관적 세계에 반응하는 존재라고 하는 것이다. 한 아이가 자신을 좋아하는 한 어른에 의해 낯선 곳으로 따라갔다고 가정해 보자. 만일, 이 낯선 곳이라고 하는 경험이 아이에게 스트레스를 주는 것으로 지각된다면 아이의 행동을 규제하는 것은 객관적 사실이 아니라 그 아이가 지각한 주관적인 세계인 것이다. 그러므로 인간 행동의 이해에서 중요한 것은 객관적 사실이나 자극이 아니라, 본인이 현상적 체험 가운데 그 대상이나 자극을 어떻게 지각하고 있는가라고 하는 사실이다.

이제까지 우리는 대개 상대방을 대상화시켜 보는 사람의 관점에서 일방적으로 그 사람에 대한 이해를 해 왔다. 이와 같이 감정 이입을 배제하고 가능한 제3자적 입장에서 거리를 두고 바라보는 방식을 로저스는 '외부적 조합틀(external frame of reference)에 의한 접근'이라고 보았다. 이것은 상대방의 내적 세계와는 관계없이 하나의 외부적 잣대로 그 사람을 이해하는 것을 말한다.

종래의 이론적 입장은 심리적 존재인 인간을 객관화하여 일반화된 논리로 이해하려는 접근법의 수준에서 벗어나지 못했다. 그러나 심리치료적 장면에서의 인간에 대한 이해는 설리번(Sullivan, 1947)이 말한 것처럼 '관여하면서 관찰하는 자세'가 중요하다. 이 자세는 냉정하게 멀리 떨어져서 내담자를 바라보는 것이 아니라, 카운슬러 자신의 성격, 상대방의 성격, 그리고 두 사람의 관계라고 하는 3가지 요소가 카운슬러 자신의 시야에 들어와야 한다는 것을 말하고 있다.

지금 눈앞에 존재하는 한 인간, 즉 구체적이며 하나의 전체성을 지닌 한 인간이 이 자리에서 무엇을 느끼며, 이를 통해 어떻게 행동하며 변화하려고 하는가, 그런 행동이나 변화에 대해 카운슬러 자신은, 또한 두 사람의 관계는 어떻게 관련되어 있는가라고 하는 사실이 중요하다. 이제 상대방은 더 이상 단순한 대상이 아니며, 자신의 고민이나 문제를 해결해야 되겠다는 강한 의지를 갖고 카운슬러를 찾아온 것이다. 그렇기 때문에 카운슬러는 상대방의 개성이나 주체성을 존중하고 신뢰하면서 그 사람의 독자적인 세계 속으로 그의 안내를 받아 들어가야 한다. 이 세계에서는 그 사람만의 독자적인 의미를 지닌 세계가 전개되면서 변화한다. 카운슬러는 상대방을 '~한 사람'으로 한 유형의 틀 속에 집어넣거나 그 사람의 일부분을 전체적 특성으로 이해해서는 안 된다. 그 사람의 독자적 세계 가운데 나타나는 움직임이나 변화에 주목하면서 독자적인 세계를 갖고 경험하고 있는 주체인 그 사람에게 다가가 함께 그 사람의 세계를 맛보는 것이다. 여기서 그 사람의 의식 가능성이 있는 모든 영역의 경험(로저스는 이것을 'internal frame of reference'라 하였다)을 정확히 지각하려고 하는 것이다. 이때 상담사나 심리치료사는 '마치 자신이 경험한 것처럼'이라고 하는 인식을 갖는 것이 중요하다. 이런 인식이 없이 상대방의 경험이나 세계에 몰입해 버리는 것을 로저스는 동일화의 상태, 즉 동감(同感)의 상태로 이해하면서 공감적 이해(empathic understanding)와는 구별하였다.

한 개인의 주관적 세계, 즉 그 사람의 내부적 조합틀(internal frame of reference)을 타인이 안다고 하는 것은 그리 쉬운 일이 아니기 때문에 공감이라는 도구를 통해 그 사람의 내부적 조합틀을 이해해 나가야 한다. 여기서 만일 공감적 자세가 아닌, 자신의 내부적 조합틀을 통해 상대방을 바라본다면 이것은 외부적 조합틀(external frame of reference)의 관점에서 그 사람을 조망한 것이 된다. 로저스의 인간 이해는 외부적 조합틀보다는 한 인간이 다른 한 인간의 내부적 조합틀을 이해해 나가는 대인관계적 관점에 그 기초를 두고 있다.

로저스는 이런 이론적 입장에서 자신을 찾아오는 사람들을 도와주는 가운데 인간에 대한 하나의 확고한 신념을 갖게 되는데, 그것은 '인간은 목적을 향해 발달, 성장해 가며, 또한 인간은 건설적이며 신뢰할 만한 존재'라고 하는 사실이다. 물론, 그는 소극적이거나 방위적이거나 반사회적, 파괴적인 사람들과도 많이 접하기도 하였지만, 이런 부정적인 측면이 강한 사람일지라도 반드시 적극적인 경향을 소유하고 있다고 보았다. 인간의 본성에 대한 강한 신뢰감을 갖고 있는 로저스는 자신의 성격 이론 가운데 '실현 경향(Actualizing tendency)'을 가정하고 있다. 실현 경향이란 유기체를 유지, 강화하는 방향으로 모든 능력을 발달시키고자 하는 잠재적 경향이며, 인간을 움직이는 유일한 동인(動因)이라고 보았다. 로저스가 가정한 인간의 '실현 경향'은 고통을 피하고 싶겠지만, 다시 일어서서 힘든 보행을 시작하는 영아의 모습을 통해서도 확인할 수 있다고 주장하였다.

02 상담에서의 필요충분조건

인간주의적 심리학에 기초한 상담 이론 가운데 대표적으로 로저스가 제안하고 있는 6가지의 필요충분조건을 들 수 있다. 그의 상담 이론은 처음에는 '비지시적 상담(non directive therapy)'이라고 불렸지만, 이 용어가 지시를 하지 않는다고 하는 기술적인 측면을 강조한 것으로 이해되기 쉽다는 문제로 이후에는 내담자를 중심으로 하는 태도를 강조하는 '내담자 중심 상담(client centered therapy)'이라는 명칭으로 바뀌게 된다.

로저스는 『내담자 중심 상담』을 출판한 지 6년 후(1957), 자신의 다양한 논문을 총정리하는 차원에서 '치료상의 인격 변화를 위한 필요하고 충분한 조건(The necessary and sufficient condition of therapeutic personality change)'이라고 하는 논문을 발표하였다. 이 논문은 지금까지 소개해 온 로저스의 생각을 요약, 정리한 것으로서 소개하면 다음과 같다.

① 두 사람이 심리적인 교류를 한다. 이것은 다른 5가지의 전제 조건이며, 이 조건이 갖추어져 있지 않으면 다른 조건들은 그 의미를 상실한다.

② 제1의 사람, 내담자는 불일치(incongruence)의 상태이며, 상처받기 쉽거나 불안한 상태이다. 불일치란 자기 개념과 경험이 일치하지 않는 상태를 말한다. 즉, 유기체의 현실 체험과 그 체험을 표현하는 입장에서의 개인의 자기상(self-picture)이 일치하지 않는 것을 의미한다. 이런 상태의 사람은 심리적으로 건강하다고 할 수 없으며, 로저스는 이것을 다음과 같은 예를 들어 설명하고

있다. 한 학생이 시험으로 인해 자신의 근본적인 약점이 폭로될지도 모른다는 두려움을 갖고 있다고 가정해 보자. 이 학생의 경우, 자신의 약점이 폭로될지 모른다는 두려움을 느끼고 있다고 하는 경험(유기체의 현실 체험)은 자기개념과 분명히 일치하지 않기 때문에 이 두려움은 그대로 의식되지 않고, 한 학년 진급에 대한 두려움이라고 하는 왜곡된 형태의 공포로 의식된다. 이 예처럼 현실 체험을 그대로 의식할 수 없는 상태를 불일치의 상태라고 부르며, 자신의 이런 불일치를 의식할 수 없는 사람은 심리적으로 불안이나 혼란 상태에 놓이게 된다고 보았다. 이런 사람은 결국 내담자의 신분으로 상담사나 심리치료사를 찾게 될 것이다.

③ 제2의 사람, 상담사는 이러한 관계에서 일치의 상태이며, 통합되어(integrated) 있다. 상담사는 내담자의 심적 상태와는 정반대라고 할 수 있다. 이것을 다른 말로 하면, 이 관계 가운데 상담사 자신은 자유롭고 진지한 자기다운 모습을 보이며, 자신의 현실 체험을 자기의식에 의해 정확히 표현할 수 있다. 상담사도 내담자와 동일한 인간이기 때문에 상담 장면에서 다양한 감정을 느끼게 된다. 때로는 "난 이 내담자가 너무 무섭다."라고 느끼는 경우도 있을 것이다. 이럴 경우, "아냐, 그래서는 안 돼. 상담사는 어디까지나 냉정해야지."라고 하며 내담자에 대한 솔직한 감정을 본인이 인정하지 않는다면 이 상담사는 불일치의 상태라고 말할 수 있다. 그러나 "내담자가 무섭다"라는 감정을 부정하지 않고 그대로 의식하는 상담사라면 일치의 상태에 있다고 말할 수 있다. 여기에서 '이 관계에서'라고 하는 표현을 로저스가 자주 사용하고 있다는 점에 대해 주목할 필요가 있다. 상담사에게 생활의 모든 면에서 자기 일치를 요구한다는 것은 아마 불가능할 것이다. 로저스가 말하는 것은 생활의 모든 면이 아니라, 어디까지나 상담 장면에서의 자기 일치라고 하는 상담사의 자세나 태도이다.

④ 상담사는 내담자에 대해서 무조건적인 긍정적 배려(unconditional positive regard)를 경험하고 있다. '긍정적 배려'란 일반적으로 따뜻하게 수용하는 것을 말하

며, '무조건'이란 어떤 경우에만 당신을 수용하겠다는 식으로 조건을 달지 않는 것을 의미한다. 만일, 자신이 바라는 방향으로 상대방이 반응을 보여 주었을 때만 수용하는 태도를 취한다면 이것은 조건적 · 긍정적 배려에 해당된다. 부모가 자신의 기대대로 성장하는 자녀의 모습을 보고 그 자녀에 대해 애정을 갖는다면 이것은 조건적 애정에 지나지 않는다. 무조건적 · 긍정적 배려란 그 사람이 어느 방향으로 나아가든지 그 사람을 인정하며 존중해 주는 태도를 말한다. 즉, 이 태도는 내담자를 한 독립적인 인간으로 보는 것이며, 내담자가 자신의 감정으로 자신을 그대로 체험하도록 허용하는 자세를 말한다. 그러나 경험적으로 볼 때, 실제 이런 무조건적 · 긍정적 수용을 완전히 실천할 수 있는 상담사란 없다. 그러나 상담 장면에서 이런 태도를 가능한 한 많이 나타낼 수 있는 상담사라면 상담을 효과적인 방향으로 이끌 수 있다고 본다.

⑤ 상담사는 내담자의 내부적 조합틀에 의한 공감적 이해를 경험하고 있으며, 이 경험을 내담자에게 전달하도록 노력하고 있다. '공감적 이해'에서는 '마치 … 처럼(as if)'의 자세라고 하는 태도가 중요하다. 그래서 상담사는 내담자가 느끼는 감정, 예를 들어 두려움이나 공포, 분노 등의 감정을 마치 자기 자신의 것처럼 느끼면서도 그 속에 휘말리거나 몰입하지 않는다. 만일, '마치 … 처럼'의 자세를 잃어버리게 되면 내담자와 동일시하거나 내담자를 동정해 버리는 결과가 되어 버리기 때문에 공감적 이해에 의한 상담의 효과를 기대하기 어려워진다.

⑥ 상담사의 공감적 이해와 무조건적 · 긍정적 배려를 내담자에게 전달하는 것이 최소한 달성되어 있다. 상담사가 공감적 이해와 무조건적 · 긍정적 배려의 자세를 취하고 있다고 할지라도 내담자에게 이것이 그대로 전달되지 않는 경우도 있을 수 있다. 이 조건이 충족되지 않으면 ④와 ⑤의 조건이 만족되었다고 할지라도 그 효과를 기대하기 어렵다.

로저스가 제시한 이 6가지 조건은 다양한 상담 관련 이론이나 기법이 범람하고 있는 현실 상황에서 보면 매우 단순한 내용에 지나지 않는다고 할 수 있다. 그러나 아래와 같은 로저스의 설명을 읽어 보면 이런 의문을 이해하는 데 도움이 될 것이다.

① 어떤 내담자라고 할지라도, 예를 들어 신경증 환자나 정신병 환자, 동성애자라고 할지라도 이 6가지 조건이 충족된다면 그 사람의 인격은 변화될 수 있다.

② 어떤 학파의 심리치료사일지라도 치료적 관계에서 내담자에게 건설적인 변화가 일어나는 경우에는 틀림없이 이런 조건들이 존재하고 있다.

③ 심리치료는 어떤 마법이나 신비로운 기술도 아니며, 단지 인간관계의 질을 바람직하고 건설적인 방향으로 높인 것에 지나지 않는다. 이것은 과학적으로도 실증이 가능하다.

④ 특수한 전문적 지식은 심리치료사가 되기 위한 조건에 해당되지 않는다. 심리치료사라고 하는 것이 학습된다고 한다면 그것은 경험적인 훈련에 의한 것이다. 심리치료라고 하는 것은 어떤 특수한 전문적 지식을 갖고 있는 심리치료사의 소유물이 아니다. 비전문가일지라도 경험적 훈련에 의해 심리치료적인 접근이 가능하다.

⑤ 진단적 지식은 결코 심리치료의 전제 조건이 아니다. 이런 지식을 갖고 있는 것이 심리치료사로서의 심리적 안정을 느끼는 데 도움이 된다면 의미가 있지만, 충분히 통합된 자기 일치의 상태인 심리치료사는 이런 것을 필요로 하지 않는다.

로저스가 제시한 이 6가지 조건이 어느 정도의 기간 동안 충족되면 그 결과 내담자에게 바람직한 인격 변화가 일어난다. 이것은 내담자의 자기 개념과 경험이 일치하는 변화를 말한다. 상담 가운데 일어나는 변화의 과정은 다음과 같다.

내담자는 처음에 이런저런 기대를 갖고 상담실을 찾는다. 상담사의 조언을 기대하면서도 자기 탐구에 대한 관심을 갖지 않는다. 상담사로부터 자신은 무언가 부족한 인간으로 취급받게 될 것이라는 생각에 불안해하며 상담실을 찾지만 자신의 이런 생각이 완전히 빗나갔음을 알게 된다. 내담자는 상담사의 무조건적 · 긍정적 배려와 공감적 이해에 대해 점차 놀라워하며 상담이 심리적 안정을 느끼게 하는 가치 있는 것임을 점차 깨닫게 된다. 이를 통해 내담자는 결국 무엇이든 자신의 문제이며 자신과 관련된다는 사실을 깨닫게 된다. 그러면서 그는 자신의 책임성을 자각하면서 자기 탐구를 시작한다. 이런 자기 탐구에 의해 내담자는 지금까지 느껴보지 못했던 새로운 태도나 감정을 의식하게 된다.

새로운 태도나 감정이 의식되면 자아의 재체제화(reorganization of the self)가 이루어진다. 이전의 자기 개념은 새롭게 발견된 태도나 감정을 포함하면서 일관성을 지닌 새로운 형태로 바뀐다. 이런 자아의 재체제화는 대개 큰 고통을 수반하는 경우가 많지만, 이런 고통을 극복하게 되면 내담자는 이전보다 훨씬 더 심리적으로 건강해진다.

03 인간주의적 심리학에 기초한 아동상담

인간주의적 심리 상담에서는 내담자 자신의 세계가 충분히 표현되고 발휘되도록 '지금, 여기'라고 하는 현상학적 경험(있는 그대로의 세계)의 체험을 소중히 여기도록 해 주는 것이 중요하다. 그러기 위해서 상담사는 내담자의 자기실현의 능력을 믿고, 그것이 마음껏 표현되도록 공감적 이해와 수용적 태도로 대하는 것이 요구된다.

이러한 관점과 접근은 아동상담에서도 아동과 치료사와의 관계를 생각할 때 매우 중요하다. 미국의 정신의학자인 알렌(Allen)은 그의 책에서 "아이는 자신의 행동을 건설적으로 변화시킬 수 있는 능력을 갖고 있으며, 이 능력이 충분히 발휘되기 위해서는 자기 자신을 적절하게 수용할 수 있는 인간관계의 형성이 중요하다"라고 기술하고 있다.

정신분석적 심리치료에서는 과거의 부모와의 관계를 중요하게 생각하지만, 인간주의적 심리 상담에서는 지금 여기에서 상담사와의 상호관계 속에서 아이가 다양한 '자기표현'의 경험을 통해서 자아를 확립시키고, 성장시켜나가도록 도움을 주는 것이다. 그러므로 여기에서는 정신분석처럼 해석기법을 사용하지 않으며, 어디까지나 아동의 행동과 언어에 대해 공감과 수용적 태도를 취하는 자세가 요구된다. 이처럼 이 입장에서의 아동 심리치료는 무의식의 분석보다도 상담사와의 독특한 인간관계, 즉 마음이 통하며 공감과 수용의 태도를 갖고 마음의 교류와 평안한 기분을 느낄 수 있는 상태가 필수 조건이 된다. 쿠파는 아동의 세계를 공감하기 위해 어른들은 그들의 세계로 퇴행(退行)해야 한다고 주장하였다. 이 말은 '이 아이는 이렇게 생각할 것이다'고 하는 어른의 입장을 떠나서 아이의 입장에서 느끼고 지각하는 것을 의미한다. 그러나 만일 아이를 동정하거나 불쌍히 여기는 등, 자신의 이성적 판단(치료사로서의 자세와 역할)을 잊은 채, 아이와 자신을 혼동하여 심리적 거리를 두지 않는 상태는 공감의 상태라고 할 수 없다. 이렇게 보면 상담이나 심리치료에서 중요한 것은 학문적 지식이나 치료 기법보다는 치료사 자신의 인격과 치료 경험의 영향이 더 크다는 것을 알 수 있다.

Chapter

3 놀이치료

child counseling

01 놀이치료

1. 놀이치료의 이해

놀이치료란 '놀이'라고 하는 활동의 특성을 살려서 아동의 심리적 성장을 도와주고, 아동의 문제 행동의 해결이나 타인과의 관계 회복, 적극적인 인간관계가 형성되도록 도와주는 심리치료 기법이다. 간단히 말하면 '놀이치료'란 놀이를 매개로 한 심리치료 기법이다.

여기에서 말하는 놀이란 부모나 교사에 의해 제안되는 수동적인 놀이가 아니라, 어디까지나 아동의 자율이 최대한 허용되는 놀이를 말한다. 이런 놀이를 통해서 아동의 건강한 심리적 성장을 지원하는 것이 놀이치료(play therapy)의 목적이다.

이런 치료는 특히 언어에 의한 자기표현이 미숙한 유아나 아동, 그리고 치료에 대한 동기가 약한 아이들에게는 효과적이다. 놀이치료사에 의해 보장되는 시공간(視空間)에서 자유롭게 노는 가운데 아이는 자신의 내적 세계를 마음껏 표현한다. 그리고 이를 통해 자신의 감정이나 욕구가 표출되고, 그동안 일상생활에서의 억압이나 금지에 의해 생성되었던 불안, 긴장, 스트레스 등으로부터 해방되면서 자기 적응력이 향상된다.

놀이치료에서 가장 중요한 것은 놀이 장면에서의 '치료관계'이며, 이 관계에 의해 체험되는 내용을 통해 치료가 발전된다. 치료관계라고 하는 것은 자기 자신과의 관계, 치료사와의 관계, 그리고 물리적 환경과의 관계를 말하고 있다.

2. 치료관계의 구성 요소

놀이가 치료 수단으로서 어떠한 효과가 있는가, 놀이를 치료 장면에 어떻게 이용할 것인가라고 하는 문제에는 다양한 입장이 있다. 놀이가 치료 수단으로 어떤 효과가 있는가에 대해서는 놀이 활동 그 자체가 치료라고 생각하는 견해도 있지만, 일반적으로 놀이치료의 효과 유무는 어디까지나 '치료적 인간관계'에 달려 있으며, 놀이는 그 수단에 지나지 않는다는 견해가 지배적이다. 학파에 따른 견해의 차이가 있지만 사용되는 놀잇감의 차이와 치료 대상이 개인 또는 집단인가에 따라서도 차이가 있다. 그러나 기본적으로 놀이치료는 놀이를 통해 또는 놀이를 매개로 치료사와의 관계가 전개되고 발전됨으로써 비로소 의미를 가지는 심리치료라고 할 수 있다. 그러므로 놀이치료에서는 치료관계를 구성하는 요소의 설정이 매우 중요하며, 이 관계에 참여하는 요소에는 해당 아동 및 놀이치료사만이 아니라, 치료 보조자나 또래, 시간, 공간, 놀잇감 등이 있다.

(1) 아동 자신과의 관계

놀이치료는 아동의 자발적 동기에서부터 시작되는 경우는 매우 드물며, 대개 아동에 대한 문제의식을 갖고 있는 부모나 교사, 주변 어른의 권유에 의해 치료가 시작되는 경우가 일반적이기 때문에 타율적 관계에서 놀이치료가 진행된다고 할 수 있다. 이런 타율적 관계에서 시작되는 놀이치료 장면에서 아동은 새로운 경험에 대한 호기심보다는 낯선 장면이나 치료사에 대한 불안감이나 경계심을 갖게 되는 경우가 많다.

그런데 놀이치료 장면이라고 하는 것은 아동의 이런 의식과는 상대적으로 독립된 세계라고 할 수 있다. 아동 심리치료사는 그 아동의 문제에 대한 정보를 부모를 통해 알고 있지만, 그러한 정보나 평가에 구애받지 않고, 그 아동과 새로운 관계를 만들어 나가는 노력을 하게 된다. '지금, 여기'에 있는 아동의 모습을 그대로 수용해 줌으로써 아동과의 좋은 관계가 형성되고, 아동은 이런 관계를 통하여 자신을 성장시켜 나간다.

그렇다면 아동은 놀이치료실에서 치료사와 어떤 관계를 체험하면서 자기를 성장시켜 나가는 것일까? 마음껏 자유롭게 놀 수 있는 자유가 허용되는 치료 장면에서는 아동이 주인공이며 가장 소중한 존재이다. 타인으로부터 지시나 명령을 받거나 꾸중을 듣거나 어떤 행동에 대한 제재나 비판을 받거나 강제적으로 무언가를 해야 하는 경우도 없다. 그러므로 치료 장면은 자신의 모습이 그대로 수용되는 상황이라고 할 수 있으며, 이런 상황에서의 아동은 일상생활에서 맛볼 수 없는 새로운 내용을 경험하게 되는데, 그 내용은 다음과 같다.

- 자신의 모습이 그대로 수용되는 경험을 한다. 마음껏 자유롭게 놀 수 있는 상황은 자기 자신을 긍정하고 수용하는 경험을 하게 한다.
- 자기 자신에 의해 변화되는 새로운 세계를 경험한다. 자신의 행동에 의해 환경이 변화되고 이렇게 변화된 환경이 다시 자신에게 영향을 주면서 새로운 세계가 전개된다.
- 자신의 행동에 의해 변화하기 힘든 세계도 경험한다. 놀이치료 장면에서는 자신의 행동에 의해 변화하기 힘든 세계도 경험하게 되는데, 예를 들어, 놀이 시간이나 놀이 공간의 제한이라든가, 자신의 생각대로 놀잇감이 잘 조작되지 않는 경우 등을 생각해 볼 수 있다.

이처럼 놀이 세계에서는 자기 자신이 그대로 수용되면서 자기 자신의 행동에 의해 변화되는 세계를 경험하기도 하고, 동시에 자신이 변화시키기 힘든 세계도 받아들이는 가운데 다양한 경험들이 자신 안에 통합되어 간다. 이런 과정은 일상생활에서 억압되었던 감정이나 욕구를 놀이라고 하는 수단을 통해 표현하면서 긴장이나 불안감을 해소시키고 정서적 안정을 회복하도록 한다.

(2) 치료사와의 관계

놀이 장면에서 또 하나의 중요한 역할을 담당하고 있는 요소는 놀이치료사이다. 놀이치료에 임하는 치료사의 기본적인 태도는 다음과 같다.

- 아동과의 라포르(rapport) 관계가 형성되도록 한다.

치료사는 아동에게 부드럽고 따뜻한 마음으로 대하면서 친밀한 관계가 형성되도록 노력한다.

- 수용한다.

아동의 언행을 있는 그대로 인정하는 태도를 취한다. 아동의 주장을 충분히 듣고, 그 내용을 가감(加減)하지 않고 이해한다.

- 공감한다.

아동의 마음속에 자신을 이입하여 그 마음을 이해해 나간다.

- 치료 효과에 대해 조급한 마음을 갖지 않는다.

놀이치료에 의한 아동의 행동변화는 완만한 속도로 진행된다는 사실을 인식하면서, 치료 효과에 대한 성급한 기대를 하지 않는 것이 중요하다. 치료사는 치료 대상인 아동을 지도 내지 치료한다는 자세보다는 수동적인 자세로 아동의 변화를 느긋하게 기다리는 마음가짐이 오히려 치료 과정을 원만하게 진행하는 데 도움이 된다.

한편, 집단 놀이치료에서는 놀이에 참여한 다른 아동들도 치료관계에서 중요한 구성 요소가 된다. 여기에서는 다양한 인간관계가 전개되면서 치료사와의 관계를 바탕으로 일상생활에서는 체험하기 힘든 새로운 인간관계를 경험할 수 있다.

(3) 물리적 환경과의 관계

치료관계 가운데 또 하나의 요소는 물리적 환경이다. 물리적 환경과의 관계는 놀이치료사와의 관계, 또는 자기 자신과의 관계 체험을 발전, 촉진시키고 동시에 발전 방향을 규정하는 중요한 구성 요소이다. 놀이치료에서 물리적 환경과의 관계라고 하는 것은 '자유와 제한'이라고 하는 기본적인 메시지를 담고 있다.

- 공간(놀이실, play room)

치료실은 안전하고 자유로운 놀이 활동이 최대한 보장되는 공간이어야 한다. 또한, 심리적인 안정과 친밀감을 최대한 느낄 수 있는 분위기가 조성되어야 한다. 공간의 크기는 개인 놀이치료인 경우는 3~5평, 집단 놀이치료인 경우는 8~10평이 적당하다고 할 수 있다.

- 시간

놀이 시간은 대개 45분에서 1시간 정도의 시간이 설정된다. 그런데 종종 아이들 가운데 놀이 시간의 연장을 요구하는 경우가 있다. 치료사로부터 종료 시간을 안내받고도 무시하고 계속 놀이를 하려고 한다든지, "싫어요!"라고 강한 거부 반응을 보이는 경우가 있다. 이럴 때 치료사는 좀 더 놀고 싶어 하는 아이의 마음을 이해하고 수용하면서도 이제 더 이상 놀 수 없는 현실 상황을 아이가 받아들일 수 있도록 설명한다.

- 놀잇감

놀이치료에서는 놀잇감의 특성이 매우 중요하다. 왜냐하면, 놀잇감의 특성이 아동에게 하나의 자극이 되어 놀이의 방향을 규정하기도 하면서 관계 경험의 질을 결정하기 때문이다. 그러므로 치료사는 놀잇감의 특성과 역할을 잘 파악해서 준비하는 자세가 필요하다. 참고로 일본의 다까노(高野, 1972)가 제안하고 있는 놀잇감의 선택 기준을 소개하면 다음과 같다.

- 진단이나 평가에 도움이 되는 것
- 치료관계의 설정을 촉진시키는 것

- 카타르시스의 효과를 촉진시키는 것
- 욕구 불만에 대한 내성(耐性)을 강화시키는 것
- 승화를 촉진시키는 것
- 통찰에 도달하는 데 도움이 되는 것
- 언어 표현을 유발시키는 것

놀잇감의 제시 방법으로는 선반 위에 올려놓을 수 있는 것들은 아이가 손에 닿을 수 있는 위치에 진열해 놓는다. 이때 너무 반듯하게 정리해 두면 아이가 마음대로 갖고 놀기에 부담스러울 수도 있기 때문에 주의한다.

한 아이에 대한 놀이치료가 끝나면 그다음 아이를 위해서 여기저기 어지럽혀져 있는 놀잇감을 원래 있던 곳에 정리해 두는 것이 바람직하다. 그러나 만일 다른 아이에 대한 치료가 없이 동일 아동이 그다음 회에 계속 사용할 수 있는 경우라고 한다면 놀이가 끝난 상태 그대로 두어도 좋다. 그리고 치료사가 어떤 목적을 갖고 놀이를 하게 하는 경우, 예를 들어 인형놀이를 유도하고자 할 경우, 다른 놀잇감은 아이의 눈에 띄지 않는 곳에 둔다.

3. 집단 놀이치료

집단 놀이치료란 치료사를 포함해서 다수의 아이들로 구성된 집단 상황에서 놀이 활동을 매개로 전개되는 역동적인 인간관계를 활용한 치료 활동을 말한다. 개인 놀이치료에서는 치료사와의 일대일 관계에서 치료사가 최대한 수용과 공감의 원칙을 지켜 나감으로써 아동이 주도적으로 행동할 수 있도록 하고, 이를 통해 아동 자신이 해방되고 새로운 경험이 축적되는 가운데 자기 성장이 되도록 지원해 나간다.

이러한 내용은 집단 놀이치료에서도 중요하게 생각한다. 단지 개인 놀이치료와의 차이점은 놀이 장면에 다른 아이들도 있다는 것이며, 이 아이들도 자기 자신과 동일하게 치료사로부터 수용되고 공감되면서 주도적으로 행동하는 것이 보장되어 있다는 것이다. 이런 상황에서 전개되는 인간관계는 질적인 면이나 양적인 면에서 보다 풍부하면서도 복잡한 성격을 띠게 된다. 그러므로 이런 장면을 치료를 위해 유용하게 활용하기 위해서는 치료사의 유연하면서도 다양한 역할이 요구된다고 하겠다. 예를 들어, A라는 아이가 벽에 공을 던지면서 놀고 있는 상황을 가정해 보자. 개인놀이치료에서는 이런 행동은 얼마든지 허용되면서 계속적으로 할 수 있지만, 집단 장면에서 B라는 아이가 벽에 기대어 그림을 그리고 있다고 한다면 A의 공에 B가 맞을 위험성이 크기 때문에 치료사는 이런 상황에서 어떻게 대응하는 것이 바람직한가라는 문제가 생긴다. 이때 치료사는 A에게 "○○야, 공을 던지며 놀고 있구나. 근데 벽에 기대어 그림을 그리고 있는 B가 만일 공에 맞는다면 아프잖아. 어디로 던지면 될까?"라고 이야기를 해 본다. 이처럼 치료사는 공을 던지고 싶다는 A의 기분을 충분히 수용하고 공감해 주면서 B라고 하는 존재를 A에게 알게 한다. 그리고 아이에게 타인과의 관계에서 상황에 따라 자신의 행동을 바꾸어야 한다는 사실을 인정하고 느끼게 하면서 그 대처 방법에 대해서는 본인의 판단에 맡긴다. 이렇게 하면 A는 공을 던지는 방향을 바꾸거나 B와의 대화를 통해 B를 다른 곳에서 놀게 할지도 모른다. 아니면 B도 A의 공놀이에 함께 참여할지도 모른다. 이처럼 놀이 참여자들 간에 관계 체험을 풍부하게 경험하도록 하는 것이 집단 놀이치료의 특징이라고 할 수 있다.

그런데 어떤 사례에 대해 개인 치료로 접근하는 것이 바람지한지, 아니면 집단 치료로 접근하는 것이 바람직한지에 대한 판단은 다음과 같은 기준을 참고로 한다. 문제의 정도가 심각하고 정서적 문제와 관련이 있는 경우라고 한다면 개인 치료가 적절하지만, 그 아이의 사회적 적응의 문제와 관련이 있는 경우라고 한다면 집단치료로 접근하는 것이 바람직하다. 그리고 개인 치료의 경우라도 아이의 심리적 상태가 어느 정도 안정되면 집단 놀이로 전환하여 치료사의 도움을 토대로 다양한 인간관계를 경험하도록 하면서 현실 생활에서의 행동의 폭을 넓혀가도록 지원하는 방법도 생각해 볼 수 있다.

4. 모래 상자 놀이치료

(1) 모래 상자 놀이치료의 의미

놀이는 아이의 생활 그 자체이다. 특히, 상징놀이는 자신의 주변 생활의 모습을 모방하고 있는 형태이지만 그 내용은 직접적인 모방이 아닌, 표상적 모방이다. 그래서 상징놀이의 내용이 아무리 사실적이라고 할지라도 그것은 현실 그 자체가 아니며, 그 아이의 상상이나 공상의 세계, 즉 내적 이미지에 의해 각색된 것이다. 그렇기 때문에 그 내용은 아이가 인지하고 있는 세계나 본인의 감정, 욕구, 기대 등이 반영되는 세계라고 할 수 있다.

이와 같은 효과를 적극적으로 기대하면서 심리치료 기법의 하나로서 활용되고 있는 것이 모래 상자 놀이치료(sand play therapy)이다. 이 치료 기법은 아이가 다양한 소형 장난감(인형, 동물, 괴물, 식물, 자동차, 건물, 다리 등)을 이용하여 모래가 들어 있는 상자 안에서 마음껏 자유롭게 자신이 좋아하는 작품을 만들어 나가도록 하는 것이다. 소형 장난감이나 모래는 아이들에게는 놀잇감으로도 익숙하고, 작품을 만들 때에도 간단하게 조작할 수 있는 것들이기 때문에 자신의 내적 세계를 쉽게 표현할 수 있다([그림 3-1]).

[그림 3-1] 사회성 부족으로 놀이치료를 받고 있는 4세(남)의 작품

다른 심리치료와 마찬가지로 모래 상자 놀이치료도 아이와 치료사와의 관계를 매우 중요하게 생각한다. 치료사와의 관계는 어머니와의 관계처럼 깊은 신뢰감이나 평안함을 느낄 수 있는 관계가 되어야 하며, 이런 관계가 형성되었을 때 치료를 시작해야 한다. 이런 관계에서 아이는 자신의 내적 세계를 마음껏 표현하는 자유를 경험하게 되고 마음속에 내재되어 있었던 자기 치유력의 힘을 보이기 시작한다. 동시에 아이의 불안이나 갈등이 해소되고 심리적 안정이 회복된다. 여기에는 언어가 반드시 필요한 것은 아니다. 왜냐하면, 이 치료는 어디까지나 언어로 표현하기 힘든 자신의 내적 세계를 모래 상자 놀이라고 하는 매개를 통하여 상징적으로 표현하도록 하는 데 그 목적이 있기 때문이다. 중요한 것은 이 상징적 표현을 치료사가 얼마나 정확히 이해할 수 있는가라는 문제이다.

(2) 적용 범위 및 실시 방법

이 치료를 적용할 수 있는 대상은 만 3세 아동부터 성인에 이르기까지 그 폭이 매우 넓으며, 정서 장애나 소심하고 소극적인 아이, 내성적 성격 때문에 언어로 자신의 내적 세계를 표현하는 것이 쉽지 않은 아이들의 경우에 보다 효과적으로 활용할 수 있는 치료법이다.

모래 상자의 크기는 57×72×7cm이며, 전체를 한눈에 들여다볼 수 있는 정도이다. 상자의 안쪽 면은 청색으로 칠해져 있어서 모래를 파게 되면 물이 나오는 느낌이 들도록 되어 있어 강이나 바다, 호수 등의 모형을 만들 수 있다. 모래는 적당한 습기가 있어서 산을 만들거나 연못을 만들기 쉽도록 되어 있다. 소형 장난감의 종류는 특별히 정해져 있는 것은 없지만, 일반적으로 다양한 종류의 인형이나 동물, 괴물, 나무, 식물, 자동차, 건물, 다리, 그 밖에 일상생활에서 자주 접할 수 있는 것을 다양하게 준비해 놓는 것이 좋다.

치료사는 아이에게 "이 모래와 장난감으로 무엇이든 만들고 싶은 것을 만들어 보세요."라고 간단하게 설명하고 모래놀이를 유도한다. 강제적인 지시나 태도는 절대 취하지 않는다. 놀이치료 과정에서 대개 지속적으로 모래 상자 놀이를 하는 경우는 드물며, 놀이치료나 상담을 하는 가운데 본인이 하고 싶은 마음이 생길 때 제공하는 경우가 많다. 치료사는 모래놀이의 적절한 타이밍을 잘 포착하여 아이의 자발성이 최대한 존중될 수 있도록 해야 한다.

(3) 치료사의 자세

치료사는 모래 상자 놀이를 하고 있는 아이 옆에서 일관되게 따뜻하고 허용적인 태도로 대한다. 작품을 완성하고 난 다음, 두 사람이 함께 작품을 감상한다는 태도로 임하면서 아이의 내면세계가 왜곡되지 않고 자연스럽게 흘러나오도록 질문한다. 작품은 여러 각도에서 사진을 찍어 둔다. 그리고 주요 장난감이 놓여 있는 순서나 작품에 대한 아이의 설명, 감상, 특징적인 행동 등이 있으면 메모해 둔다.

Chapter

4 예술치료

child counseling

01 예술치료

'예술'에는 그림이나 조각, 음악, 무용 등 다양한 형태가 있다. 예술가는 자신의 내부에 생성되는 역동적인 힘을 다양한 예술적 형태를 통하여 진지하면서도 교묘하게 표현하여 사람들에게 감동을 준다. 이런 예술 활동은 설령 자신의 취미 생활의 일부라고 할지라도 힘든 과정을 통하여 작품을 완성했을 때 성취감이나 만족감, 해방감과 같은 쾌감을 느끼게 하기도 한다. 그리고 이런 예술 활동의 과정은 특히 내담자의 입장에서는 지금까지 자신의 마음을 충분히 언어로 표현하기 힘들었던 부분을 그림이나 음악, 신체 표현 등을 통해 나타냄으로써 마음의 균형을 회복하고, 동시에 몸과 마음이 자연스러운 리듬이나 흐름을 탈 수 있게 회복되면서 안정을 되찾는 효과도 기대할 수 있다. 이것을 치료적 조작이라는 방법을 통하여 심리치료에 활용한 것이 예술치료(art therapy)이다. 여기에는 그림(미술) 치료, 조형 치료, collage 치료, 음악 치료, 댄스 치료, 사진 치료, 인형극이나 서예를 이용한 심리치료 등 다양한 기법이 있다.

1. 미술 치료

(1) 미술 치료의 특징

미술 치료란 자신의 욕구나 감정을 그림이라고 하는 비언어적 방법을 통하여 표현하도록 하고, 동시에 이에 대한 치료사의 적절한 이해와 대응을 통해 그 사람의 심리적 안정을 유도해 나가는 심리치료 기법의 하나이다. 이 기법은 놀이치료나 상담 장면 등에서도 필요에 따라 도입될 수 있으며, 자신의 내면세계를 충분히 표현할 수 없는 유아나 아동의 심리치료에 유용하게 활용할 수 있다.

[그림 3-2] 4세(여)의 HTP 그림

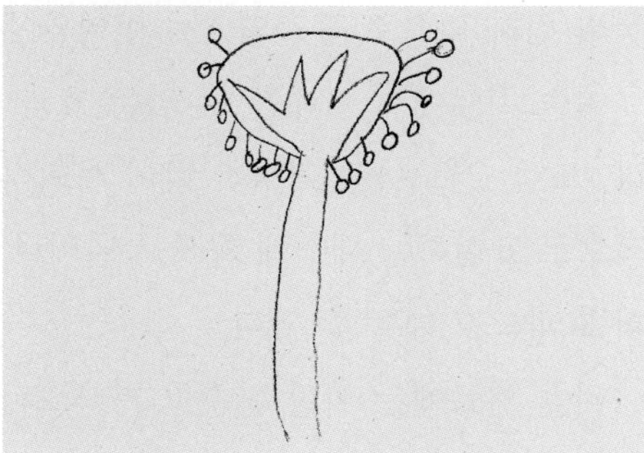

[그림 3-3] 4세(여)의 수목화

한편, 그림을 통해 아이의 불안이나 갈등, 욕구 등 내적 세계를 알 수 있기 때문에 아이의 성격을 진단하는 방법의 하나로도 활용하고 있다. 여기에는 HTP(House-Tree-Person, 집, 나무, 사람이 들어가는 그림을 그리게 함) 검사, 수목(樹木)화 검사(열매가 있는 나무를 그리게 함), 동작성 가족화 검사(Kinetic-Family-Drawing, 가족 구성원 전체가 무언가를 하고 있는 장면을 그리게 함) 등 다양한 검사 도구가 소개되고 있다.

인간은 자신의 내부에서 경험하고 있는 감정이나 사고 등의 세계를 언어로 정확히 표현한다고 하는 것은 거의 불가능하다. 특히, 아동의 경우는 사고나 개념의 발달이 아직 미분화된 상태이기 때문에 자신의 감정이나 생각을 언어로 충분히 표현하기란 쉽지 않다. 비록 성인일지라도 자신이 경험하고 있는 감정의 상태나 변화, 그리고 미묘한 뉘앙스를 언어로 타인에게 전달하기란 쉽지 않다.

미술 치료라고 하는 것은 언어로 표현하기 어려운 자신의 감정이나 생각을 그림이라고 하는 '시각적 이미지'로 나타냄으로써 자신의 내적 세계를 자유롭게 표현할 수 있도록 하는 것이다. 이처럼 여기에서는 어떤 개념에도 구속받지 않고 자신의 갈등이나 욕구 불만을 그림의 내용이나 색채를 통하여 그대로 과감하게 나타낼 수 있기 때문에 언어로 충분히 표현할 수 없는 내면의 세계를 비교적 쉽게 표현할 수 있다는 특징을 갖고 있다. 또한, 연필이나 크레파스, 그림물감 등 아이들이 좋아하는 그림 도구로 큰 종이 위에 마음껏 자유롭게 그리게 하는 과정에서 이제까지 막연했던 불안이나 갈등, 평소에 그다지 의식하고 있지 않았던 감정도 그림을 통해 점차 밖으로 표출되면서 아이의 문제가 점차 약화되거나 사라지기도 한다.

미술 치료에서 기대할 수 있는 효과 중 하나는 먼저 카타르시스(정화)의 효과이다. 또한, 분노나 공격성과 같이 사회적으로 수용되기 힘든 감정이나 욕구를 직접적으로 표현하는 대신에 화산 폭발이나 격렬한 전투 장면을 그리면서 해소하는 승화 효과도 기대할 수 있다.

미술 치료에는 이런 단순한 카타르시스나 승화 효과만 있는 것은 아니다. 그림을 통한 자기표현은 그 사람의 마음속 깊은 곳에 있는 갈등이나 불안을 의식하게 할 뿐만 아니라, 본인이 의식하지 못했던 것을 자신도 모르게 그림으로 표현하기도 한다. 이러한 과정은 지금까지와는 다른 관점에서 자신을 바라보는 계기를 만들어 주면서 자기다움을 새롭게 발견하는 기회가 되기도 한다. 아동의 경우, 그림을 통한 자기표현은 자발성이나 적극성, 창의성의 발달에 도움이 되기도 한다.

(2) 실시 방법

미술 치료에서 사용하는 연필이나 크레용, 종이, 묵 등 그림 재료는 그 나름대로의 특성으로 인해 그림에 미묘하게 영향을 주기 때문에 가능한 많은 종류의 도구를 준비해 놓는 것이 바람직하다. 치료 상황에 따라 어떤 그림 도구를 준비하는 것이 바람직한가에 대해서는 치료사의 사려 깊은 판단이 요구된다고 하겠다. 아동의 경우, 대개 연필이나 크레파스를 사용하는 경우가 많지만 때로는 역동적인 내면세계의 움직임을 표현하고자 할 때에는 좀 더 다양한 표현이 가능한 그림 도구나 포스터컬러를 제공하는 것도 좋다.

그림의 내용은 치료사가 아이에게 인물화나 가족화 등 특정 과제를 제시하기도 하지만, 아이가 그리고 싶은 내용을 자유롭게 그리게 하는 방법도 있다. 이것은 어디까지나 치료 목적이나 치료 과정에 따라서 치료사가 판단해야 할 문제이다.

미술 치료는 치료사와의 일대일 관계에서 실시하는 경우와 집단적으로 실시하는 경우가 있으며, 각 경우에 따라 치료 과정의 형태도 달라진다. 그런데 개인 심리치료의 일환으로 미술 치료를 도입했다고 할지라도 아이가 혼자서 그림을 그릴 때 치료사가 옆에서 지켜보는 방법과 한 장의 종이에 두 사람이 함께 그림을 그려 나가는 방법이 있다. 후자의 경우는 두 사람 간의 역동적인 관계가 전개될 수 있다는 측면이 있다.

한편, 집단적으로 미술 치료를 실시하는 경우, 치료사는 미술 치료에 참여하는 구성원의 수나 구성 등을 어떻게 할 것인가라는 문제에 대해서 치료사는 신중하게 생각해야 한다. 만일, 처음부터 지나치게 적극적인 아이와 지나치게 소심한 아이를 함께 참여시키는 경우, 지나치게 소심한 아이가 오히려 위축되어 버리는 위험성이 있다. 그리고 치료사의 역량을 넘어서 너무 많은 아이를 참여시키는 것도 문제가 된다.

미술 치료도 심리치료의 하나인 이상, 치료사와 아이의 관계가 중요하다고 할 수 있다. 그러므로 만일 아이가 그림 그리는 것을 거부하거나 싫어하는 경우에는 무리하게 강요하거나 유도하지 말고 기다려 주는 자세가 필요하다. 그림을 그리고 싶은 마음은 있지만 '잘못 그리면 어떡하지' 또는 '선생님으로부터 형편없다는 이야기를 들으면 어떡하지'라고 하는 두려움으로 인해 망설이거나 주저하는 경우도 많다. 그러므로 치료사는 그림 활동을 유도하는 방법이나 아이를 대하는 태도가 항상 신중해야 한다.

2. 음악 치료

음악 치료도 미술 치료와 마찬가지로 심리치료 기법 중 하나로서 음악이 갖고 있는 생리적, 심리적, 사회적 효과를 내담자의 심리적 안정이나 행동 개선을 위해 의도적, 계획적으로 활용하는 치료 기법이라고 할 수 있다. 음악 치료의 효과에는 다음과 같은 것을 기대할 수 있다고 보고 있다.

- 타인과의 커뮤니케이션을 촉진시킨다.

음악을 듣고 악기를 다루는 것도, 합주나 합창도 모두 비언어적 커뮤니케이션이며, 이런 활동은 타인과의 커뮤니케이션을 촉진시키는 효과가 있다.

- 정서(감정)적 안정에 효과적이다.

음악은 자신의 감정을 해방시키는 카타르시스의 효과가 있다. 또한, 자신의 감정을 적절하게 통제하는 데도 도움이 된다.

- 행동의 자기 조정(調整) 기능을 촉진시킨다.

인간의 몸은 음악을 접하게 되면 자신도 모르게 자연스럽게 그 음악의 리듬에 맞추어 나가는 특성이 있다. 음악에 맞추어서 몸을 움직이거나 춤을 추거나 손유희나 율동을 하거나 다른 사람을 모방하는 활동은 자신이 무언가에 맞추어서 자신을 통제해 나가는 소위 자기 조정 활동의 과정이 된다.

- 감각과 운동 기능의 통합에 도움이 된다.

음악 활동을 통하여 청각, 시각 등의 감각과 운동 기능이 통합되며, 이러한 감각과 운동 기능의 통합화는 자기상을 명확히 하면서 대인관계의 발전에 도움이 된다.

음악 치료에서 중요한 것은 각 사례에 가장 적합한 음악 활동의 선택이다. 예를 들어, 음악 활동을 동적 · 정적이라고 하는 관점에서 볼 때 불안이나 긴장이 강한 아이의 경우에는 혼자서 얼마든지 쉽게 소리를 낼 수 있는 작은 악기를 활용한 활동이나 좋아하는 소리나 음악을 듣게 하는 정적 활동이 오히려 불안이나 긴장을 약화시킨다. 그러나 과잉행동 장애 아동인 경우에는 댄스나 장구 등 동적인 음악에 대한 친화성이 높기 때문에 치료 장면에 도입하는 음악도 동적인 활동을 많이 활용하는 것이 좋다. 무심코 아무 소리나 음악을 들려주거나 너무 통속적인 방식에 얽매이는 것은 오히려 치료 효과를 약화시킬 수 있다.

Chapter

5 집단 심리치료

child counseling

01 집단 심리치료

집단 심리치료(group psychotherapy)란 집단을 대상으로 이루어지는 심리 임상을 말한다. 집단을 대상으로 심리치료를 하는 경우에는 치료사가 한 사람이거나 여러 명의 치료사가 협력하여 각각의 필요한 역할을 맡아서 하기도 한다. 여기에는 어떤 병리적 현상이나 문제 행동의 치료에 초점을 맞춘 집단 심리치료와 심리적으로 건강한 사람들의 자기표현을 목적으로 한 encounter group이 있다. 여기서는 아동상담과 관련성이 깊은 가족 치료와 심리극을 중심으로 소개하고자 한다.

1. 가족 치료

가족 치료(family therapy)는 가족 전체를 대상으로 하는 심리치료의 하나이다. 역사적으로는 1950년대 미국에서 시작되었으며 이론적인 면이나 기술적인 면에서 발전을 거듭하면서 현재 다양한 영역에서 활용되고 있다. 아동의 문제 배경에는 대개 가족이라는 요인의 영향력이 직·간접적으로 관여하고 있기 때문에 아동 개인에 대한 치료와 함께 가족 구성원에 대한 지원도 하게 된다. 이처럼 가족 치료에서는 가족 구성원 전체를 치료 대상으로 생각하면서 상담이나 치료적 접근을 하게 된다.

가족 치료의 탄생은 개인을 중심으로 심리치료를 해 온 정신과의(精神科醫)의 다양한 시행착오에서 출발을 하고 있다. 사실 오늘날 청소년들의 비행, 예를 들어 학교 폭력이나 집단 괴롭힘 등의 문제가 사회적으로 이슈가 되고 있는데 그 이면에는 가족 문제가 얽혀있는 경우가 많다. 미국의 아동 정신과 의사들은 아동의 심리치료 장면에 가족을 참가시켜 모자(母子) 병행 상담의 형태로 접근한 결과, 아이만이 아니라, 어머니의 심리적 건강도 회복될 수 있다는 사실을 알게 되었다. 그러나 만일 아버지가 심리적으로 문제가 있는 경우는 환자가 심리적 건강을 되찾았지만, 다시 문제가 재발하거나 가족의 다른 구성원에게도 문제가 발생하기도 한다는 사실을 알게 되었다. 이 때문에 가족 구성원 전체를 대상으로 상담을 실시해야 한다는 인식을 갖게 된 것이다.

가족 치료는 이론적 입장에 따라 ① 정신 분석 이론에 기초한 가족 치료, ② 행동치료 이론에 기초한 가족 치료, ③ 가족 시스템 이론에 기초한 가족 치료로 나눌 수 있다. 이 가운데 ①과 ②는 개인을 대상으로 한 정신 분석학적 심리치료와 행동치료 이론을 가족을 대상으로 한 심리치료에 응용, 발전시킨 것이다.

③의 가족 시스템 이론은 인간 신체의 각 기관이나 학급, 회사, 사회라고 하는 인간 집단 등을 각각 하나의 시스템으로 간주하고 있으며, 이 모든 시스템은 궁극적으로는 하나의 큰 시스템 안에 조화를 이루면서 공존하고 있다는 관점에서 출발하고 있다. 이런 관점을 가족관계의 이해나 치료 장면에 응용한 것이 바로 가족 시스템 이론이다. 그래서 가족을 구성원이 각각 상호 영향을 주고받으면서 기능하고 있는 하나의 단위, 즉 시스템으로 보고 있기 때문에 개인의 병리 현상이나 문제를 가족 관계나 그 가족을 둘러싼 사회 시스템과 관련지어서 이해하는 관계적, 구조적 관점에서 접근해 나가게 된다.

(1) 기본적 이론

아이의 문제나 증상을 바라보는 입장이 주위 사람들과의 상호 영향적인 것으로 이해하는 것을 '순환적 인과론'이라 부른다. 이 관점에서는 일부의 변화는 다른 부분의 변화에 영향을 미치게 되며, 나아가 이것이 전체의 변화로 확대되어 나간다는 입장이다. 또한, 전체의 변화는 부분의 변화에 영향을 미친다고 본다. 이렇게 생각하면 변화는 한 번의 순환으로 끝나는 것이 아니라, 나선상의 형태로 연속적으로 일어난다고 보게 된다.

그러므로 여기에서의 문제 행동에 대한 이해는 원인이 결과를 만들고 이것이 새로운 원인으로 작용하여 어떤 결과를 초래한다고 하는 직선적인 인과론이 아니라, 보다 복잡하게 원인이 결과와 관련짓게 되면 이것이 또한 새롭게 최초의 원인에 영향을 미치게 되는 순환적 인과론의 형태를 띠게 된다고 하는 관점을 갖고 있다. 즉, [그림 3-4]에 나타낸 바와 같이 어떤 문제에 대해서 명확한 원인이 하나의 결과를 초래하게 되고 이것이 새로운 원인으로 작용함으로써, 순환적으로 결과가 원인에 영향을 미치는 것과 같은 상호적 관계를 맺고 있는 것이다. 이런 관점에서 보면 최초의 원인이 반드시 결과를 규정한다고 볼 수 없다.

[그림 3-4] 직선적 인과론 및 순환적 인과론

사실 가족이라고 하는 동적인 개방 시스템에서는 어떤 현상이 하나의 원인으로 작용함과 동시에 또한 결과가 되기도 하는 순환적 인과론의 특징을 띠고 있다. 그래서 개인의 변화는 가족 시스템 전체의 변화를 가져오게 하고, 반대로 가족 시스템 전체의 변화는 개인의 변화를 가져오게 한다. 그러므로 가족 구성원의 누군가가 증상이나 문제 행동을 보이면 그것은 그 개인의 정신 병리의 문제라든가, 부모의 양육방식에 문제가 있을 수 있다는 식의 이해방식이 아니라, 가족 시스템의 기능에 문제가 있어서 나타난 현상으로 이해하게 된다.

순환적 인과론을 가족에게 적용해서 생각하면 가족 구성원은 성장이라고 하는 변화와 장애라고 하는 변화를 일으킬 수 있다. 이런 관점에서 보게 되면 문제나 증상은 그 누구 때문에 발생된 것도 아니며, 장애도 그 사람만의 문제로 볼 수 없게 된다. 이와 같은 내용의 가족 치료의 이론적인 기초를 요약, 정리하면 다음과 같다.

- 가족 구성원의 지위나 역할, 행동, 태도는 필연적으로 다른 가족 구성원이나 가족 전체에 영향을 미치기 때문에 가족의 한 구성원의 문제를 가족 전체의 문제로 이해한다.
- 가족은 하나의 통합체적 성격을 띠고 있으며, 마치 유기체처럼 내부적 관계에서 항상 균형을 유지하면서 움직이고 있다.
- 가족 구성원은 이 균형을 표면적으로나 내면적으로 유지하려고 노력하고 있으며, 이것은 다양한 커뮤니케이션의 형태에서 표현된다.
- 가족 내의 균형 유지는 항상 기능적인 상태라고 할 수 없으며, 여기에 문제가 생성되는 경우에는 어떤 형태로든 증상으로 표출된다.
- 가족 구성원의 병리적 증상은 그 개인의 문제로만 보지 않는다. 단지 그 개인은 가족 불균형의 희생자이며, 가족 구성원의 균형 작용이 제대로 기능하고 있지 않다는 사실을 말하고 있다.

이처럼 가족 시스템 이론은 개인의 행동이나 태도의 문제를 가족 시스템이라고 하는 관점에서 이해하고 있다. 가족 전체 시스템의 구조적 변화를 통해 문제를 해결하고자 하는 가족 치료의 시스템론적인 발상은 개인 치료나 집단 치료에도 크게 영향을 주고 있다.

(2) 가족 치료의 형태와 과정

가족 시스템 이론에서는 개인의 문제나 증상, 예를 들어 아동에게 문제 행동이 나타나면 그 아동이 속해 있는 가족 구성원 전체가 제대로 기능을 하지 못하고 있다는 징후로 이해한다. 그러므로 이에 대한 치료적 접근은 그 아동을 포함한 가족의 시스템을 변화시켜 가족 구성원의 인격적 성장과 가족관계에 대한 이해를 높이게 된다. 그리고 가족 구성원 간의 관계 구조를 변화시켜 가족 내의 상호 발전적 관계(새로운 시스템)로 재구축하는 것을 목표로 한다.

치료적 접근의 내용은 치료적 접근(가족 치료에서는 이것을 가족 시스템에 대한 치료사의 개입이라 한다)의 초점을 어디에 둘 것인가에 따라 상당히 다르다. 구체적으로는 치료 목표를 다음 3가지 중에 어디에 두느냐에 따라 개입의 차원이나 방법이 달라진다.

① 가족의 커뮤니케이션 방식을 바꾼다.
② 가족의 구조를 바꾼다.
③ 세대 간에 걸친 갈등을 해소한다.

시스템의 역동적 변화를 기대하는 가족 치료에는 병행 상담법(한 명의 상담사가 가족 구성원 전체를 개별적으로 상담한다), 협동적 상담법(가족 구성원들의 각 개인을 담당하는 상담사가 각각 있으며, 이들 상담사로 구성된 팀에 의해 가족 구성원의 개별 상담이 진행된다), 동석(同席) 상담법(한 명의 상담사에 의한 개별 상담을 가족의 다른 구성원이 함께하는 자리에서 진행한다), 합동(合同) 상담법(한 명의 상담사가 동일 시간과 공간에서 가족 구성원 전원을 대상으로 상담을 진행한다) 등이 있다.

치료사는 치료 활동의 발전 과정에 따른 가족 시스템의 역동성에 맞추어 적절하게 장면의 설정을 변화시켜 나간다. 가족의 전체 시스템에 대한 치료에 초점을 맞추기 위한 동석 상담이나 합동 상담은 참가하는 가족 구성원들 간의 고정적인 접촉관계를 변화시켜, 관계의 인식이나 커뮤니케이션의 발전을 목표로 할 수 있는 특색이 있는 상담이다. 이런 효과를 높이기 위해서는 가족 시스템의 역동성에 대해 다면적으로 대처할 수 있는 여러 명의 상담사가 하나의 조직적인 팀이 되어 대응해 나가는 접근이 필요하다.

한 사람의 문제 행동이나 증상을 시스템론적, 관계론적 관점에서 바라보는 가족 치료적 관점은 다른 모든 상담 이론에도 필요한 시각이라고 할 수 있다.

2. 심리극

(1) 심리극의 특징 및 목적

심리극(psychodrama)은 1924년 모레노(Moreno)에 의해 처음 소개되었다. 그는 오스트리아의 빈에서 즉흥 극장(자발성 극장)을 만든 이후, 미국으로 이주하여 1936년에 치료를 목적으로 한 psychodrama 극장을 개설하였다. 심리극의 특징은 다음과 같다.

① 개인 심리치료에서 집단 심리치료로 전개된다.
② 자발성, 창의성 이론, 역할 이론 등에 기초한다.
③ 참여자들의 자발성에 의한 극적인 표현 방법을 기대한다.
④ 참여자들의 '지금, 여기에서'의 만남의 역동성, 자발성의 상호관계에 주목한다.
⑤ 관계의 구조를 'sociometry'에 의한 분석을 통하여 구성한다.

한편, 심리극의 목적은 다음과 같이 설명할 수 있다.

- '지금, 여기에서' 새롭게 행동하는 것이 중시된다.
- 자발적이면서 창의적으로 표현할 수 있는 인간관계의 형성이 요구된다.
- 심리극에서는 지금 여기에서 성립되고 있는 대인관계가 발전되어, 이에 의

해 관계를 맺은 개인이 성장하여 성숙한 인간관계를 발전시켜 나가는 것을 경험하도록 한다.

- 이런 체험을 풍부하게 경험할 수 있는 방향으로 주위 상황을 변화시켜 나간다.

(2) 심리극의 역할구성과 진행과정

심리극은 다음 5가지의 역할 구성으로 진행된다.

① 무대: 극이 전개되는 공간이다.
② 연기자: 즉흥적으로 연기를 하는 역할이며, 자발적으로 하는 것이 중요하다.
③ 감독: 극의 연출, 조언을 한다. 장면 설정, 역할 부여, 역할 교대 등의 방법으로 심리극의 전체 진행에 주도적인 역할을 한다.
④ 보조 자아: 감독이나 연기자의 보조자로서 심리극의 발전을 도와주는 역할을 한다.
⑤ 관객: 극을 보는 역할을 하면서 심리극에 참여한다.

심리극은 아동 심리치료에도 그 효과가 크다. 정서적 불안이나 욕구 불만이 강한 아이를 심리극의 연기자로 참여시켜 자신의 억압된 내면세계를 무대 위에서 마음껏 표출하도록 도와주고, 동시에 이를 보조 자아나 관객이 수용하고 공감해 줌으로써 주위 사람들과 함께 '지금, 여기에서' 이제까지와는 다른 새로운 관계를 전개해 나간다.

심리극에서의 각 역할은 모두 심리극 전개 · 발전 과정에서 중요하지만, 특히 보조 자아의 기능은 심리극의 특징이며 그 역할이 매우 중요하다. 보조 자아의 기능에 대해 모레노(Moreno, 1978)는 '내담자(주역)가 필요로 하는 역할을 받아서 극을 완성한다. 또한, 보조 자아는 내담자가 자기 자신과 심리극 장면에는 없는 타인과의 기본적 문제를 명백히 하거나 그 관계를 느끼도록 한다. 이를 통하여 내담자가 타인과의 관계 개선만이 아니라, 자신의 내적 세계와도 보다 조화로운 관계가 형성되도록 치료적 역할을 한다. 내담자가 현실 세계에 재통합할 수 있는 다리 역할을 한다'라고 기술하고 있다.

심리극은 일반적으로 도입 → 전개 → 종결 · 통합(feedback, sharing)의 과정으로 진행된다. 이런 과정에 의해 경험한 다양한 역할 체험이나 집단 구성원에 의해 상호 공유되고 공감된 체험은 현실 생활에서도 자기 자신과 타인에 대한 신뢰감을 높이면서 다면적인 관계 인식을 강화하여 자발적, 창조적 역할 수행을 촉진시킨다.

PART 04

아동상담 사례

Chapter

1 기본적 생활 습관의 문제

child counseling

01 부모로부터의 자립을 지도한 사례

(1) 대상 아동

대상 아동은 4세 남자아이이며, 이름은 편의상 J라고 한다. J는 어린이집에서 친구나 선생님을 때리거나 발로 차는 등 공격적 행동을 보이지만, 집에서는 그런 행동을 전혀 보이지 않는다. 대신 항상 어머니 옆에 달라붙어서 무엇이든 집요하게 물어보거나 어머니에게 의지하려는 행동을 보인다.

한편, 어머니는 J에게 이것저것 시키기도 하지만, 친구들에 대한 공격적 행동이 염려가 되어 항상 J를 옆에 데리고 있다. 그렇게 하지 않으면 불안해진다는 것이다. 이처럼 J만이 아니라, 어머니도 모자 분리에 대한 저항이 강한 상태이다. 그런데 교사의 말에 의하면 J는 교사가 옆에서 무언가를 함께 하거나 관심을 보여 주면 공격적 행동을 보이지 않는다고 한다.

(2) 지도 경과

❶ 제1베이스라인(5일간)

J와 어머니를 함께 놀이실에 데리고 가서, 모자(母子)의 행동을 관찰하였다. 관찰 내용은 J의 부적절한 행동(무엇이든 어머니에게 도움을 구하는 의존적인 행동)과 적절한 행동(스스로 문제를 해결하는 자립 행동)에 초점이 맞추어졌다.

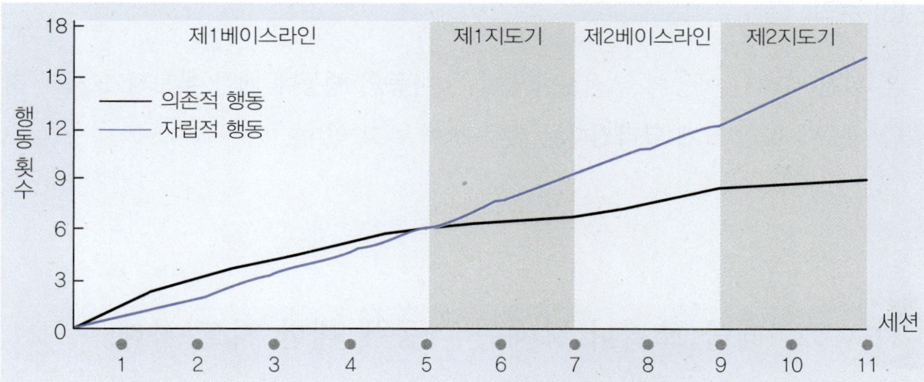

[그림 4-1] J의 의존적 행동과 자립 행동

관찰 결과는 [그림 4-1]에 나타난 바와 같이 의존적인 행동과 자립적 행동은 거의 동일한 정도의 수준이었다. 또한, J의 의존적 행동에 대한 어머니의 반응은 J를 도와주려고 하는 태도가 강하였으며, J가 가끔씩 자립 행동을 보일 때에는 장난감을 빼앗거나 다른 놀이로 유도하는 모습이 발견되었다.

❷ 제1지도기(2일간)

이 기간에는 J가 의존적인 행동을 보였을 때는 함께 하는 시간이나 도움을 주는 행동을 줄이고 자립 행동을 보였을 때는 열심히 말을 걸거나 미소를 보내도록 어머니에게 부탁하였다. 그리고 상담사는 어머니가 이런 접촉을 해야 할 타이밍을 작은 라이트를 이용한 신호로 알려 주었다. 이런 방식으로 접근한 결과, J의 자립 행동은 증가하고 의존적 행동은 급감하였다.

❸ 제2베이스라인(2일간) 및 제2지도기(2일간)

이제는 이전의 베이스라인에서 대응했던 방식대로 반응하도록 어머니에게 부탁하였다. 그 결과, J의 의존적 행동은 다시 조금씩 증가하는 경향을 보였다. 이후에는 지도기로 되돌아가서 제1지도기와 동일한 방법으로 어머니의 대응 방식을 바꾸었다. 그 결과, J의 자립적 행동은 다시 증가하고 의존적 행동은 감소하였다.

(3) 논의

본 실천 사례는 아동의 부적절한 행동은 아동의 행동에 대한 부모나 교사의 적절한 대응에 따라 크게 달라진다는 것을 보여 주고 있다.

02 떼를 쓰거나 보채는 아동에 대한 지도 사례

가게 앞에서 아이스크림이나 과자를 사주지 않는다고 큰 소리로 울어대거나 바닥에 뒹굴면서 떼를 쓰는 아동의 행동은 어머니를 당혹스럽게 만든다. 이런 행동에 대해 어떤 어머니는 짜증을 내면서 혼을 내거나 아니면 아예 무시해 버린다. 아니면 "오늘만이야."라고 하면서 할 수 없이 과자를 사주기도 한다.

성장 과정에서 3, 4세경이 되면 아동의 자아가 형성되고 욕구가 구체화되면서 자신의 주장을 강하게 고집하는 행동을 보이게 된다. 이런 행동은 정신적 성숙과 함께 나중에 자연스럽게 사라지게 되는 것이 일반적이지만, 이런 행동이 사라지지 않고 여전히 부적절한 행동을 보이는 아동이 있다. 이런 아동은 대개 자신의 욕구를 충족시키는 효과적인 방법을 모르거나 욕구를 인내하는 마음이 제대로 발달되어 있지 않거나 아니면 부모의 과보호 때문인 경우가 많다.

이런 문제 행동에 대한 대처 방법으로 아동에게 엄하게 대하여 아무리 보채도 소용이 없다는 사실을 알게 한다든지, 아니면 아예 무시를 하는 등의 방법을 제안하는 사람이 있다. 물론, 아동의 부적절한 행동에 대한 어른의 대응 방식의 변화라고 하는 것은 매우 중요하지만, 이런 단순한 대응 방식만으로는 해결되지 않는 경우도 많다.

이런 문제에 대한 행동치료적 지도 방식으로는 문제 행동의 발생 상황에 대한 분석과 이 행동을 유지, 강화시키는 요인을 발견하여 이를 조작함으로써 행동의 개선을 유도하는 방법을 사용하고 있다. 그 한 사례를 소개해 보자(福島 · 松村, 1982).

(1) 대상 아동

대상 아동은 9살 된 초등학교 4학년생 여자아이이며, 이름은 편의상 O라고 하자. 가족은 부모와 언니 2명(16살, 13살)과 O의 5명으로 이루어져 있다. 아버지는 직장의 근무지가 다른 지역에 있는 관계로 O가 5살 때부터 주말에만 집에 들어오고 있었다. O의 학업성적은 중간 정도이다.

(2) 문제 행동

두 달 정도 전(4월 하순)부터 O의 문제 행동으로 인해 어머니와 언니들이 힘들어하기 시작하였다. 가족들은 이제 더 이상 자신들이 어떻게 할 수 없다고 생각하고 있으며, 특히 언니들은 O가 접근하면 '섬뜩하다'고 할 정도로 거부 반응을 보였다. 언니들은 "정신이 이상한 것 아냐? 병원에 데리고 가야 하지 않을까?"라고까지 생각하며, O의 행동을 심각하게 받아들이고 있었다. 어머니도 언니들의 이런 이야기를 심각하게 받아들이면서 상담실을 찾게 되었다. 가족들이 힘들어하는 O의 문제 행동을 정리해 보면 다음과 같다.

① 저녁을 먹고 난 후, TV를 보고 있으면 출연자들이 하는 말의 뜻을 모른다고

하면서 어머니나 언니들에게 "지금 한 말이 무슨 뜻이야?", "왜?"라고 하며 집요하게 묻는다. 한두 번도 아닌 O의 집요한 질문에 대해 귀찮다는 반응을 보이면 울어 버린다.

② 한 번 울기 시작하면 좀처럼 그치질 않는다. 모두가 TV를 보고 있는 곳에서 큰 소리로 울기 때문에 언니들이 "방에 들어가서 울어!"라고 소리 지르면 자기 방에 들어가서는 더 큰 소리로 울어댄다. 어머니가 방에 들어가 달래주지만 소용이 없다. 매일 밤 2시간 정도, 길 때는 새벽 1시까지 우는 경우도 있다. 그리고는 혼자 잘 수 없다고 하면서 어머니의 손을 꼭 붙잡고 잠을 잔다.

③ 아침에 일어나서 집을 나서기까지 또 하나의 어려움이 있다. 8시가 넘어서 일어나고는 "왜 안 깨웠어."라고 하며 어머니에게 대든다(사실 어머니는 30분 전부터 깨웠다). 그리고는 시간이 없다는 핑계로 옷 갈아입기, 세면, 등교 준비 등을 모두 어머니가 해 주길 마냥 기다린다. 어머니가 거부하면 칭얼거리거나 떼를 쓴다.

④ 이 외에도 일이 있을 때마다 어머니에게 "미안하다고 해! 고맙다고 해야지!", "날 싫어하지?"라고 말한다든지, 아버지를 포함해서 모든 남자에 대한 부정적인 태도, 예를 들어 "남자는 이상해. 남자는 무서워. 남자는 모두 죽어야 해. 아빠는 싫어." 등의 말을 한다.

⑤ ①의 내용과 중복되지만, 수업에서 잘 모르는 단어가 나오면 노트나 교과서에 적어 와서 어머니나 언니들에게 집요하게 묻는다. 학교 수업에 대해서는 별 흥미를 느끼지 못하고 있다.

이러한 행동으로 인해 O 자신도 힘들다고 생각하고 있는 것 같다. O의 이런 행동에 대한 가족의 반응은 앞에서 언급한 것처럼 '귀찮다, 기분 나쁘다, 소름 끼친다' 등으로 가능한 O를 피하려고 하는 경향이 강했다. 그런데 흥미로운 것은 아버지가 집에 있을 때에는 O의 문제 행동이 보이지 않는다는 것이다. 울고 있다가도 아버지가 집에 들어오면 울음을 그치고는 자기 방으로 들어가 버린다. 아침에 떼를 쓰거나 짜증 내는 행동도 아버지가 한마디 하면 중단해 버린다. 어머니가 학교 담임에게 O의 문제에 대해서 이야기하였지만, 학교에서는 이런 문제를 전혀 느끼지 못했으며, 친구들과도 이전처럼 잘 놀고 있다는 것이다.

(3) 문제 행동의 경과

O의 문제 행동이 두드러지게 나타나기 시작한 시기는 4월 말경부터였다. O는 매년 새로운 학년이 시작되면 불안감을 느끼곤 하였다. 또한, 이 시기가 되면 밤에 훌쩍거리면서 우는 경우도 많고 식욕도 저하되는 현상을 보였다. 그러나 이런 현상은 한두 달 정도 지나면 해소되었다. 이번 행동의 경우도 일시적인 것으로 이해하고 개선되기를 기다렸지만, 이전보다 가족들에게 미치는 영향이 크고 지속적으로 보였기 때문에 상담실을 찾게 되었다.

어머니는 O의 문제 행동이 다음과 같은 이유 때문이 아닌가라고 생각하고 있었다. 그 당시 어머니는 무언가를 배우고 있었으며 6월에 있는 발표회를 준비하느라고 4월경부터 바쁘게 보내고 있었다. 이제까지 막내라고 해서 귀여워하던 O를 몇 번이나 때린 적도 있었다. 두 명의 언니는 둘 사이에 연령의 차이도 별로 없어서인지 서로 자주 이야기도 나누면서 같이 영화를 보러 가기도 하였지만, O는 혼자 있어야 하는 경우가 많았다.

(4) 행동 분석

대개 학년이 바뀌는 시기에 아동들이 심리적으로 불안감을 느끼는 것은 일반적인 현상이다. 공교롭게도 O의 경우 이 시기에 어머니는 발표회 준비로 바쁜 상태였고, 바로 위의 언니는 중학생이 되어 공감대 형성이 쉬운 큰언니와 자주 이야기를 하게 되면서 O는 혼자 있는 경우가 점점 많아졌다. 이런 이유로 어머니나 언니들이 자신과 이야기하거나 놀아 주는 기회가 이전보다 적어지게 된 것이다. 이런 상황 가운데 O는 누군가에게 주목이나 관심을 받고 싶다는 욕구를 강하게 느꼈음에 틀림없다.

그리고 O의 집요한 질문이나 긴 시간 동안 계속되는 울음, 어머니에게 달라붙는 행동 등은 가족들의 놀라움, 주목, 달래기, 설득 등의 반응으로 인해 오히려 더욱 강화된 것으로 예상해 볼 수 있다. 또한, O의 행동에 대해 '소름이 끼친다' 등으로 경원시하는 가족들의 반응은 O를 더욱 힘들게 만들었고, 이로 인해 O는 더욱 소외감을 느끼면서 이를 탈피하고자 가족들의 관심을 끌 만한 행동을 하게 되었다고 추정해 볼 수 있다. 그러나 관심을 끌기 위한 O의 일련의 행동은 오히려 가족들의 불쾌한 반응을 초래하게 되었고, 이런 가족의 부정적 반응이 O를 더욱 힘들게 만드는 악순환의 연결 고리를 형성해 버렸다고 추정할 수 있다.

(5) 지도 방침

이와 같은 O에 대한 행동 분석을 토대로 operant 조건 형성의 기본 틀에 따라 다음과 같은 2가지의 지도 방침을 세웠다.

- 바람직하지 않은 행동에 대해서는 강화를 하지 않는다.
- 바람직한 행동에 대해서는 강화를 한다.

물론 바람직하지 못한 행동에 대해서는 무시하고 강화하지 않는 것도 필요하지만, 무엇보다 중요한 것은 문제 행동이 발생하기 어려운 환경의 조성이다. O의 문제 행동은 가정 이외의 장소에서는 거의 보이지 않기 때문에 지도의 중요 포인트는 O의 행동에 대한 가족 구성원의 적절한 대응에 초점을 맞추었다. 아버지를 포함한 남성에 대한 거부 반응도 O의 문제를 이해하는 데 중요하지만, 아버지의 근무지 관계로 지도상의 어려움이 있기 때문에 문제 상황의 진전에 따라 적절하게 대처해 나가기로 하였다.

(6) 상담 과정

❶ 제1회(○○년 6월 19일)

어머니가 상담실로 찾아왔다.

어머니와의 상담: 어머니로부터 그동안의 문제 상황과 경과에 대해 이야기를 듣고 나서, 어머니가 가장 걱정하고 있는 문제, 즉 'O가 정신적으로 문제가 있는 것이 아닌가'라고 하는 것에 대해서는 '행동 분석'에서 언급한 내용을 중심으로 설명을 하였다. 그리고 O에 대한 어머니와 언니들의 대응 방식에 변화가 필요하다는 설명과 함께 다음 상담 시에는 O를 함께 데리고 와서 상담을 받도록 권유하였다.

❷ 제2회(6월 29일)

어머니는 O의 언행이 병적으로 무척 심각하다고 생각하고 있었다. 그렇기 때문에 단지 O에 대한 대응 방식을 바꾸는 것만으로는 해결이 어렵다고 생각한 나머지 지난 1주일 동안은 자신의 태도를 특별히 바꾸지 않았다.

남자에 대한 부정적인 언행은 조금 줄어들었지만, 다른 문제는 여전하거나 더 심각한 상태를 보였다. 어머니는 자신의 대응이 너무 약한 것이 아닌가라고 생각하여 좀 더 엄하게 대해야 한다고 생각하고 있었지만, O는 좀 더 부드럽게 대해 줄 것을 부탁한 대목이 주목을 끌었다.

O의 행동: 어머니가 제기한 O의 문제 행동이 상담실에서도 나타나는지에 대해 관심을 갖고 관찰하였다. 이 장면에서는 치료적인 접근은 일절 하지 않고 놀이실에서 상담사들과 놀게 하거나 이야기하는 시간을 가졌다. 첫 상담에서는 조금 경계하거나 긴장된 모습을 보였지만, 특별히 문제가 될 만한 행동은 보이지 않았다. 상담사와의 이야기에서는 언니들이 자신을 상대해 주지 않는다는 사실, 어머니도 잘 대해 주지 않는 것에 대한 불만을 나타냈다.

상담사의 지도: 지금까지 어머니와의 2번의 상담과 O에 대한 행동 관찰을 통해서 얻은 정보를 토대로 어머니에게 다음과 같은 부탁을 하였다. O가 어떤 문제를 호소하게 되면 결국 관심을 갖게 되거나 수용해 버리는 지금까지의 어머니의 대응 방식을 바꾸어서 O의 언행에 대해 다음과 같이 변별적으로 대

응하도록 부탁하였다. 즉, O의 문제 행동에 대해서는 무시하고, 함께 공부하고 싶어 하거나 바람직한 행동이 보일 때는 적극적으로 상대를 해 준다.

❸ 제3회(7월 13일)

어머니와의 상담: 남성에 대한 혐오감은 거의 보이지 않았다. 그러나 어머니에게 "잘못했다고 해야지." "고맙다고 해야지." "잘해 줘."라고 하는 등의 언어 사용은 여전히 보였다. 이런 O의 행동에 대해 어머니는 최대한 무시하려고 하지만, 그러면 O는 "날 미워하지?"라고 하며 어머니를 당황하게 만든다. 어머니가 대응에 한계를 느껴 무시하면 O는 그만 울어 버린다. 그러면 어머니는 할 수 없이 O를 달래 주는 악순환의 연결 고리가 여전히 지속되고 있었다.

O의 행동: 2번째 방문이어서인지 경계심이나 불안감은 보이지 않고, 상담실에서 활발하게 놀았다.

상담사의 지도: 보다 효과적인 어머니의 대응을 지원하기 위하여 다음과 같이 구체적인 조언을 하였다. O가 좋아하는 놀이인 배드민턴을 하루 15분 정도라도 같이 하거나, 숙제를 도와주거나 O의 좋은 점(예를 들어, 옆집 아이를 잘 보살피고 놀아 주어서 아주머니로부터 칭찬을 들었다)에 대해 관심을 갖고 칭찬을 해 준다. 이처럼 O와 같이 노는 시간을 많이 가지고 이야기하는 기회도 적극적으로 갖도록 한다.

❹ 제4회(7월 20일)

어머니와의 상담: O에 대한 어머니의 대응 방법에 조금씩 변화가 보이면서, O의 행동에도 변화가 보이기 시작하였다. 두드러진 변화로는 밤에 칭얼거리거나 떼를 쓰는 행동을 일절 무시한 결과 30분 정도 울다가 그치는 행동의 변화가 보였다. 다른 행동은 별다른 변화를 보이지 않았지만, 지금까지 2시간 이상 울었던 것을 생각해 보면 놀라운 변화가 아닐 수 없다. 이러한 변화를 계기로 어머니는 상담사가 제안했던 'O에 대한 대응 방식을 바꾼다'고 하는 제안을 진지하게 생각하게 되었다. '숙제를 가능한 한 어머니와 함께'라고 하는 상담사의 제안에 대해서는 숙제가 없는 경우도 많기 때문에 매일 저녁 30분씩 O의 피아노 연습을 어머니가 도와주었다. 여름 방학 계획서에는 어머니와 함께 시간을 보내는 계획도 세웠다.

상담사의 지도: 다음 주부터는 여름 방학에 들어가기 때문에 긴급한 상황이 발생하는 경우에만 전화 연락을 하도록 하고, 가정에서 다음과 같은 사항을 충실히 실행하도록 하였다.

- 칭얼거리거나 떼를 쓰는 행동, 또는 우는 행동이 보일 때에는 계속 이번처럼 대응하도록 한다(어머니는 이번 대응의 효과로 상당히 자신감을 갖게 되었다).
- O의 피아노 연습을 도와주는 것은 좋은 생각이며 가능하다면 O가 좋아하는 배드민턴 놀이를 병행하는 것도 효과적인 방법이다.
- 어머니에게 스티커를 주면서 O와 협의하여 여름 방학 일과표에 따라 실행에 옮긴 사항에 대해서는 스티커를 붙여 주도록 하였다. 여름 방학이 끝나면 이것을 갖고 오도록 하였다.
- 언니들에게도 상담사의 제안에 대한 이해와 협력을 구하도록 하였다.

⑤ 제5회(8월 31일)

어머니와의 상담: 상담사가 부탁한 사항에 대해서 어머니는 거의 완전하게 실행에 옮겼으며, 이에 따른 효과로 상담 초기에 제기되었던 O의 문제 행동은 급격히 감소되었다. 어머니는 피아노 이외에도 배드민턴을 하면서 O와 하루 일과를 즐겁게 보내고 있다. 큰언니는 O와 함께 자주 쇼핑을 가는 등 O와 함께하는 시간이 많아졌다. 아침 기상, 집안일, 공부 등을 포함한 기본적 생활 습관에 관한 일과도 잘 수행한 덕택에 상담사로부터 선물(학용품)을 받았다. 아버지와 함께 외출도 하는 등 아버지와의 관계도 많이 개선되어서 남자에 대한 부정적 표현도 사라졌다.

⑥ 제6회(9월 13일)

O의 변화가 여름 방학에만 일어난 일인지, 2학기에도 계속되는지에 대해서 확인하는 것이 이번 상담의 목적이다. 다음은 어머니와의 상담을 통해서 확인된 O의 최근 모습이다.

O의 행동: 아침에 일어나 칭얼거리거나 떼를 쓰는 행동은 보이지 않고 학교를 잘 다니고 있다. 상담 초기에 제기되었던 문제 행동은 거의 개선되었다. 밤이 되어도 혼자 책상에 앉아서 공부나 숙제를 하고 있으며, 공부가 끝나면 어머니에게 "안녕히 주무세요."라고 인사하고 혼자서 잔다(어머니는 공부할 때 잠시 함께 있기도 하고, O가 한 것을 한 번 훑어봐 주기도 한다). 집안일도 잘 도와주고 있으며, 학교 준비물도 하루 전에 준비를 한다.

(7) 논의

O에게 보이는 이상한 행동들, 즉 오랜 시간 동안 울거나 어머니에게 응석을 부리는 행동, 명령적 언어 표현, 집요한 질문 등의 습관은 O에 대한 어머니와 언니들의 대응 방식의 변화를 통하여 급격히 감소되었다. '행동 분석과 지도 방침'의 부분에서 언급한 것처럼 O는 자신의 이상한 행동을 매개로 어머니와 언니들과 친밀한 관계를 맺으려고 시도한 것으로 볼 수 있다. 본 사례를 통해서 아동들은 조그마한 욕구 불만 등이 충족되지 않으면 이것이 더 큰 문제로 발전하면서 가족을 힘들게 할 수 있다는 것을 알 수 있다. 처음부터 O의 가벼운 반항적 행동이나 집요한 질문에 대해 적절하게 대처했더라면 서로가 이렇게까지는 힘들지 않았을 것이다.

Chapter

2 비사회적 문제 행동

child counseling

01 심리적 위축, 고립 아동의 집단생활 적응을 위한 지도 사례

심리적 위축, 고립 행동(Withdrawal)의 아동은 대개 또래 집단에 소속하거나 참여하고 싶은 욕구를 갖고 있음에도 불구하고 대인 기술이 부족한 경우가 많다. 그래서 주위에 친구들이 놀고 있어도 단지 쳐다보고만 있다든지 집단놀이를 유도하여도 회피하는 등의 행동을 보이게 된다. 이와 관련된 구체적인 행동으로는 낯가림이나 선택적 함구 증세, 자폐증적 행동 등이 있다. 심리적 위축, 고립의 원인으로는 부모의 양육 태도에 의한 영향이 크다고 할 수 있으며, 이외에도 아동의 선천적인 내향적 성격 경향, 심리적 외상의 경험, 열등감을 강화시키는 외부 조건 등을 들 수 있다.

지도 방법에는 각 사례에 따라 대응 방법의 차이는 있지만, 일반적으로 그 연령에 적절한 대인관계 형성 기술, 즉 사회적 기술(social skill)을 습득하도록 한다든지, 대인과의 접촉에서 느끼는 불안이나 긴장을 감소시키는 방법을 도입하게 된다.

심리적 위축, 고립 아동에 대한 지도에서 비교적 증세가 가벼운 사례인 경우는 아동에 대한 부모의 대응 방식을 조금씩 개선시켜 나가면 아동의 사회성 형성과

정서적 안정을 기대할 수 있지만, 심리적 위축이나 고립의 증세가 심각한 경우에는 지도의 효과를 높이기 위해서 사회적 스킬 훈련(social skills training)을 활용한다. 이 기법의 적용 절차는 다음과 같다.

① 먼저 문제 행동을 평가한다. 이때 어디까지나 상황 요인과의 관계에서 파악한다.
② 요구되는 행동과 그 타이밍에 대해서 설명한다.
③ 실제적으로 문제가 될 수 있는 상황을 역할 연기로 재현해 보도록 한다.
④ 표현되는 기술의 적절성에 대하여 평가하여 본인에게 알려 준다.
⑤ 보다 효과적인 기술을 지도자가 모델로 보여 준다. 아동이 충분히 표현할 수 있도록 역할 놀이를 통해 연습한다.
⑥ 실생활에서 실천해 본다.

이러한 과정을 각 목표 행동이 습득될 때까지 반복한다. 그러나 단지 유아나 아동을 대상으로 하는 경우에는 언어를 매개로 하는 지시나 설명, 피드백으로는 충분하지 않기 때문에 놀이 활동을 통해서 자연스럽게 익혀 나가도록 한다. 다음은 아동을 대상으로 이런 사회적 스킬 훈련을 실제 적용하여 지도한 사례를 소개한다.

(1) 대상 아동

대상 아동은 6세 남자아이이며, 이름은 편의상 A라고 한다. A의 주요 문제는 유치원에서 심리적 위축, 고립의 행동 경향을 보이고 있으며, 집에서는 보채거나 짜증을 자주 낸다. 그리고 등원을 꺼리는 행동도 보인다.

(2) 가족 구성

아버지(공무원 36세), 어머니(주부 29세), 동생(3세), 그리고 A를 포함하여 4명으로 구성된 가족이다. 아버지의 성격은 성실하고 꼼꼼하며 말수가 적고 급한 면이 있다. 어머니는 차분하고 조용한 편이다. 부부간에 특별히 심각한 문제는 없다.

(3) 성장 과정 및 가족 상황

정상 분만으로 태어났으며, 성장 과정에서 특별한 병이나 문제는 없었다. 동생에 비해 밤에 우는 횟수도 적어 키우기가 비교적 쉬웠고, 언어나 행동 발달의 지체 현상도 특별히 보이지 않았다. 가족 이외의 사람들과의 접촉을 꺼리는 등 심리적 위축, 고립 현상이 보이기 시작한 시기는 3세경부터였다. 예를 들어, 친척들이 모이는 자리에서 어머니 곁을 떠나려고 하지 않거나, 사촌 형제들(2세와 5세)과의 놀이도 어머니가 옆에 있는 경우에만 겨우 가능한 정도였다. 어머니는 '시간이 지나면 문제는 자연스럽게 사라질 것이다. A의 얌전한 면은 부모 성격을 닮았기 때문에 어쩔 수 없다.'라고 생각하면서 유치원에서의 행동 변화를 기대했다. 그러나 유치원에서도 적응을 잘하지 못하자, 어머니는 점점 불안감을 느끼면서 상담실을 찾게 되었다.

어머니가 결혼 후 전업주부로 있었기 때문에 A는 거의 어머니 곁에서 영유아기를 보냈다. 아버지는 거의 2년에 한 번씩 전근을 하는 상황이었다. 어머니는 사교성이 별로 없어서 이웃과의 교류를 거의 하지 않고 있었으며, A도 동네 아이들과 노는 기회가 별로 없었다. 한때 동생이 태어나면서 어머니와 함께 외할머니 집에서 지내면서 그런대로 활발하게 놀았지만, 근처에 살고 있는 외증조할머니나 3살 연상의 사촌 누나와는 잘 놀지 않았다. 하지만 집에서는 매우 쾌활하고 어머니나 동생과는 잘 놀고 있다. 그러나 동생이 태어난 후부터는 조금이라도 마음에 들지 않으면 고집을 부리거나 물건을 부수는 등의 행동을 보였다. 기분이 좋을 때는 동생을 돌보아 주기도 하지만, 기분이 좋지 않을 때에는 때리기도 한다. 자신의 불만을 구체적으로 이야기하지 않고 막무가내로 떼를 쓰거나 짜증을 내기 때문에 어머니로서는 난감해하고 있다.

한편, 어머니는 남편에 대해 큰 불만은 없지만, 짜증이나 화를 잘 내는 A의 기질은 아버지를 닮았다고 생각하고 있다. 또한, 어머니는 동생의 감기 때문에 정신이 없거나 다른 일로 여유가 없는 상황에서 남편이 A와 놀아 주기를 기대해 보지만, 남편은 아이와의 놀이를 그다지 좋아하지 않으며, 자신의 취미 생활에 몰두하는 경향이 강하다. 어머니는 이러한 것들이 A를 더욱 섭섭하게 한 것이 아닌가라고 생각하고 있다.

(4) 문제 행동

❶ 등원을 꺼림

유치원을 다니기 시작하면서 처음에는 문제가 없었지만, 첫 달이 끝나가는 시기부터 아침이나 잠자리에 들기 전에 "배가 아프다"고 호소하기 시작하였다. 그리고 아침에는 유치원복을 입기를 싫어하고, 울기만 하는 등 등원을 꺼리는 행동이 보이기 시작하였다. 그다음의 첫 주는 연휴로 인해 5일 정도 집에서 보냈지만, 집에서의 행동은 여전히 어머니 옆에 붙어 있는 상태가 계속되었다. 집에서 이런 상태로 계속 있는 것은 좋지 않다고 판단하여, 어머니는 A가 싫어하지만 밖으로 데리고 다녔다.

❷ 유치원에서의 행동

선생님은 처음에는 "이런 행동은 다른 아이들에게 많이 보이니까…."라고 하며 대수롭지 않게 생각했지만, 등원한 지 두 달이 끝나는 시점에도 다음과 같은 행동들이 발견되면서 어머니에게 이야기를 하게 되었다.

① 또래와의 놀이에 참여하지 못하고 멀리서 놀고 있는 또래들을 교실 입구 근처에서 물끄러미 바라만 보고 있다. 선생님이 또래와의 놀이를 유도하면 도망을 가거나 울어 버리는 등 회피 반응을 보인다.

② 그림을 그리거나 학습할 때는 또래 집단 안에서 열심히 한다. 그러나 자유시간이 되면 선생님과의 거리를 1~2m 정도로 유지하면서 놀지만, 또래들과

의 교류는 없다.

③ 교사가 함께 놀아 주면 즐거워하지만, 다른 아이들이 참여하면 표정이 굳어지면서 놀이에서 빠져나가 버린다.

④ 한 아이가 함께 놀자며 계속 손을 잡아당기자, 그 아이를 때려 울렸다.

❸ 유치원에 다닌 이후 가정에서의 모습

이전보다 짜증을 내거나 보채는 행동이 많아졌다. 유치원에 가지 않는 날은 어머니가 A에 대한 간섭을 최대한 줄여서 그런지 어머니에게 말을 많이 걸기도 하고, 기분 좋은 모습을 보였다.

(5) 지도(치료) 방침

❶ 세션의 진행 방법

지도의 방향은 다음과 같이 크게 두 가지로 가닥을 잡았다. 어머니에 대해서는 자녀의 문제 행동으로 인한 불안을 최대한 수용하면서 A와의 바람직한 관계가 형성되도록 도와주는 것이다. 또 하나는 이와 병행해서 또래 집단 내에서 A의 행동 변화에 초점을 맞추었다. 그리고 두 명의 상담사 중 한 명은 어머니와의 상담(필요한 경우에는 아버지도 참가하도록 한다)을, 다른 한 상담사는 A를 담당하기로 하였다.

❷ 부모에 대한 개입

앞에서 언급한 가정에서의 문제 행동은 욕구 불만이 누적되면서 보이는 행동이기 때문에 어떻게 보면 당연하다고 할 수 있다. 그래서 이러한 행동에 대한 꾸중은 별로 효과가 없다는 것을 설명하면서 가능한 한 A에 대해 수용적인 태도로 반응해 줄 것을 부탁하였다. 단, 등원을 거부하면서 유치원에 가지 않는 날에 A에게 상이 될 만한 태도로 대해 주면 오히려 등원 거부를 강화시키는 위험성이 있기 때문에 상담사는 어머니에게 "A에게 감정적으로 대하거나 엄하게 대하는 태도는 바람직하지 않지만, 그렇다고 지나치게 배려해 주는 것도 좋지 않습니다. 집안일로 바쁠 때에는 주저하지 말고 "미안, 오늘 엄마는 ㅇㅇ일로 바빠요."라고 말하거나,

아니면 일부러 일을 만들어서 바쁘게 움직이는 것도 좋습니다."라는 설명과 제안을 하였다. 또한, 이러한 대응은 아이가 유치원에 가지 않는 날에 집에서 정적 강화(상)가 수반되면 오히려 등원을 꺼리는 횟수가 많아질 수 있는 가능성을 없애기 위한 방법이라는 것을 어머니에게 설명하였다. 그리고 A의 상태가 자폐증적 경향이나 지적 발달의 지체 현상, 인지 장애 등의 증상은 보이지 않기 때문에 발달장애가 있는 상태가 아님을 설명해 주고, 앞으로 차근차근 지도해 나가면 충분히 좋아지게 될 것이라는 것을 이야기해 주었다.

❸ A에 대한 지도 방향

놀이실에서의 모습을 통해 A에 대한 평가 내용은 다음과 같다. 상담실에서 어머니와 떨어질 때 불안해하는 표정은 걱정할 정도는 아니었다. 상담사가 A를 놀이실에 데리고 가서 "이 방에 있는 장난감 가운데 어떤 것을 갖고 놀고 싶지? 인형도 있고 그림책도 있는데…."라고 말을 꺼내자 잠시 침묵이 흐른 뒤 작은 목소리로 "인형"이라고 대답했다. 다른 행동을 할 때에도 신중한 면이 보이지만, 보조상담사와의 상호작용 그 자체는 대체적으로 즐기는 편이었다. 상담사에게 먼저 말을 거는 경우는 거의 없었지만, 질문에 대해서는 대체로 반응을 보였다.

2회째 상담에서 WPPSI 지능검사를 실시한 결과, 지적인 면에서의 장애나 지체 현상은 보이지 않았으며, 언어성은 110점 전후, 동작성은 130점을 넘는 수준을 보였고, 잠재 능력은 평균 이상의 수준을 보였다. 보통 취학 전 아동들은 놀이실에서 상담사와 함께 노는 것보다는 마음껏 자유롭게 노는 것을 좋아하는 경향이 강하지만, A의 경우는 상담사와의 놀이를 즐기는 모습이 보였다. 이런 행동 관찰의 결과를 토대로 상담사는 A에 대한 사회적 스킬 훈련의 적용이 비교적 쉬울 것이라고 하는 긍정적 예측을 하였다.

(6) 지도(치료) 과정

❶ 상담사와의 신뢰관계 형성과 초기 개입

상담의 초기 장면에서는 A와의 라포르 형성에 중점을 두었으며, 이것은 비교적 단기간에 달성되었다. 그래서 상담사에게 말을 걸거나 부탁을 하는 등의 기회가 많은 놀이의 진행을 통해 사회적 스킬 훈련의 도입을 시도하였다. 예를 들어, 치료사가 의도적으로 어떤 놀잇감을 상자에 넣어 두고 마치 그것을 잊어버린 것처럼 행동을 취했을 때, A가 지적해 주기를 기대하는 상황을 만들어 보았다. 치료사가 기대하였던 대로 A가 지적해 주면 "야~ 가르쳐 주어서 고마워! 이걸 찾게 되어 정말 다행이야."라고 하며 사회적 강화를 해 준다. 또한, "오늘은 다른 언니도 여기서 함께 놀고 싶다고 하는데 괜찮니?"라고 하면서 다른 사람과의 교류를 경험하도록 한다. 이러한 접근을 하는 동안에 조금이라도 바람직한 행동이 나타나면 즉각적으로 사회적 강화를 해 준다.

이러한 접근을 한 결과, 10회째는 놀이실에서 상당히 활발한 모습을 보였으며 심리적 위축이나 고립 행동은 거의 보이지 않았다. 그리고 다른 치료사가 있는 경우에도 거의 불안을 느끼지 않고 놀이를 즐기는 모습이었다. 어머니의 보고에 의하면 여전히 등원을 꺼리는 행동은 보이지만, 고집을 부리거나 동생을 괴롭히는 행동은 이전보다 반 정도가 줄어들었다는 것이다.

아이의 이런 행동 변화를 통하여 어머니는 A가 밖에서 생긴 욕구 불만이 가정 내의 문제 행동의 발생 원인으로 작용하고 있다는 것을 재확인하고, 지속적으로 수용적인 태도로 대하는 것이 중요하다는 사실을 다시 인식하게 되었다.

❷ 사회적 스킬의 형성과 일반화 과정

4회째 상담부터는 이야기를 함께 나누는 시간을 가지면서 유치원에서 있었던 일을 듣는 기회를 가졌다. A의 이야기를 통해서 '다른 아이들과 놀고 싶다'고 하는 욕구가 아이의 마음속에 내재되어 있다는 사실은 확인할 수 있었지만, 집단놀이에서의 자발성은 여전히 떨어졌다.

그래서 사회적 스킬 훈련의 첫 목표는 선생님의 도움을 통하여 집단놀이에 참여시키는 것으로 정했다. 이것이 달성되면, 그다음 단계로 "고마워", "나도 ○○가 좋아", "안녕" 등의 말을 자발적으로 하도록 하는 훈련을 도입하여 최종적으로는 선생님의 개입이 없어도 스스로 집단놀이에 참여할 수 있도록 하는 데 목표를 두고 〈표 4-1〉에 나타나 있는 사회적 스킬 훈련을 진행했다.

훈련의 성과는 교사에게 정기적으로 보고하여 본인이 가장 놀고 싶어 하는 집단에 참여 가능하도록 협력을 구했다. 각 단계에서 사회적 스킬이 실제적으로 실천되었는지, 달성 가능한 행동과 전혀 표현되지 않은 행동은 무엇인지, 각각 어떤 조건 하에서 무슨 행동을 보였는지 등에 관한 정보를 교사로부터 제공받았다. 또한, 이때 교사에게 A에 대해서만이 아니라, 반 전체 아이들이 새로운 친구를 놀이에 참여시키는 것에 대해 칭찬을 해 주는 게임을 설명하고, 그 실천을 의뢰하였다. 이처럼 A가 또래 집단의 놀이에 쉽게 참여할 수 있는 상황이 형성되도록 배려하였다.

입학 후 4개월이 지난 시기부터 A에게 3명의 놀이 친구가 생기게 되고, 이들 친구와의 놀이를 통하여 집단놀이가 이루어지면서 더 이상 교사의 도움은 필요 없게 되었다. 그리고 특별히 친하지 않은 친구와도 조금씩 이야기를 나누는 행동이 발

〈표 4-1〉 단계적으로 밟아 나아가는 A의 놀이 참가 행동(유치원 장면)

1. 선생님의 도움으로 선생님과 함께 친구와의 놀이에 참가한다.
2. 선생님의 도움으로 선생님과 함께 놀이에 참가하지만, 선생님은 도중에 빠져나간다. 그 이후에도 A의 놀이는 지속된다.
3. 선생님의 도움으로 놀이에 참여하지만, 선생님은 처음부터 놀이에 참가하지 않고 빠져나간다. A는 그대로 놀이에 계속 참여한다.
4. 선생님과 함께 놀이에 참여하면서 친구에게 "함께 놀자."라고 말을 건다(선생님과 함께 말을 해 본다).
5. 선생님과 함께 놀이에 참여하면서 친구에게 "함께 놀자."라고 말을 건다(선생님은 소리를 내지 않는다).
6. 선생님의 도움이 계기가 되어 자발적으로 놀이에 참여한다.
7. 선생님의 도움이 없어도 자발적으로 놀이에 참여한다.

견디었다. 그러나 가끔씩 "내일 가지 않아도 돼?", "오늘 가고 싶지 않아."라고 이야기를 하는 등 등원거부의 문제를 보이고 있지만, 이때 어머니는 여유 있는 태도로 "유치원에 안 가면 선생님이나 친구들을 만날 수 없잖아. 집에 있으려면 이불 속에 가만히 있어야 돼. 어떻게 할 거야?"라고 대응하였다. 이후 A는 감기 등의 문제로 몸이 아프지 않는 이상은 등원을 하게 되었다.

(7) 종결과 Fellow Up

그해 9월경부터 등원을 꺼리는 행동은 완전히 사라지고 안정되어 보였으며, 유치원에서의 생활도 문제가 없어 보였다. 가정에서의 문제 행동도 그 발생 빈도가 현저히 줄어들었기 때문에 상담을 월 1회로 하였다. 그 이후에도 문제 행동의 개선이 확인되어 이듬해 4월에 상담을 종결하였다.

9월경에 상담사가 유치원을 방문하여 A의 행동에 대해 관찰과 상담을 했으며, 여전히 적응을 잘하고 있음이 확인되었다. 그다음 해 1월에 어머니에게 전화 연락을 하였으며 특별한 문제가 없이 잘 등원하고 있다는 사실이 확인되었다.

(8) 논의

A의 문제 행동의 형성 메커니즘은 다음과 같이 이해할 수 있다. A는 이제까지 또래와의 관계를 형성하는 데 필요한 기술을 습득할 기회가 적었으며, 이 때문에 또래와의 놀이에 관심은 갖고 있으면서도 적절한 관계 형성을 습득하지 못한 채 등원하게 되었다. 그래서 여러 가지 스트레스를 경험하게 되고, 이것이 원인이 되어 등원 거부나 가정 내에서의 문제 행동으로 표출하게 된 것이라 볼 수 있다.

그리고 문제 행동이 그런대로 단기간에 두드러지게 개선된 배경에는 기본적으로 A는 친구들과의 놀이에 대한 욕구가 강하고, 지적인 측면도 평균 이상으로 별 문제가 없었으며, 교사나 상담사와의 상호작용에 있어서도 큰 문제가 없었다는 점을 들 수 있다. 여기에다 어머니와 유치원 교사의 이해와 협력이 병행된 것도 행동 개선에 크게 기여했다고 볼 수 있다. 이러한 노력을 통하여 A는 심리적 위축, 고립이라고 하는 문제 행동의 개선과 함께 가정 내에서의 문제 행동도 외부의 도움이 필요 없을 정도로 개선되었던 것이다.

비록 본 사례는 단기간에 효과적인 지도가 가능했던 경우이지만, 심리적 위축, 고립의 사례 가운데는 이보다 지도가 힘든 사례가 얼마든지 있다. 그러나 어떤 경우라도 기본적인 개입 전략은 본 사례에 적용한 것처럼 「① 충분한 라포르를 형성한 다음, 아동의 불안이나 긴장을 약화시켜 나가면서 사회적 스킬의 습득을 통하여 '또래와의 사귐'에 대한 자신감이 강화되도록 도와주는 개입, ② 가족, 특히 어머니의 이해와 협력, 가정 내에서의 적절한 대응에 대한 구체적인 조언 제시, ③ 유치원이나 초등학교, 또는 그 밖의 집단생활 장면에서의 협력을 구할 것」이라고 하는 3가지 면에 주안점을 두고 접근해 나간다면 심리적 위축이나 고립 행동은 상당히 개선되는 효과를 기대할 수 있다(神村 · 富田, 1996).

02 겁을 잘 내는 아동에 대한 지도 사례

아동 세계에서의 공포 대상은 실제 존재하는 것부터 상상에 의한 것까지 광범위하다. 그런데 아동이 느끼는 공포의 대부분은 특별한 지도나 치료를 하지 않아도 발달과정에서 소멸되는 것이 일반적이다. 그러므로 아동의 공포증은 어른의 공포증과 구별해서 생각하는 것이 바람직하다. 그러나 전혀 무서워할 필요가 없는 대상이나 상황을 무서워한다든지 이 때문에 일상생활을 하는 데 큰 지장이 있거나 주위 사람들을 곤란하게 만드는 경우라고 한다면 적절한 개입이 필요하다고 하겠다.

(1) 대상 아동

생후 2년 11개월 된 남자아이이며, 이름은 편의상 K라고 한다. 부모와 5세 된 누나가 있다.

(2) 문제 행동

K는 큰소리, 특히 소방차 사이렌 소리에 대한 공포 반응이 강하며, 재미있게 놀다가도 사이렌 소리가 나면 얼굴색이 변하면서 놀이를 중단해 버린다. 그리고 가까이 있는 사람(부모나 친구의 부모)에게 달라붙거나 양손을 귀에 댄 채 바닥에 웅크리고 앉아버린다. 이런 행동은 사이렌 소리가 가까이에서 들리거나 멀리서 조그맣게 들릴 때에도 큰 차이가 없다. 이 외에도 공포 반응을 보이는 소리에는 경찰차나 오토바이 소리, 자동차의 급브레이크 소리, 불꽃놀이 소리, 천둥소리 등이 있었다.

(3) 문제 행동의 경과

소리에 대한 K의 공포 반응은 출생한 지 얼마 되지 않아서 나타났다. K의 집 근처에 소방서가 있어 소방차 사이렌 소리를 들으면서 자랐다고 할 수 있다. 그래서 공포 반응의 원인에는 이러한 환경이 작용했을 것이라고 추정해 볼 수도 있다. 아니면 원래부터 K가 소리 자극에 대해 민감한 특성을 갖고 있는 아동이라고도 볼 수 있다. 왜냐하면, 동일한 환경에서 자라온 누나의 경우는 이런 소리에 대한 공포 반응이 없기 때문이다. 또한, K는 어릴 때부터 수면 중에도 현관의 벨 소리나 전화벨 소리에 바로 눈을 뜨는 등 소리에 매우 민감한 반응을 보였다는 것으로 보아서도 K의 기질적 특성을 추정해 볼 수 있다. 한편, K는 거의 낮잠을 자지 않아서 가족들이 조금이라도 재우려고 한 나머지 최대한 소리를 내지 않으려고 신경을 썼다는 것으로 보아서 환경적 요인도 무시할 수 없다고 생각할 수 있다. 상담을 시작할 때에는 TV 소리가 나더라도 잠을 잔다는 보고를 들을 수 있었으며, 이것은 소리에 대한 민감한 반응이 조금은 이전보다 나아졌다고 볼 수 있다.

(4) 행동 분석과 지도 방침

어머니와의 상담과 놀이실에서의 K에 대한 행동 관찰에서 큰소리에 대한 극도의 공포감을 나타내는 문제 행동 이외에 다른 특이한 행동은 발견되지 않았다. 또래들과 다르지 않게 활발하고 신나게 놀이를 즐기는 아동이라는 인상을 받았다. K에 대한 어머니의 대응 방식에도 특별한 문제점을 발견할 수 없었다. 소리에 대해 공포 반응을 보이는 K의 행동에 대해서도 어머니는 과민하게 반응을 보이지 않았다.

K의 공포 반응 가운데 특히 소방차 사이렌 소리에 가장 민감한 반응을 보인다는 사실, 하지만 이 사이렌 소리를 통제하는 것은 불가능하다는 사실을 토대로 다음과 같은 지도 방침을 설정하였다. K는 친구들과의 놀이를 즐기지만, 사이렌 소리가 나면 놀이를 중단하는 문제가 있다. 그래서 사이렌 소리가 나더라도 이에 개의치 않고 놀이를 지속할 수 있도록 하는 것을 지도의 목표로 삼고, 공포 반응에 대한 직접적인 지도를 통한 행동 변화를 시도하였다.

공포 반응에 대한 구체적인 지도 전략으로는 체계적 탈감법(systematic desensitization, 이에 대한 설명은 PART 2-CHAPTER 1 참조)을 사용하였다. 먼저 K가 가장 좋아하는 공놀이를 도입하였다. 그리고 공포 자극으로는 테이프 녹음기에 녹음된 사이렌 소리를 사용하였다. 치료사는 지도 단계에 따라 볼륨을 조절해 나갔다. 제시 방법은 놀이실에서 치료사와 보조 치료사와 함께 재미있게 노는 장면에서 사이렌 소리의 볼륨을 작은 소리에서 큰소리로 단계적으로 높여가는 것이었다.

이런 지도 과정에서 K에 대한 어머니의 대응 태도는 이전처럼 해 줄 것을 부탁하였다. K가 사이렌 소리에 무서워하며 어머니에게 달려와도 안쓰러워서 달래주거나 걱정하는 태도를 보여 주지 않으면서, 그렇다고 매우 냉정하게 거부하는 태도도 바람직하지 않다는 것을 설명하였다. K가 "무서워!"라고 소리를 지르면 "조금 시끄럽지만 무서워할 필요는 없어. 곧 조용해질 테니." 하는 정도로 대응해 줄 것을 부탁하였다(사실 이런 대응 방식은 이전부터 어머니가 해 오던 방법이다). 단, 진행 상황에 따라 대응 방법의 변경이 필요한 경우에는 어머니와 상담하기로 한다.

(5) 상담 경과

❶ 제1회 상담(○○년 5월 17일)

K의 현 상태와 지금까지의 경과를 중심으로 어머니로부터 이야기를 듣고, 앞으로의 지도 방침과 지도 체제에 대해서 설명을 하였다.

K는 놀이실에서 치료사, 보조 치료사와 함께 기차놀이, 블록놀이, 총놀이 등을 하면서 거의 1시간 정도 활발하게 놀았다. 놀이실에서의 활동은 치료사 및 보조 치료사와의 라포르 형성, 상담실 환경의 적응, 그리고 K의 상태를 파악하는 데 초점을 맞추었다.

치료사들은 K가 매우 활달한 아동이라는 인상을 받았다. 그러나 열심히 놀다가도 갑자기 놀이가 중단되면서 "엄마 늦어?"(어머니는 옆방에서 상담 중임)라고 중얼거리면서 걱정스러운 얼굴을 하고는 두 번 정도 복도로 나가서 어머니를 찾는 행동이 보였다.

❷ 제2회 상담(5월 24일)

놀이실에서의 행동과 어머니로부터 얻은 정보를 토대로 체계적 탈감법을 적용하기로 하고 사이렌 소리를 녹음한 테이프를 준비하였다.

어머니와의 상담: 지난 한 주 동안은 집에서 사이렌 소리를 들을 수 없었다. 지난번에는 놀이실에서 놀이가 중단되면서 엄마를 찾는 행동이 보였는데 집에서는 그런 행동이 전혀 보이지 않았다. 이는 놀이실이 아직 낯설기 때문인 것으로 이해된다.

K의 행동과 소리 자극 제시 1: K가 놀이를 하고 있는 동안 처음에는 멀리서 들릴 듯 말 듯한 작은 음량의 소리 자극을 제시하였다. 물놀이를 하고 있는 가운데 소리가 들리자 옆에서 함께 놀고 있는 치료사들에게 "우~우~ 소리가 들리네요."라고 말을 하였다. 치료사들은 "어느 쪽?", "저쪽?"이라고 하며 서로 이야기를 주고받았다. 이런 가운데 소리는 중단되었다. 이번에는 철

도놀이를 하는 동안에 다시 동일한 소리 자극을 제시하였다. 소리가 들리자 K는 귀에 손을 대고는 불안한 표정을 지으면서 "엄마, 집에 갈 거야."라고 하며 놀이를 중단해 버렸다. 지난번에 자주 보였던 어머니를 찾는 행동이 이번에는 2~3회 정도로 감소하였다.

이후의 사례 회의에서는 치료사들은 소리에 대한 K의 민감한 반응에 대해 관심을 보이지 않도록 하였으며, K의 관심을 최대한 다른 쪽으로 쏠리도록 유도하기로 하였다.

❸ 제3회 상담(5월 31일)

어머니와의 상담: 상담 전날 밤, 멀리서 사이렌 소리가 울리는 것을 알고는 어머니에게 "우~우~"라고 외쳐댔으며 어머니는 "그래, 소리가 들리는구나."라는 정도로 대응했다. 작은 소리였기 때문에 그 이상의 일은 없었다.

K의 행동과 소리 자극 제시 2: 비교적 활발한 놀이가 전개되고 있는 가운데 소리 자극을 제시하였다. 그러자 지금까지 보였던 K의 즐거운 표정이 사라졌다. 그래서 소리 자극을 중지하였다. 이런 식의 시도를 몇 번씩 반복하였다. 한 번은 볼륨 조작의 실수로 큰 소리가 나자, K는 반사적으로 귀에 손을 대고는 불안한 표정을 지으면서 놀이를 중단하고 말았다. 소리 자극의 제시를 잠시 중단하고, 공놀이 등으로 놀이에 몰입하도록 유도한 후에 다시 단계적으로 소리 자극을 제시하였다. 볼륨을 조금씩 올려 나갔지만, 이전처럼 귀에 손을 갖다 대는 행동은 보이지 않았다. 그러나 긴장과 걱정스러운 표정이 서서히 나타나면서 어머니를 찾는 행동이 2~3회 보였다.

❹ 제4회 상담(6월 14일)

어머니와의 상담: 어머니로 얻은 정보는 다음과 같다. 지난 2주 동안 여러 번 큰 소리가 들렸다. 이전처럼 놀이를 중단하고 양손을 귀에 갖다 댄 채 웅크리고 앉았다. 소리가 사라진 뒤에도 한동안 그 자세로 있었다. 폭주족의 오토바이 소리에도 귀를 막았다. 이 외에도 지나가는 영업 자동차의 스피커 소리에도 "시끄러워!"라고 하며 민감한 반응을 보였다. 이처럼 여전히 소리에 대한 공포 반응이 사라지지 않고 있다. 다만 이전과 달라진 점은 어머니에게 달려가 품에 안기는 행동은 보이지 않아서 행동의 개선이 조금은 인정되었다.

K의 행동과 소리 자극 제시 3: 상담을 거듭하는 가운데 K의 놀이는 점점 활발해

져 갔다. 이번부터는 이전보다 소리를 조금 더 높여서 확실하게 들리도록 하였다. 그러나 다행히도 K는 이에 반응을 보이지 않고 놀이를 계속하였다. 이전처럼 소리의 음량을 낮추거나 중지해야만 하는 경우는 발생하지 않았다. 놀이를 하는 동안 잘못하여 넘어졌지만 혼자서 일어났다. 그날 함께 온 K의 누나가 "집에서는 울면서…."라고 하는 말이 치료사들에게는 의미 있게 들렸다.

⑤ 제5회 상담(6월 21일)

어머니와의 상담: 3, 4일 전 천둥소리에 조금 걱정스러운 모습을 보인 적이 있었지만 그전처럼 귀에 손을 갖다 대는 행동은 보이지 않았다. 근처를 지나가는 오토바이 소리에도 민감한 반응을 보이지 않았다.

K의 행동과 소리 자극 제시 4: 지난번보다 볼륨을 높였지만 놀이가 중단되지 않았다. 갑자기 큰소리를 들려주었지만 여전히 표정을 바꾸지 않고 놀이를 계속하였다.

⑥ 제6회 상담(6월 28일)

어머니와의 상담: 상담 일주일 전 TV를 보고 있을 때 멀리서 사이렌 소리가 들렸지만, K는 옆에 있는 어머니에게 "난 무섭지 않아."라고 말했다. 그러나 동네 아이들이 2~3일 정도 집 주위에서 불꽃놀이를 했는데, 이 소리에는 무서워하면서 집 밖으로 나가지 않았다. 어머니는 1회째 치료부터 K의 행동을 옆방에서 모니터로 보고 있었으며, 놀이실에서의 K의 공포 반응이 상당히 개선된 사실을 확인하였다. 물론, 집에서도 행동의 개선이 보였으며, 만일 사이렌 소리가 들리면 상담실에서 하는 것처럼 K의 관심을 다른 곳으로 향하도록 유도할 것을 부탁하였다.

K의 행동과 소리 자극 제시 5: 지난번보다 좀 더 볼륨을 높여서 들려주었다. 누가 들어도 상당히 짜증 날 정도의 큰 소리였음에도 불구하고 K의 얼굴색은 하나도 변하지 않고 놀이를 계속하였다.

⑦ 제7, 8회 상담(7월 12일, 19일)

어머니와의 상담: 근처에 있는 소방서에서 3번이나 사이렌 소리가 났다. 첫 번째 소리에는 어머니에게 접근하여 "난 무섭지 않아."라고 말했다. 두 번째 소리에는 귀에 손을 갖다 대기는 했지만 바닥에 웅크리지는 않았다. 그리고 마지막 세 번째 소리가 날 때에는 소리에 전혀 관심이 없는 듯 평소와 다름없이 놀이를 계속하였다.

K의 행동: 지난번까지 놀이실에서의 행동과 집에서의 행동을 평가해 볼 때, 더 이상 소리 자극의 제시가 필요가 없다고 판단되어 K가 좋아하는 놀이만을 하도록 하였다. 치료는 이것으로 종료하였다.

(6) Fellow Up

상담 종료 후, 약 6개월이 지난 시점에서 K의 집에 전화를 걸어 K의 공포 반응에 대한 상태를 물어보았다. Fellow up의 결과는 다음과 같다. 소방차 소리, 폭죽 소리, 오토바이 소리 등의 자극에 대한 공포 반응은 사라졌다. 큰소리에 대해서도 "어~ 소리가 들리네."하는 정도의 반응을 보일 뿐, 귀에 손을 갖다 대거나 바닥에 웅크리거나 놀이를 중단하는 경우는 없었다. 밤중에 물건 소리에 눈을 뜨는 일도 거의 없었다. 원래 K는 활동적이었지만 소리를 무서워하지 않고부터는 활동 범위도 더욱 커지고 활발해졌다고 하는 이야기를 어머니로부터 들을 수 있었다.

(7) 논의

체계적 탈감법을 이용한 치료법에서는 공포 자극을 환기시키는 자극의 제시 방법과 이에 대항하는 자극으로서 무엇을 준비할 것인가가 중요한 포인트가 된다. 특히, 지도 대상이 유아인 경우에는 신중하게 접근해 나가야 한다. 왜냐하면, 유아들은 자신이 경험한 내용을 잘 표현할 수 없기 때문이다.

본 사례처럼 공포 반응 이외에 다른 문제 행동이 없거나, 부모나 친구와의 관계에도 특별히 문제가 없는 경우에는 체계적 탈감법의 적용이 효과적이라고 할 수 있다. 그러나 이 기법을 적용할 때에도 주변 사람들의 협조가 필수적이다. 즉, "소리가 난다"라고 하는 K의 행동에 대해 민감하게 반응을 보이지 않는 것이 중요하며, 또한 작은 소리라도 나지 않도록 하는 필요 이상의 대응도 바람직하지 않다.

체계적 탈감법은 공포 해소에 도움이 되는 반응이나 상황을 미리 준비해 두고, 여기에 문제가 되는 자극을 도입하는 소위 외부로부터의 통제라고 하는 행동치료 기법이다. 치료가 진행되는 동안 K는 사이렌 소리에 "난 이제 무섭지 않아요."라고 말을 하게 되는데, 이런 자기 강화적 언어는 외부로부터의 통제가 K의 내적 변화에 영향을 주었다는 것을 시사한다(福島 · 松村, 1982).

03 취학을 무서워하고 싫어하는 아동에 대한 지도 사례

(1) 대상 아동

대상 아동은 도심 외곽 지역의 사립 유치원에 다니는 5살 된 여자아이이며, 이름은 편의상 M이라 한다. 가족으로는 아버지(34세, 회사원)와 어머니(32세, 주부)가 있다.

(2) 신청 경위

내년에 취학을 앞두고 있는 M은 11월 말경에 어머니가 학교 가방을 사러 가는 것에 대해 매우 싫어하는 반응을 보였다. 순간 어머니는 옆집에 살고 있는 M의 친구인 C가 "시골에 계시는 할머니가 선물로 가방을 사 주신대."라고 하며 매우 즐거운 듯 말했던 것이 생각났고, M의 의외의 반응과 비교가 되어서 당황했다. 그래서 어머니는 TV에서 등교 거부 아동의 문제가 가끔 보도되는 것을 보면서, M도 등교 거부를 하는 것이 아닌가하고 걱정이 되기 시작하였다. 사실 어머니는 M이 아직 글자도 제대로 쓰지 못하고, 겨우 자신의 이름만을 쓸 정도여서 과연 학교에 가서 공부를 따라갈 수 있을까라고 이전부터 걱정하고 있었다. 그러던 중 지역 신문에 교육 상담에 관한 안내가 눈에 들어왔다.

M의 어머니는 사교성이 별로 없어 주변 사람에게 자신의 문제를 이야기하는 것에 대해 거부감이 있었으며, 근처에 살고 있는 시어머니에게 상담하는 것도 오히

려 자신의 그릇된 양육 방식을 지적당하면 어떻게 하나라고 하는 생각 때문에 그 쪽에도 발을 옮기지 못하고 있었다. 이런저런 생각을 하면서 망설이고 있던 중, 지역 신문을 접하게 되었고 용기를 내서 지역 교육 상담실에 전화를 걸어 도움을 청하게 되었다.

(3) 상담 경과

❶ 첫 상담

교육 상담실은 시청에 인접하고 있는 복지관 3층에 있었다. M의 어머니는 보통 정도의 키와 체격이었으며, 가벼운 화장을 한 얼굴에 녹색 재킷과 갈색 스커트를 입고 약속한 오전 10시 정각에 상담실에 나타났다. 남서로 창문이 있는 5평 정도의 상담실에 들어온 어머니의 모습은 조금 긴장된 표정이었으며, 상담사가 이야기하기까지는 소파에 앉으려고 하지 않았다. 어머니와의 상담을 책임진 사람은 40대의 여성 상담사였다. 출입구 가까이에 있는 소파에 앉은 어머니는 상담사가 제시한 상담표에 "여기에 아이의 이름을 적어도 좋습니까?", "한자로 적어도 좋습니까?"라고 확인하면서 바른 글씨로 기입해 나갔다.

상담표의 기입이 끝나고 "어떤 문제로 오셨습니까?"라고 하는 상담사의 질문에 어머니는 아이의 문제를 다음과 같이 진술하였다. "우리 아이는 글을 읽고 쓰는 것도 잘 못 하고, 낯선 곳에 가면 낯가림이 심해서 말을 하지 않아요. 글쎄, 이런 문제로 평소 걱정하고 있었는데 어느 날 아이가 학교에 가기 싫다는 거예요. 그래서 진짜 등교 거부를 하지 않을까 걱정이 되어…."

상담사는 어머니가 왜 M이 읽기나 쓰기 능력이 없다고 생각하는지, 그 이유를 물었다. 어머니는 다음과 같이 자세하게 이야기해 주었다. M과 마찬가지로 내년에 취학할 예정인 C는 M의 집에 자주 놀러 왔다. 가끔씩 둘이 그림을 그리고 있는 모습을 보고 있으면 친구인 C가 그린 그림에는 글자가 적혀 있기도 하고, 자기 이름을 적곤 하였다. 또 C는 그림 동화책을 M에게 읽어 주기도 하였다. 이 때문에 M은 책을 좋아하게 되고, 어머니에게 책을 읽어 달라고 자주 조르기도 하였다.

다음 날 C의 어머니를 만났을 때 M의 어머니가 "C는 벌써 글씨도 쓸 수 있군요." 라고 말을 걸자, C는 초등학생인 형이 공부하는 것을 보면서 읽기나 쓰기를 할 수 있게 되었고, 구구단도 외울 정도라고 했다. 그리고 요즘 초등학교는 옛날과 달라서 공부를 많이 시키기 때문에 학교에 들어가기 전에 읽기, 쓰기는 물론 간단한 계산 정도는 할 수 있도록 지도를 해 두지 않으면 학업 경쟁에서 떨어지고 만다고 하는 것이었다.

이제까지 자녀 양육 문제에 대해 좀 느긋한 마음을 갖고 대하는 것이 중요하다고 생각하고 있었던 어머니로서는 M을 놀이 중심의 교육을 하고 있는 유치원에 보내는 등 공부에 대해서는 그다지 신경을 쓰고 있지 않았지만, 주위 사람의 이런 저런 말에 갑자기 조급해지기 시작하였다. 그래서 그날부터 M에게 글자를 가르치게 되었다. 글자가 적혀 있는 블록을 이용하여 한 글자씩 익히는 것은 비교적 순조롭게 진행되었지만, 쓰기 단계에 들어서면서 M은 공부를 싫어하기 시작하였다. 이제야 겨우 자기 이름을 적을 수 있는 정도였다. 또한, 수에 대한 것도 '하나, 둘…'의 순서를 좀처럼 외우지 못해 어머니를 답답하게 만들었다.

낯선 곳에서의 낯가림이 심해 입을 다물어 버리는 M의 행동을 어머니가 심각하게 느끼게 된 것은 병원에 데리고 갔을 때부터였다. 의사 선생님이 진찰을 하면서 "이름은? 나이는?"이라고 물어도 M은 아무런 대답을 하지 않았다. 어머니는 이전에도 주위 사람들로부터 "애가 본래 말이 없나요?"라고 몇 번이나 들은 적이 있었다. 3살 때 처음으로 유치원에 갔던 날, 선생님이 이름을 부르면 다른 아동들은 큰 소리로 대답했지만 M은 대답하지 않았다. 그리고 유치원을 다니면서 처음 한 달 정도는 어머니와 헤어지는 것이 싫어서 우는 경우가 많았다. "괜찮아요. 어머니가 가시면 울음을 그치고 활발하게 놀게 됩니다."라고 하는 선생님의 말에 거의 매일 울어대는 M을 뒤로하고 집으로 발길을 돌렸다. 어머니로서는 그동안 이러한 일들이 있었기에 M의 취학을 앞두고 불안감이 클 수밖에 없었다. 이런 어머니의 불안감을 더욱 증폭시킨 것은 가방 사건이었다. 학교 가방 선전 광고를 보고는 어머니가 M에게 "이다음에 가방을 사러 가 볼래?"라고 말을 꺼내자 얼굴색이 확 바뀌면서, "난 가방 필요 없어. 학교 안 갈 거야. 유치원이 좋아."라고 필사적으로 자기 생각을 이야기하는 것이었다. 옆집 아이가 가방을 샀다고 즐거워하는 모습을 본 적이 있고, 자신의 어린 시절을 되돌아보아도 학교 가방을 샀던 그 날 얼마나 흥분하고 좋아했는지 그때의 추억을 간직하고 있었던 어머니로서는 M의 반응이 매우 당혹스러웠다. 어머니는 그동안 내년에 시작되는 학교생활이 힘들지 않도록 여러 면으로 신경을 쓰고 있음에도 M의 의외의 반응에 '이 아이는 무언가 이상한 게 아닌가'라고 하는 불안감을 떨쳐 버릴 수가 없었다. 이러한 이야기를 하는 동안 어머니의 어깨는 힘이 들어가 있었고, 무릎 위의 가방을 양손으로 꽉 쥐고 있었다.

상담사는 M이 아직 취학 전이기 때문에 글자를 읽고 자기 이름을 쓸 정도라면 걱정할 필요가 없으며 다른 아동에 비해 결코 뒤지는 것이 아니라는 사실, 병원에서의 행동은 치료에 대한 불안감이나 몸의 상태가 좋지 않아서 그런 위축된 태도를 보인 것이기 때문에 너무 염려할 필요가 없다는 사실 등을 어머니에게 설명해 주었다. 그러자 M의 어머니는 "그렇습니까?"라고 고개를 끄덕이는 가운데 표정도 한결 부드러워지고, 어깨의 힘도 조금 빠지는 것 같았다.

다음 상담 때는 M과 함께 오도록 하였다. 상담사가 실제 M의 행동을 관찰하고 난 후, M의 문제에 대해서 함께 생각해 보기로 하였다. 경우에 따라 M이 다니는 유치원을 방문하여 담임 선생님의 이야기를 듣거나 또래와의 놀이 장면을 관찰할 수도 있다는 것을 이야기하자, 어머니는 상담사에게 "꼭 부탁드립니다."라고 반응하였다.

❷ M과의 첫 만남

1회째: 일주일 후 어머니는 M을 데리고 왔다. M은 작은 체구에 둥글고 파란 장식품이 붙어 있는 고무줄로 조금 긴 머리를 두 갈래로 묶고 있었다. 토끼 그림이 그려진 스웨터와 파란 스커트 차림이 인상적이었다. M의 담당 상담사는 30대의 여성 상담사였다.

상담사는 M에게 "어머니가 이야기하시는 동안 장난감이 많은 방에 놀러 가지 않을래?"하고 제안했지만, M은 어머니의 손을 꼭 잡고 망설였다. 상담사는 "어머니는 여기 계실 거야. 어머니를 만나고 싶으면 언제라도 여기로 와도 좋아."라고 안심을 시킨 후, 어머니와 함께 상담실 옆의 놀이실에 들어가서 다양한 게임기나 장난감 등을 보여 주었다. 그러자 M은 어느 정도 안심이 되었는지 어머니가 옆방에서 이야기하는 동안 놀이실에서 상담사와 놀기로 하였다.

상담사가 "이 방에 있는 장난감이나 게임은 무엇이든 갖고 놀아도 돼요!"라고 말해 주었지만, M은 장난감이 있는 쪽으로 가서 가만히 서 있기만 하고 놀지는 않았다. M의 시선이 토끼 인형에 집중되어 있다는 것을 눈치챈 상담사는 "이걸 갖고 놀고 싶어 하는구나."라고 말하자, M은 고개를 끄떡였다. M은 엄마 토끼와 새끼 토기를 의자에 앉혔다. 새끼 토끼는 유리 상자 안에 들어 있었다. M은 조금은 적응이 되었는지 상담사가 묻는 말에 대답을 하기 시작하였다. 상담사가 "이 토끼들 가운데 어느 것이 가장 좋아?"라고 묻자, "아기 토끼."라고 대답했다. 상담사는 아기로 돌아가고 싶다는 M의 욕구가 반영된 대답이 아닌가하고 느꼈다.

2회째: 어머니와의 상담에서 어머니의 태도는 지난번보다 조금 안정되어 보였다. 어머니의 이야기를 정리하면 다음과 같다. M을 상담실로 데리고 가기 위해서 무슨 말을 하면 좋을지 걱정이 되었다. 하지만 그냥 볼일이 좀 있어서 함께 가자고 하자 곧바로 따라나섰다. 지난번 상담을 통해 조금은 안심이 되었지만, M의 학습 능력에 대해서는 여전히 걱정이 된다. 첫아이라서 어떻게 키우면 좋을지 몰라서 불안하고 당황스럽기도 하다. M이 몸이 아플 때 누군가의 도움이 간절했지만 남편은 회사일로 바빠서 집안일을 도울 수가 없었다. 친정어머니는 멀리 계시기 때문에 도움을 받을 수도 없고, 시어머니는 근처에 살고 있어 도움을 받을 수는 있겠지만 이전에 이런저런 지적을 받은 적이 많아 이야기하기가 싫었다.

❸ M과 어머니가 함께 그린 가족 그림

3회째: 상담의 전반부에 모녀(母女)가 함께하는 자리를 마련하였다. 이 장면이 마련된 목적은 어머니와 M의 관계를 관찰하는 데 있었다. 두 사람에게 그림을 그리는 과제가 제시되었으며, 한 장의 종이에 서로 협동하여 가족 그림을 그리도록 하였다. M은 파란색 크레파스를 집어 들고는 종이 한가운데 먼저 자신의 모습을 그렸다. 어머니는 "엄마는 그림을 못 그려서 싫은걸."이라고 하며 살구색 크레파스로 오른쪽 상단에 남편을 그렸다. M이 집에서 기르고 있는 강아지를 그려 넣고, 어머니는 남편 왼쪽에 자신의 모습을 그렸다. M은 어머니 그림에 옷을 그려 넣기도 하고 아버지 그림에는 "흰 머리카락이 없잖아."라고 하며 마음대로 어머니가 그린 그림에 흰 머리카락을 그려 넣었다. "그럼, 엄마도 M이 그린 그림을 고쳐야지."라고 하며 강아지의 귀 모양이나 목의 크기를 수정하였다.

후반부는 지난번과 같이 개인별 상담이 진행되었다. M은 만화 캐릭터를 플라스틱 시트로 된 그림틀을 이용하여 상담사와 함께 그림을 그리기 시작하였다. 하지만 M은 예쁘게 그려진 그림을 연필로 수정하기 시작하였다. 수정하는 부분은 귀와 목 부분이었다. 마음에 들지 않았는지 M은 귀와 목 부분을 몇 번씩이나 그리다가 던져버렸다. 이 부분은 조금 전에 어머니가 M의 그림에 수정을 가한 부분이었다.

한편, 어머니와의 상담에서는 M이 빨리 좋아지길 바란다는 어머니의 강한 기대와 여전히 취학을 앞둔 M에 대한 불안감이 이야기의 중심이었다. 특히, 어머니는 M에게 쓰기 지도를 시작하면서 그동안 무심결에 내뱉은 말이 M의 행동에 영향을 주지는 않았나 하고 걱정하고 있었다. 어머니는 M이 공부를 싫어하거나 글자가 틀리면 학습 의욕을 강화시키고자 "그러면 학교에 가서 친구들에게 웃음거리가 되는데.", "열심히 하지 않으면 학교 선생님께 혼나요." 등의 말을 해 왔던 것이다. 이에 대해 상담사는 어머니에게 다음과 같은 부탁과 협조를 구했다. M이 공부를 싫어할 때는 억지로 공부를 시키지 말 것, 틀린 글자에 대한 지적은 최소한으로 할 것, 정확히 잘 쓴 글자에 대해서는 충분히 칭찬을 해 줄 것, 학교에 들어가면 좋아지는 것이 무엇인지를 많이 이야기해 줄 것, 그리고 자녀를 대할 때에는 좀 더 여유를 갖고 부드럽게 대하는 태도가 중요하다는 것을 조언하였다.

④ 사례 회의

이상 3번의 상담을 통해서 얻은 M과 어머니에 대한 정보를 토대로 상담사 전원이 참여한 사례 회의를 열었다. 여기서는 본 사례의 내용에 대한 전반적 검토와 앞으로의 상담 방향에 대한 이야기를 나누었다. 그 내용을 요약하면 다음과 같다.

어머니는 자녀를 양육하면서 육아에 대한 이야기를 마음 터놓고 이야기할 만한 상대자가 주변에 없었다. 이 때문에 육아에 대한 여러 가지 정보에 쉽게 마음이 동요되면서 불안을 느끼게 되었다. M은 어머니의 사소한 행동에도 민감하게 영향을 받고 있었다. 예를 들어, 놀이실에서 어머니가 자신의 그림을 수정했던 행동은 M이 어머니의 그림을 수정하는 행동으로 이어졌다. M의 행동 가운데 낯선 장면에서 긴장하거나 자기표현을 적극적으로 하지 않는 경향이 있다는 것은 인정되지만 그렇게 심각한 정도는 아니었다. 오히려 M의 어머니가 낯선 장면에서 긴장을 많이 하고 여유가 없다는 것을 첫 상담 장면에서 느낄 수 있었다. 그래서 자녀의 취학에 대한 어머니의 불안이나 긴장이 M의 행동에 영향을 주고 있는 것으로 판단되었다.

앞으로의 상담 방향은 어머니의 이런 불안을 해소시켜 나가면서 M의 행동에 대한 대응을 변화시키는 데 목표를 두었다. 또한, M의 학업 능력에 대해서는 M의 놀이실에서의 행동이나 어머니의 이야기를 종합적으로 분석해 볼 때 크게 걱정할 필요가 없는 것으로 판단되었다. 그러나 어머니의 불안을 해소시켜 주기 위하여 M이 싫어하지 않는다면 지능검사를 실시하여 그 결과를 알려 주어서 안심시킬 필요성이 있다고 느꼈다. 그리고 유치원을 방문하여 M의 행동을 관찰하기로 하였다. 이 밖에도 놀이치료를 지속적으로 실천함으로써 심리적으로 안정된 환경에서 마음껏 자기표현을 하도록 하여 M이 조금씩 자신감을 회복하도록 하였다.

⑤ 이후의 상담 전개

4회째: 4회째의 상담은 연말연시의 연휴가 중간에 있었기 때문에 2주 후에 가졌다. 오늘은 M이 먼저 상담실로 달려가고 어머니는 뒤따라갔다. 이제까지는 정시보다 일찍 도착하게 되면 복지관의 의자에 앉아서 상담 시간을 기다렸지만, 오늘은 버스가 늦게 오는 바람에 거의 시간이 다 되어서 도착하게 되었다. M은 놀이실에 들어서자마자 곧바로 토끼 인형 놀이를 시작하였다. 토끼 놀이에서 M이 갖고 놀고 있는 엄마 토끼가 상담사가 갖고 있는 새끼 토끼 인형을 꾸중하는 장면이 표현되고, 결국 나중에는 새끼 토끼가 집에서 쫓겨나게 된다.

토끼놀이를 하고 난 후, M은 공놀이를 시작하였다. 50분간의 상담 시간이 거의 끝날 때쯤, M의 얼굴이 밝아지면서 상담사에게 연휴 기간에 "엄마와 함께 토끼를 보러 갔었어요. 정말 귀여웠어요."라는 이야기를 해 주었다. 상담사가 이다음 시간에는 퀴즈놀이를 하자고 제안하자, M은 고개를 끄덕이며

"퀴즈놀이 좋아해요."라고 대답하였다.

어머니와의 상담에서는 신정 연휴 때 M이 아빠랑 할머니, 할아버지와 함께 카드놀이를 즐겁게 했다는 사실, 취학 예정 학교에서 기르고 있는 토끼에게 먹이(당근)를 주고 왔다는 사실을 알게 되었다. 또한, 어머니는 M에게 취학에 불안을 느낄 수 있는 언어 표현은 최대한 자제하고 있으며, 글자 지도 시에 무리한 요구는 하고 있지 않다는 것을 들을 수 있었다.

5회째: M의 학습 능력을 평가하기 위하여 지능검사를 실시하였다. 그 결과, M은 집중력도 있으며 특별히 문제가 될 만한 요소는 없는 것으로 판명되었다. 지능검사를 마친 M은 "아~ 재미있었다."라고 말했다. 상담사가 3일 후에 M이 다니고 있는 유치원을 방문할 예정이라는 사실을 이야기하자 "정말?"이라고 하며 즐거워하였다.

어머니와의 상담에서는 이틀 전 M의 생일 파티를 열어주었다는 이야기, 친구인 C와 C의 초등학생 오빠가 집에 놀러 왔다는 사실, 그리고 "학교 선생님 이야기는 너무 재미있어."라는 C의 오빠의 이야기에 고개를 끄덕였다는 내용 등이 보고되었다.

두 명의 상담사가 M의 유치원을 방문하여 주임 교사와 담임 교사로부터 M에 대한 이야기를 듣는 기회를 가졌다. 그 내용을 요약하면 다음과 같다. 등원 초기에는 어머니와 헤어지기 싫어하면서 자주 울기도 하고 놀이실에서도 아무것도 하지 않고 울기만 하는 경우가 많았다. 그러나 4, 5세반으로 올라가서는 완전히 유치원 생활에 익숙해져 행사 때에는 친구와 함께 개회 선언도 할 수 있을 정도였다. 집단 활동 장면에서 M의 행동을 중심으로 관찰을 하였으나 선생님의 지시도 잘 따르고, 친구와의 놀이도 즐기는 모습이 보이는 등 특별히 눈에 띄는 문제점을 발견할 수 없었다.

6회째: 6회째부터는 어머니의 사정도 있고, M도 안정되어 가는 모습을 보이고 있기 때문에 2주에 한 번씩 상담하기로 하였다. M은 6회째에도 토끼 인형 놀이부터 시작하였다. 이번에는 상담사에게 엄마 토끼 인형을 갖고 놀게 하고, 자신은 새끼 토끼 인형을 갖고 놀았다. 놀이의 전개는 다음과 같다. 자주 새끼 토끼를 꾸중하는 엄마 토끼가 시장에 간다. 새끼 토끼가 집에 열쇠를 채워버려 엄마 토끼는 집에 들어갈 수가 없게 된다. 결국, 엄마 토끼는 "이젠 꾸중하지 않을게."라고 새끼 토끼에게 약속을 해 주자 겨우 집에 들어갈 수 있게 된다.

한편, 어머니와의 상담에서는 상담사가 M의 지능검사 결과와 유치원에서의 행동에 대해서 설명을 해 주자 어머니는 상당히 안심을 하는 표정이었다.

7회째: 이번 상담에는 어머니가 산뜻한 색깔의 스카프를 어깨에 두르고 상담실에 나타났다. 그리고 상담실의 안쪽 소파에 편한 자세로 앉아서 이야기를 시작했다. 토끼에게 먹이를 갖다주러 학교에 가자고 몇 번이고 어머니를 졸라댔다는 이야기, 카드놀이에 사용할 종이에다 그림과 글씨를 그려 넣었다는 이야기, 어머니가 "잘 그렸구나."라고 칭찬을 하자 매우 기쁜 듯이 웃었다는 이야기 등이 보고되었다. M은 놀이실에서 공놀이를 하거나 구슬을 구멍에 집어넣는 게임을 즐겼다.

8회째: 어머니와의 상담에서는 어머니 자신의 성격, 즉 '겁이 많으며, 새로운 일에 부딪히면 항상 어떻게 해야 할지 당황하게 된다. 예를 들어, 입학식이나 입사식 등에서 잊어버린 물건은 없는지 몇 번이고 확인한 적이 있다. 다른 사람에게 어떤 부탁을 받게 되면 자신의 방식대로 해도 되는지 항상 망설이게 된다'에 대한 이야기가 중심이 되었다.

이에 대해 상담사는 낯선 장면에서는 누구라도 불안하게 되거나 긴장하게 되며, 무슨 판단을 할 때 망설이는 것은 때로는 보다 좋은 방법을 생각하는 데 도움이 될 수 있다는 이야기를 해 주었다.

M은 놀이실에서 그림을 그리면서 시간을 보냈다. M은 상담사에게 자신이 갈 학교에 있는 토끼가 얼마나 예쁜지를 자랑하면서 토끼 그림을 그린 후에 자신의 이름을 적어 넣었다.

9회째: M은 다시 토끼 인형 놀이를 시작하였다. 이번에는 토끼 가족이 모험 여행을 떠나는 테마였다. 어머니와의 상담에서 어머니가 어떤 일로 걱정을 하게 되면 그날 M의 행동도 활발하지 않다는 이야기, M이 초등학교에 가게 되면 매일매일 토끼에게 먹이를 주겠다는 이야기, 어머니와 함께 학교 가방을 사러 갔다는 이야기 등이 보고되었다.

이상으로 M의 행동이 상당히 개선되었고 어머니도 어느 정도 M에 대해 안심을 하고 있다고 판단되어 다음 상담을 끝으로 종결하기로 하였다.

10회째: 마지막 상담에서 M은 지금까지 해 오던 놀이를 한 번씩 해 보고는 기분 좋게 돌아갔다. 어머니로부터는 지금은 공부를 시키고 있지 않지만, 학교에 다니게 되면 이런 마음을 유지하면서 M을 대할 수 있을지 자신이 없다는 이야기가 나왔다. 이에 대해 상담사는 만일 앞으로 걱정되는 일이 있으면 언제라도 상담에 응해 줄 의사가 있음을 전하면서 상담을 종료하였다.

(4) Fellow Up

취학 후 한 달 정도 지나서 M의 집에 전화를 걸어 M이 학교에 열심히 잘 다니고 있다는 사실, 아버지가 직장 내의 근무 부서가 바뀌어서 이전보다 집에 있는 시간이 많아졌다는 사실, 그리고 M도 학교에 다니면서 즐거워하는 모습으로 잘 지내고 있다는 사실을 확인할 수 있게 되었다.

(5) 논의

본 상담 사례는 자녀의 취학에 대한 어머니의 불안과 이에 따른 그릇된 대응이 아동에게 부정적인 영향을 미친다는 점을 잘 보여 주고 있다. 상담사와의 상담을 통하여 아동의 상태를 새로운 관점에서 바라보게 된 어머니는 어느 정도 심리적으로 안정을 찾게 되면서 마음의 여유를 갖게 되었다고 할 수 있다. 어머니는 마음의 여유가 생기게 되자, 자신과 M과의 관계를 객관적으로 바라보게 되고 자신의 그릇된 대응을 깨닫게 된 것이다. 그래서 어머니는 M의 문제 행동의 원인이 자신의 잘못된 대응에 있었다는 사실을 인정하면서 M에 대한 태도를 수정하게 되었다고 할 수 있다.

상담은 어머니의 기분이나 생각을 최대한 존중하면서 진행되었다. 지능검사의 실시나 유치원 방문도 그 일환이라고 볼 수 있다. 그러나 M의 기분도 결코 소홀히 하지는 않았다. 모든 상담의 진행 과정에서 M의 이해를 구했다. 상담사의 이런 태도는 상담 치료를 진행하는 데 매우 중요하다.

놀이치료에 등장하는 엄마 토끼와 새끼 토끼는 어머니와의 관계를 상징적으로 나타내고 있다고 할 수 있다. 놀이치료에서 부자(父子)관계가 등장한 것은 어머니와의 관계가 개선되고 나서부터였다. 이것은 M의 마음에 여유가 생겼다는 것을 말해 주고 있다. 토끼놀이에서 처음에 엄마 토끼에 의해 쫓겨난 새끼 토끼는 힘을 키워서 엄마 토끼를 몰아내지만, 나중에 사이가 좋아질 정도로 성장하면서 함께 여행을 떠난다는 이야기가 전개된다. 그리고 취학 예정 학교에 가서 토끼에게 먹이를 준다든지, C의 오빠 이야기를 통해 학교 선생님에 대한 긍정적 이미지를 갖게 한 것도 취학에 대한 불안감을 해소시키는 데 도움이 되었다. 상담 형태에서 어머니와 M에 대한 평행 상담 치료만이 아니라, 모녀가 함께 가족 그림을 그리게 한 것도 문제 상황을 이해하는 데 큰 도움이 되었다.

끝으로 상담 과정에서 내담자의 이야기에서만이 아니라, 그 사람의 복장이나 앉아 있는 자세, 시선, 목소리의 크기 등을 통해서도 그 사람의 심리 상태를 알 수 있는 경우가 많기 때문에 내담자를 이해하는 데 참고가 될 수 있었다(豊田, 1996).

04 선택적 함구 증세를 보이는 아동에 대한 지도 사례

(1) 선택적 함구증이란

함구란 중증 지능 장애나 정신 분열증에 의한 경우와는 달리 말을 하는 능력을 갖고 있으면서도 어떤 심리적 요인으로 인해 특정 장면에서만 함구 증세를 보이는 경우를 말한다. 이를 소위 장면 침묵 또는 선택적 함구증(selective mutism)이라 부르고 있다. 대개 특정 장면이란 유치원이나 어린이집, 학교 등과 같이 심리적 불안을 느끼게 하는 타인이 존재하고 있는 상황을 말한다.

교실에서 조용히 소리도 내지 않고 가만히 있는 선택적 함구 아동은 대개 주위로부터 관심이나 주목을 받지 못하는 경우가 많기 때문에 주위로부터 무시되는 경우가 많다. 이런 아동은 단지 말을 하지 않는 행동만이 아니라, 타인과의 관계를 극도로 회피하려고 하는 비사회적 성격의 경향을 강하게 보이기도 한다. 사실 이 같은 행동은 눈에 두드러지게 띄는 행동은 아니기 때문에 잘 발견되지 않는 경향이 있다. 다음은 선택적 함구 증세를 보이는 한 아동에 대한 지도 사례이다.

(2) 대상 아동

지도 대상 아동은 초등학교 2학년 여자아이이며, 이름은 편의상 M이라고 한다. M은 학교에서 전혀 입을 열지 않는 행동을 보이고 있다. "학교에서 벌레 울음 같은 소리를 내기 때문에 뭔가 이상해서…."라고 걱정을 하는 담임 선생님의 권유로 상담사를 찾았다. M은 집에서는 전혀 이상한 행동을 보이지 않기 때문에 어머니는 M이 문제라는 의식이 거의 없었으며, 그렇기 때문에 선생님의 제안에 의해 상담실에 어쩔 수 없이 왔다는 인상을 주었다.

(3) 가정환경

가족은 조부모, 부모, 오빠(초등학교 6년생), 여동생(유치원생 5세), M을 포함해서 7명으로 구성되어 있다. M이 태어났을 때부터 조부모와 함께 살았으나, 조부모와 어머니 사이가 좋지 않고, 조부모가 아이를 귀찮아하기 때문에 어머니는 조부모에 대한 신경을 쓰면서 M을 양육하였다.

(4) 문제 행동 및 상담 경과

처음에는 상담실에 어머니와 M, 여동생 3명이 방문을 하였다. M은 동생에 대해서 양보하는 경향이 강해서 장난감 쟁탈전이 발생하는 경우 자기주장도 하지 않고 포기해 버린다. 어머니의 대응도 M에게 "너는 언니니까."라고 하며 양보를 유도하는 편이었다. 동생은 요령 있게 어머니에게 어리광을 부리는 경우가 많았다. M은 집에서는 특별한 문제가 없고 말도 잘하는 편이지만, 자세하게 물어보면 언어 표현에서 그다지 적극적이지 않다는 것을 알 수 있었다. M은 자신이 하고 싶은 것은 묵묵히 하는 타입이다. M은 치료사와 1:1의 놀이치료를 하는 과정에서 처음에는 긴장하고 있었으며, 거의 반응을 보이지 않았다. 그러나 치료 횟수가 많아질수록 M의 행동은 점차 활발해져 갔다. 스스로 놀이에 대한 연구를 하기도 하고, 치료사에게 먼저 접근하거나 말을 걸기도 하였다. 때로는 공격적인 언동으로 치료사의 반응을 시험해 보는 태도도 보였다. 동생이 없는 놀이치료실에서는 치료사를 독점할 수 있는 상황이어서 M에게 큰 기쁨을 주는 것 같았다.

어머니와의 상담에서 어머니의 애정을 둘러싼 M과 동생의 갈등, M의 자기주장에 대한 이해와 협조를 어머니에게 구했다.

(5) 학교에서의 모습과 대응

담임 선생님은 베테랑 교사로서 M의 행동에 대해 문제를 느꼈고, 그로 인해 어떤 형태로든 지도를 해 나가야 한다고 생각하고 있었다. 그래서 가능한 M에게 접근을 시도해 보았지만, 그러면 그럴수록 M은 오히려 긴장하는 모습을 보였기 때문에 지도하기가 쉽지 않았다. 그래서 선생님은 어머니에게 상담 기관의 도움을 받아볼 것을 권유하였다. 어머니는 처음에 M의 행동에 대해 그렇게 심각하게 생각하고 있지 않았으며, 오히려 학교의 잘못된 대응에 의한 것으로 이해하고 있었지만, 담임 선생님의 지속적인 설득으로 상담실을 찾게 되었다.

이제 M은 학교 친구들과도 어느 정도 이야기할 수 있게 되었고, 놀이 시간에도 그런대로 활기찬 모습을 보여 주었다. 교실 안에서도 표정이 이전보다 훨씬 밝아졌고 소풍을 갔을 때에도 혼자서 산 정상까지 올라가는 등 자신감을 보였다.

어느 날 M은 선생님에게 "선생님, 틀려요. 내일은 11월 30일이에요."라고 하며 선생님의 실수를 지적하였다. 선생님은 "오늘은 정말 멋진 날이었습니다."라고 하며 이 사실을 부모에게 알렸다. 그 이후 M은 교실에서도 활기차게 자기표현을 할 수 있게 되었다(河井, 1996).

Chapter

3 반사회적 문제 행동

child counseling

01 집단 활동에서의 부적절한 행동에 대한 지도 사례

집단 프로그램을 진행하는데 소란을 피우거나 자리를 이탈하거나 집단 활동을 방해하는 아동은 어느 유치원이나 어린이집에서 흔히 볼 수 있다. 선생님들은 이런 아동을 타일러 보기도 하고, 심하면 꾸중을 하거나 벌을 주기도 하지만 그 순간만은 가만히 있다가도 나중에 다시 같은 행동을 반복하는 등 여전히 선생님을 곤혹스럽게 만드는 경우가 많다. 선생님의 노력에도 아동의 행동이 근본적으로 개선되지 않는 것은 대응 방식에 무언가 문제가 있는 것이 아닌가라고 예상해 볼 수 있다. 여기 소개하는 내용은 통상적인 방법과는 전혀 다른 접근 방법을 통해 집단 활동에서의 부적절한 행동을 지도한 사례이다.

(1) 대상 아동

유치원에 다니고 있는 만 5세 남자아이이며, 이름은 편의상 S라고 한다. S가 속한 반은 20명으로 구성되어 있으며, 담임 선생님이 제기하고 있는 문제 행동은 다음과 같다. S는 난폭해서 친구들에게 자주 폭력적 행동을 취한다. 선생님 말씀도 듣지 않고 물건도 잘 잃어버리며, 유치원에서 만든 작품을 집에 가지고 가기도 전에 부숴 버린다. 집단 활동 시에도 실내를 마음대로 왔다 갔다 할 뿐만 아니라, 집단 활동에 방해가 되는 다양한 부적절한 행동을 보인다.

(2) 관찰 및 기록

이 사례에서는 집단 활동에서의 부적절한 행동의 감소를 목표로 다음 8가지의 행동, ① 무단으로 자리를 이탈한다. ② 잡음을 낸다. ③ 친구의 물건을 빼앗는다. ④ 신체적 공격을 한다. ⑤ 수업 시간에 잡담이나 괴성을 지른다. ⑥ 뒤를 돌아본다. ⑦ 입안에 물건을 집어넣는다. ⑧ 그 밖의 부적절한 행동에 대해서 지도하기로 하였다.

2명의 관찰자가 매일 20분간씩, 3일간 〈표 4-2〉에 제시되어 있는 8가지의 행동 목록을 관찰, 기록하였다. 기록 방법은 8가지 행동의 생성 유무를 각각 10초 단위로 기록해 나가는 것이었다. 사실 현장에서 이런 식으로 관찰, 기록하는 것은 쉽

〈표 4-2〉 행동 기록표

시간 / 행동목록	1분째					2분째		
	10	20	30	40	50	10	20	30초
1. 무단으로 자리를 이탈한다.								
2. 소음을 낸다.								
3. 친구의 소유물을 빼앗는다.								
4. 신체적 공격을 한다.								
5. 수업 시간에 잡담이나 괴성을 지른다.								
6. 뒤를 돌아본다.								
7. 입안에 물건을 집어넣는다.								
8. 그 밖의 부적절한 행동: 선생님의 말을 듣지 않는다. 질문에 대답하지 않는다. 집단 활동과 관계없는 일을 한다. 등								

지 않기 때문에 10초 단위가 힘들면 20초 단위 또는 1분 단위로 한다든지, 관찰 대상 행동을 2~3개로 하는 것도 좋다.

(3) 지도 경과

❶ 베이스라인 기간(8일간)

2명의 관찰자가 유치원을 방문하여 매일 20분간씩 S와 교사의 행동을 관찰, 기록하였다. [그림 4-2]에서 알 수 있듯이 10초 단위로 기록한 전체 구간 가운데 약 80%의 구간에서 S의 부적절한 행동이 나타났다.

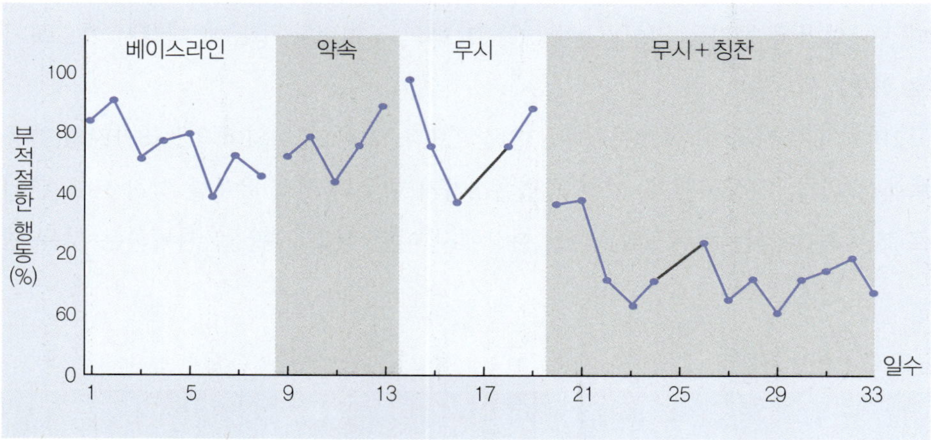

[그림 4-2] 교실에서의 부적절한 행동

❷ 아이들 전체와 약속을 한다(5일간)

첫날 교사는 반 아이들 전원과 협의하여 교실 내에서 지켜야 할 행동에 대해서 약속을 하고, 이 내용을 종이에 적어서 벽에 붙인다. 이러한 약속을 정할 때에는 다음과 같은 사항에 유의한다. ① 약속 행동은 5~6가지 이내로 한다. ② '잡담하지 말 것'이라는 표현보다는 '조용히 합시다'라는 긍정적 표현을 사용한다. ③ 약속한 내용을 하루에 몇 번씩 반 아이들 전체가 소리 내어 읽어 본다. 이러한 방법은 실제 많은 유치원이나 어린이집에서 실시하고 있지만, 기대만큼 큰 효과를 보지 못하고 있는 것이 사실이다. S의 경우도 부적절한 행동의 감소가 별로 보이지 않았다.

❸ 부적절한 행동을 무시한다(5일간)

여기서는 교사에게 S의 집단 활동에서의 부적절한 행동에 대해 무시하도록 부탁하였다. 이런 접근을 하게 된 배경에는 부적절한 행동에 대한 교사의 잘못된 대응이 S의 부적절한 행동을 강화시켜 버렸다고 생각하였기 때문이다. 실제 베이스라인 기간의 관찰 결과를 보면 교사는 S가 부적절한 행동을 하였을 때, 그냥 가만히 내버려 두지 않았다는 것을 알 수 있다. 즉, S가 부적절한 행동을 보였을 때 교사는 어떤 형태로든 S와 접촉을 한 것으로 밝혀졌다. 이 때문인지 이 기간 중에도 S의 부적절한 행동은 거의 감소하지 않았다.

❹ 바람직한 행동에 대한 칭찬을 병행한다(13일간)

마지막으로 바람직한 행동에 대한 칭찬을 포함하여 모두 3가지의 기법을 병행해서 사용하였다. 바람직한 행동이 보였을 때는 S에게 접근이나 주목을 하여 그 행동을 이야기해 주면서 칭찬을 해 주는 대응을 추가적으로 하였다. 그 결과 S의 부적절한 행동은 상당히 감소되었다.

(4) 논의

본 사례에서는 S의 부적절한 행동이 완전히 사라지지 않고 여전히 남아 있는 것을 알 수 있다. 그 이유 중 하나는 지도 기간에도 S의 부적절한 행동에 대해 완전히 무시하지 않고 어느 정도 대응을 하였기 때문이라고 생각된다.

이 사례에서 주목할 만한 사실은 '약속한다'라든가 '부적절한 행동을 무시한다'의 대응만으로는 효과가 없었지만, '바람직한 행동을 칭찬한다'라고 하는 방법이 병행되면서부터 비로소 행동의 변화가 나타나기 시작했다는 점이다. 이 사실은 아동의 부적절한 행동에 대한 지도를 할 때, 부적절한 행동에 초점을 맞추기보다는 오히려 이 행동과는 정반대인 바람직한 행동에 대해 '정적 강화'를 하는 것이 훨씬 효과적이라는 사실을 말해 주고 있다.

그리고 현장 교사들은 부적절한 행동의 대응법으로 '무시'라고 하는 방법에 대해 이해가 부족하거나 저항감을 느끼는 경우가 많다. 그러나 본 사례를 통해서 교사의 잘못된 이해와 대응이 행동 지도의 효과를 감소시키는 문제점을 안고 있다는 점을 알 수 있다(河合, 1986).

02 공격적 아동에 대한 지도 사례

(1) 대상 아동

생후 4년 8개월 된 남자아이이며, 이름은 편의상 B라고 한다. 신체발달이나 언어발달의 면은 모두 양호하며, 지능 발달도 평균 수준이다. 어린이집에 다닌 이후로 종종 괴성을 지르면서 울기도 하고, 친구나 교사에게 명령하기도 하고, 자신의 의견을 들어주지 않으면 때리거나 발로 차는 등 공격적인 행동을 보인다. 그리고 큰 소리로 떠들거나 선생님의 지도를 거부하는 등의 반항적 행동도 보이지만, 최근에는 이러한 행동이 점점 사라지고 있는 경향을 보이고 있다. 그러나 가정에서는 여전히 공격적 행동이 나타나고 있다. 어머니는 정신과 의사로부터 아이에게 근본적으로 정서적 문제가 있으며, 이로 인해 공격적인 행동이 보인다고 하는 원인 분석에 대한 이야기를 들었다고 한다.

(2) 지도 경과

❶ 제1베이스라인 기간(9일간)

상담사와 보조 상담사가 가정 방문을 하여 형제들과 함께 노는 장면에서 B의 행동을 관찰하였다. 관찰 및 기록은 다음 4가지 종류의 행동, ① 신체적 공격(때린다, 찌른다, 민다, 찬다, 깨문다, 할퀸다, 물건을 집어 던진다), ② 울음, ③ 명령, ④ 순종(부모의 지시에 따른다)에 초점을 맞추었다.

매일 1시간씩 상담사와 보조 상담사는 B의 행동을 관찰하면서 관찰 단위가 20초 단위의 구간으로 설정된 관찰 기록 용지에 해당 행동의 생성 유무를 각각 기록하였다. [그림 4-3]과 [그림 4-4]에서 알 수 있듯이 이 기간 중에 B가 순종적인 행동을 보인 경우는 평균 30% 정도이며, 신체적 공격은 평균 7% 정도였다.

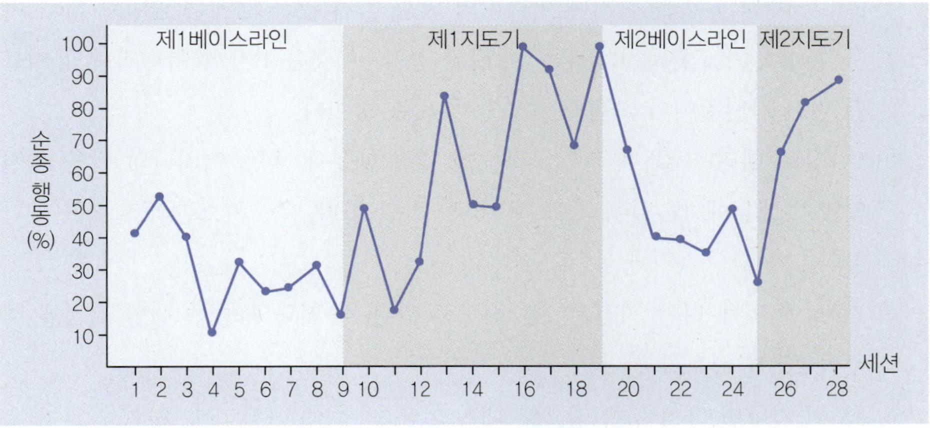

[그림 4-3] B의 순종 행동

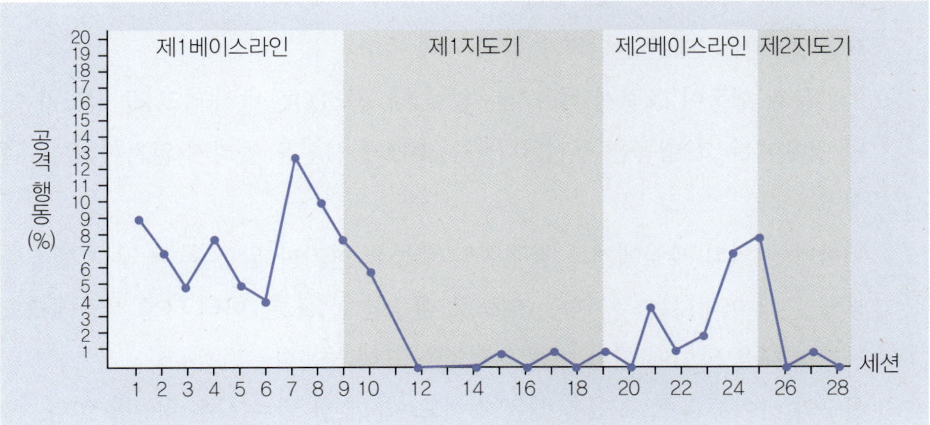

[그림 4-4] B의 공격 행동

❷ 제1지도 기간(10일간)

상담사는 어머니에게 다음과 같은 대응 프로그램을 제시하면서 이에 따라 B를 지도하도록 부탁하였다. 상담사는 B에 대한 적절한 대응을 돕기 위해 어머니에게 지도 타이밍을 신호를 통해 알려 주면서 실천하도록 하였다. 어머니의 비협조로 제대로 실천되지 않는 경우에는 대응 프로그램의 내용에 대해서 다시 설명하고 이해와 협조를 구했다. 대응 프로그램의 내용을 정리하면 다음과 같다.

① B가 신체적 공격을 하거나 어머니의 말을 듣지 않을 때에는 곧바로 타임 아웃실(이하는 TO실이라고 한다)로 데리고 간다. 이곳은 B가 좋아하거나 흥미를 끌 만한 장난감이나 그림책, TV 등이 없는 방이다.

② TO실로 데리고 갈 때 "너는 싸움을 했기 때문에 또는 어머니의 말을 듣지 않았기 때문에 TO실에 가야 해!"라는 말만 한다. 즉, 최소한의 필요한 말만 한다.

③ TO실에 있게 하는 시간은 2분 정도로 한다. 울거나 짜증을 내면 진정될 때부터 2분간 있도록 한다.

④ 2분이 지나면 다시 처음 장소로 데리고 온다. 이때 아무 말도 하지 않는다.

⑤ TO실에 가야 하는 이유에 대해 물어도 가능한 대답하지 않는다. 만일, 설명을 해야만 하는 경우에는 신체적 공격 등의 문제 행동이 보이지 않을 때 기회를 보아서 최대한 간단하게 설명을 해 준다.

⑥ B의 문제 행동이 그렇게 심하지는 않을 때, 즉 TO실에 데리고 갈 정도가 아닌 경우에는 그 행동을 무시한다. 즉, B에게 시선을 돌리지 않거나 말을 걸지 않는다.

⑦ 어머니 이외의 사람에게도 공격적인 행동을 하거나 말을 듣지 않는 행동을 보였을 때 어머니는 무시하는 태도로 대응한다. 물론, 미리 다른 사람에게도 자신의 대응 방법에 대한 이해와 협조를 구해 놓는다.

⑧ 친구와 사이좋게 놀고 있을 때는 적어도 5분에 한 번 이상은 칭찬을 한다.

⑨ B가 어머니의 말을 잘 들었을 때는 반드시 칭찬을 한다.

⑩ 바람직한 놀이가 일정 시간 이상 지속되었을 때만 B가 좋아하는 과자나 음료수, 장난감 등을 제공한다. 부모 입장에서는 부적절한 행동이 중지되었을 때도 이런 상을 주고 싶다는 유혹을 느낄 수 있겠지만, 이때는 절대 제시하지 않도록 유의한다. 왜냐하면, 어떤 행동이 중지되었을 때 상이 제시되면 결과적으로는 그 행동의 생성 횟수를 증가시켜 버리기 때문이다.

⑪ 이러한 지도법은 상담사가 가정을 방문했을 때만이 아니라, 하루 종일 실시한다.

이상의 대응 프로그램을 실시한 결과, 순종적인 행동은 평균 78%나 상승하였고, 신체적 공격 등의 문제 행동도 거의 보이지 않게 되었다.

❸ 제2베이스라인 기간(6일간) 및 제2지도 기간(3일간)

B에 대한 어머니의 대응 방식을 이전의 베이스라인 기간과 동일한 방법으로 접근한 결과, B의 행동은 다시 이전의 상태로 되돌아가 버렸다. 다시 이후는 이전의 지도 기간에서의 대응 방법으로 접근한 결과, 행동은 다시 바람직한 방향으로 바뀌었다.

(3) 논의

본 사례를 통하여 가정 내에서 아동의 행동 변화를 기대하기 위해서는 무엇보다도 자녀에 대한 어머니의 대응 방식, 즉 반응 방식의 개선이 중요하다는 사실을 알 수 있다(河合, 1986).

03 도벽 증세를 보이는 아동에 대한 지도 사례

(1) 대상 아동

대상 아동은 T어린이집에 다니고 있는 만 5세 여자아이로서 이름은 편의상 M이라고 한다.

(2) 가족 구성

부모와 M의 3명으로 구성되어 있다. K 시내의 조용한 곳에 살고 있으며, 부모는 모두 공무원이다. M은 영아기 때부터 어린이집을 다녔으며, 부모가 직장일로 인해 집을 비울 때는 가까운 곳에 살고 있는 친가에 맡겨졌다.

(3) 문제 행동

만 5세가 되었을 때 어린이집의 비품인 연필이나 크레용을 한두 개씩 집으로 가져오는 경우가 두세 번 있었다. 이때는 그 정도로 그쳤지만, 이번에는 친구들의 장난감이나 손수건 등에 손을 대는 행동이 발각되었다. 어린이집에서는 그때마다 어머니에게 이야기를 하여 지도를 해 나갔지만 별 효과가 없었다.

이 당시 M의 행동 가운데는 도벽 이외에도 선생님이나 친구들이 보지 않는 곳에 엎드려서 자신의 생식기를 바닥에 문지르는 행동이 있었다. 또한, M은 자신의 생각대로 일이 잘 되지 않으면 화를 내거나 시비를 거는 등의 행동도 많이 보였기 때문에 친구로부터 외면이나 배척을 당하는 경우가 많았다. 그러나 지적 수준이나 언어 능력에는 문제가 없었다.

(4) 부모에 대한 정보 및 평가

❶ 어린이집으로부터

아내 주도형의 부부관계로 보이며, 양육에서 아버지의 영향력이 미약하다는 인상을 받았다. M의 등원 시간은 다른 아동들에 비해 비교적 빠른 편이다. 아버지가 운전하는 차에 어머니도 동승하여 M을 어린이집의 문 앞에 내려다 주고는 곧바로 가버리기 때문에 M에 대한 정보나 가정 내의 상황을 들을 기회가 거의 없었다. 처음에는 담임 선생님과 원장 선생님이 어머니에게 M의 도벽 증세를 이야기하면서 염려하는 마음을 전했지만, 어머니는 직장일로 바빠서 이 문제에 대해서 적극적으로 대응하지 못했다. M의 귀가 시에는 거의 어머니가 데리러 오지만, 일 때문에 늦는 경우가 종종 있었다. 어린이집 행사 때에는 어머니가 열심히 참석하고 있으며, 운동회를 할 때는 아버지도 참여하여 행사 준비나 진행을 위해 여러 가지 도움을 주고 있다.

그런데 어머니의 행동에 대해서 의아하게 생각되는 부분이 M의 영아기 시절 담임 선생님의 입에서 나왔다. 즉, M의 어머니가 예비용으로 가져온 기저귀가 충분히 건조되어 있지 않아서 선생님이 건조시킨 후에 사용한 적이 몇 번이나 있었다는 것이다. 그 당시 담임 선생님으로서는 원의 모든 행사에 빠지지 않고 열심히 참석하고, 부모 교육 시간에도 부부가 함께 참석하여 강사에게 열심히 질문을 하거나 논리적인 발언을 하는 등의 모습과는 무척 비교가 되어 그런 행동이 이해가 되지 않았다는 것이다.

❷ 부모와의 상담으로부터

아버지에게는 형이 한 명 있으며, 형은 같은 동네인 K 시내에 살고 있다. 형의 집에는 전직 교사였던 부모와 자녀 2명(초등학생과 유치원생인 여자아이)이 살고 있으며, 앞에서 언급했듯이 M은 부모의 직장일로 인해 친가에서 자는 경우가 종종 있었다.

어머니는 남동생이 한 명 있으며, 부모가 이혼을 했기 때문에 영아기 때부터 편

모슬하에서 자랐다. 외할머니는 그리 멀지 않은 곳에 남동생과 함께 살고 있으며, M의 가족과도 종종 교류하고 있다.

어머니는 자신의 어머니를 꼼꼼하고 책임감이 강한 사람으로 생각하고 있다. 어머니는 어릴 때부터 "모자 가정이라고 해서 다른 사람으로부터 손가락질을 받는 일은 없도록 해야지."라고 하는 이야기를 어머니로부터 자주 듣곤 하였다. "자신은 어릴 때부터 집안일을 열심히 도왔으며, 학교 성적도 우수했고, 착한 아이였다고 생각한다. 적어도 자신은 다른 사람으로부터 싫은 소리를 듣지 않고 자랐다."라고 술회하고 있다. 어머니 자신도 유아기 시절 어린이집에 다닌 경험이 있었다.

(5) 지도 경과

총 7번에 걸쳐 부모와의 면담과 어린이집에서의 M의 행동에 대한 관찰 및 조사가 이루어졌다. 그동안에 있었던 지도 경과의 내용을 3단계로 나누어서 간략히 기술하면 다음과 같다.

❶ 1단계

M의 도벽에 대해 어머니가 받은 쇼크는 컸으며, 이같은 부끄러운 행동에 대해서 엄하게 벌을 주어야 한다는 기분이 강했다. 그리고 "자신은 지금까지 어떤 일에도 성실하게 일을 해 왔다. 직장일 등의 바쁜 가운데서도 열심히 육아 관련 서적을 읽어 보기도 하고 강연회에도 적극적으로 참석하여 육아에 대한 공부를 해왔다. 부부간에도 특별한 문제가 없다. 도대체 왜 자신의 아이에게 이런 문제 행동이 발생하는지 그 이유를 알 수 없다. 아마 친구의 영향이 아닐까?"라고 하면서 이야기의 중간 중간에 어린이집의 보육 방식에 대한 불만도 느낄 수 있었다. 이 단계에서는 거의 어머니를 대상으로 면담이 이루어졌으며, 친가 쪽에는 M의 행동을 절대 비밀로 하고 있다고 했다.

❷ 2단계

면담 중 어머니는 "자신의 양육 태도에 문제가 있다면 과연 무엇이 문제일까? M에 대한 애정이 부족하단 말인가?" 등 가정환경이나 자신의 양육 태도와 M의 문제 행동과의 인과관계에 대한 질문이나 자책하는 말을 많이 하였다. 한편으로는 "자신의 욕구 불만을 무언가 표현하고 싶었겠지. 조급해하지 않는 것이 좋겠다." 등 M의 행동에 대해 이전보다 조금은 여유 있는 모습을 보였다. 친가나 외가에도 이 문제를 알려 상담하게 되었고, 아버지와의 면담도 이루어졌다.

❸ 3단계

이쪽에서 이야기를 하지 않았음에도 불구하고 이전과는 다르게 등원 시 어린이집 대문 안에까지 들어왔다. 그래서 선생님은 부모로부터 M에 대한 건강 상태나 필요한 정보에 대한 이야기를 들을 수 있게 되었다. M의 귀가 시간은 여전히 늦는 경향을 보였지만, M과 다정하게 이야기를 나누는 횟수는 이전보다 많아졌다. 부부가 함께 왔을 때 어머니는 "자신은 무슨 일이든지 너무 자신만만해하는 경향이 있어서 탈이지만, 육아에 대해서도 그런 기분이 강했던 것 같다. 이번 일에 대해서 친가에도 알려 상담을 하고 나니 기분이 한결 가볍다."고 말했다.

(6) 논의

아동의 문제 행동은 복합적인 형태로 나타나는 경우가 적지 않다. M의 경우도 그 한 예라고 할 수 있다. M의 문제 행동 가운데 도벽 증세는 쉽게 사라졌지만, 또 하나의 문제 행동, 즉 선생님이나 친구들이 보지 않는 곳에 엎드려서 자신의 생식기를 바닥에 문지르는 행동의 발생 빈도는 초등학교에 들어가서도 여전히 계속되었지만, 그 발생 빈도는 이전보다 감소되었다.

본 사례는 '다른 사람의 손가락질을 받지 않는 아이로'라고 하는 M에 대한 어머니의 강한 기대와 욕구가 오히려 어머니 자신의 양육 태도를 경직화시켰고, 이 때문에 심리적으로 의존 대상이 되어야 할 부모의 역할이나 자녀와의 정서적 관계가 소홀해진 점이 M의 문제 행동의 배경에 있었다고 할 수 있다(岡本, 1997).

Chapter

4 나쁜 버릇 고치기

child counseling

01 눈을 깜빡거리는 버릇에 대한 지도 사례

근육이 반복적이면서 불수의적으로 움직이는 틱 장애는 영유아기나 아동기에 많이 보이는 증상 중에 하나이다. 이 증상은 중추 신경계의 기질적 장애나 심리, 사회적 요인 등의 다양한 요인에 의해 발생되는 것으로 알려져 있다. 여기서는 눈을 깜박거리는 버릇에 대한 지도 사례를 소개하고자 한다.

(1) 대상 아동

대상 아동은 8살 된 남자아이이며, 이름은 편의상 K라고 한다. K의 지능 지수는 106이며, 초등학교 2학년생이다. 문제가 되는 K의 행동은 눈을 심하게 깜박거린다는 것이며, 부모는 이 문제 때문에 걱정이 되어 심리치료의 도움을 청하게 되었다.

본 사례는 치료 과정에서 K가 5살 때 누나가 교통사고로 사망한 장면을 사고 현장에서 직접 눈으로 목격하게 되었고, 이로 인해 심리적 외상을 경험하게 되면서 심인성 틱 장애가 발생하게 된 것으로 추정되는 사례이다.

(2) 심리치료 과정

❶ 도입기(1~2회)

어머니와 첫 상담에서는 K의 누나에 관한 이야기는 전혀 나오지 않았다. 이야기의 중심은 K에 관한 것이었으며, 상담실을 찾게 된 동기는 "K가 유치원을 다닐 때부터 눈을 깜박거리고 가래를 바닥에 뱉는 행동을 자주 보여 왔으며, 초등학교 2학년이 되어도 이런 행동이 여전히 개선되지 않고 오히려 더욱 악화되었기 때문에 아이를 설득하여 데리고 왔다"는 것이었다.

1회째: 치료실에 들어온 K는 상담사가 "여기서는 마음대로 놀아도 좋아요."라는 말에는 관심이 없는 듯 모래가 있는 곳으로 가서 주위를 두리번거렸다. 그러는 동안에도 쉴 새 없이 두 눈을 깜박거리기만 하고 놀잇감에는 관심을 보이지 않았다. 그리고 긴장한 표정으로 상담사를 쳐다봤다.

2회째: K는 눈을 깜박이는 동작과 함께 눈 주위를 실룩거리면서 1회째와 마찬가지로 모래판 가장자리에 앉아서 무언가 생각이 난 것처럼 모래를 만지고 있었다. 상담사가 "모래든 장난감이든 무엇이든 갖고 놀아도 괜찮아요."라고 말하자 싱긋 웃고는 일어서서 공을 던지기도 하고 차기도 하였다. 그러는 동안에도 K는 계속 상담사의 얼굴을 엿보면서 어느 정도 자유롭게 놀아도 되는지 확인하는 눈치가 보였다. 상담사가 미소를 지으며 한결같이 수용적인 태도로 K를 대했기 때문에 2회째 치료 장면이 끝날 즈음에는 K는 상담사를 의식하지 않고 매우 자유롭게 놀았다.

❷ 라포르 형성기(3~7회)

3회째: K는 큰 소리로 "안녕하세요."라고 인사를 하면서 실내로 들어왔다. 마음껏 자유롭게 장난감을 갖고 놀았으며, 좋아하는 장난감을 갖고 놀 때에는 틱 장애가 거의 보이지 않았다. 그러나 상담사의 얼굴을 엿보거나 다른 놀이를 시작할 때에는 틱 장애가 여전히 나타났다. 특히, "선생님, 저것 좀 집어줘요." 등과 같이 상담사에게 말을 걸 때에는 틱 장애가 현저하게 나타났다. K의 놀이는 산만하고 파괴적인 경우가 많았지만, 상담사는 도입기와 마찬가지로 한결같이 수용적인 태도를 취했다.

5회째: K는 일부러 상담사 앞에서 바지 위로 자신의 페니스를 만지면서 상담사의 허용적 태도를 확인하려는 듯 히죽히죽 웃는다. K의 자위행위에 대해 상담사는 전혀 모르는 척하면서 무시를 하였다.

7회째: 도전적인 행위나 상담사를 시험해 보는 태도가 보이지 않게 되었고, 이후 상담사에 대한 신뢰가 더욱 깊어졌다는 인상을 받았다. 또한, 치료실 내에서의 행동도 주로 혼자서 놀이하는 것을 즐겼던 이제까지의 행동과는 다르게 상담사와 함께 블록으로 집을 만들거나 공놀이를 하는 등 함께하는 놀이를 많이 보였다 그러나 승부에 집착하는 경향이 강했다. 틱 장애는 도입기 때처럼 심하지는 않았지만, 사라지지 않고 여전히 지속되었다. 상담사는 K의 틱 장애 발생 문제에 초점을 맞추기보다는 먼저 K와의 라포르 형성을 위해 노력하였다.

❸ 통찰기(8~26회)

또 다른 상담사는 어머니와 상담을 진행하면서 어머니가 "K가 다섯 살 되었을 때 자기 눈앞에서 누나가 교통사고로 죽고 말았습니다. 지금 생각해 보니 그전까지는 그런 버릇이 없었는데…."라고 울먹이면서 "죽은 애를 생각하면 슬퍼서 울게 되고, 슬퍼하는 나의 모습 때문에 아이는 더 이상 죽은 누나에 대해서는 이야기를 하지 않아요."라고 하는 것을 듣게 되었고, 이 내용을 K의 상담사에게 전했다.

8회째: 이때부터 K는 치료 시간마다 모래놀이를 하면서 모래 구멍을 만들고는 무언가를 거기에 집어넣고 다시 모래로 덮어 버렸다. 그리고는 다른 놀이를 시작했다. 특히, 모래 구멍을 만들 때 무언가에 홀린 듯한 K의 진지한 태도에 상담사는 관심을 갖고 관찰하였다. 처음에 상담사는 단지 K의 행동을 표면적으로 언어화하여 "구멍을 만들었구나!", "야, 깊게 팠구나!", "다시 묻어 버려 구멍이 없어졌네!"라는 정도로 반응을 보였다.

그 이후 11회째까지: K의 행동이 점점 안정되어 가면서 파괴적이고 난폭한 놀이는 거의 보이지 않게 되었다. 그리고 이전과는 달리 상담사와 게임을 할 때에도 무리하게 이기려고 하기보다는 상담사와의 상호작용을 즐기면서 학교나 가정에서 있었던 이야기를 해 주는 경우가 많았다. 이 시기부터 상담실이나 학교에서도 K의 틱 장애 발생 빈도가 현저히 감소되면서 어머니도 심리적으로 안정을 찾아갔다.

12회째: K는 여느 때와 마찬가지로 모래가 있는 곳으로 갔지만 구멍은 깊게 파지 않고 "오늘 장례식이 있었어. 하지만 누나는 아냐."라고 중얼거렸다. 그러는 동안에 한동안 보이지 않았던 틱 장애가 심하게 나타났다. K가 누나에 대한 이야기를 꺼낸 것은 이때가 처음이며, 이는 정화된 감정이 생성된 것으로 판단되었다.

13회째: 이때부터는 누나에 대한 이야기가 전혀 나오지 않았다. 모래 구멍을 파는 행동은 여전히 보였으나 이제까지의 행동과 달리 그릇 같은 것을 집어넣는 것이 아니라, 동물이나 괴물 인형을 구멍에 집어넣고는 다시 묻는 것이었다.

18회째: K는 상담사에게 학교에서 있었던 이야기를 해 주었다. "학교에 나쁜 애가 있어요." 등의 이야기에서부터 학교에서 싫었던 일, 그리고 "누나가 죽었어, 누나의 이름은 ○○○"라고 말하면서 틱 장애를 보였지만, 12회째처럼 심하지는 않았다. 이 상황에서 상담사는 "슬펐구나!"라고 하며 K의 기분을 수용해 주면서 K의 감정을 명확히 해 나갔지만 해석은 하지 않았다. 그 이유는 어머니로부터 얻은 정보나 K의 이야기로부터 틱 장애의 원인이 누나의 교통 사망 사고라고 하는 심리적 외상에 의한 것으로 추정되지만, 그런 심리적 기제와 구멍을 파는 행동과의 의미관계가 명확하지 않았고, 무엇보다도 K의 나이가 아직 상담사의 해석을 수용할 만큼 성숙하다고 볼 수 없었기 때문이었다.

18회째 상담 이후: 설 연휴로 K가 친척집에 갔을 때, 그 집의 개가 자동차에 치여 크게 상처가 난 사고가 발생하였다.

19회째: K는 "선생님, 개가 자동차에 치였어요."라고 하며 사고 내용에 대해 자세하게 이야기를 하는 동안 틱 장애가 심하게 나타났다. 상담사는 사고에 대한 K의 이야기를 들으면서 K가 개나 누나의 교통사고에 대해 공포심과 함께 죄책감을 느끼고 있는 것으로 느껴졌다. 그래서 상담사는 "정말로 마음이 아프구나. 하지만 너 때문에 일어난 일은 절대 아냐."라고 하며 K가 느끼는 죄책감을 해소하기 위한 노력을 하였다.

21회째: K는 상당히 인상적인 놀이를 하였다. 그는 여느 때처럼 손으로 모래 구멍을 파서 큰 울트라맨과 작은 울트라세븐 인형을 파묻고는 다시 끄집어냈다. 대개 정서 장애 아동의 놀이에서 모래로 파묻고 끄집어내는 행동은 죽음과 재생(과거의 자신을 버리고 새로운 자아를 형성하여 출발한다)의 내용을 담고 있는 경우가 많다. 그러나 이 경우는 단지 죽음과 재생만을 의미하는 것이 아니라고 판단되었다. 치료사는 "형제구나."라고 말하자 K는 "맞아요, 형제."라고 대답하면서 2개의 인형을 모래 위에 올려놓았다. 그리고 2대의 덤프트럭 장난감을 가지고 와서는 울트라세븐을 한 대의 장난감 트럭 위에 올려놓고, 울트라맨을 다른 한 대의 장난감 트럭 밑에 넣어 두고는 다시 모래로 파묻었다(치료사는 울트라맨은 누나고, 울트라세븐은 K 자신을 상징한다고 보았다). 마침내 K는 울트라맨을 끄집어내어 모래 밖으로 던지고 다시 이것을 집어 들고 미끄럼틀의 가장 높은 곳에 올려놓고 울트라세븐을 그 옆에 두고 바라보았다. 그리고 작은 케로욘을 갖고 와서 울트라세븐과 케로욘을 함께 미끄럼틀 밑에 눕혀두고, 괴물 인형을 갖고 와서 울트라세븐과 케로욘을 지켜보는 자세를 취하게 하고 난 후 K는 싱긋 웃었다(케로욘은 3살 된 자신의 동생을, 괴물은 어머니를 상징하고 있는지도 모른다). K는 미끄럼틀 위에 있는 울트라맨을 눕히고는 몇 개의 블록을 갖고 와서 울트라세븐과의 사이에 담을 만들어 "울트라맨은 먼 곳에 있어."라고 말했다. 치료사는 누나의 죽음을 의식하면서 "울트라맨은 자고 있구나. 이쪽에서는 울트라맨에게로 갈 수 없구나."라고 반응하였다. 그러나 K는 장벽처럼 쌓아 올렸던 큰 블록을 조금 움직인 후 그 사이에 장난감 레일을 하나 갖고 와서 길을 만들었다. 그리고 장난감 바구니에 들어 있는 개 인형을 하나 갖고 와서는 레일 위를 걷게 하면서 "개는 어디에도 갈 수 있어요."라고 하며 울트라맨까지 걷게 한 후 돌아오게 하였다(이 행동은 개의 사고와 누나의 사고를 연결 짓고 있는 것임을 상징적으로 보여 주고 있다고 생각되었다).

23회째: 이즈음 눈을 깜박거리는 K의 버릇이 사라졌다. K는 21회째와 동일한 놀이를 하고 있었지만, 괴물은 사용하지 않고 울트라세븐이 케로욘의 손을 잡고 걸어 다니는 놀이로 그 내용이 바뀌었다. 이는 K가 괴물로 상징되었던 어머니의 보호로부터 정신적으로 독립했음을 의미하며, 울트라세븐이 케로욘에게 보여 준 행동은 이제 자신이 동생을 보호할 수 있을 만큼 정신적으로 성장했다는 것을 상징적으로 보여 주고 있는 것 같았다.

24회째: 오랜만에 모래 구멍을 파는 놀이가 다시 시작되면서 울트라맨과 개 인형을 자신이 블록으로 만든 헬리콥터로 운송하였다. 울트라세븐과 케로욘을 구멍에 넣고는 덤프트럭으로 모래 구멍을 메웠다가 다시 끄집어낸 후 "개는 약하지만 울트라맨은 강하다."라고 중얼거리면서 개를 모래 밖으로 던졌다. 그다음에는 울트라맨을 파묻었다가 끄집어냈다.

이런 놀이의 전개 과정을 통해 치료사는 비록 교통사고였지만, 자신의 눈앞에서 누나를 죽게 했다는 죄책감을 자기 나름대로 해소시켜 나가는 K의 모습을 발견할 수 있었다. 또한, 이런 심리적 외상에 고착되었던 자신을 극복하고 자신의 연령에 상응하는 정신발달 수준으로까지 K가 성장한 것으로 판단하였다. 그러나 23회째 치료 장면에서는 과거의 자신을 나타내는 것인지 자신과 동일화했던 울트라세븐을 모래 위에 그냥 내버려 두는 것이었다. 치료사는 K의 행동이 마음에 걸려 "K는 이 울트라세븐이지?"라고 물었다. 그러나 K는 "아니, 울트라맨이야. 울트라맨이 진짜야."라고 대답하였다. 그다음부터는 거의 울트라맨을 중심으로 놀이가 전개되었고, 울트라맨이 괴물을 무찌르거나 케로욘을 데리고 공중으로 날아다니는 놀이를 전개하였다.

이는 K가 교통사고로 죽은 누나의 죽음에 대해 무의식적 죄책감을 느끼면서 이 단계에 고착하게 되었고, 이 때문에 K의 자아가 자신의 연령에 상응하지 못하는 단계에 머물게 되면서 어떤 형태로든 보호자로부터 주목이나 관심을 받고 싶은 무의식적 욕구가 울트라세븐에 대한 동일시라고 하는 형태로 표현되었다고 볼 수 있다. 이런 K가 심리치료 장면에서 치료사와의 관계를 통해 과거의 속박에서 벗어나 자아를 성장시켜 자립해 왔다는 사실은 K의 놀이 내용이 상징적으로 대변해 주고 있다. 그리고 K 자신이 울트라맨으로 성장했다는 사실을 상당히 의식하기 시작한 것으로 보인다.

이 심리치료 사례는 아버지의 전근으로 인해 26회째의 상담을 끝으로 중단되었다. 그러나 K의 문제 행동은 해결되었지만, K의 성격은 아직 자신의 연령에 상응하는 정도의 수준에 이르지 못했다고 판단되었기 때문에 이사를 간 지역의 심리상담 기관에 K의 심리치료를 계속 의뢰하기로 하였다.

(3) 논의

본 사례의 접근 방법은 아동의 문제 행동에 대한 심리치료적 접근법을 취하고 있으며, 이는 행동치료와는 달리 통찰 치료적 접근의 형태를 띠고 있다. 통찰 치료적 접근은 주로 왜곡된 인간관계나 심리적 외상으로 인해 고착이나 퇴행으로 발전된 아동의 문제를 심리치료사의 적절한 수용적 태도와 공감이라고 하는 접근에 의해 치료사와의 새로운 인간관계를 형성하고, 이를 통해 그동안 억압해 왔던 감정이나 과거의 경험, 그리고 현재 자신이 하고 있는 것을 통찰하여 자기실현의 능력(자기 치유력)을 발휘하도록 하는 것이다. 이를 통해 아동은 자신의 연령에 상응하는 발달단계의 자아로 발전하면서 인격적으로 성장하게 되는 것이다(高橋 · 北村, 1982).

02 손가락을 빠는 버릇에 대한 지도 사례

손가락을 빠는 행동은 영유아기에 흔히 보이는 버릇 중에 하나이다. 하루 종일 입에 손가락을 넣고 다니거나 밤에만 이런 행동을 보이는 아이가 있다. 이와 같은 문제 행동에 대해 행동치료적 접근을 하는 사례가 드물지 않게 보고되고 있다. TV 만화를 좋아하는 아이들 가운데 TV를 보는 동안 입에 손을 넣고 보는 아이가 있다. 어떤 연구에서는 이런 경우 TV를 보고 있는 장면을 옆방에서 관찰하고 있다가 아이가 입에 손을 넣는 순간 TV 스위치를 내리고(일종의 소거 기법), 손가락을 빨지 않으면 다시 스위치를 올려 TV를 볼 수 있도록 하는 대응(일종의 정적 강화)을 통하여 문제 행동을 해결한 사례가 있다. 여기서 소개하는 사례는 TV 대신에 어머니나 교사가 동화책을 읽어 주는 방법으로 아이의 행동을 치료한 경우이다.

(1) 대상 아동

이름은 편의상 S라고 하며, 3세 남자아이이다. S는 0세 때부터 손가락을 빨기 시작했고 지금까지 계속되고 있다. 하루 종일 엄지손가락을 입안에 넣고 빨고 있다. S는 어머니의 취업으로 어린이집에 다니고 있다. S에 대한 행동 지도는 낮잠을 자기 전 20분 동안 교사에 의해 진행되었다.

(2) 지도 경과

❶ 제1베이스라인(13일간)

먼저 S에게 읽고 싶은 책을 선택하도록 하였다. 베이스라인 기간에는 손가락 빠는 행동의 발생 유무와 관계없이 S에게 20분 동안 책을 읽어 주었다. 이 기간 동안 문제 행동의 발생 시간의 비율은 [그림 4-5]에 제시된 바와 같이 평균 약 82%(최저 70%~최고 90%)를 나타냈다.

❷ 제1지도기(18일간)

이 기간에는 손가락을 빨기 시작하면 그 순간 책을 읽어 주는 것을 중단하고, 아무 말 없이 책을 가만히 쳐다본다. S가 아무리 애원하거나 말을 걸어도 반응을 보이지 않는다. 입에서 손가락을 빼면 다시 책을 읽어 준다. 책을 읽어 주지 않으면 S는 선생님을 때리기도 했지만 이런 식의 대응을 지속적으로 실천한 결과, 문제 행동은 평균 18%(최저 0%~최고 50%)로 감소하였다.

❸ 제2베이스라인(33일간) 및 제2지도기(32일간)

제1베이스라인 기간처럼 문제 행동의 발생 유무와 상관없이 선생님이 책을 읽어 주자, 손가락 빠는 행동이 다시 많아졌다. 이후 제1지도기와 동일한 방법으로 지도한 결과, 문제 행동은 다시 감소하기 시작하였다.

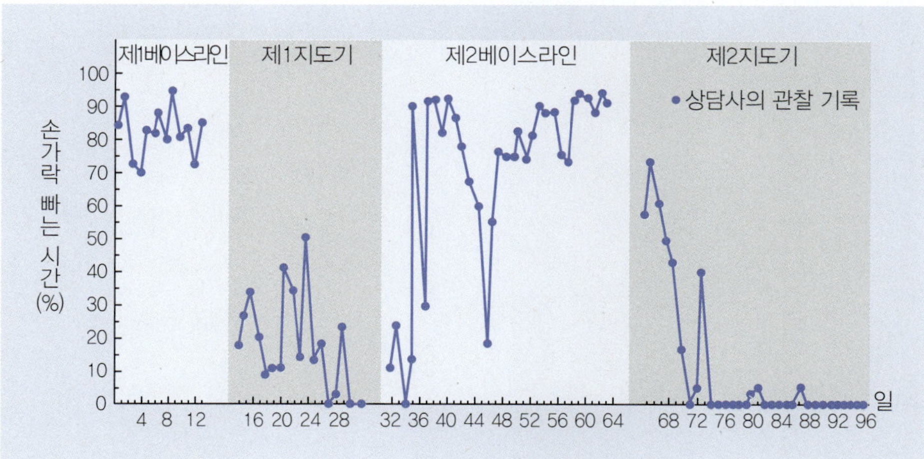

[그림 4-5] S의 손가락 빨기

출처: Knight & Mckenzie, 1974.

참고문헌

곽금주(2002). 『아동 심리평가와 검사』. 학지사.
전경원(2001). 『유아의 심리검사와 측정』. 양지출판사.
임창재(2000). 『유아심리측정』. 학문사.
현정환 · 후쿠시마 오사미(2002). 『상담이론 그리고 연습』. 창지사.
현정환(2005). 『아동발달의 이해』. 창지사.
______(2007). 『상담이론, 실제, 연습의 상담심리학』. 양서원.
______(2013). 『우리는 아이에 대해 오해를 보았다』. 양서원.

Ackerman, J. M. (1972). *Operant conditioning techniques for the classroom teacher*. Scott. Foreman & Co.
Adler, A. (1924). *The practice and theory of individual psychology*. Oxford, England : Harcourt, Brace.
Allen, F. H. (1942). *Psychotherapy with children*. Norton.
Allen, K. E., Hart, B., Buell, J. S., Harris, F. R., & Wolf, M. M. (1964). Effect of social reinforcement on isolate behavior of nursery school child. *Child Development*, *35*, 511-518.
American Association for Marriage and Family Therapy (Ed.) (2002). Approved supervisor designation standards and responsibilities handbook.
American Psychiatric Association (1994). *Quick reference to the diagnostic criteria from DSM-IV*. Washington, DC : American Psychiatric Association.
Asperger, H. (1994). Die autistiche psychopathen in kindesalter. *Archiv Furpsychiatrie und Nevenkrannkheiten*, *117*, 76-136.
Ayllon, T. & Roberts, M. D. (1974). Eliminating discipline problems by strengthening academic performance. *Journal of Applied Behavior Analysis*, *7*, 74-76.
Axline, V. M. (1947). *Play therapy*. Boston : Houghton Mifflin.
Baron-Cohen, S. (1995). *Middlingness: An essay on autism and theory of mind*. MIT Press.
Bandura, A. (1977). *Social Learning Theory*. Englewood Cliffs, NJ: Prentice-Hall.
__________ (1986). *Social foundations of thought and action a social cognitive theory*. Englewood Cliffs, NJ : Prentice-Hall.
__________ (1990) *Self-efficacy and the exercise of personal control*. Presented as an invited address. Max Planck Institute for Human Development and education.
Berg, I., Nichols, K. & Pritchard, C. (1969). School phobia-its classification and relationship to dependency. *Journal of Child Psychology and Psychiatry*, *10*, 123-141.
Berne, E. (1961). *Transactional analysis in psychotherapy*. New York : Grove Press Inc.
Bellack, A. & Hersen, M. (1980). *Introduction to clinical psychology*. New York: Oxford Uni. Press.
Bellack, A. S. (1986). Schizophrenia: Behavior therapy's forgotten child. *Behavior Therapy*, *17*: 199-214.
Bellak, L., Hurvich, M., & Gediman, H. K. (1973). *Ego function in schizophrenics, neurotics and nor-*

mals: A systematic study of conceptual, diagnostic and therapeutic aspects. John Wiley & Sons.

Berry, K., & Cook, V. (1980). Personality and behavior. In Rie, H., & Rie, E.(eds.). *Handbook of minimal brain dysfunction*. New York:Wiley.

Blackman, D. E. (1974). *Operant conditioning: An experimental analysis of behavior*. London: Methuen.

Bolstad, O. D. & Johnson, S. M. (1972). Self-regulation in the modification of disruptive classroom behavior. *Journal of Applied Behavior Analysis*, *5*, 443-454.

Bornstein, P. H. & Quevillon, R. P. (1976). The effects of a self-instructional package on overactive preschool boys. *Journal of Applied Behavior Analysis*, *9*, 179-188.

Bowen, M. (1981). *Family therapy in clinical practice*. Basic Books.

Bowlby, J. (1969). *Attachment and loss*, Vol. 1., Attachment, Basic Books, New York.

Brammer L. M. (1973). *The Helping Relationship:Process and Skills*. Prentice-Hall.

Broden, M., Hall, R. V. & Mitts, B. (1971). The effect of self-recording on the classroom behavior of two eight-grade students. *Journal of Applied Behavior Analysis*, *4*, 191-199.

Buber, M., Rogers, C. R., Anderson, R. & Cissna, K. N. (1997). *The Martin Buber-Carl Rogers dialogue: A new transcript with commentary*. Albany : State University of New York Press

Campbell, C. & Dahir, C. (1997). *The national standards for school counseling programs*. Alexandria, VA : The American School Counseling Association.

Campos, J. J. & Stenberg, C. R. (1981). Perception, appraisal and emotion : The onset of social referencing. In M. E. Lamb & L. R. Sherrod (Eds.), *Infant social cognition*. Erlbaum. 217-314.

Carkhuff, R. R. (1987). *The art of helping*. 6th ed. Amherst, Mass: Human Resource Development Press.

Cole, T. (1999). *Kids helping kids* : A peer helping and peer mediation training manual for elementary and middle school teacher and counselors. 2nd ed. Peer Resources, Canada.

Crichton, E. (2007). Transactional analysis : Ego state-What they are and how to diagnose them, Australian *Journal of Clinical Hypnotherapy*, *28*, 37-41.

Erikson, E. H. (1959). *Identity and the life cycle*. New York : International Universities Press.

__________ (1982). *The life cycle completed : A review*. New York : W. W. Norton & Company.

Eysenck, H. J.(Ed.) (1960). *Behavior therapy and the neuroses*. Oxford : Pergamon Press.

Eysenck, H. J. (1987). Behavior Therapy. in Eysenck, H. J. & Martin, I. (ed.) *Theoretical Foundations of Behavior Therapy*. Plenum, New York.

Feist, J. (1987). *Theories of personality*. Holt-Saunders International Editions. London : CBS College Publishing.

Freud, A. (1946). *The psycho-analytical treatment of children*. Imago Publishing Co.

Gendlin, E. t. (1996). *Focusing oriented psychotherapy*. NY : Guilford Press.

Goldenson, R. M. (1984). *Longman dictionary of psychology and psychiatry*. Longman.

Hall, R. V., Lund, D., & Jackson, D. (1968). Effect of teacher attention on study behavior. *Journal of Applied Behavior Analysis*, *1*, 1-12.

Hall, R. V., Axelrod, S., Foundopoulos, M., Shellman, J., Campbell, R. A., & Cranston, S. S. (1971). The effective use of punishment to modify behavior in the classroom. *Educational Technology*, *11*, 24-26.

Hallan, R. S. (1987). Prospects for Theoretical Progress in Behavior Therapy. in Eysenck, H. J. & Martin, I. (ed.) *Theoretical Foundations of Behavior Therapy*. Plenum, New York.

Hart, B. M., Allen, K. E., Buell, J. S., Hariss, F. R., & Wolf, M. M. (1964). Effects of social reinforcement on operant crying. *Journal of Experimental Child Psychology*, *1*, 145-153.

Hulse, S. H., Egeth, H. & Deese, J. (1980). *The psychology of learning*, (5th ed.). McGraw-Hill Kogakusha, Ltd.

Janis, I. L. (1969). *Stress and frustration*. Harcourt Brace Jovanovich Inc.

Jernberg, A. M. (1979). *Theraplay*. A new treatment using structured play for problem children and their families. Jossy-Bass Publishers.

Kagan, J. (1971). *Personality Development*. New York.

Kanfer, F. H. (1970). Self-regulation: Research issues and speculations. In C. Neuringer & J. L. Michael (Eds.). *Behavior modification in clinical psychology*. New York: Appleton Century-Crafts.

Kanner, L. & Eisenberg, L. (1956). Early infantile autism 1943-55. *American Journal of Orthopsychiatry*, *26*, 55-65.

Kato, M. & Fukushima, O. (1978). The effect of covert modeling in reducing avoidance behavior. *Japanese Psychological Research*, *19*.

Kazdin, A. E. (1984). *Behavior modification in applied setting*. 3rd ed., Homewood, Illinois: Dorsey Press.

Kinght, M. F., & McKenzie, H. S. (1974). Elimination of bedtime thumsucking in home setting through contingent reading. *Journal of applied behavior analysis*, *7*, 33-38.

Kirby, F. D. & Toler, H. C. (1970). Modification of preschool isolated behavior - a case study. *Journal of Applied Behavior Analysis*, *3*, 309-314.

Ledley, D. R,. Marx, B. P. & Heimberg, R. G. (2005). *Making cognitive-behavioral therapy work*. New York & London : The Guilford Press.

Leitenberg, H. (1965). Is time-out from positive reinforcement an aversive? *Psychological Bulletin*, *64*, 428-441.

Lewis, S. (1974). A comparison of behavior therapy techniques in the reduction of fearful avoidance behavior. *Behavior Therapy*, *5*, 648-655.

London, P., & Rosenhan, D. (1968). *Foundation of abnormal psychology*. New York:Holt.

Luria, A. R. (1961). *The role of speech in the regulation of normal and abnormal behavior*. New York :

Liveright.

Nelson, M., Lee, B. K., Evans, L., Amelia, L. & Triggiano, P. J. (2008). Working with conflict in clinical supervision : Wise supervisor's perspectives. *Journal of Counseling Phycology*, *55*, 172-84.

Madsen, C. H. Jr., Becker, W. C., & Thomas, D. R. (1968). Rules praise and ignoring: Elements of elementary classroom control. *Journal of applied behavior analysis*, *1*, 139-150.

Meichenbaum, D. H. (1974). *Cognitive-behavioral modification : An integrated approach*. New York : Plenum.

Millichap, G. (1975). *The hyperactive child with minimal brain dysfunction*. Chicago: Year Book.

Moreno, J. L. (1964). *Psychodrama*, vol.1, Beacon House,

Morris, R. J. (1976). *Behavior modification with children*. Winthrop Publishers Inc.

O'Connor, R. D. (1969). Modification of social withdrawal through symbolic modeling. *Journal of Applied Behavior Analysis*, *2*, 15-22.

O'Leary, K. D. & Drabman, R. (1971). Token reinforcement program in the classroom :A review. *Psychological Bulletin*, *75*, 379-398.

Patterson, G. R. & Brodsky, G. (1966). Behavior modification for a child with multiple problem behavior. *Journal of Child Psychology & Psychiatry*, *7*, 277-295.

Rathus, S. A. (1973). Instigation of assertive behavior through videotape-mediated assertive models and directed practice. *Behavior Research & Therapy*, *11*, 57-65.

Reynolds, G. S. (1975). *A Primer of operant conditioning*. Scott, Foreman and Company, Glenview, Illinois.

Ritter, B. (1968). The group treatment of children's snake phobias, using vicarious and contact desensitization procedures. *Behavior Research and Therapy*, *6*, 1-6.

Rogers, C. R. (1942). *Counseling and psychotherapy : Newer concepts in practice*. Boston : Houghton Mifflin Company.

__________ (1957). The necessary and sufficient conditions of therapeutic personality change. *Journal of Consulting Psychology*, *21*, 95-103.

__________ (1964). Toward a modern approach to values : The valuing process in the mature person. *The Journal of Abnormal and Social Psychology*, *68*, 160-167.

__________ (1980). *A way of being*. Boston:Houghton Mifflin Company.

Rutter, M. (1972). *Maternal deprivation reassessed*. London : Penguin Books Ltd.

Skinner, B. F. (1953). *Science and human behavior*. New York: Macmillan.

__________ (1957). The experimental analysis of behavior. *American Scientist*, *45*, 343-371.

__________ (1971). *Beyond freedom and dignity*. New York : Knopf.

Sloane, H. N., Johnston, M. K. & Bijou, S, W. (1967). Successive modification of aggressive behavior and aggressive fantasy play by management of contingencies. *Journal of Child*

Psychology & Psychiatry, *8*, 217-226.

Spitz, R. A. (1950). Anxiety in infancy. *International Journal of Psychoanalysis*, *31*.

__________ (1945). Hospitalism : An inquiry into the genesis of psychiatric conditions in early childhood. *Psychoanalytic Study of the Child*, *1*, 53-74.

Thomas, A. & Chess, S. (1980). *The Dynamics of Psychological Development*. New York.

Thoresen, C. E. & Mahoney, M. (1974). *Behavioral self-control*. Holt, Rinehart & Winston.

Wahler, R. G., Winkel, G. H., Peterson, R. F., & Morris, D. C. (1965). Mother as behavior therapists for their own children. *Behavior research and therapy*, *4*, 79-84.

Webb, L. J. et al., (Eds) (1981). *DSM-III Training Guide*. Brunner/Mazel Publishers, New York.

Wells, K. C. (1985). Behavioral family Therapy. in Bellack, A. S., & Hersen, M. (ed.) *Dictionary of Behavior Therapy Techniques*. New York : Pergamon.

Williams, J. A. & Stokes, T. F. (1983). Some parameters of correspondence training and generalized verbal control. *Child and Family Behavior Therapy*, *4*, 11-32

Winett, R. A. & Winkler, R. C. (1972). Current behavior modification in the classroom: Be still, be quiet, be docile. *Journal of Applied Behavior Analysis*, *5*, 499-504.

Wolpe, J. (1954). Reciprocal inhibition as the main basis of psychotherapeutic effects. *Archives of Neurology & Psychiatry*, *72*, 205-226.

_________ (1958). *Psychotherapy by Reciprocal Inhibition*. Stanford, California : Stanford University Press.

World Health Organization (1989). *Training in the community for people with disabilities*, (23) Training package for a family member of a child who has difficulty learning. WHO, Geneva.

Wulbert, M. et al. (1973). the efficacy of stimulus fading and contingency management in the treatment of elective mutism:A case study. *Journal of Applied Behavior Analysis*, *6*, 435-441.

Yamasue, H. et al. (2003). *Voxel-based analysis MRI reveals anterior cingulate gray matter volume reduction in post traumatic stress disorder due to terrorism*, PNAS 100, 15, 9039-9043.

Yussen, S. R. (Ed.) (1985). *The growth of reflection in children*. New York : Academic press.

Zeilberger, J., Sampen, S. E., & Sloane, H. N. Jr. (1968). Modification of a child's problem behaviors in the home with the mother as therapist. *Journal of applied behavior analysis*, *1*, 47-53.

金沢吉展(1990).「家族療法」國分康孝 編『カウンセリング辞典』誠信書房.

松村茂治・福島脩美(1977). 幼児の恐怖行動の変容, 相談学研究 10, 36-44.

松村康平(1988).「集團精神療法の理論と技法」集団精神療法 14(2), 星和書店.

松山佽子・松山俊夫 編著(1994). 子どもの臨床心理, 北大路書房.

水島恵一・岡堂哲雄(編) (1988). 集團心理療法, 金子書房.

佐治守夫(1988). カウンセリング, 日本放送出版協会.

佐治守夫・飯長喜一郎(編) (1983). ロジャース・エンカウンター中心療法, 有斐閣.

佐藤方哉(1976). 行動理論への招待, 大修館書店.
佐治守夫・水島恵一(編)(1972). 臨床心理学の基礎知識, 有斐閣.
佐藤正二・佐藤容子・高山厳(1993). 引っ込み思案幼児の社会的スキル訓練: 社会的孤立行動の修正. 行動療法 19(1), 1-12.
佐藤泰正編著(1976). 障害幼児の指導, 日本文化科学社.
河合伊六(1986). 子どもの保育と行動分析 -困った行動の治し方と望ましい行動の形成- 川島書店.
河合羊・山登敬之(2002). 子どもの精神障害, 日本評論社.
河井芳文・河井英子著(1994). 場面緘黙兒の心理と指導, 田研出版.
河本肇(1985). 幼児の自己評価と行動規準の設定が歯みがき行動に及ぼす効果, 教育心理学研究 33, 307-314.
増田末雄 外5人(共著)(1996). 心理学ー人間行動の基礎的理解, 福村出版.
前田重治(1978). 心理療法の進め方, 創元社.
外林大作(1983). フロイトの読み方, 誠信書房.
滝本孝雄・鈴木乙史・清水弘司(編著)(1985). 性格の心理, 福村出版.
滝川一廣(2018). 子どものための精神医学. 医学書院.
羽生義正編著(1988). 現代学習心理学要説, 北大路書房.
福島脩美(1979). 教育相談における漸進的達成経験 (佐藤正編) 子どもから大人へ, 第14章, 学芸図書.
福島脩美(1980).「自己強化」の強化機能をめぐる理論的検討 東京学芸大学紀要, 第1部門, 31, 9-19.
福島脩美(祐宗省三 監修(1991). 乳幼児保育臨床学, 福村出版.
福島脩美・松村茂治(1982). 子どもの臨床指導 -教育臨床心理学序説- 金子書房.
福島脩美(2008). 総説 カウンセリング心理学, 金子書房.
春木豊(1978). 制御行動の理論 -教育・治療の基礎としての行動理論- 早稲田大学, 文学研究科紀要 24.
異常行動研究會編(1975). 脱感作療法-ウォルピと行動療法, 誠信書店.
園田順一・高山厳(1978). 子どもの臨床行動療法: その技法と実際, 川島書店.
祐宗省三・春木豊・小林順一編著(1972). 行動療法入門, 川島書店.
田中教育研究所編(1987).『田中ビネ-知能検査法』田研出版.
田中熊次郎・福島脩美(1996). 幼児期・児童期の問題と治療的カウンセリングの実際, 明治図書.
西昭夫(1990).「適性検査」國分康孝編,『カウンセリング辞典』誠信書房.
赤井美智子(1989).「臨床心理の技法」森省二編著,『子どもの臨床心理』樹村房.
赤井美智子ほか 4人(共著)(1997). 子どもの発達と心理臨床, 樹村房.
國谷誠朗(1984).「家族システム論による家族療法-その展望」佐藤・稲村編集『家族療法の理論と技法』現代エスプリ242)至文堂.
春原由紀(1986).「臨床心理学の方法2-治療の方法-」永野・岸井『臨床心理学』チャイルド本社.
高橋雅春(1986).「HTPPテスト」家族画研究会編『臨床描画研究Ⅰ』金剛出版.

高橋雅春・北村依子(1993) 幼児の心理療法, 新曜社.
中川賢幸(1989).「集團精神療法」心理臨床 2(4), 星和書店.
吉川晴美(1992).「個と集団の関係一見つめる行為とその発展について」集団療法法 8(1), 星和書店.
原野広太郎(1989). 非社会的問題行動をめぐって(原野広太郎編)「行動療法ケース 研究7 非社会的問題行動」岩崎学術出版社.
坂野雄二(1989). 情緒障害双書 5 無気力・引っ込み思案・緘黙, 黎明書房.
繁永芳巳(1985). 障害幼児の心理と教育, 若井邦夫(編著) 乳幼児の発達と心理, 三晃書房.
山上敏子(1999). 行動療法. 岩崎学術出版社.
永井徹(2005). 子どもの心理臨床入門, 金子書房.
アクスライン, V. W.(大林治夫 訳)(1959).『遊戯療法』岩崎學術出版社.
アッカーマン, N.(石原潔外の他1人 訳)(1958).『家族関係の理論と診断』岩崎書店.
カルフ, D. M.(河合隼雄 監修)(1972).『カルフ箱庭療法』誠信書房.
カレック, D.(高野清純 訳)(1972).『児童心理療法の原理』日本文化科学.
クーパー, S. & ワナーマン, L.(作田勉監 訳)(1977).『子どもの精神療法』星和書店.
グレーテ・ロイツ(野村訓子 訳(1989).『心理劇 人生を舞台に』関係学研究所.
ツリガー, H.(堀要 訳)(1951).『遊びの治癒力』黎明書房.
モリス, R.(河合伊六 訳) (1978).『子どもの行動変容』ナカニシャ出版.
ヘイム、G。, ジノット(中村悦子 譯)(1965).『兒童集團心理療法』新書館.
パターソン, C.(伊藤博 訳)(1959).『カウンセリングと心理療法』誠信書房
ビーチ, H. R.(藤野武 訳)(1974) 人間行動の変容 -行動療法の原理と技法- 誠信書房.
フロイト, A.(北見芳雄・佐藤紀子 訳)(1959).『兒童分析』誠信書房.
フロイト, S.(生松敬三 訳)(1975). 自敍・精神分析, みすず書房.
ボウルズ, R. C.(今田寛 訳)(1982). 学習の心理学, 培風館.
ロッター, J. B.(詫摩武俊 外2人 訳)(1980). Personalityの心理学, 新曜社.
ジェドリン, E. T.(村瀬孝雄 訳)(1966). 体験過程と心理療法, ナツメ社..
ロジャース, C. R.(伊東 博編 訳)(1966). サイコセラピイの過程, 岩崎学術出版社.
ロジャース, C. R.(伊東 博編 訳)(1967). パースナリティ理論, 岩崎学術出版社.
ロジャース, C. R.菖瀬直子 訳)(1982). エンカウンター・グループ 創元社.
Wolpe, P.(内山喜久雄監 訳)(1969).『行動療法の実態』黎明書房.

찾아보기

[인명]

저 자 소 개

현 정 환(玄正換)

경남 밀양 출생. 동경가꾸게이대학대학원(임상심리학) 및 히로시마대학대학원(유아심리학)에서 심리학전공(심리학 박사, 1993).
현재 서울신학대학교 교수로 재직(jhhyun@stu.ac.kr)

〈주요 저서〉

[국내 출판물]

상담이론 그리고 연습(공저, 2002, 창지사)
인간행동과 사회환경(공저, 2006, 창지사)
아동상담(2009, 창지사)
인간 심리의 이해(공저, 2009, 공동체)
아이들의 자유(개정판) (2010, 창지사)
우리는 아이에 대해 오해를 보았다(2014, 양서원)
영유아발달(2016, 창지사)
엄마의 해방(2018, 창지사)
상담심리학(2019, 양서원)

[국외 출판물]

子どもの発達を知る心理学(공저, 1993, 北大路書房)
幼兒学 用語集(공저, 1996, 北大路書房)
乳幼児発達検査尺度(공저, 2013, 日本田中研究所)
『The role of the father in child development(Fourth Edition)』 (Edited by Michael E. Lamb)』, New York: Wiley. (2004, 공저).
『Handbook of Cultural Developmental Science』 Marc H. Pornstein (Ed.). Psychology Press(2009, 공저).
『The Role of The Father in Child Development(Fifth Edition)』, (Edited by Michael E. Lamb) John Wiley & Sons, Inc(2010, 공저).
『Childhood and Adolescence: Cross-Cultural Perspectives and Applications』, Uwe P. Gielen and Jaipaul L. Roopnarine, Editors(Second Edition). PRAEGER(2016, 공저).
『Grandparents in Cultual Context』 (Edited by David W. Shwalb & Ziarat Hossain) Rotledge(2018).

개정)

아동상담

초판 1쇄 발행 2009년 8월 25일
초판 2쇄 발행 2011년 1월 25일
개정 1쇄 발행 2019년 8월 27일

지 은 이 | 현정환
펴 낸 이 | 김기섭
편 집 인 | 이혜란
펴 낸 곳 | 창지사 www.changjisa.com
08589 서울시 금천구 가산디지털 1로 83 파트너스타워 1차 9층
전화 (02)719-2211~3
팩스 (02)701-9386
등 록 | 1977년 4월 28일 · 제1-421호

ISBN 978-89-426-1247-5 (93370)

값 22,000원

「이 도서의 국립중앙도서관 출판예정도서목록 (CIP) 은 서지정보유통지원시스템 홈페이지 (http://seoji.nl.go.kr) 와 국가자료공동목록시스템 (http://www.nl.go.kr/kolisnet) 에서 이용하실 수 있습니다 .(CIP 제어번호 : CIP2019033350)」